广播电视学

黎 力 著

上海三联书店

序

1906年,广播被发明,1920年11月2日,世界上第一座广播电台——美国匹兹堡市KDKA广播电台在美国总统的开票日开播。1926年,电视被发明,1936年11月2日,世界上第一座电视台英国广播公司BBC电视开播。广播电视经过百年上下的发展,仍然是当今最有影响力的媒介。广播与电视以其传播迅速、受众广泛、便于传播等特点受到社会的重视。

同时,挑战也不期而至。网络传播以其即时性、选择性、互动性的优势冲击着包括广播电视在内的传统媒体的优势地位。面对网络等新媒体的冲击,广播电视如何发展、如何突破、如何创新,成了今天广播电视业的重大新课题。

黎力老师的《广播电视学》一书,就是在这样一个全媒体时代,面对媒介融合的背景面世的。该教材的一个显著特点是与时俱进,在电视屏、电脑屏、手机屏三屏并存的现状下,广播电视如何发挥其内容生产(尤其是新闻类新闻采集)的巨大优势,利用网络拓展其影响;同时从视频网站汲取优秀节目,实现合作共赢。该教材还对新环境下广播电视各类节目的创新发展、综艺类节目的引进和革新、传播效果的调研以及各类节目主持人素质及培养进行了有针对性的探析。

《广播电视学》同类教材已有多部，但黎力老师的教材因其紧密结合今天的广播电视传播实际，关注明天的广播电视发展而具有了新意，具备了出版价值。

是为序。

厦门大学新闻传播学院教授
朱月昌

目 录

第一章 广播电视技术的发明与发展 …………………………… 1
    第一节 广播技术的发明与发展 ………………………… 2
    第二节 图像技术与电视的发明 ………………………… 5
    第三节 采录及制作技术的发展 ………………………… 9
    第四节 传送技术的发展 ………………………………… 13

第二章 广播电视业的诞生与发展 ……………………………… 16
    第一节 世界广播业的诞生与发展 ……………………… 16
    第二节 世界电视业的蓬勃发展 ………………………… 20
    第三节 广播电视业的市场重构与全球化 ……………… 32

第三章 我国广播电视业的诞生与发展 ………………………… 38
    第一节 新中国成立前的广播业 ………………………… 38
    第二节 新中国成立后的广播事业 ……………………… 42
    第三节 我国电视业的发展 ……………………………… 46
    第四节 港澳台地区的广播电视发展 …………………… 63

第四章 广播电视的体制模式 …………………………………… 108
    第一节 典型商业型为主体的美国模式 ………………… 114

第二节　公营、商营共同发展的西欧/日本模式 …………… 121
第三节　坚持国有属性的中国模式 ………………………… 128

第五章　广播电视传播符号和传播特性 …………………… 141
第一节　广播电视的语言系统 ……………………………… 142
第二节　广播电视的非语言符号 …………………………… 146
第三节　电视画面与镜头语言 ……………………………… 153
第四节　广播电视的传播特性 ……………………………… 176

第六章　广播电视的栏目化和板块化 ……………………… 188
第一节　广播电视节目栏目化 ……………………………… 189
第二节　节目板块化设置 …………………………………… 194

第七章　广播电视节目的分类与制作 ……………………… 208
第一节　广播电视节目的分类 ……………………………… 208
第二节　广播电视节目的制作过程 ………………………… 225
第三节　广播电视节目的编排策略 ………………………… 227

第八章　广播电视新闻节目 ………………………………… 236
第一节　广播电视新闻概述 ………………………………… 236
第二节　广播电视消息类新闻节目 ………………………… 239
第三节　事件性新闻与非事件性新闻 ……………………… 251
第四节　广播电视专题类新闻节目 ………………………… 253

第九章　广播电视主持人 …………………………………… 262
第一节　主持人概述 ………………………………………… 262
第二节　广播节目主持人 …………………………………… 266
第三节　电视节目主持人 …………………………………… 272
第四节　主持人的形象 ……………………………………… 276

第十章　广播电视谈话类节目 ……………………………… 286

第一节	广播谈话类节目	286
第二节	电视谈话类节目	288
第三节	美国优秀的脱口秀节目	295
第四节	我国谈话节目的现状和发展	310

第十一章 广播电视综艺娱乐节目 ... 316

第一节	综艺娱乐节目的分类	316
第二节	我国综艺娱乐节目的发展历程	318
第三节	我国综艺娱乐节目的现状和困境	324
第四节	综艺娱乐节目的反思及对策	326

第十二章 广播电视体育节目 ... 330

第一节	广播电视体育类节目概述	330
第二节	广播电视体育节目的新特点	339
第三节	广播电视产业和体育产业的互利共赢	341

第十三章 电视纪录片 ... 348

第一节	电视纪录片概述	348
第二节	纪录片的分类	349
第三节	我国纪录片发展历程	356
第四节	我国纪录片的发展与走向	363

第十四章 广播电视剧情类节目 ... 367

第一节	广播剧	367
第二节	电视剧	382

第十五章 广播电视的政策法规与职业道德 ... 410

第一节	广播电视政策法规体系	410
第二节	我国广播电视管理的主要法规:《广播电视管理条例》 420	

第三节　我国广播电视政策法规体系存在的问题 …………… 424
  第四节　广播电视职业道德 …………………………………… 430

第十六章　广播电视的受众研究 …………………………………… 436
  第一节　广播电视受众战略的核心：受众调查 ………………… 438
  第二节　受众满意度指数的发展与应用 ………………………… 444

第十七章　广播电视传媒经营 ……………………………………… 452

结　语 ……………………………………………………………………… 464

后　记 ……………………………………………………………………… 467

第一章　广播电视技术的发明与发展

广播电视从诞生到数字技术高速发展的现代,虽然不过一百多年的历史,但广播电视仍然能被看作是 20 世纪最伟大的发明之一,它改变了人类的生存状态、思维方式甚至生活方式和价值观念,对社会政治、经济、文化、教育等各个领域都产生了非常深远的影响。

早在汉代,汉桓谭《新论·琴道》中就有"八音广播,琴德最优"的字句,其中的"广播"为广泛传播的字面意思,而如今我们对"广播"通常有广义和狭义两种含义:广义的"广播"(broadcast)包括"声音广播"(radio)及"电视广播"(television);狭义的"广播"则只是指"声音广播"。下文中的"广播电视"中的"广播"则取狭义。那么,广播电视是指通过无线电波、线缆系统(包括电缆、光纤及将来可能发展的其他传输介质)向广大地区或一定区域有规律的传输含有节目内容的视频、音频信号[①]。与其他大众传播媒介相比,广播电视与报刊、书籍、杂志、电影等在物质技术基础和信息载体上有所不同,如下图(表1-1)所示:

---

① 陆晔、赵民,《当代广播电视概论》,复旦大学出版社 2010 年 12 月第 2 版,p.2。

表 1-1 各媒介比较

媒　　介	物质技术基础	信息载体
报刊书籍(纸质媒介)	印刷技术	纸张
广播电视(电子媒介)	电子摄录设备	电波、电缆
电影(试听媒介)	感光技术设备	胶片、数字硬盘

广播和电视相比，由于电视同时具备声音和画面元素，更加符合人们的感知习惯，因此，在大部分国家和地区，电视要比广播更加被人们视为日常信息的接收渠道和生活的一部分，而广播往往对开车人士、学生和老年人等特殊的受众族群有更多的吸引力和影响力。

第一节　广播技术的发明与发展

一　工业革命与近代通讯技术的发明

1769年，英国机械师瓦特发明了第一台蒸汽机，这标志着第一次工业革命的开始。机器工业的大发展推动了交通运输业的革新，1819年，第一艘汽轮横渡大西洋，1825年第一条铁路在英国试行，以蒸汽为动力的新的大型交通工具，使陆上交通和海上运输面貌一新。随后，以电力应用为代表的第二次工业革命，使电动机和内燃机取代蒸汽机成为新能源，交通运输又迎来革命性变化。新的交通运输工具迅速把整个欧洲和北美洲联结成为一个世界工业地区，以适应狂热的生产速度、巨大的生产规模和大量原料和产品的转移需要。就是这样的背景，催生了遥远两地间实现"瞬间传播"的可能性，共时性反馈以及维持远距离控制成为至关重要的需求，这正是信息加工和传播技术方面革新发展的推动力。

1844年3月24日，美国人莫尔斯发出了世界上第一封电报，标志着人类第一次借助科技的翅膀实现了远距离通信，这是电信传播的开始。可是，电报虽然解决了远距离传送文字信息的问题，但它速度慢、易出故障，而且必须由专业报务员操作，对个人来说，使用起来不方便。同时电报只能使用简短文字，不能即时反馈与交流，使得这种信息传播方式有不少缺憾。

1876年，从苏格兰移居美国的贝尔研制成功电话机，并于当年2月14日在费城举办的纪念建国一百周年的博览会上做了公开演示。这种不使用电码文字、不需要话务员作为信息中介、不耽搁时间就能直接传送声音的装置被称为"远听器"，并很快受到人们的欢迎。1880年，贝尔电报公司成立，它就是今天美国电话电报公司（AT&T）的前身。

电报和电话突破了限制人们交往的时空障碍，大大提高了人们在异地保持联系、支配行动的能力，也启发了后来一系列无线电子传播技术的发明。1819年丹麦基尔大学的奥斯特博士在实验中不小心把连接电池的导线落到了磁盘上，他意外发现电与磁有着某种关联。在他启发下，1831年英国科学家法拉第发现电流可以产生磁场，由此确定了电磁感应规律。1887年，德国物理学家赫兹论证了电磁波的存在，而被称为"无线电之父"的意大利发明家马可尼1895年在父亲的庄园，利用电磁波成功地与1.7公里外的山丘实现了无线电报通讯。次年，年仅22岁的马可尼在英国邮电部的支持和赞助下，继续进行扩大无线电通讯距离的实验。1899年，马可尼成功地把一份电报从英国发到了法国，1901年，他第一次实现了横跨大西洋的远距离通讯。随后，无线电通讯技术被广泛应用于轮船之间、轮船与岸上的联系，此时无线电报的价格已经比电缆电报便宜。

二　广播技术的发明

1890年，美国物理学家费森登在西屋电气公司任首席电气技师，

1892年之后他开始在几所大学任教,开始研究无线电通信,希望能用无线电波传送声音。1902年,费森登研制出一种高频无线电发射机,1906年12月25日,费森登在马萨诸塞州布兰特洛克镇的国家电器公司的128米高的无线电塔上进行了一次广播。节目的主要内容是播诵《圣经》中有关耶稣基督降生的故事,还配有小提琴演奏曲。而且费森登在演播前在报纸上进行了预告,并发出无线电报,通告报界和太平洋的来往船只。这是世界上第一次成功的声音传播实验,被公认为无线电声音广播诞生的标志。

可是费森登的无线电广播实验,只有无线电通信电台才能接收,普通民众还无法听到。美国科学家邓武迪和皮卡尔德在1910年利用矿石晶体进行实验,发明了靠天线接收电波的矿石收音机,矿石收音机无需电池,结构非常简单,几乎所有的无线电爱好者都可以自行装配制作,但语音信号十分微弱,接收性能也比较差。

1906年,美国发明家德福雷斯特发明了真空三极管,这种真空管的功能是:检波、产生振荡、放大电信号和改变电信号频率等。次年,他申请了真空三极管的发明专利,使声音传送质量上了一个新台阶。1908年,他从高达320米的埃菲尔铁塔上做了传音实验,此后定期广播。1916年,德福雷斯特利用实验广播播送了当时总统选举威尔逊和休斯的得票数,被看作是美国也是世界上第一次新闻广播。

三 广播技术的发展

1947年12月23日,在著名的贝尔实验室里,美国物理学家肖克莱和他的合作者布雷泰恩和约翰·巴丁向人们展示了最初的晶体管,这是第一个半导体电子增幅管,它能放大微弱的电子信号,且廉价、耐久、耗能小并能被制成无限小。1948年贝尔实验室正式宣布晶体管研制成功,它的发明成为人类微电子革命的先声,对电子工业产生了革命性的影响。晶体管代替电子管,收音机发展到半导体阶段,广播才真正普及。

随着广播事业的发展,电台数量急剧增加,发射功率不断加大,致使频率拥挤,各电台之间互相干扰。为解决这些问题,美国科学家阿姆斯特朗于1923年开始研究调频广播(Frequency Modulation,FM),并于1934年6月获得成功。与早期比较简单的调幅方式(Amplitude Modulation,AM)相比,调频广播的优点是传送节目音质好、抗干扰能力强、容量大、可播出多套节目,也比较容易实现立体声广播;缺点是传送距离近,范围小。

二战以后,欧洲国家也开始发展调频广播,欧美发达国家逐步把调频广播作为对内广播的主要收听覆盖手段。到20世纪80年代,调频广播已成为世界各国普遍采用的广播方式。

第二节　图像技术与电视的发明

与广播单一的声音传播元素相比,图像技术与电视的发明成功地实现了人们"千里眼"、"顺风耳"的梦想。电视技术是现代电子技术高度发展的产物,施拉姆曾经说过,电视是20世纪最伟大的发明。电视的出现,使得人们的思维和生活方式发生了巨大的改变。

一　摄影技术、照相术与电影

电视利用的是人眼的视觉暂留原理,早在1829年,比利时的普拉托就认为人们闭上眼睛后视像并没有立即消失,而是仍然会在眼中短暂停留0.1—0.4秒。之后出现的照相技术十分神奇地把人和静物留在了金属板上,其中最有名的尝试是英国冒险家麦布里奇利用摆在跑道上的12台照相机拍摄马奔跑的每一阶段的照片,后来他意外地发现把这些照片放在一个旋转的轮子上并用幻灯片加以投影,可以重现马奔跑的过程。

1882年法国人马雷发明了摄影枪,第一次用一台机器完成了拍摄。1889年,美国人伊斯曼研究发明了新型感光胶片,为电影的诞生创造了十分有利的条件。1894年,爱迪生发明了供单人观看的"电影视镜"。1895年,法国的卢米埃尔兄弟发明了手提式的活动电影放映机。此时,一台机器可以同时完成拍摄、放映和洗印多重复杂工作,最终促成了电影的诞生。

照相技术和电影技术的发明和发展,为电视的发明提供了技术基础。因为电视和电影都需要透镜和光学技术,在摄制方位和镜头的组接方面,电视的技巧也来源于电影的实践,但如何解决影像的远距离传播是电视技术必须解决的关键问题。

二 电视的发明

1817年,瑞典科学家布尔兹列斯发现了化学元素硒。1873年,英国科学家约瑟夫·梅证实了硒元素被光线照射得越强、电流就越强,反之就越弱,这被称之为"光电效应"。这是电视发明的理论依据,从而为电视的发明奠定了理论基础。

1884年,德国工程师保罗·尼普科夫发明了一种可将图像转换成电流的机械式光电扫描圆盘并获得专利,用机械式光电扫描圆盘进行的图像传送,是电视发明的雏形。1925年10月2日,苏格兰科学家约翰·贝尔德利用尼普科夫的机械扫描盘在伦敦的一次实验中成功扫描出木偶的图像,这被看作是电视诞生的标志,贝尔德因此也被称为"电视之父"。1928年,贝尔德还成功地将电视画面由伦敦发射至纽约,证明了无线电波可长途传递电视信号。自此,美、英等开始了实验性的电视研究和播出(见下图表1-2)。

表1-2 各国电视播出年份一览

国　家	电视试播年份	正式播出年份	战后恢复年份
英　国	1929	1936	1946
法　国	1932	1938	1955
苏　联	1931	1939	1945
德　国	1935	1939	1952
美　国	1928	1941	未中断
日　本	1939	1953	战前未开播

三　从黑白电视到彩色电视到高清

从电视诞生之后，各国科学家和工程师就没有停止过对电视技术的发展与革新。英国是世界上第一个正式播出黑白电视的国家。1936年11月，英国广播公司（BBC）在伦敦以北的亚历山大宫建成了英国第一座正式的电视台，也是世界上第一座正式电视台。11月2日，英国广播公司第一次正式播送电视节目，使用的就是贝尔德的机械电视系统，这一天，被视为世界电视事业的开端。

尽管黑白电视带给人们活动的影像已让人欣喜，但还原彩色的世界更是科学家们的追求。1902年，澳大利亚物理学家伯兰克提出了彩色图像传送的三基色（红、绿、蓝）原理。1930年，贝尔德就开始机械式彩色电视的研究，直到1941年12月研究成功，可惜遭德国轰炸，全部被毁坏。

从20世纪30年代开始，美国各大公司相继投资百万美元研究全电动彩色电视。40年代初，美国哥伦比亚广播公司（CBS）和全国广播公司（NBC）分别完成彩色电视的研制。但由于在发明过程中对三基色信号和其组成的亮度信号的处理方法的差异，两大公司具有了不同的彩色电视制式。直至1953年，美国联邦通信委员会最终批准了全国广播公司及其母公司美国无线电公司可与黑白电视兼容的NTSC制式（正交平衡调幅制，又称 N 制）为美国的彩色电视制式。1954 年，美国全国广播公司正式开播彩色电视，但由于当时成本较高，彩色电视机直到 1964 年才开始畅销，并迅速普及到普通家庭。

继美国之后，西方其他国家也先后研制成功彩色电视，各国研发出来的彩色电视制式多达 20 多种，其中以法、德两国成绩显著。1958 年，法国在美国 NTSC 基础上开发出 SECAM 制（顺序传送和彩色存储制，又称色康制），它在防止高山和建筑物对图像色彩的影响方面有所改进，但对黑白电视的兼容性方面有所下降。1963 年，德国也在 NTCS 制基础上研制成 PAL 制（相位逐行交变制，又称帕尔制），其优点是传送范围广、传真度高。

为了方便节目的转播和交换，国际无线电传播咨询委员会曾多次组织各国讨论统一的彩色电视制式问题，但始终未能达成协议。彩色电视的广阔市场使得各国在电视制式标准的竞争中互不相让，经过一系列激烈的较量，世界只剩下美国的 NTSC 制、法国的 SECAM 制和德国的 PAL 制在全球范围展开了最后的竞争。1966 年，国际无线电传播咨询委员会在奥斯陆会议的投票表决中，法国得票 37 票、德国 16 票、美国 8 票，最后，仍然是三种制式三分天下。目前，西欧、北欧和亚洲大部分国家采用 PAL 制，前苏联、法国、非洲语东欧国家、少数亚洲国家和地区采用 SECAM 制，北美和绝大部分拉美国家和地区采用 NTSC 制。

到了 20 世纪 70 年代，日本开始研制高清晰度电视。最初由日本广播协会（NHK）联合索尼（SONY）等公司研制成功了 1125 行线（NTSC 制为 525 行扫描，PAL 制为 625 行扫描，扫描的行越多、点越多，图像分解的颗粒就越细，图像就越清晰和准确）的高清晰度电视系统，被称为 MUSE 系统。其组成每帧电视画面的横线比原有的电视增加了一倍多，从而使画面的清晰度得到了大大的提高。同时，为了更符合视觉习惯和接近电影画面，电视屏幕的纵横比例由原来的 4∶3 改为

9∶16。20世纪80年代以后,日本广播公司的全国电视网多次实验性地播出高清晰度电视节目,之后日本准备把自己的HDTV系统推广为世界标准,通过美国CBS游说美国政府。但日本的HDTV标准计划在国际无线电协商委员会(CCIR)1986年会议上遭到了西欧各国政府的强烈反对:一来是担心消费类电子市场被日本垄断,二是日本的HDTV制式(MUSE)与当时任何普通电视的传播制式(包括NTSC、SECAM、PAL)都不兼容。1986年欧洲推出了"尤里卡95计划",并于1989年研制HD-MAC的模拟高清晰度电视系统,这种制式能与欧洲现行的模拟开路电视系统兼容,比日本MUSE系统制式更具优势。

1992年,美国计算机技术专家成功地找到了通过计算机数字编码来传送高清晰度电视画面的方法,并逐步加以改进。由于数字HDTV在技术上高出一筹,并且与未来通信及传播技术方向一致,使得其他各国的研制方向不得不都转向数字式HDTV。1993年2月,欧洲宣布放弃高清研制项目。1994年春,日本也宣布放弃他们多年苦心经营的MUSE系统,全面转向数字式高清电视的研制。

第三节 采录及制作技术的发展

一 早期磁带录像技术的发明与发展

电视在诞生后很长一段时间里并没有自己独有的记录手段和存储介质,通常采用的电视节目制作方式有这样两种:一种是即拍即播,通过摄像机,直接把信号播出去;另一种是仍然采用电影胶片的拍摄方式,先拍后冲印,最后剪辑播出。前者即拍即播的方式并不同于现在的现场直播,实际上是早期电视技术不发达的表现,当时虽然也是直播,但不能记录、不能重播,手段十分单调;后者采用电影制作技术的方式,胶片的洗印和编制过程非常复杂,电视新闻节目的即时性很难体现,大大影响了早期电视新闻的时效，而且电影胶片不能重复使用这一特点也使得电视生产的成本十分昂贵，长期居高不下。这些困难和矛盾使得当时的电视从业人员十分苦恼，对电视行业的发展很不满意。因此，研究开发一种能够替代这种采录方式，而且符合电视自身的特点和要求的新的记录手段和技术，成为当时电视业的迫切要求。

1956年4月，美国AMPEX(安培)公司在芝加哥举办的一次贸易展示会上推出了自行研制的新式磁带录像机——第一代的AMPEX VR-1000型录像机，这种用2英寸磁带的四磁头横向扫描录像机，每秒带速15英寸，画面效果与直播电视几乎可以乱真，相比较之前的电视摄录方式，这种磁带录像机无需冲印，从而大大简化了电视节目的制作程序，提高了电视节目的制作效率。同时，磁带录像机的图像还可以即时倒放，反复使用，这样就解决了之前的几种困难，使得电视节目的制作更为快捷方便。

磁带录像机的发明在当时引起了非常大的轰动，尽管当时第一代的体积大约有3台洗衣机那么大，重达一吨，操作还很麻烦，而且售价高达5万美元，但是在芝加哥展销会上，他们在4天的时间里就接到了近100部的订单，并很快就在电视业广泛使用。到1961年，AMPEX公司占领了世界录像机市场近75%的市场份额，累计已经销售出900台录像机，成为录像机行业的领先者，而且获有录像机关键技术的专利权。

此时在东方，日本NHK(国家广播公司)于1958年进口了一台AMPEX VR-1000，在东京进行展示，并鼓励日本国内的公司研制自己的录像机。1962年SONY公司推出AMPEX原型机1/50大小的、系统更为简化的录像机。JVC公司早在1955年就开始录像机研究，1958—1959年复制出AMPEX机器，1963年推出螺旋扫描录像机。到了20世纪70年代，在日本先后出现了0.75英寸磁带的双磁头螺旋扫描录像机(简称U规格机)和0.5英寸双磁头彩色盒式录像机。新的录像机结构简单、操作简便、成本低廉、实用性强,使用盒式磁带,很快得到发展。

为了满足家用视频设备需要,1972年,荷兰PHILIPS公司推出可录制1小时节目的卡式录像带。1976年,日本的家用录像机把录制时间延长到2小时,家用录像机可以随时录制电视机中正在播出的节目,从而敲开了家庭市场的大门,成为一种新的文化娱乐方式。可以说,磁带录像机的发明与普及,改变了整个电视广播的传播形态,电视成为以录制节目为主的媒介,电视节目的制作方式发生了根本性的变化。

二 电子新闻采集系统——从ENG到SNG

最初的电视录像设备庞大、笨重、复杂,不适于移动和外景作业,也不方便快捷,所以一般只能在演播室固定使用。之后各国的录像设备研发企业不断更新改进,降低重量、减小尺寸,使之更加轻巧方便。

20世纪70年代初期,一种小型轻便又易于携带的电子新闻采集系统ENG(Electronic News Gathering)研发成功并在美国投入使用。它将便携式录像机和摄像机组合起来,实现了摄录一体,使得前期采访实现了摄像机、录像机由分体向一体机工作模式的转变。ENG系统的运用,使电视新闻的制作播出速度大为提高。ENG和与之配套使用的录像带一旦拍摄完毕,就可以立即编辑播出,由此大大缩短了电视新闻的采集和制作环节的时间。甚至在对一些重大事件和突发事件的报道时,ENG系统可以将前期拍摄、后期编辑和播出同步进行,从而使现场直播成为可能。ENG机动灵活的特点,使之不仅被用于在现场进行新闻采访,也被其他节目采集素材时大量采用,成为电视节目制作的一种基本方式。

伴随着电子技术以及电视行业的发展历程,新一代的电子新闻采集系统——卫星新闻采集系统SNG(Satellite News Gathering)在20世纪80年代末和90年代初开始得到应用。由于应用了卫星通信技术和设备，SNG突破了过去ENG系统传统单一的微波传送方式，而以卫星通信系统作为传输平台，把在新闻现场所采集到的视频及音频信号上行发射到同步通信卫星，再转送回电视台或新闻机构总部直接转播，或经过编辑后播出，是电视采访、拍摄、编辑、播出同步合一的新型工作方式。

西方发达国家各新闻传媒机构为保持自身竞争的优势，对新闻采集的时效性要求尤其高，深知这是竞争之根本，因此日常运作开始大量使用SNG系统，新闻报道的直播化和现场感得到很大的强化。在美国，SNG已经成为标准设备的一部分。SNG系统在我国也开始得到应用，中央电视台、浙江电视台、江苏电视台等购买了SNG设备，并使用亚洲通信卫星进行新闻实时转播和采集工作。自从1997年7月1日的香港回归祖国庆典之后，黑龙江漠河地区的日全食观测直播、三峡大坝的合拢庆典、海湾危机以及全国甲级足球联赛等等一系列重大的事件和突发新闻的直播、转播纷纷使用SNG系统，日益体现了电视新闻的时效性竞争力。

三　电视节目制作方式——EFP与ESP

电视节目的制作方式根据适用地点的不同可以分为两种：一是EFP，即电子现场制作（Electronic Field Production），这是以一整套设备连接为一个拍摄和编辑系统，一般包括两台以上的摄像机、一台以上的视频信号（图像）切换台、一个音响操作台及其他辅助设备（灯光、话筒、录像机运载工具等）来进行现场拍摄和现场编辑的节目生产方式。所以，EFP也被称为"即时制作方式"。

EFP是电视技术迅速发展的产物，它适用于"台外"各种现场作业。利用EFP方式，可以在事件发生的现场或演出、竞赛现场制作电视节目，进行现场直播或录播。不论是现场直播还是现场录像，拍摄录制的过程与事件发生发展同步进行，因此，强烈的现场感是EFP方式最突出的优点。同时,由于 EFP 需多台摄像机拍摄,所以也与"多机摄录、即时编辑"的概念相通。因此,EFP 是最具有电视特点、最能发挥电视独特优势的制作方式。

ESP 则是电子演播室制作(Electronic Studio Production),演播室内一般设备精良完备:有高保真音响、灯光照明、自动化调光和高清摄像和控制系统等等。因此,ESP 方式既可以先拍摄录制,后编辑配音,也可以多机同时拍摄,在导演切换台上即时切换播出。可以说,EFP 方式综合了 ENG 和 EFP 方式两者的优点,堪称是电视节目制作中技术质量最高、特技手段最为丰富和理想的制作方式。ESP 方式现已成为电视台各种类型自办节目的主要制作手段。

第四节 传送技术的发展

一 地面无线电波传送

电视最早的传送方式就是运用无线电波来传送节目信号,即无线电波经地面上空的介质层,由发射台直接传送到接收机。为扩大调频广播和电视的传播范围,人们通过尽量加高发射天线,来克服地球弧形地面对传送距离的限制。因此,电视台都把天线安装在几十米乃至几百米的电视铁塔上。目前世界上最高的电视塔建在加拿大多伦多,塔身净高 553 米;俄罗斯第二,536 米;我国上海东方明珠电视塔居世界第三高,450 米。但是简单的加高还无法达到全方位的传播,因此,比较通行的做法是,在地面上每隔 50 公里左右建一个微波中继站,通过微波接力的方式一站站传送,来解决收看范围小和收看地区辽阔的矛盾。

无线微波传送具有良好的抗灾性能,一般不会受到风雹、水灾以及地震等自然灾害的影响,但微波经空中传送易受干扰,在同一微波电路上不能使用相同频率于同一方向,在传播方向上也不能有高大的建筑物阻挡,否则接收效果都不太理想。

二 有线传送

有线电视(Cable Television,CATV)即电缆电视,是通过电缆或光缆组成的分配系统,将节目信号直接传送给用户的一种电视传播方式。有线电视与无线电视的唯一区别就在于它是利用线缆来传输信号。

有线电视最早出现于1948年的美国,当时是为了解决多障碍地区(如山区、高楼林立的城市等)和远离电视台的地区的电视接收困难来开发的共用天线系统(Community Antenna Television,缩写是CATV)。1970年以来,在欧美一些国家和日本日益增多,也叫"闭路电视"、"电缆电视"。无论是国外还是我国,最初发展有线电视都是为了解决无线电视信号的稳定收视问题:无重影、无静电、抗干扰的电视画面和声音质量上的技术进步。

有线电视系统具有以下特点:

1. 高质量的图像接收。在有线电视接收系统中,采用高质量的前端接收设备,信号经过一系列的技术处理后用电缆或光缆进行传送,可有效地屏蔽空间的各种干扰,保证接收信号的强度和质量。

2. 传输频道增多,节目内容丰富。光缆的巨大承载量带给有线电视台丰富的频道资源和充裕的时段,为有线电视频道专业化发展提供良好的前提条件。

3. 费用较低。有线电视系统不但能够收到良好的传输效果,而且合理布线,安装统一的避雷系统,达到了降低成本和公共安全的目的。

4. 双向传输、多种用途。有线电视不但能传输高质量的电视节目信号,还可以为用户提供交互式的图像、文字、语言、数据等综合业务。

因此,有线电视系统不仅仅是单纯的有线电视传播的信道载体,更是有线电视、互联网与电信网络的整合。

三 卫星传送

当今世界电视事业步入多元化、立体化时代,同一空间多套电视节目通过多种方式播出,无线、有线、卫星电视同时并存。卫星电视系统是在通信卫星的基础上发展起来的,即利用地球同步卫星(但并非所有的电视卫星都是地球同步卫星,有时也使用非地球同步的通信卫星,但绝大多数是地球同步卫星)向覆盖区域转发功率较大的广播电视信号,使该地区内的广大用户能够直接接受电视信号的新型传播方式。

一个完整的卫星电视系统大致由以下几个部分组成:

1. 节目源:即提供节目的从业者,可以是卫星系统从业者制作,也可以是专门的节目制作机构或频道提供,节目以视频信号或录像带、光盘等形式载体输送给上行发射站。

2. 上行发射站:包括从前端到上行站的通信设备及上行设备。传输方式主要有中频传输和数字基带传输两种,通过前端系统将电视信号进行数字编码压缩并调制,将节目内容转换为可传输的电视信号和卫星附加信号,通过上行信道发往轨道上的电视卫星或通信卫星。

3. 电视卫星(或通信卫星):具有接收天线和转发器,通过天线接收地面上行站发射的上行信号,进行必要的频率变换、功率放大等技术处理,经由转发器发送给各地面接收站。

4. 卫星地面接收站:可以是设备复杂的集体接收站,也可以是个人的小口径接收天线,接收由卫星发射的电视信号。

5. 卫星测控站:通过遥测遥控技术跟踪测量卫星的状态,进行综合分析,根据需要对卫星进行调控,使之处于对地静止位置且保持良好的工作状态。

第二章 广播电视业的诞生与发展

广播电视技术的发明与发展为世界广播电视业的诞生和发展提供了强有力的物质条件和技术载体。但是世界广播电视业不仅仅是单纯的自然科学发达的现象,也不仅仅由于无线电爱好者们的作用①,最根本的动因是社会的需求。20世纪30年代至50年代是广播业的黄金时期,之后西方发达国家的电视业开始蓬勃发展,进入80年代后,广播电视业大规模的购并使市场重构及全球化发展成为广播电视业发展的主旋律。

第一节 世界广播业的诞生与发展

一 广播业的诞生(1920—1930)

20世纪20年代,一位无线电爱好者弗兰克·康拉德,他也是美国西屋电器公司的工程师,在匹兹堡附近设立了一座呼号为 8XK 的电

---

① 罗杰·费德勒著,明安香译,《媒介形态变化:认识新媒介》,华夏出版社2000年版,p.74。

台，经常同其他无线电爱好者通过电台对话并播放音乐，在无线电爱好者当中享有较大的影响。数以百计的无线电爱好者给他寄来信件表示尊敬，还有听众写信要求点播某唱片。为了满足听众要求，弗兰克·康拉德开始定期播出节目。

1920年9月29日，一家百货店在报纸上刊登了一则广告，以收听弗兰克·康拉德定期播出的无线电音乐会来推销它经销的10美元一台的矿石收音机。百货店的这则旨在推销收音机的广告引起了康拉德所在的西屋电器公司总经理戴维斯的注意。他意识到，完全可以建一座广播电台，定期播出节目，把收音机从过去仅是无线电爱好者和军队用户推广到广大的大众化消费市场。于是，戴维斯找到康拉德制造了一套功率更强的新发射机，并新建了一座广播电台。10月27日，电台获得了美国商务部颁发的正式营业执照。11月2日，由美国匹兹堡西屋电气公司开办的商业广播电台在总统大选日正式开播，呼号为KDKA，广播从晚上八点持续播出到午夜大选结果揭晓，在当时引起了非常大的轰动。这是世界上第一家正式进行商业经营的广播电台，被公认为世界上第一家正式的广播电台。

之后，世界上其他国家也陆续开办了广播电台。1922年10月8日，英国第一家广播电台英国广播公司（British Broadcasting Company，BBC）由马可尼公司等六家无线电器材公司合资创办，目的也是为了促销收音机。1927年，私营的英国广播公司被英国政府改组为公营的广播电视机构（British Broadcasting Corporation，简称仍为BBC，但实质相差甚远）。1921年6月21日，法国第一家广播电台由一家广播设备制造公司（CSF）建立。1922年2月，法国国家广播电台建立，通过法国埃菲尔铁塔（312米）进行定时广播。

1922年夏，前苏联在莫斯科建立了当时世界上功率最强的广播电台，并于11月7日正式开始播音。1923年至1924年间，比利时、德国、加拿大、新西兰、中国、印度、澳大利亚等国的无线电广播也相继问世。1925年,日本私营东京广播电台开始试验广播,后合并其他电台成立日本广播协会(NHK)。到20世纪30年代,无线电广播几乎遍及世界,从此,广播作为一种新兴行业,引起了人们的普遍关注并在社会生活中产生了巨大的影响。

二 广播业的发展与成熟(1930—1960)

从20世纪30年代开始,世界范围内的广播业开始全面兴盛,广播业在网台规模、节目制作、经济实力、媒介地位及影响力方面全面提升,进入发展的黄金时期。

1926年6月,美国无线电公司、通用电气公司和西屋公司合资建成全国广播公司(National Broadcasting Company,简称NBC),拥有两条覆盖全国的广播网络,即红网和蓝网。1927年,一些没有加入NBC的独立广播商在哥伦比亚留声机唱片公司的帮助下,建立了哥伦比亚广播公司(Columbia Broadcasting System,简称CBS)。1941年春,美国联邦通信委员会决定,NBC不得同时拥有红网和蓝网。1943年10月,糖果商人爱德华·诺布尔以10000美元买下蓝网,1945年6月15日正式使用美国广播公司(American Broadcasting Company,简称ABC)的名称。从此,美国的广播业开始形成了三大广播网三分天下的局面。

而在其他国家,1927年英国已有广播电台21座,收音机高达270万台。1959年,英国广播公司BBC对内广播已有78座电台,能覆盖全英99%的人口。1928年,前苏联有广播电台65座,收音机33万台。到50年代中期,全苏广播电台已发展到130多座。到了50年代,日本全国收音机数量就超过了1000万台,法国的广播已能覆盖全国人口的98%。

广播规模的不断扩大,使之日益成为人们生活中不可或缺的大众传播媒介。在电视大规模普及之前,广播作为最先出现的电子媒介风靡了整个世界,成为现代社会大众传播的主要媒介。

最初,广播还只是被人们看作提供娱乐的无线电音乐盒,但广播不仅在直接和快速报道新闻方面展示出独特的优势,而且面对一系列复杂的社会政事和经济问题时,广播评论越发显示出自身的特点。报纸媒介也开始不再视广播为合作共享的关系,而把广播作为竞争对手来加以防范和遏制。尤其是在20世纪30年代经济大衰退时期,人们经济窘迫、精神空虚、彷徨失落,广播更是生活中不可或缺的一部分。

二战的爆发,将广播尤其是对外广播的发展推向一个高峰。广播的远距离传送和生动有力的宣传效果,使之成为当时为战争服务的最好工具。1941年德国共有88个短波电台对欧洲广播,向全世界宣传纳粹主义。日本的广播电台"东京玫瑰"成为军部的重要工具。当然作为反击,英国BBC也用6种语言对欧洲广播,1942年美国创办美国之音广播电台(Voice of America,简称VOA)、美军电台等专门负责对外广播,这场"空中电波战"让各国都看到了广播的重要性。

三 电视时代广播业的调整(1960—1990)

1936年11月2日,英国广播公司BBC在伦敦以北的亚历山大宫建成的英国第一座电视台正式播出节目,从而标志着世界电视业的诞生。虽然二战的爆发使得电视在初创之后就基本停滞,但二战结束之后,各国又重新开始了电视的研发和建设。首先,美国的广播网纷纷转入电视业发展,从20世纪50年代起,电视开始大举进入美国人的家庭。1960年,美国87%的家庭拥有电视,1964年,彩色电视业开始普及起来。电视的诞生和普及,使广播受到了极大的冲击。大批广播明星纷纷进入电视圈,广受欢迎的节目也被电视借鉴过去。声画并茂、生动形象的电视节目一下子吸引了广大受众的眼球,单一通道的传播特点使得广播不可避免地被冷落了。

面对电视的冲击,广播不得不调整自己,寻找新的生存发展之路。从20世纪60年代开始,广播电台开始摸索出一条必须以走专业化节目来取胜的道路,不再以综合节目吸引大众的形式,转向为特定的听众提供专业化服务,产生了新闻台、宗教台、音乐台等专业化电台。不少广播电台还推出成本较低的全谈话频率,以讨论、访谈、热线互动为主要节目形式,取得了很好的收听效果。同时,节目也逐渐地方化,美国的广播电台开始发挥自身区域化、社区化的特点,减少广播网的播出规模,尽量将自己的报道事业限定在本地区、本社区,节目构成也基本以本地新闻、时事、娱乐等等为主,收到本地听众的欢迎。

与此同时,美国汽车工业的发展为广播的复苏起到了推波助澜的作用。早在20世纪50年代起,美国的汽车制造商将广播作为汽车的标准附件,在汽车业的带动下,受到电视业强大冲击的广播业获得了一片狭小却稳定的天地。从此,美国的广播业的复苏、繁荣与美国汽车业的发展一路同行。

第二节 世界电视业的蓬勃发展

一 世界电视业的初创(1936—1945)

1936年11月2日,英国广播公司BBC在伦敦以北的亚历山大宫建成的英国第一座电视台的演播厅室内播出了一场大型歌舞表演,从此宣告了世界电视业的正式诞生。早期BBC的电视节目每日播出两小时,节目主要为戏剧、音乐、体育比赛和游戏等,新闻性并不强。直到1938年9月30日,BBC播出了英国首相张伯伦从慕尼黑归来的实况,这是世界上第一次实况转播的新闻事件。

在德国,纳粹政府十分重视宣传,而且早在1935年3月22日就开始在柏林正式播出电视节目,1936年8月集中力量对在柏林举办的奥运会进行了电视报道,并设立28个收看点供集体收看。虽然德国正式播出节目的时间比英国早,但没有人把纳粹政府的电视诞生日作为世界电视的纪念日。

1932年，法国建立第一座实验电台，并在1938年开始每天定期播出电视节目。1939年苏联莫斯科电台也开始定期播出节目。

而在美国，电视播出要稍晚一些。1939年4月1日，美国无线电公司总经理戴维·萨尔诺夫领导子公司NBC成功完成全自动电视系统的研制，并于4月30日对美国纽约博览会实况进行实验播出。NBC在距离主席台大约50英尺远的平台上架起一台最原始的电视摄像机，当时的美国总统富兰克林·罗斯福致开幕词，他成为历史上第一个在电视上出现的总统。1941年6月，美国第一家商业电视台——NBC全国广播公司的WNBT成立，并于7月1日开播，每天播出2—3小时的黑白节目，采用525行扫描标准，美国的电视业正式诞生了。到1941年12月，全美国有32家商业电视台获得执照。

早期的电视节目内容是体育竞赛——棒球、橄榄球、摔跤、赛马以及拳击等各种比赛的转播。各大电视网的全部播出时间中，60％为体育转播，其他的节目内容还有老电影、肥皂剧、旅游风光片、游戏节目等等。当时因为没有专供电视使用的摄录设备，电视新闻仍然是用电影摄像机和电影胶片拍摄而成，所以早期电视新闻的发展由于这些技术原因而停滞不前。由于电影设备笨重、成本昂贵，所以电视新闻片的时效性不强，数目很少，很快就播完了。所以在当时报纸和无线电广播新闻仍以其及时、准确的新闻报道，树立起权威的新闻形象，为绝大多数人获取新闻的主要来源。

二 二战后的恢复和发展（1945—1960）

第二次世界大战的爆发，使世界范围内绝大多数国家不得不中断了电视的实验和播出，英国的BBC电台被征为战用，只有美国还有6家商业电视台在勉强维持，但不仅播出时间短，内容也不过是一些防卫信息。二战期间，刚刚诞生的电视事业基本停滞了。

二战后，苏联于1945年5月7日，第一个恢复和重新开办电视节目，但每周只播出两次。1945年10月,法国国营广播电视公司开始从埃菲尔铁塔播出电视节目。1946年7月7日,英国重新开始播出电视节目。

欧洲国家中除了挪威于1960年、土耳其于1968年才开办电视外,其他国家纷纷在50年代开办了电视节目。大洋洲的澳大利亚、新西兰分别于1956年和1960年开办了电视。在亚洲,日本广播协会的东京电视台于1953年正式开播,菲律宾于1953年、中国于1958年、印度于1959年先后建立电视台,其他国家如印度尼西亚、马来西亚、新加坡、巴基斯坦则在60年代陆续开办了电视。在第三世界国家中,拉丁美洲的墨西哥、古巴和伊斯兰国家中的伊拉克、阿尔及利亚、埃及和叙利亚以及非洲的摩洛哥、尼日利亚也于50年代开办了电视,其他国家则在60年代以后才陆续设立了电视台。

到1957年底,英国在各主要城市共建成23座发射塔,全英电视网初步形成,覆盖区人口达到90%以上。1958年,全苏联有67座电视台,居民拥有电视机由刚恢复时的420台发展到300万台。

美国电视台的发展最为迅猛。1946年,美国的电视台由6家猛增至108家,使得美国联邦通信委员会FCC不得不于1948年9月采取"冻结"政策,停止审批新的电视台的设立申请,这项政策直到1952年4月才宣告解除。1955年,美国拥有电视机的家庭达到78%。十年间,电视机已从奢侈品变成了美国人现代生活的必需品,电视的影响逐渐超过了广播。此后,美国的电视业进入了蓬勃发展的时期,并在各个方面成为世界电视业的先行者。

三 美国电视业的蓬勃发展(1960—1990)

从20世纪50年代后期开始,随着世界范围内电视业的广泛兴起,各国电视业陆续进入发展的全盛时期。但由于经济实力等各种原因,各国电视业的发展节奏并不一致,电视业的发达程度也很不均衡。当亚洲、非洲的大部分国家的电视业才刚刚开始的时候,美国电视业已进入成熟的发展期。

1952年,随着美国"冻结"政策的解禁,美国新建电视台如雨后春笋般的涌现出来。1960年,美国电视台的数量达到617个,1970年达到872个,1980年为1013个,到1993年为1505个。美国黑白电视的普及率由1950年的9%猛增到1959年的88%。1964年,美国的彩色电视机开始普及,至1975年,美国已有85%的家庭拥有了彩色电视机。80年代初,美国的电视机拥有量已达到1.5亿台,美国99.5%的家庭至少拥有了一台电视机,超过90%的家庭拥有彩色电视机,超过50%的家庭拥有2台或以上的电视机。

作为世界上电视业最为发达的国家,美国的商业电视不仅浓缩了电视媒体发展演变的历史,同时也代表了电视业的最高标准。在此,我们以美国为例,来全面考察处于鼎盛时期的电视业的发展。

1. 电视网的黄金时代

随着电视规模的不断扩大,美国的大中城市很快发展为"一市数台"的格局。1952年,由于规模经营和竞争的需要,已有广播联网经验的NBC和CBS在主要的大城市之间建立了电视联播网。作为电视领域最大的垄断组织,电视联播网都有直接经营的电视台(直属台)和相当数量合作经营的附属台。1954年,NBC和CBS直属的12家电视台的利润已占美国全电视行业的一半以上。ABC通过和杜芒特集团的竞争,终于在1960年成功跻身为第三大电视网。1960年美国电视的毛收入超过12.68亿美元,税前利润为2.44亿元,平均利润率为19.2%。

随着广告和电视节目制作费用的高涨,广告商联合赞助节目的方式取代了以前单一的广告赞助方式,节目审查的权力也从广告商的手中转移到了电视网,这极大地增强了本来拥有电视播出平台的电视网的权力,致使独立制片人为换取播出时间,不得不将节目的版权和发行权部分出让,电视网的利润也大幅度增加。1960年,电视网的节目时间占据了整个电视节目时间的 60%。虽然在 1975—1983 年间,大约 70 家独立电视台(指不附属于三大电视网的地方性电视台)在播出节目,但各独立电视台之间松散的组织方式,对 NBC、CBS、ABC 三分天下的局面没有任何冲击。整个六七十年代的晚间电视黄金时段中,90% 的美国家庭都在收看三大电视网的节目,地方独立电视台基本上没有与电视网竞争的可能性。美国无线电视联播网由此进入发展的黄金时期。80 年代期间,全国范围内三大电视网已大约拥有近 600 家附属地方电视台。

2. 独立制作公司与辛迪加的发展

美国无线电视联播网发展到黄金时期,其内部的收视率竞争却十分激烈。尤其是黄金时段的节目竞争更是到了白热化程度,收视率相差一个百分点,广告收入就能差出 2000—3000 万美元。收视率的高压,使得电视网失去节目试验与冒险的勇气。而电视网也越来越贪婪,它向附属台要求更多的播出时间,地方台和电影公司都不敢得罪它们。此外,电视网还控制着节目的销售和发行公司,无可争议地成为当时电视业的霸主。

从 70 年代开始,美国电视联播网的霸主地位遭到了来自政府的干预。为增强市场的竞争力,美国联邦通讯委员会 FCC 出台了一系列的法案,重新规范电视市场,遏制电视网的权力。FCC 制定的《黄金时间进入规则》规定:在每天晚间 7:00—11:00 的黄金时间里,电视网只能使用 3 个小时;只有在周日,另一个小时才能用于电视网,而且只能播出儿童节目、新闻节目、时事节目。同时,《财政利益和节目发行公司规则》规定:联播网购买的节目除播映权以外不得再获取任何利益,不得参加辛迪加①出售节目等;除了新闻、时事节目外,禁止电视网全部

---

① 辛迪加(syndicate):垄断组织形式之一。参加辛迪加的企业在生产上和法律上仍然保持自己的独立性,但丧失了商业上的独立性,销售商品和采购原料由辛迪加总办事处统一办理,其内部各企业间存在着争夺销售份额的竞争。

或部分拥有节目版权,取而代之的是制作公司获得节目的所有权和辛迪加版权;同时,FCC还强迫地方附属台每晚必须播出不少于3小时的联播网之外的娱乐节目,以给地方节目制作力量增加新的市场机会。

美国电视政策的调整,使电视市场迅速转变为"买方市场"。尽管联播网还有决定节目是否播出的大权,但"制播分离"使独立制作公司和辛迪加快速发展起来。美国的电视台自己主要制作新闻类的节目,音乐、娱乐、戏剧等其他类型的节目多从各种节目辛迪加公司购买。在常年的节目制作中,独立制作公司的专业水准大幅度提高。每个联播网每年从独立制作社购买的节目数量已经从60年代后期的800个左右发展到80年代初的2000个,美国的节目生产与制作已经发展为一个相当规模的产业。

与此同时,成熟和完善的市场营销调查机构也逐渐成为这个产品运作体系中的重要部分。美国调查产业所提供的信息是各种决策必不可少的依据和基础。美国的广播电台、电视台就是从这些调查公司手中购买他们的产品——调查研究报告,或签合同形成客户关系,委托调查公司为自己的电台、电视台进行受众市场、广告等方面的调查、研究与分析。比如美国专门调查电视受众的公司尼尔森媒介调查公司(Nielsen Media Research Inc.)就是成立于1936年,它是美国最大的专门研究北美电视观众及市场的公司。

到80年代,美国电视业已形成了高度专业化、细分化的媒介产品运行机制。美国也因此成为世界上最大的电视节目、音像产品出口国,其影视产品出口创汇已排在所有产品出口创汇的第二位。

3. 卫星传送与有线电视的发展

美国在1948年开始建设有线电视,从70年代后期卫星电视技术出现后得到了长足的发展。1972年,美国通过了所谓的"天空开放政策"——《关于建立国内卫星通讯网络的第二次报告和命令》,从此,美国进入了卫星传送节目的新时代。无线上星、有线入户的传播形式使得美国的有线电视得以迅猛发展。1972年,美国开办了最早且影响很大的有线电视台HBO电视网(Home Box Office),全天候播出电影、音乐、纪录片、体育赛事等娱乐节目。HBO建立伊始,主要通过地面微波无线传送,1975年改为通过卫星传送。80年代,HBO的用户达到了1000万户,1991年为1760万户。

美国特纳广播(TBS)董事长特德·特纳(Ted Turner)于1980年6月在美国佐治亚州的亚特兰大创办了著名的有线电视新闻网(Cable News Network),通过卫星向有线电视网和卫星电视用户提供全天候24小时不间断的新闻节目。每周七天,每天二十四小时的国际国内直播报道和新闻追踪,使得CNN很快成为美国影响最大的有线电视新闻网。

除了HBO、CNN外,80年代的美国还创办了一批专门的有线电视节目公司,通过卫星向全国各地的有线电视系统传送节目。其中著名的有线电视网有ESPN娱乐与体育节目电视网(全称Entertainment and Sports Programming Network),它是24小时专门播放体育节目的有线电视联播网,最初ESPN也播放娱乐节目,后来全力发展体育节目,由斯科特·拉斯穆森与其父比尔·拉斯穆森创立,并于1979年9月7日开播。还有娱乐时间电视网Showtime(全称Showtime Networks Inc.),属于维阿康姆电视集团(Viacom Television Stations Group)旗下的付费电视网,这个欲与HBO一争高下的付费频道,锁定了另类前卫的路线,血腥、暴力、同性恋几乎是Showtime的代表性主题。MTV全球音乐电视台(Music Television),成立于1981年8月1日,也是维亚康姆集团旗下的一个电视传媒机构。在MTV中可以看到最新流行MV、年轻VJ、有关音乐的新闻与娱乐节目,这些都让MTV受到年轻观众的欢迎,MTV音乐电视台深入全球165个国家和地区的四亿户家庭,是全球范围内深受年轻人欢迎的媒体。探索频道

(Discovery Channel),是由探索通信公司(Discovery Communications)于 1985 年创立的,探索频道主要播放流行科学、崭新科技和历史考古的纪录片。还有全世界第一家电视购物公司是美国家庭电视购物网 HSN(Home Shopping Network),它于 1982 年在美国佛罗里达州创办。新颖的模式吸引了很多观众的注意,HSN 采用实况转播,从事拍卖活动,三年后,这套电视购物节目在全美范围内播出。

美国有线电视的专业化发展,对综合性的传统三大电视网带来了很大冲击。70 年代,三大电视网的观众逐渐减少,到 90 年代,三大电视网的观众已从 90％的占有率下降到 60％左右,而美国 9690 万家庭用户中,60％以上都接入了有线电视。

美国的有线电视节目基本上可以分为三类:基础有线电视服务(basic cable services)、付费电缆电视服务(pay cable services)和特别服务(specialty services)。基础有线电视服务是有线电视系统中最主要的一种形式,也是收费最低的形式,大概每月收费 5—15 美元。基础有线电视提供地方广播电视信号和广告商赞助的有线电视节目。

付费电缆电视始于 1976 年,付费电缆电视要求订户在基础有线收费外另外交付一笔费用。由于订户额外付费,付费电缆电视一般就不插播广告,这样观众就可以看到在无线电视系统中看不到的电视节目,并且不受广告的打扰。比如上文中提到的美国目前最大的付费电缆电视机构 HBO,它的节目大约在 7000 家有线公司播出,有约 20％的美国家庭(约 1600 万户家庭)接收它的节目。处于第二位的是 Showtime,而 HBO 的母公司时代华纳公司拥有的 max 系列中一个专门播放电影的 Cinemax,居第三位。其他重要的付费电缆电视还包括电影频道、迪斯尼频道等。许多美国家庭都特别喜欢这种在家看电影、看体育赛事以及娱乐特别节目的方式。

特别服务节目是有线电视公司提供给订户的特色节目,如美联社(The Associated Press,美国联合通讯社,简称 AP)的美联社有线新闻

(AP News Cable)、美联社经济新闻(AP Business Plus)和有线体育追踪(Cable Sports Tracker)以及路透社(Reuters)的新闻观点(News View)等。

4. 电视节目形态的多元化及电视新闻节目的发展与成熟

二战后,最初的电视节目大多都是从广播移植而来的,但不甘寂寞的技术研发人员和富有创意的电视编导不断试验新的视觉表现形式,电视节目类型很快超过了广播。到了1951年,美国的电视节目体系已初具雏形。

根据1951年1月美国全国教育广播联合会(NAEB)对纽约7个电视台一周的节目调查,发现在电视播出的564小时的节目中,25%是戏剧节目,其中包括10%的警匪剧和6%的西部剧;14%是综艺节目、杂耍表演;13%是儿童娱乐;新闻、体育、家政及采访各占10%。①

其中最能代表新闻传媒发展水平的电视新闻节目在这一时期取得了大发展与成熟。最早的电视从模仿广播新闻开始。二战结束后,全国广播公司NBC开始雇佣报社摄影记者拍摄图像新闻,哥伦比亚广播公司CBS则请来新闻电影纪录片的摄影师指导电视新闻的拍摄。1948年8月15日,CBS开办第一个晚间电视新闻节目,次年NBC开办的新闻节目《骆驼新闻大篷车》也开播了。

1951年,CBS著名记者默罗和费兰德里创办了《现在请看》(See it now)时事新闻节目。1953年NBC的《骆驼新闻大篷车》和CBS的《道格拉斯·爱德华兹主持电视新闻》两档节目开始固定播出,每次15分钟。但是由于电视技术的制约,许多电视新闻节目的制作人和主持人还没完全从广播新闻的模式中走出来。1953年,电视第一次向全国播送艾森豪威尔总统的就职仪式。1955年,艾森豪威尔总统首次批准录

---

① 郭镇之,《电视传播史》,北京师范大学出版社2000年版,p.201。

下他的记者招待会由电视播出。1960年,年轻的肯尼迪总统首创电视直播总统记者招待会。

从60年代开始,电视新闻逐渐显示出它独有的现场报道的魅力。1963年11月22日,美国达拉斯时间12点30分,约翰·肯尼迪总统遇刺事件使电视新闻彻底摆脱了报纸新闻和广播新闻的竞争压力,第一次牢牢地抓住公众的注意力。当总统遇刺并受重伤的消息通过合众社(United Press International,美国合众国际通讯社,简称UPI)的电讯传出时,十分钟之内,三大电视网全部中止了日常节目,全力以赴投入到对这一重大事件的连续报道中,接下来的四天内,所有的电视网连续报道了事件的进展。从肯尼迪的遗孀陪同总统灵柩回华盛顿到约翰逊总统的继任,从谋杀嫌疑犯在电视镜头前被枪杀到肯尼迪总统的葬礼,电视新闻使人们目睹了一连串惊心动魄的事件,并给人们带来了巨大的情感冲击和深刻反思。从肯尼迪的葬礼仪式直播开始,美国人开始主要通过电视而不是其他大众传播媒介来获取丰富的新闻信息。

此后,一系列重大的新闻事件:1968年马丁·路德·金被刺后黑人区的骚乱、罗伯特·肯尼迪遇刺身亡、1969年7月22日阿波罗号首次载人登上月球、1974年尼克松总统辞职等等,各家电视网都给观众提供了难以忘怀的新闻现场报道。尤其是越南战争,当电视用真实连贯的画面表现这场战争的血腥、残酷和磨难时,引发了许多美国人对战争的深层思考,并促成了国内反战舆论的形成,最终以美军撤离越南而宣告了战争的结束。

1963年开始,三大电视网先后把晚间新闻从15分钟增加至30分钟,并确立了主持人制度。之后被称为"全美国最信赖的人"的CBS《晚间新闻》的主持人沃尔特·克朗凯特(Walter Cronkite)和NBC晚间黄金收视时间的名牌新闻栏目《亨特利-布林克利报道》一对搭档切特·亨特利(Chet Huntley)、戴维·布林克利(David Brinkley)都成为美国家喻户晓的人物。

70年代,电视网每天提供30分钟的新闻节目,星期日还提供15分钟的新闻综述节目。80年代,电视网全天的新闻节目以早间软新闻、滚动播出的简明新闻、作为主力的晚间新闻以及夜晚的访谈节目所构成。

除了在时长和时段上拓展,美国电视业开始创造新闻节目的其他形态。1968年9月24日晚10点,CBS播出了一档具有全新理念的新闻节目《60分钟》。CBS新闻部制片人唐·休伊特要开创一种与传统的一本正经的问题讨论和一板一眼的新闻播报不同的电视节目形式,要用"讲故事"代替"探讨问题"。节目长度1小时,由3个独立调查性短片组合而成,无栏目主持人,只在每个短片前由该片的出镜记者在演播室做一个简短述评。《60分钟》以符合大众文化接受心理的故事性表现手法,通过情节、冲突、悬念来吸引观众,和记者一起追踪事件的原委,"像好莱坞包装小说那样有吸引力"①。精彩的故事、系列的提问、亲历的现场、调查式报道、"硬新闻"的主题、公众的立场及严肃的态度,使《60分钟》在1976年成为周日夜间节目的收视冠军,从此也迎来它真正的黄金时代。到1979年,《60分钟》荣登尼尔森电视节目收视率排行榜冠军宝座,收视率的成功也为CBS带来了巨额利润。30多年来,《60分钟》为CBS创下2亿美元的进账,这是任何单个电视新闻节目都望尘莫及的。②

《60分钟》的成功使国内外电视同行相继效仿。经过各自的精心打造,CBS的《48小时》(48 Hours)、NBC的《日界线》(Dateline)、ABC的《20/20》、《夜线》(Nightline)等栏目,以相同的电视新闻杂志的样式

---

① 唐·休伊特,《60分钟:黄金档电视栏目的50年历程》,司诗远、林洲英译,清华大学出版社2004年版,p.71。

② 程晓鸿,《60分钟的35年深化——专访总制作人唐·休伊特》,《新闻周刊》2003年7月刊。

和各自不同的风格特色,成为各电视网的王牌栏目。

上一节中提到的全世界第一个24小时全新闻频道——CNN,创办人特纳说:"电视只做四件事。电视播放电影,这已经被HBO做过了。电视报道体育运动,这又被ESPN做过了。电视关注日常事务,这也已经是三大电视网的专利。剩下的就是新闻了。"因此,他要以全景、连续、详尽的形式向观众展示一幅幅当代世界活动的历史画卷。从1980年6月1日开播以来,已经发展成15个有线和卫星电视频道网络(如CNN头条新闻和CNN财经)、12个网站、2个当地电视网络(如CNN机场网络)和2个广播网络。CNN在全球还拥有多个地区和外语频道。CNN在1995年8月30日启动了自己的新闻网站:CNN.com,被称作是互联网上第一个新闻网站。1981年,率先在电视上报道里根遇刺事件引起轰动。在1991年的海湾战争中,CNN的国际知名度得到提升,他们关于战争的现场报道吸引了全世界的目光。1995年,时代华纳并购CNN所属的特纳广播公司,使时代华纳成为当时全球最大的媒体集团。2001年,CNN于2001年9月11日上午8时49分开始现场直播911袭击事件世界贸易中心遇袭情况,是全世界第一个报道911袭击事件的新闻媒体。

CNN的崛起在电视领域引发了一场革命,对电视媒介、电视新闻、电视理论等均产生相当影响。有学者认为,CNN重新界定了新闻的概念,新闻在过去是指已经发生的事情,而CNN则把新闻变成了正在发生的事情。概括起来,CNN的核心理念有三点:1.它24小时不间断地播报新闻;2.它的目标是全球性的——CNN从世界任何一个角落向全世界播报新闻;3.它的新闻报道将是现场的——CNN在新闻事件发生时,而不是发生后播报新闻。

从模仿广播新闻到发挥电视新闻优势,从简明新闻到深度报道,从录制播出到现场直播,从定时新闻播出到24小时不间断报道,电视新闻的传播速度越来越快,传播范围越来越广,报道内容越来越丰富,电视新闻形态也越来越成熟,并对社会生活产生了深远的影响。

第三节　广播电视业的市场重构与全球化

进入20世纪80年代后,包括卫星技术、数字化技术和网络技术在内的新媒体技术,促进了以美国为代表的发达国家的广播电视产业的市场重构,美国广播电视产业的资本迅速集中到少数媒介巨头手中。这种集中带来的雄厚经济和技术实力赋予了美国媒介产业在全球化竞争中无可比拟的优势。

一　购并:广播电视业的市场重构

在新媒介技术的渗透和美国联邦政府逐步放宽的背景下,从20世纪80年代开始,包括广播电视在内的美国媒介市场发生了一系列的结构性变化。这种结构性变化是通过广播电台、电视台的购并来完成的。

美国广播电视工业的许多标准都是在1980年代前后建立起来的,这包括:第一,在每个秋季改版,定期推出新节目;第二,节目创意要进行大规模的宣传与推广;第三,大明星大制作。在这一阶段,对于不少独立制作公司而言,一个绝好的赚钱机会就是在制作原创性节目的同时,还制作那些已经有了一定的知名度但由于收视率不理想而在改版时被联播网取消掉的节目,再在来年大量发行给地方台,并将广告时间卖给全国性的广告商。在这个过程中,辛迪加通过最大范围的节目发行而获利,制作公司也得到了相当的保障。

1986年,美国无线电公司(包括属下的全国广播公司NBC)被通用电气公司(General Electric Company,简称GE)以63亿美元的价格收购,结果无线电公司及全国广播公司的营业额上升到数百亿美元,并且发展成为对电子、电器、发电、核能、汽车、铁路、航空、化纤、保险金融等各个行业直接投资和间接参股的全球性企业。

1985年哥伦比亚广播公司CBS被劳伦斯公司和劳斯公司(经营旅馆、电影业、金融业)收购,1995年8月1日又被出售给西屋公司,结果在电器、核能、卫星、电信、防卫等领域拥有多家产业的西屋公司,又拥有了14家电视台和39家广播电台。

1986年美国广播公司ABC先是以35亿美元被大都市公司收购,1995年7月31日大都市公司又被迪斯尼公司(The Walt Disney Company,简称TWDC)以190亿美元收购。从此,一个具有570亿美元资产的大型媒介公司诞生了。迪斯尼公司的资产包括电视网、电视台、广播电台以及电影制作公司、电视和动画演播室、有线电视网、出版公司、零售商店等。1997年其营业额近225亿美元,广播电视方面的营业额为63亿美元,约占总营业额的30%,成为与艺术制作、娱乐旅游并驾齐驱的迪斯尼支柱产业之一。同时,美国广播公司在美国媒介激烈的竞争中有了强有力的后盾,成为美国也是世界上第二大媒介和娱乐业产业集团。

80年代后期,当时美国最大的影视制片公司"华纳传播公司"和实力雄厚的有线电视"时代公司"合并为"时代华纳公司"。1995年8月22日,时代华纳公司以75亿美元合并了特纳广播公司,从而成为美国也是世界上最大的媒介产业集团。

美国新增的独立电视台、电视网也呈现出与媒介巨头连为一体的趋势。其中最引人注目的是1984—1985年连续收购20世纪福克斯公司和米高梅电影公司后创建福克斯电视网的鲁伯特·默多克(Rupert Murdoch)。福克斯电视网因此成为默多克的世界媒体帝国——新闻集团(News Corporation)在美国的广播电视部门。新闻集团是世界上规模最大、国际化程度最高的综合性媒体集团之一,前身是澳大利亚新闻有限公司,经过五十多年的时间,现已发展成为一个庞大的传媒帝国,涉足几乎所有的媒体领域。新闻集团经营的核心业务涵盖电影、电视节目的制作和发行、无线电视和有线电视广播、报纸、杂志、书籍出版以及数字广播、加密和收视管理系统开发。

1996年2月,美国政府通过新的电信法,又一次掀起合并、购并、买断产权、合作经营和合资经营的高潮。1996年6月,西屋全国广播公司以49亿美元买下无线广播公司,成为拥有77座电台的广播巨头,同时获得全国10个最大广播市场的控制权。1996年6月,默多克新闻集团下属的福克斯公司与全美最大的有线电视经营者电信公司TCI合办24小时有线电视新闻节目。1997年1月,新闻集团又以30亿美元购买了新世纪通信集团公司的全部股权;3月,以13亿美元购买赫里帝奇媒介公司,出资10亿美元购买国际家庭娱乐公司;9月,接管拥有3000部电视连续剧和50多部电影的MIM公司;11月,和美国微波通信公司MCI合资开办了美国空中广播公司,开通200个频道。到1998年底,美国已有几十家传媒公司合并,合并总值达到16790亿美元。

美国广播电视产业重构也带动了欧洲大陆的合并风潮。在德国,1997年1月14日,卢森堡广播公司和德国贝塔斯曼的子公司乌发公司正式合并,成为欧洲最大的私营电视集团,拥有19个电视台和23个广播电台,分布在10个欧洲国家。尼奈科斯公司、贝尔有限媒介公司和视频电子公司合并,成为英国最大的有线电视经营者——有线和无线通信公司。法国新频道电视台先后购并UGC的电影发行公司和荷兰电视网,形成了新频道电视集团,成为欧洲第一大收费电视公司。

在亚洲的发达国家日本,1998年5月两家卫星直播电视台完美电视台和日本空中广播公司合并成为日本最大的卫星直播电视台——空中完美电视台。

从20世纪80年代开始的以美国为首的世界广播电视产业的重构,在不长的时间内使全球的媒介市场已经成为9到10个最大的跨国媒介公司的天下。发达国家掀起的广播电视媒介大合并、大购并的浪潮,有着非常鲜明的特点——从广播电视本行业的合并扩展到跨行业的合并;从国内的媒介合并扩展到跨国媒介的合并;合并的结果是产生了一批超级媒介集团,形成了群雄争霸的局面;合并的目的是筹集资金、研制和采用高新技术、增加抗衡实力和提高竞争力,控制国内广播电视市场,进而向世界扩张,占领国际电视市场。

二 全球化发展

1962年7月10日,美国太空总署成功地发射了"电星一号",运用通信卫星开始传输电视节目,成为电视传播手段的一大革命,它使电视传播的国际化和全球化成为可能。

1983年,美国开办世界电视网。1990年,世界电视网覆盖了128个国家的190个城市,用英语、法语、西班牙语、阿拉伯语、汉语等语言播出。

1991年3月,英国广播公司BBC首先开办对欧洲地区的电视新闻节目,半年后开办全球电视广播,首先是亚洲和中东,一年后对非洲广播。1994年BBC与皮尔逊公司合作开办两个通过有线和卫星传送的频道——世界新闻频道和娱乐频道,1995年进入美国,专门为美国观众编排每天6小时的电视节目。现在BBC的世界电视台BBC WORLD全天24小时向141个国家播出。

法国1992年创办国际电视台CFI,向全世界72家有线电视网传送节目,覆盖非洲33个国家和中欧、东欧、拉丁美洲地区,用法语、英语、西班牙语、阿拉伯语进行电视广播。

1992年4月1日,德国之声电台开办德国之声电视台DW-TV,用德语、英语播出6小时节目。1995年,该台向亚太地区每天播出24小时的电视节目,其中包括12小时的德语节目、10小时的英语节目和2小时的西班牙语节目。

1995年4月,日本广播协会NHK开办国际电视广播,到1998年它的节目已经传送到世界各个地区,它每天对亚太地区播出18个小时,对欧洲、北美每天播出3小时和5小时节目;10月份开始对中南美、中东、非洲等地区广播,用日语、英语广播。据不完全统计,有26个国家已开办了官方、半官方的国际电视台。

除了官方创办的国际广播电视近年来保持强劲发展势头之外,商业性的国际电视在国际传播领域也开始占有重要地位。一些已在本土获得成功的有线电视网也借助卫星电视等技术,开始由国内转向国外发展。

CNN在海湾战争中一举成名之后,已向137个国家几百家电视台提供新闻,覆盖200多个国家和地区,直接观众已超过2亿户。探索频道Discovery自1989年全球性发行后到如今已拥有15个娱乐品牌,并以33种语言通过77家独立播出机构覆盖155个国家逾4亿的家庭用户,成为全球发展最迅速的有线电视网络之一。

在20世纪的后20年,世界广播电视业规模、结构快速发展所形成的大型媒介集团,最重要的趋向就是全球化。除了本土媒介市场的竞争日益激烈外,大媒介集团已经越来越依赖于国际市场的开发。美国迪斯尼/ABC的海外业务已经十分可观,1998年其总盈利中有38亿美元即17%来自美国本土以外的国际市场,主要来自于创意内容、广播电视节目、主题公园与商业零售业。其中ESPN由于广泛开发国际市场,1998年的盈利增长了20%,达到了约17亿美元,现金流动则增加17%,达7亿美元。1998年,迪斯尼的全部广播电视产业(ABC、ESPN、Disney Channel等)的盈利增加了10%,达71亿美元,其中营业额提高了3%,为13亿美元。NBC除了拥有和运作十余个分布在美国本土主要大市场的无线电视台以外,还进入了有线电视、国际电视和新媒介等传播领域。它的两个有线电视服务,一是有关商业和经济信息等的CNBC,不仅在美国受到欢迎,还进入了欧洲和亚洲;另一个是MSNBC,这是NBC和微软合作的有线电视新闻网和因特网新闻站点,在世界范围内也越来越有影响。为进一步进入国际市场,NBC1993年开播了面向欧洲的 Super Channel,1994年则把相应的一套节目拓展到亚洲。在欧洲,家用录像带销售的市场份额,迪斯尼占17.4%,紧随其后的是时代华纳,占13.8%。[1]

---

[1] 陆晔,《世界电视业:全球化背后的无限商机》,传媒学术网。

第三章 我国广播电视业的诞生与发展

第一节 新中国成立前的广播业

一 北洋政府时期的广播事业

我国广播事业的起步基本上与世界广播事业同步,第一批广播电台出现于20世纪20年代初,与早期的近代报刊、通讯社一样,是由外国人创办的。1922年12月,美国工程师、商人、记者奥斯邦在上海创办中国无线电公司,并与英文报纸《大陆报》合作,由一位旅日华侨曾某出资,创办了我国第一座广播电台——"大陆报—中国无线电公司广播电台",呼号XRO,发射功率50瓦,于1923年1月23日晚正式开始播音。电台每晚播出一小时的广播节目,主要内容是播放音乐、娱乐节目和由《大陆报》提供的国内外新闻。当然电台并没有忘记推销无线电器材的初衷,为了普及收音机、广播的相关知识,电台还举办过无线电常识的讲座。

早期外国人在上海开办的电台中影响较大、时间较长的是1924年5月开始播音的美商开洛电话材料公司所办的电台。开洛公司广播电台与《申报》合作,在报馆安装播音室以报告新闻,播音持续了四年之久,直至1929年10月停播。原因主要是当时北洋政府改变了严厉取缔无线电广播的法令,加之该台节目深受听众喜爱,外国人在上海接二连三地办电台,人们对收听广播的兴趣与日俱增,当时广播被称为"空中传音"、"空中佳音"或"无线电话"。

外国人相继在我国开办无线广播,其中一部分电台是单纯为推销无线电器材服务的,但也有不少电台,事实上在经济、政治、军事、文化等方面对我国进行渗透,为其所属国家进行宣传。到抗日战争爆发之前,美、英、法、意等国家仅在上海租界就办有7座广播电台,俄国、日本在东北地区也建起十几座电台;而抗日战争胜利以后,美国还在天津、青岛等地建立了军事专用的广播电台。

中国人自办的广播电台除官办之外,在20年代后期还出现了民办电台,1927年3月,上海新新公司为推销自造的矿石收音机,开办了一座设备相当简陋的电台,发射功率仅为50瓦,主要播放唱片,并转播游艺场的南方戏曲。这是我国第一家私营广播电台。

二 国民党统治时期的广播业

1928年8月1日,中国国民党中央执行委员会广播无线电台,简称中央广播电台,在南京开始播音,呼号为XKM(后改为XGZ),发射功率500瓦。这是国民党当局继中央通讯社、中央日报社之后创办的第三个中央宣传机构。该台所有的新闻稿均由中央通讯社提供,内容包括演讲和新闻,并统一播发所有中央重要决议、宣传大纲、通令通告等。然而由于发射功率较小,收听效果欠佳,许多地方很难听到。1932年11月12日,国民党政府在南京新建的中央广播电台正式开播,发射功率高达75千瓦,呼号改为XGOA。它是当时亚洲发射点里最强的广播电台。之后,国民党在全国一些主要城市和地方建立起一批地方广播电台,截至1937年6月,国民党的广播电台共有23座,全国收音机总数约有20万台。

1937年七七事变之后,抗日战争全面爆发。国民党的广播事业在抗战初期遭受严重挫折,各地广播电台部分落入日军手中,部分则离开城市迁往偏远地区。到1938年底,国民党的广播电台仅存六七座。

抗战相持阶段,在英美国家的援助下,国民党广播事业有所恢复。1939年2月6日在重庆建成中央短波广播电台,1940年1月5日更名为中国国际广播电台,英文名定为Voice of China(中国之声,简称VOC),该台使用英、德、法、西、俄、日、泰等多种外语以及汉语普通话、粤语等,向欧洲、北美、东南亚、苏联、日本和我国东北、华南等地区播音,每日播音时间长达10小时。

除了官办电台以外,这一时期还出现了一批民办私营电台,这些电台很少制作时事新闻类节目,主要分为三种类型:第一类为商业性广播电台,以播放娱乐节目与广告为主,通常规模较小;第二类为教育性电台,多由民间学馆或教育机构兴办,受众范围较狭窄,节目内容也较为单一;第三类为宗教性电台,这类电台与海外宗教势力及官方维持着较为密切的联系,通常这类电台的经营资本较为充裕,但由于节目内容集中于相应的宗教教义的散播,其听众范围也较为有限。

1945年抗日战争取得全面胜利,随着日军投降,日伪政权主办的广播电台均停止播音等待接管,国民党当局采用各种手法来接管了日伪政权留下的大部分广播电台(其他小部分被八路军、东北抗日联军等接收)。国民党统治区内广播事业得以迅速恢复发展,其中有国民党、国民政府主办、控制的党营电台、官方台,据1947年9月的统计,当时国统区的广播电台数为131座,总发射功率为460千瓦[1],但其中民营广播电台只占少数,发射功率累计不足10千瓦。

国民党中央广播电台随着国民政府于1946年迁回南京,但国民政

---

[1] 温济泽,《从邸报到现代新闻事业》,载《中国新闻年鉴》,中国社会科学出版社1982年版,p.10。

府并未延续由抗战胜利而积累的政治名声,中央广播电台以"主义急于灌输"为中心,在宣传中多有违背基本事实,逐渐失去民心。1949年国民党政权被驱赶到台湾,大部分国民党党营电台的设备、资料也随之迁往台湾,国民党中央广播电台也在其列。1949年4月南京解放前夕,中央广播电台停止播音,不久即迁往台湾,并且改名为中国广播公司,在名义上改制为企业化管理,但实际上仍然由行政院征用为国民党的官方广播电台。

三　中国共产党领导下的广播事业

中国共产党领导下的广播事业始于延安,1940年春,中共中央决定成立广播委员会,由周恩来出任主任,负责广播电台的筹建工作。1940年12月30日,设在延安西北的王皮湾村窑洞里的播音室开始试验播出,发射机房是两座石窑洞,利用由苏联辗转运至延安的广播发声机进行播音。这是中国共产党领导下的第一座人民广播电台——延安新华广播电台,呼号XNCR,发射功率300瓦。由于设备简陋,加之当时国民党对边区实施严格的物质禁运,广播设备极度匮乏,经常因故障器材无备用零件可以更换,广播播出断断续续,播出效果极不稳定,收听范围也很有限,到1943年春,由于主要零件失效,新华广播被迫彻底停止,一直到1945年9月5日,经过多方努力才正式恢复播音。恢复播音的新华广播电台的主要内容包括国内外时事新闻、解放区消息、解放区建设信息以及言论等,此外还有一些文艺节目。

1947年,由于国民党胡宗南部进犯延安,新华广播电台于3月14日再次停播,由设在瓦窑堡好坪沟一座小庙里的战备电台接替播音,继续播出边区人民的广播。3月21日,延安新华电台改名为陕北新闻广播电台,呼号仍为XNCR。4月1日,电台又随新华社总部迁往晋冀鲁豫解放区太行山麓的新社址继续广播。9月11日,新华电台开办了英语新闻节目。随着战争形势的发展,陕北新华广播电台于1948年5月

23日随着大部队迁往河北省平山县继续播音。1949年3月,它随解放军进入北平,更名为北平新华广播电台。同年12月5日,北平新华广播电台第一台正式定名为中央人民广播电台,第二台改名为北京市人民广播电台。

第二节 新中国成立后的广播事业

一 国内广播

我国人民广播事业对国内的无线广播系统是由中央人民广播电台和各级地方广播电台共同组成的。1949—1956年是广播事业的大发展时期。首先是完成了对旧中国遗留下来的34座私营广播电台的社会主义大改造,在全国各省、自治区、直辖市和一部分省辖市继续建设广播电台,并集中力量建设中央人民广播电台,逐步增加发射功率、改进收听效果,发展农村有线广播,培养了一大批广播技术人才。

1950年4月,政务院新闻总署发布了"关于建立广播收音网的决定",这是人民广播史上的第一个由政府主管部门公布的有关无线电广播的法令。同年,新闻总署规定广播宣传的任务有三项:发布新闻与传达政令、社会教育及文化娱乐。从1952年到1966年,我国召开了九次全国广播工作会议,对广播事业的发展做了宏观全面部署,加快了从中央到地方广播事业的发展。

1966—1976年文革期间,广播事业遭受严重摧残,广播电台被一小部分人作为推行"无产阶级全面专政"的工具,造成广播宣传的大混乱、广播事业的大挫折、广播队伍的大灾难。在当时,广播最主要的政治动员和意识形态功能,也只是向全国民众全文广播和反复播送"两报一刊"(即《人民日报》《解放军报》《红旗杂志》)的社论及其他"重要"政治指示和文章,广播被当作转播重要政治内容的"高音喇叭",并没有被真正当作意识形态传播的源头,与报纸、杂志相比,广播似乎属于从属的地位。但是在广播的技术层面,人民广播事业仍然取得了一系列进步,比如农村的有线广播系统覆盖继续扩张,在设施、技术保障上取得了发展,曾经达到我国有线广播的最大规模与覆盖;还有1974年10月中央人民广播电台的调频广播正式开播,标志着我国广播进入了调频(FM)广播的新阶段,播音质量明显提高。

改革开放以后,尤其是在20世纪80年代中期以后,我国的广播电视事业进入了高度发展时期,在节目管理和运营机制上都有了可喜的变化。全国基本形成了从中央到地方、无线和有线相结合的广播和电视、城市和农村、对内和对外并重的现代化广播电视宣传网。

1986年12月珠江经济广播电台成立,以其"大众型、信息型、服务型、娱乐型"的办台方针,继承了我国广播的传统,借鉴并吸收了海外现代广播之精华,适应珠江三角洲地区听众的需求,被视为我国广播改革的第一次浪潮。当时被称为"珠江模式"的核心是"主持人中心制":节目按大板块进行设置;主持人具有采、编、播、控的综合素质;主持人"提纲加资料"的现场直播(新闻和信息除外);听众通过热线电话进行同步参与等等。

1992年10月28日,秉承"以信息性适应时代、以服务性争取市场、以参与性赢得听众、以明星主持为标志"的节目宗旨,上海东方广播电台开始播音。上海东方广播电台大胆进行体制改革,率先实行并行运转的双台体制,引入竞争机制。经济上独立核算、自负盈亏,以广告作为收入来源;采用公开招聘、双向选择的用人机制;增开创新的节目形式,着力开拓直播节目,并大力开展社会活动。"东广模式"在当时称为典范,不久立即形成一股强大的电台冲击波,商店里的便携式收音机销售量扶摇直上,一种全新的都市文化现象悄然兴起。在上海东方广播电台的带动下,各地纷纷建立专业台、系列台,形成全国范围的第二次广播热。

从 2000 年开始，伴随着我国汽车时代的来临，北京交通台异军突起，掀起了新世纪我国广播发展的新高潮。北京交通台隶属于北京人民广播电台，成立于 1993 年 12 月 18 日，与北京市公安交通管理局合办，是北京人民广播电台 7 个系列台之一。北京交通台的节目设置以交通新闻和路况信息为龙头，辅以服务性和娱乐欣赏性节目，及时全面地宣传交通政策、法规，报道交通新闻，传播交通信息，服务疏导交通，提供交通专业知识和服务。北京交通广播电台在北京交通管理局交通指挥中心大厅设立了直播间，随时在节目中插播重要路况信息、突发事故和处理进展情况，疏导交通。同时电台率先在节目中开通手机短信互动，听众可以利用短信报告路况，讲述出行见闻，也可以通过短信问路、修车，甚至找加油站等，为听众提供贴身及娱乐服务。经过多年探索实践，北京交通台打造出许多名牌栏目，如《一路畅通》、《欢乐正前方》等，也推出了一批品牌主持人，赢得了广大听众，特别受到司机朋友和有车一族的喜爱。

2003 年是广电总局确定的"广播发展年"，这一年全国新增 34 个专业性广播频率，广播覆盖率达 93.56%，广播听众 12 亿，广播广告额达 25.57 亿元。

表 3-1　我国广播基础设施发展情况一览[1]

项　目	统计单位	1986 年	1996 年	2008 年
广播电台	座	278	315	257＋2069[2]
中、短波发射台和转播台	座	599	746	808
调频发射台和转播台	座	239	1737	12087
广播人口覆盖率	%	70.2	84.29	95.96

---

[1]　数据来源《中国广播电视年鉴》1987 年、1997 年、2009 年卷。
[2]　根据《中国广播电视年鉴》(2009) 中描述，2008 年底全国广播电台（同时提供广播、电视节目的播出机构）共 2069 座、广播电台 257 座。

从上表可以看出改革开放到如今,我国对内的人民广播事业取得了前所未有的发展:基础设施建设高速发展;频道专业化改革与国际接轨,追求节目布局的合理和定位的精准;传播手段多元化,节目形态趋向类型化、专业化;广播的服务意识提高,为听众服务成为广播节目的宗旨。广播传递信息、解读社会、沟通情感、娱乐大众等功能逐渐显露出来,广播的贴近性、服务性、伴随性也凸显出来。

二 对外广播

中华人民共和国成立以后,为促进对外广播的发展,1950年4月10日,中央广播事业局成立国际广播编辑部,同一天用"北京电台"(Radio Peking,后改为 Radio Beijing)的呼号开始播音。到1965年底,对外广播语言达27种,每天累计播音100多个小时,覆盖面包括亚洲、欧洲、非洲、拉丁美洲、北美洲、大洋洲的大部分地区。当时,中国对外广播的规模、语种和播音时数,仅次于前苏联和美国,位居第三。

1978年5月,中国对外广播机构改名为中华人民共和国国际广播电台(China Radio International,简称 CRI)。到1984年底,国际广播电台已经使用38种外语、汉语普通话和4种方言,共43种语言对世界各地广播,每天播音总时数为144小时30分。之后,国际台又陆续开办了面向在华外国人的英语、法语、日语、西班牙语、德语节目。为加强国际时事的报道,中国国际广播电台还在世界各地和香港、澳门地区建立了27个记者站。

20世纪90年代中期,中国人民对外广播事业又有了新的发展。1997年5月,采用世界最新数字广播技术的中国国际广播电台新楼正式投入使用,节目传送实现了数字化,节目制作也于1998年全部实现数字化。此外,国际电台各语种节目也被送上卫星,连同与国外电台开展的互转、租机、传送、寄送节目等合作,我国对外广播基本实现全球覆盖。

第三节　我国电视业的发展

一　诞生与初步发展(1958—1965)

我国第一座电视台是1958年5月1日开始试播(试验播出黑白电视节目,每周播出两次节目)的北京电视台,它是中央电视台的前身,于9月2日正式开播,每周播出4次节目(周二、四、六、日),主要是新闻播报及文艺节目表演。初创期的北京电视台自办节目能力较低,需要依靠其他新闻、文艺单位的支援。而且由于设备简陋,当时的覆盖面只限北京,但它仍被视为中央级的电视台,担负着整个国家的宣传任务。

1958年10月1日,上海电视台建成并开始试播,这是我国第二座电视台。其实早在1956年,上海就开始关注在国外已经蓬勃发展的电视媒体,希望上海也能尽快办起电视台。1956年10月22日上海方面致函中央广播事业局,申请电视频道,并提出自己动手设计制造电视发射设备。1958年3月,中共上海市委正式批准筹建上海电视台,同年4月,上海电视台筹建组建立。建台初期,上海电视台仍隶属于上海人民广播电台,主要人员来自广播电台、上海科教电影制片厂和美术电影制片厂。开播初期,上海电视台只有一个频道,每周三、六晚播出两次黑白电视节目,每次2—3小时的播出时数,节目内容主要是新闻性节目、社会教育性节目和文艺节目、剧院演出的实况转播、电影等。

1958年12月20日,哈尔滨电视台(黑龙江电视台的前身)也开始试播,接着天津、沈阳、长春、广州以及抚顺、鞍山等地也陆续开办了实验性电视台或转播台。到1960年底,全国共有电视台、试播台和转播台29座。

1959年国庆十周年时,北京电视台通过电缆传送,现场转播了天安门广场的文艺晚会实况,这是我国第一次在现场电视转播规模较大的文艺演出。

这一阶段的电视节目几乎都是现场直播的：新闻节目是由技术员放影片，播音员对着画面解说，录音员同时放送事先录制好的音乐，技术人员再将电视节目直接转播出去；文艺节目则是由导播根据节目要求、场面调度、表演人员的需要，将不同摄像机拍摄的画面进行现场切换合成，使观众在屏幕上可以看到各种画面效果。这种电视信号播出后不能保留，因此当时电视节目的播出画面无法保留下来，这种原始的电视直播方式一直延续到1965年。1965年北京电视台元旦文艺晚会中，播出利用黑白录像机录制的两场戏曲表演，这是我国电视台第一次使用录像技术制作播出电视节目，结束了我国电视节目因为技术限制而被迫全程直播的局面。但由于经济条件的制约，当时录像技术的使用面并不广泛，大量电视节目仍采用原始的直播模式。

二　文革时期的挫折期(1966—1976)

"文化大革命"期间，我国电视事业的发展受到了很大挫折和冲击，基本陷入停滞的状态。1967年1月2日，北京电视台发出通告称自次日起，除重大正式时刻和重要节目外，一段时期内停止一般性电视节目的播出。此后，全国十多家电视台也处于时播时停的状态。1967年12月12日，中央广播事业局实行军事管制，强化对广播电视政治宣传管理。

这一阶段电视沦为"阶级斗争的工具"，主要用来转播批斗大会。用电视转播"走资派"批斗大会实况，则是上海电视台的创举。1967年1月6日，上海电视台首次电视直播了由当时的"造反派"组织的批斗大会，引起了轰动。当时播出的其他电视节目不仅数量少，而且样式单调，基本以转播"样板戏"或各种"毛泽东思想文艺宣传队"的舞台演出为主，再加上《地道战》、《地雷战》、《列宁在1918》等几部故事片，就构成当时电视文艺节目的全部。

对外宣传也受到干扰和破坏，此时的对外宣传完全不看对象、不问国情，解说词里充满空洞的政治口号，内容也离不开"文化大革命"，外国电视机构往往也不播放。

此时的电视队伍也遭到了冲击,主要领导干部受到批判和迫害,主要业务骨干先后被调离工作岗位,而新近成员文化素质较低,电视队伍的知识和年龄结构被打乱,北京广播学院被迫撤销,中断人才培养长达八年,在职人员的集中培训不能正常进行。

但是,这一时期的电视技术方面却取得了一定的进步:1966年北京台首次使用录像设备,使电视节目很轻易地被复制、转录以及保存,但此时录像设备的使用范围仍很有限;1971年开始通过微波路线传送电视节目,初步建成全国电视微波传输覆盖网;1973年5月1日,北京电视台用第八频道向北京地区试播彩色电视节目成功;1973年8月1日上海电视台也试播彩色电视成功;到了1977年北京电视台改为全部彩色播出,第二年又增加一套彩色电视节目。中国电视开始实现向彩色电视的过渡。

三 复苏与改革(1977—1990)

文革结束后,中国电视事业同全国形势一样,徘徊前进,恢复发展。1978年1月1日,北京电视台开办了《全国电视台新闻联播》(简称《新闻联播》)节目,成为每天晚上的主要新闻节目,节目由各地方电视台选送当地的新闻报道,再由北京电视台统一编辑、播出,标志着以北京为中心的全国电视广播传输覆盖网已基本形成,才使得电视台之间新闻素材交换、传输能顺利完成。

1978年5月1日,北京电视台正式改名为中央电视台,定位为我国国家电视台(China Central Television,简称CCTV)。此后,全国各省会电视台也陆续由所在城市命名改为以省区名称命名,直到1978年及1979年,西藏电视台及北京电视台(省台)成立,省级台已全部建成,全国电视网初具规模。

1. 电视节目全面起步

1979年8月,中央电视台开办《为您服务》,这是中国第一个固定栏目名称、固定播出时间、固定主持人的专题栏目,突破了电视节目的固有模式,使观众耳目一新。节目定位于普及生活常识,贴近观众生活,同当时其他大部分脱离观众日常生活的电视节目形成鲜明对比,因此在很短时间内便成为了中央电视台的王牌节目之一,主持人沈力也一跃为当时知名度颇高的新闻人物。

1980年7月12日,中央电视台《观察与思考》栏目开播,不仅标志着中国电视史上第一个固定的评论性栏目的问世,也标志着一种不同于报刊与广播评论的、新型的、独特的电视评论样式——电视述评的出现。它融音响、画面、文字于一体,融现场采访与即时分析于一体,融各方人士参与讨论与记者点评于一体,融纪实性与思辨性于一体。而且开播当天,也被视为"主持人"名称的诞生日。因为那一天电视荧屏上首次出现了"主持人"字样,庞啸是第一位被称为"主持人"的电视人。

1980年10月,全国第十次广播电视工作会议总结了广播电视工作的经验,对广播电视宣传工作进行拨乱反正,明确了新时期的宣传方针、任务和奋斗目标,提出要"扬独家之优势,汇天下之精华",坚持"自己走路"的方针,我国电视事业开始进入全面恢复和发展时期。

1981年7月1日起,中央电视台《新闻联播》取消新闻配乐,新闻开始变得短小精悍,播出条数逐年增加,报道面也逐渐拓宽。

在自制电视剧方面,数量也不断增长。1979年,中央电视台共播放各地制作的电视剧18部,1981年,全国电视剧生产150部,播出117部。[①] 这一时期,根据古典文学名著《西游记》、《红楼梦》等改编的长篇电视连续剧更是掀起了一阵收视热潮。1980年诞生了我国电视剧的权威奖项——全国优秀电视剧奖(飞天奖),于1981年开始评奖,每年举办一届。《大众电视》杂志还设立了由观众投票选出的优秀电视剧、优秀演员奖项——大众电视金鹰奖。与此同时,国内电视剧制作体制率先改为

---

① 赵玉明主编,《中国广播电视通史》,中国传媒大学出版社2006版,p.358。

社会化、市场化的"制播分离"制度。1982年,北京电视艺术中心(原北京电视制片厂)从北京电视台分离。80年代后期,经批准的社会企业可以制作、发行电视剧,1986年实行电视剧"制作许可证"制度,随着社会各界的积极参与,中国电视剧的质量迅速提高,形式日趋多样。

与此同时,综艺、体育类节目也是如火如荼地发展。1983年中央电视台春节联欢晚会的开办,使得中国老百姓在大年三十逐渐形成了全家围坐观看春晚的新民俗习惯。还有新型的综艺竞赛类节目《正大综艺》、《综艺大观》也开创了综艺节目的新方向,引起广泛关注和观众青睐。1981年3月在香港举办的世界杯排球赛亚洲区预选赛、4月的第36届世界乒乓球锦标赛、10月的世界杯足球赛亚太区预选赛,还有1984年第23届美国洛杉矶奥运会、1986年汉城亚运会等,中央电视台都通过国际通信卫星对比赛进行了实况转播,吸引了大批体育爱好者的目光。

2. 电视业规模不断扩大

1983年3月召开的第十一次全国广播电视工作会议提出"四级办广播、四级办电视、四级混合覆盖"的方针政策,由此开始到1987年是我国广播电视有史以来发展最快的五年。到1987年,全国电视台的数量从1982年的47座增加到366座,增加近6.8倍;电视发射台、转播台从5635座增加到17570座,增加2.1倍;电视人口覆盖率从57.3%提高到73%。同时,我国卫星广播电视技术也有了明显进步。1984年4月,我国自行研制的第一颗试验通信卫星发射成功,中央电视台的节目开始通过卫星进行传送,不但拓宽了节目传送的范围,还明显改善了传送质量。从此,一个以卫星传送为主,微波、地面收转和差转相结合的广播电视节目传输覆盖网络逐渐形成。

3. 电视台运作机制有所变化

1979年,中央电视台的政府投入由过去的全额补助改为差额补助,政府对电视台的投入逐渐减少,中央电视台开始播放广告,接受赞助。1984年,中央电视台财务体制从差额补助改为预算大包干,由国家按播出总时数核定事业费定额,在完成承包定额的前提下,超收部分按比例提成。运行机制的不断变化促使电视由事业管理向企业经营转化。广告为电视节目提供了经费,注入了活力,促进了电视的繁荣。1984年12月,中共中央书记处应一些企事业单位提出的开办商业电视的请求,决定开办经济电视台。1987年2月1日,中央电视台第二套节目"经济信息频道"面向全国播出。在中央电视台的带动下,1987年5月,上海电视台也进行了重大的体制改革,建立了上海电视台一台(8频道)负责新闻、文艺节目,上海电视台二台(20频道)负责经济、体育、社教节目。这种倡导竞争的分台体制,从组织结构到人员安排,从节目采编到审查播出,都形成了相对独立、自成体系的商业化竞争格局。1987年上半年,上海电视台原20频道广告收入20万元,改为二台后,5个月收入177万元。此后,各地电视台迅速跟进,商业性收入成为电视台盈利日渐突出的重要部分。

四 全面发展时期(1991—1999)

1. 电视技术的新发展

20世纪90年代,有线电视、卫星电视、高清电视、多声道立体声伴音电视、有线和无线的图文电视先后进入到人们的生活中。1994年,CCTV-4通过卫星播出,这是我国第一个国际卫星频道。90年代中后期,省级电视台节目陆续上星,卫星电视的发展推动了有线电视的发展。到2000年底,全国有线电视光缆和光缆干线传播网已达30多万公里,宽带有线电视用户分配网络达300多万公里,有线电视用户将近9000万户,数量位列世界第一。卫星上天、有线落地已经成为我国电视传播与接收的主要方式,这使电视节目在传送数量和质量上都大大提高。到90年代末,我国大城市居民家庭能接收到40套左右的电视节目,较发达地区的农村居民也能通过当地有线电视接收到10套电视节目。

2. 电视节目的全面繁荣

从1993年起,我国电视荧屏上相继涌现出一批名牌电视新闻栏目。1993年5月1日,新闻性晨间版块栏目《东方时空》开播,这是我国电视进入栏目化的一个标志。1994年4月1日,新闻评论类栏目《焦点访谈》开播,我国电视迅速进入舆论监督的领域。1995年4月3日,午间新闻栏目《新闻30分》推出。1996年5月17日,《新闻调查》栏目问世,这是当时国内最长的调查性深度报道节目。

随着新节目的陆续开办,我国电视新闻播出时段不断增加,新闻节目逐步实现了多次整点播出、重点新闻滚动播出,并初步形成了早、中、晚结构性框架。此外,现场直播方式大量运用于电视新闻报道当中,最具代表性的就是1997年中央电视台对香港回归进行的72小时不间断直播报道,以至于这一年被称为"中国电视新闻直播年"。

1991年,中日合拍的大型电视系列片《望长城》播出,打破了以往专题片声画分立的制作传统,大胆启用拍摄时的同期声和现场效果声,以现在时态展现长城沿线人们的真实生活状态。作为纪录片和专题片的分水岭,《望长城》不仅为中国的电视纪录片带来了一股清风,而且引领了中国电视纪录片的纪实主义潮流,中国新纪录片运动的开端便从这里开始。1993年,上海《纪录片编辑室》问世,这是我国第一个以纪录片来命名的电视栏目。同年,中央电视台《生活空间》开播,栏目以"讲述老百姓自己的故事"为宗旨。随后几年,类似的栏目在全国各地纷纷出现,都以平民化的视角、充满人文关怀的纪实精神,展现了普通人的生存状态、命运变化和他们的情感世界。新纪录片运动从80年代末到1996年左右达到高峰,期间涌现了《沙与海》《毛毛告状》《藏北人家》《最后的山神》等一批富有思想力度和美学高度的优秀作品,验证了中国纪录片的实力。

1992年上海东方电视台开办了我国第一个电视谈话节目《东方直

播室》,谈话节目作为一种新的节目形态在我国悄然兴起。1996年3月16日中央电视台正式推出《实话实说》,节目新颖的样式、平等的对话、睿智的语言和朴实的情怀,很快引发了电视人和观众的热情参与,机智幽默的主持人小崔也成为家喻户晓的公众人物。可以说,崔永元时期的《实话实说》是中国谈话节目的一面旗帜,在一个很高的起点上创立了中国谈话节目的典型模式,以至于之后的节目都很难达到这个高度。因为《实话实说》为人们提供了一个互相沟通的场所,并由此建立了一个全国性的谈话系统,通过让人们在其间自由讨论某些问题而引起全社会对这些问题的关注。之后,各地电视谈话节目如雨后春笋般地出现。据统计,至2001年5月,我国电视谈话节目已有179个,其中比较著名的还有中央电视台的《对话》、湖南卫视的《新青年》、上海电视台的《有话大家说》、凤凰卫视的《锵锵三人行》、北京电视台的《国际双行线》、重庆电视台的《龙门阵》等。

1997年7月湖南卫视推出了一档《快乐大本营》节目,以轻松活泼又能让所有观众参与的游戏形态让全国观众耳目一新,迅速走红全国。1999年1月20日北京有线电视台开播的《欢乐总动员》被全国近40个城市的电视台引进播出。此后,以"快乐"为宗旨、以"游戏"为内容的电视综艺娱乐节目风行全国。截至1999年6月,全国有33家省级电视台、42家地市级电视台开办了娱乐节目。① 另外,益智博彩类电视娱乐节目也横空出世,1998年11月中央电视台《幸运52》开播,2000年11月《开心辞典》推出,这些节目不仅在当时赢得了观众的喝彩,也带动了电视综艺娱乐节目类别多样化的大发展。

3. 电视剧市场的商业化运作

20世纪90年代,中国电视剧市场开始进入商业化运作阶段。1990

---

① 刘宏,《透视中国电视的娱乐节目热》,《新闻战线》,2000年第6期。

年12月,热播电视剧《渴望》就是采用社会赞助、基地制作、室内搭景、同期录音、现场剪辑的工业化制作模式,成为当时电视剧制作的范本。《渴望》播出后创下了90%以上的空前绝后的收视率,被称为中国电视剧发展的历史性转折的里程碑。1991年《编辑部的故事》由企业赞助融资,首次将广告随电视剧捆绑播出,利用剧情为赞助企业做隐性广告,为电视剧的商业化运作开辟了新途径。1992年,中央电视台以350万元买下电视剧《爱你没商量》的播映权,后用黄金时段的广告时间换取了《北京人在纽约》的播映权。电视剧《武则天》播出时,国际电视节目公司以1000万元购买其国内版权,并随剧征集广告,此举成为我国电视剧市场化的又一重要途径。在1996年举办的首届全国国产电视节目展示交易会上,电视剧成为最主要的交易品种。这一时期,随着具有鲜明中国特色的电视剧佳作不断增多,我国电视剧开始开拓海外市场,逐步走向世界。优秀的电视剧作品如《红楼梦》、《西游记》、《末代皇帝》、《三国演义》、《水浒传》等相继在美国、日本、欧洲以及东南亚国家播映。

4. 电视广告收入迅猛增长

20世纪90年代,我国电视业政府拨款逐步减少,电视广告收入则大幅增长。以广告为主的商业性收入成为我国广播电视媒体的主要经济来源。1991年底,我国广播电视政府拨款21.32亿元,各种预算外收入为16.39亿元,占总经费37.71亿元的43.46%。[①] 到2002年全国广播电视系统总收入已达514亿元,其中广告收入超过280亿元,占总收入的54.47%;财政拨款75.84亿元,仅占总收入的14.75%。

5. 民营电视机构的诞生与发展

90年代初期,我国的民营电视开始萌芽。1994年11月,中国第一

---

① 徐光春主编,《中华人民共和国广播电视简史(1949—2000)》,中国广播电视出版社2003年版,p.514。

家民营电视企业——嘉实广告文化发展有限公司诞生,同年,派格环球影视文化公司宣告成立。尽管1995年广播电影电视部发布第16号令,明确规定"个人、私营企业原则上不设立影视制作经营机构",但打着各种旗号的民营电视机构在政策禁令下侥幸生存。1997年,国家颁布实施的《广播电视管理条例》没有提及第16号令的内容,只是强调制作机构要经过批准,并获得影视节目制作许可证。政策上的默许,使大批地下电视节目制作公司浮出水面。成立于1998年的光线传媒(ENLIGHT MEDIA)就是其中的佼佼者,从1999年3月1日开播的《中国娱乐报道》到之后的《娱乐现场》、《音乐风云榜》使得光线传媒成为中国娱乐整合营销的先行者。以"欢乐传播,创值传媒"为企业精神的欢乐传媒,凭借综艺节目《欢乐总动员》一路攻城略地,从益智类节目《财富大考场》到国内首档时尚类电视模特秀节目《超级模特》,从国内首档极限挑战类节目《勇者总动员》到强档文化资讯类节目《每日文化播报》,被业界誉为"最具影响力的民营娱乐内容供应商"。还有承包北京电视台生活频道的银汉传播以及从事节目发行的唐龙国际等民营电视机构相继宣布成立。他们独立制作节目,分别卖给各个电视台,或者承包栏目、频道的节目制作。实际上,中央电视台的一些知名节目,如《幸运52》、《开心辞典》等都是由民营制作公司制作完成的。

6. 境外媒体悄然进入

中国的电视市场具有世界上最大的受众群,发达国家几大跨国媒体从20世纪90年代就开始尝试通过各种渠道进入我国市场。

继80年代迪斯尼公司动画片《米老鼠和唐老鸭》在中国播出后,迪斯尼公司与我国电视台合作的《小神龙俱乐部》在中国30多个省市40多个电视频道播出,成为最具影响力的少儿节目之一。

为了能进入中国,默多克从20世纪80年代起就开始表现出十分主动的姿态,除了按照中国政府的要求交换节目,还多次来华并会晤中国领导人,致力于与中国政府建立良好关系。1993年,默多克以10亿美元收购李泽楷的星空卫星电视(Star TV)。星空卫视通过7种语言和30多个频道向53个亚洲国家播出节目,中国是其主要市场。1994年默多克与天津广播电视局合资成立天津金大陆公司,从事电视节目、广告的制作和包装业务。1994年,默多克砍掉星空卫视中的主要内容(BBC节目)并撤销其对中国内地的电视频道,转而控股在内地落地的凤凰卫视,曲线进入中国市场。同样从80年代开始,时代华纳集团就已经开始与中央电视台的合作,但当时还只是一些协议节目和卡通片,并不能为其带来利润增长。之后时代华纳终于看中华娱卫视在珠三角地区的默许播出权,将之收购,进入中国市场。1995年,维亚康姆MTV音乐电视网进入我国;1999年5月,与中央电视台联合推出"CCTV-MTV音乐盛典"颁奖晚会,获得巨大成功。

五 市场化与全球化(2000—)

进入新世纪之后,在全球化以及电视行业竞争日趋激烈的情况下,我国电视业在很多方面都出现了一些新变化。

1. 广播电视集团的建立

在国外媒体集团化发展的影响下,中国广播电视行业的整合与集团化也在行政力量的推动下得以实现。2000年7月,国家广电总局在甘肃召开的全国广电厅局长会议中明确提出了中国电视体制集团化的要求。2000年11月17日,广电总局下发了《关于广播电视集团化发展试行工作的原则意见》,规定了广电集团化的具体内容:"广播、电视、电影三位一体,有线、无线、教育三台合并,省、市(地)、县三级贯通。"可兼营其他相关产业,逐步发展成为多媒体、多渠道、多品种、多层次、多功能的综合性传媒集团。

2000年底,全国第一家省级广播影视集团——湖南电广传媒集团诞生。2001年12月6日,中国广播电影电视集团在广播电影电视部及其所管理的全部媒介和产业的基础上成立。此后,相继出现了几家省级广播电视集团(见下表3-2)。

表 3-2①

名 称	成立时间	构 成	总资产(亿元)
湖南广播影视集团	2000年12月21日	湖南电台、湖南电视台、节目报、电影制片厂、网络中心、节目中心、音像中心、湖南电广集团公司等	30
山东省广播电视总台	2001年1月19日	山东电台、电视台、影视剧制作中心、广电信息网络公司、广视网站、视网联网站、音像出版社等	—
上海文化广播影视集团	2001年4月20日	上海电视台、东方电视台、上海人民广播电台、上海东方广播电台、上海每周广播电视报社、东方网络有限公司、东上海国际影视公司、广电影视制作有限公司、上海东方明珠股份有限公司、上海国际会议中心、上海电影电视(集团)公司、上海永乐电影电视(集团)公司、上海影城、上视大楼、国际会议中心、上海大剧院等	142
北京广播影视集团	2001年5月	北京电视台、紫禁城影业公司、北京人民广播电台、北京歌华文化集团、北京歌华有线网络股份有限公司等	50

---

① 数据资料来自《WTO背景下中国广播电视行业的市场重组:特征与矛盾——以省级广电集团为例》,陆烨、夏宁,传媒学术网。

2. 跨国传媒加快进入步伐

2001年10月和12月，中国政府先后批准3家境外电视频道在广东落地，他们分别是AOL-时代华纳、凤凰卫视和新闻集团的中文节目。中国政府不久还允许包括CNN在内的30多家境外电视媒体在珠江三角洲地区部分落地。获批的事实证明在全球化背景下，中国电视传媒的有关管理政策正在悄悄地发生变化。这一变化不仅对广东省广播电视发展是一次重大挑战，对全国的电视媒体也是一次严峻的考验。

2001年10月，美国在线-时代华纳公司与中央电视台达成协议，美国在线的中国普通话频道（CEIY）落地广东，其节目包括娱乐、卡通、游戏、电影和体育等等（没有新闻节目）。同时，中央电视台CCTV-9获准在华纳有线电视网播出。2002年1月，时代华纳斥资1亿美元收购香港华娱电视台90%的股份。2001年，国家广电总局决定正式批准凤凰卫视中文台进入珠江三角洲地区有线网，凤凰卫视电影台也允许在广东有线电视网许可的范围内传送。2002年3月，新闻集团旗下的星空传媒集团通过广东有线电视网正式在中国广东地区开播一个24小时普通话综艺频道。目前，星空传媒集团在中国共拥有9个频道，其中包括星空卫视、Channel [V]音乐频道、星空影院频道、ESPN体育道、星空体育频道、国家地理频道和凤凰卫视的3个频道。2003年1月，广电总局批准24小时播出中文新闻的凤凰资讯台、彭博财经，3月批准星空卫视、欧亚体育，4月批准华娱卫视、新知电视在三星以上的涉外宾馆和涉外小区落地。此外，2003年5月维亚康姆公司旗下的MTV全球音乐电视台与中国国际电视公司正式签约，于2003年4月26日正式通过广东省有线电视网进入广东的100万户家庭。面向8至14岁儿童的VIACOM儿童频道节目《尼克知识乐园》也被允许以唐龙国际为代理在全国200多家电视台落地。2004年3月，维亚康姆宣布将与上海文广新闻传媒集团（SMG）探讨成立合资公司，在内容制作上进行全面合作。这是首家被获准在中国进行实质性投资并与中国传媒企业成立合资公司的国外媒体。同年11月下旬,经国家广电总局正式批准,维亚康姆旗下尼克儿童频道与上海文广集团合作建立制作本土化儿童电视节目的上海东方尼克电视制作有限公司。2004年3月5日,迪斯尼互联网集团与海虹控股签订协议,由后者独家经营迪斯尼中国网站及BLAST网上收费频道,并合作开发网络英语教学活动。

3. 民营电视迎来发展空间

2003年12月31日,国家广电总局发布105号文件,其中第10条规定:"鼓励、支持、引导社会资本以股份制、民营等形式,兴办影视制作、放映、演艺、娱乐、发行、会展、中介服务等文化企业,并享有同等文化企业同等待遇。"2004年,国家广电总局颁布新的《广播电视节目制作经营管理规定》,原来不合时宜的政策法令被取消,规定还大幅度放宽了申请甲种证的条件。在政策的推动下,2004年,各民营电视制作企业开始一系列的经营活动:上海开麦拉传媒公司以每年6000万的价格正式获得内蒙古卫视频道15年的经营权;北京派格太合环球文化公司和中国教育电视台签署了CETV-1整频道广告经营合作协议;国家广电总局继2003年8月向8家民营企业颁发《电视剧制作许可证(甲种)》后,2004年6月又颁发给16家民营企业甲种证;2004年11月,中国最大的民营电视节目制作公司之一的欢乐传媒完成了在新加坡借壳上市的准备工作。在政策的鼓励下,中国民营电视企业的未来拥有了良好的发展空间。

4. 电视媒体竞争进一步升级

20世纪90年代随着省级电视台纷纷上星,"央视为主,一家独大"的旧电视单级格局被打破,逐渐形成央视、省级卫视、省级非卫视频道、城市台和境外电视媒体几足鼎立、多元发展的新格局。进入新世纪之后,我国电视媒体的竞争进一步升级,不同层级电视媒体的激烈博弈成为新世纪中国的一大景观。根据中国广告协会电视委员会统计,2004年全国电视广告收入291.5亿元,其中中央电视台广告收入80.03亿元,占有27.4%的份额;上海文广新闻集团广告收入24.45亿元,占有8.38%的份额;北京电视台广告收入15.4亿元,占有5.28%的份额;广东南方广播影视传媒集团广告收入12亿元,占有4.11%的份额。2005年省级电视台之间的竞争更加激烈。除了上海文广集团(电视部分)28亿元、北京电视台16亿元、南方传媒集团(本部电视部分)14亿元外,又有4家省级电视台先后加入广告收入10亿元以上的行列:湖南电视台11亿元、山东电视台10亿元、浙江电视台10亿元、深圳电视台10亿元。安徽电视台和江苏电视台也都有8亿元的广告收入。而中央电视台的广告营业额在全国电视广告营业额中的比例出现逐年下降的趋势,但基本维持在1/3到1/4之间。

省级电视台广告收入的连续增长,很大程度上得益于各台追求的差异化战略。2001年安徽卫视率先在省级卫视中确立了以电视剧为主的节目战略并获得了成功。2003年9月,CSM全国测量仪网数据表明,安徽卫视八大剧场全国收视同时段排名出现6个第一。另据AC尼尔森的《2003年广告商调查》显示:有超过一半以上的客户认为安徽卫视的电视剧竞争力非常强,位列所有卫星频道首位。安徽卫视成了中国电视频道播放电视剧的最大受益者。2003年10月23日,上海卫视更名为东方卫视全新亮相,新改版的东方卫视每天有6个小时新锐的新闻直播节目。其中全天整点播出的滚动新闻《东方快报》创全国省市电视之先;每天早晨长达两小时的《东方红》是国内最大型的晨间节目;傍晚六点开始陆续播出的《城际连线》、《环球新闻站》、《直播上海》和《今日新观察》等新闻栏目立足上海,依托长三角,关注全国和全球新闻。在娱乐节目方面,东方卫视通过《我型我秀》、《加油!好男儿》、《舞林大会》、《创智赢家》四大真人秀节目在同一平台联手上演,使收视率一再突破。

此外,省级电视台在节目竞购和广告竞争中也开始重拳出击。2003年9月12日,负责中超联赛市场开发的福特宝公司宣布与上海文广传媒集团成成中超联赛电视整体合作伙伴,协议期三年。十年来,中国足球联赛电视转播权首次被中央电视台以外的媒体拿走。2004年10月18日,一直生活在央视阴影之下的28家省级卫视齐聚河南郑州,将28家电视台的固定广告时段整体推出,以优惠价格进行销售。据悉,仅在推广会当天,各厂商与电视台的签约金额就高达近2亿元。虽然这个广告数额对央视来说只是九牛一毛,但充分表现出省级电视台试图形成广告同盟以抵抗央视强大的广告压力的决心。

5. 新闻节目的新发展

2003年3月,中国电视新闻迎来了又一次的大发展。3月20日当美国在北京时间10点35分对伊拉克发动首轮空袭后仅六分钟,中央电视台第四套节目《中国新闻》栏目即作出快速反应:及时切出CNN巴格达现场画面,并同步映出"伊拉克战争打响,巴格达发出爆炸声"的字幕,与此同时,同声传译员开始直播CNN报道的内容。随即,《中国新闻》推出《关注伊拉克战争特别报道》,以此为标志,中央电视台国际频道关于伊拉克战争的全程直播报道全面启动。几乎在央视四套首开"伊战"直播纪录的同时,央视一套也在10:43中断正常节目播出,推出《伊拉克战争直播报道》。与此同时,北京、安徽、湖南、黑龙江、福建等地方电视台也同步转播或大量采用中央电视台的新闻。中国的电视媒体直播伊拉克战争,无疑在我国电视新闻发展史上具有划时代的里程碑意义。

这一年,始于广东的"非典"疫情是我国进入新世纪以来遭遇到的一场突如其来的劫难,尽管在疫情前期,由于我们对"非典"本身的危害性认识不足,加之观念上的传统思维,使得新闻报道和信息发布经历了一段被动局面。但随后中国的主流媒体迅速做出调整,全面出击,公开、快速、透明地传播报道了"非典"方面的各种信息。以中央电视台为代表的电视媒体也迅速构建非常时期宣传报道机制,多点出击,第一次以空前透明的姿态对国内重大灾难事件进行大规模、全方位的集中报道,很好地起到了稳定民心、增强政府公信力的作用,成为抗"非典"斗争中的中坚力量。中国电视媒体也在报道过程中,重新把握并回归传播的基本规律,更加注重民众在重大突发性社会事件中的知情权。

2003年5月1日中央电视台新闻频道正式开播,每天全天24小时播出,整点新闻将以最快的速度向观众提供第一手的国内国际新闻资讯,突出时效性和信息量,实现滚动、递进、更新式报道。整点新闻后,分别安排了各分类新闻,主要有财经、体育、文化、国际四大类。新闻频道的专题节目包括新闻背景、新闻评论、新闻调查、舆论监督、民意调查、法制等各种节目形态,是对整点新闻和分类新闻的补充和深化。每日播出的专题节目有3个:《环球视线》、《新闻1+1》、《法治在线》;每周播出的专题节目有5个:《新闻调查》、《面对面》、《新闻周刊》、《世界周刊》、《每周质量报告》。新闻频道的开播,使中国成为世界上少数几个拥有24小时连续播出电视新闻的国家之一。

在电视新闻节目形态上,2002年元旦江苏电视台城市频道有这样一档节目《南京零距离》开播,节目以平民化的视角,着力打造当天发生的与百姓生活相关的政经新闻、事件新闻、百姓投诉、实用资讯等地方性的民生新闻,节目时长为1小时。民生新闻的概念改变了我国媒体习惯高高在上、重时政新闻不重社会新闻的弊端,强调以民为本,把过去的新闻死角改造为新闻亮点;在发挥大众媒体舆论监督的作用、突出现场直播等方面均作出积极贡献。"南京零距离,就在你身边"这句口号很好地诠释了节目的定位。它利用城市频道自身的地缘性和区域性优势,把新闻定位于既要反映时政要闻,又要反映百姓生活,同时侧重对新闻事件的权威解读和深刻分析,从而引发了全国范围的民生新闻热潮。自《南京零距离》在南京乃至全国异军突起后,以此为模板,民生新闻栏目在各地电视台纷纷开花,如湖南台的《都市一时间》、重庆卫视《天天630》、安徽台《第一时间》、山东台《民生直通车》、湖北经视《经视直播》,均取得了不错的收视效果。但在繁荣的背后也有隐忧,如市场的同质化竞争进一步加剧,节目内容在强调贴近性的同时也迎来了观众的审美疲劳期。因此,自2009年5月1日起,《南京零距离》正式升级为《零距离》。升级后的《零距离》提出"民生新闻3.0"的概念,并把民生新闻的历程大致分为三大阶段:1.0时代,将镜头对准普通人群,关注其生老病死、柴米油盐,用一种平度的视角,给电视观众以全新的感觉;2.0时代,注意提升节目的品位与导向性,增加正面报道和主题宣传的比重;3.0时代,把电视和网络进行有效结合,实现电视与电视观众的全方位交流、互动。

第四节 港澳台地区的广播电视发展

一 香港地区声音广播的发展与现状

第一次鸦片战争之后,英国通过对华的1843年《南京条约》、1860年《北京条约》及1898年《新界租约》等不平等条约,逐步侵占香港(包括香港本岛、九龙半岛、新界地区及邻近的235个离岛,总面积为1061平方公里)。香港的文化形式也因独特的历史地理环境,而显得复杂、充满异质,同时又是兼容并蓄、多元的,既有传统中国文化的影响,又具备"西化"思潮下外来的因子。香港广播电视的发展过程也充满着中西混杂、多元渗透的特色。

尽管面对电视、互联网等传统、新型媒体的夹击,广播面临着前所未有的冲击,但在香港地区,广播作为媒体仍然保有其一席之地。根据广播事务管理局的资料(2008)显示,全港13个广播频率中,除

RTHK-6全天转播 BBC 广播之外，全部为自制节目，全港每周自制广播节目的累计时长超过 2000 小时，香港 15 岁以上居民中有 66.5％曾收听广播，其中有 40.7％每天收听，平均日收听广播时间 1.7 小时；听众中有 55.8％对电台节目质量表示满意。

1. 早期的香港无线电广播

20 世纪 20 年代，世界主要国家纷纷开始自己的广播服务，我国香港地区也紧跟着潮流。无线电广播在当时来说，仍然是新事物，英国广播公司开播也才几年的时间。香港最早的实验性广播出现在 1923 年至 1926 年间，由一群业余无线电爱好者组成"香港无线电广播社"（Hong Kong Society of Radio），通过无线电播放一些社会新闻、转播歌剧演出等。香港无线电广播社被认为是后来香港电台的前身。

1928 年 6 月 30 日上午 9 时，在香港有一群热爱无线电人士在收音机旁，满怀兴奋地期待香港地区第一个广播电台（电台呼号 GOW）的正式开播，电台是由港英政府资助的。1928 年香港的无线电广播只有英语节目，每天播出 2 小时。1928 年经无线电波广播的第一句话是报出台号，然后读出波长和频率，以及当天的日期。第一个节目就是以英语播送的新闻报道，主要内容如下：

  这是香港 GOW 电台，本台以 355 公尺波长段、845 千周中波广播。今天是 1928 年 6 月 30 日星期五，现在报告新闻。……
  在美国，严重经济不景气仍然持续，联邦政府正建议一些远大的计划，以挽救工商业的衰退。……
  英皇乔治五世今日为连接欧洲 25 个国家及美国、日本、澳洲和印度的广播系统主持开幕典礼；他用金的麦克风致词。

上面的新闻报道现在看来是十分平常的一次报道节目，但这是香港广播史上第一篇正式的新闻稿,被记入香港广播电视发展史的开篇,6月30日也因此被指定为香港电台的成立纪念日。但当时的广播设备相当简陋,除无线电发射机之外,演播室中所有的设备只有一支话筒及一台电唱机。

当时的香港广播台呼是 GOW,以波长 355 公尺、频率 845 千赫播发,电台发射站设立在太平山顶。当年,香港市民要收听广播节目,每年需缴交 4 元港币的收音机执照(Broadcast Receiving Licence)费用,但严格遵守的民众不多,截至 1928 年年底,香港当局仅发出 124 个收音机执照,即全港当时只有 124 台合法收听的收音机。1929 年 2 月 1 日,广播电台的呼号改为 ZBW。

1929 年,港英当局成立了广播委员会。10 月 8 日,正式宣布 ZBW 电台为政府所办,并委任时任港府邮政总监的史密夫为第一台长。当时,收音机牌照已增加约 4 倍,共发出 476 个。广播节目方面,全日广播 7 个小时,中英文分开时段播出。

1934 年,中文台成立,台号为 ZEK。最初中文台和英文台两台共享一套设备,错时播出节目。1938 年 1 月建成第二个广播发射台,中英文两台才得以同时播出。1938 年,香港当局发出的收音机执照已有 8000 多个。当年港英当局每年用于广播节目的经费接近 9000 万元,即从 1928 年至 1938 年这十年间,港府征收的收音机执照费也只逐年增加至 12 元/年。

1941 年 12 月,日军大举进攻,香港沦陷。香港电台在 12 月 8 日随即中断广播。三天后,日军使用其设备以"香港放送局"名义(呼号 JPHA)重新广播。在日占期间,香港居民收听广播仍须申领收音机执照,并缴交执照费。

到 1945 年 8 月 3 日,日军投降,日本当局在港电视也随之停播;9 月 1 日,当时英国海军少将在电台里正式宣布英国重新接管香港。同年 9 月 15 日,香港电台的中英文节目才恢复播出。

2. 香港电台:RHK 到 RTHK

1928年6月30日,香港 Cow 电台开播,这个电台就是后来香港电台的前身(中间经历呼号的变更)。1948年8月,香港电台(Radio Hong Kong,简称 RHK)被正式命名,取消原 ZBW 和 ZEK 呼号,并增加了早晨节目的播出时间。香港光复之后,香港电台仅能依靠少量经费来维持,但中文节目在战前已有很好的基础,所以重建广播工作进展得比较顺利,当时收音机牌照已增加到2.2万个。

1951年,香港当局解散广播委员会,相关广播事务由港英政府新闻处(Government Public Relations Office)接管。至1952年,收音机执照费用已由最早的4元/年增加到20元/年,听众要向邮政局申领执照才能合法收听广播。当年香港邮政署还配备有电信追踪车,车顶配有一转动的圆环,在街道巡逻,根据信号侦测取缔"无牌"收听广播爱好者。这种做法与英国收取广播执照费的做法完全一样,可以合理推测港英当局的这套做法就是从英国对广播管理方法中沿用过来的。

1953年7月,港英政府决定香港电台(RHK)脱离港英政府新闻处,另设立广播处长一职来负责香港电台的管理工作。当时香港电台中文台每天播出17个小时,英文台播出9.5个小时。

20世纪60年代起,调频广播投入实际应用,香港电台(RHK)开始播出立体声调频节目,良好的播出效果吸引了更多的听众加入。在这一阶段,广播在灾害等紧急时刻能发挥的信息功能逐渐显现出来。例如1962年超级台风正面登陆香港,香港电台(RHK)每隔15分钟报道最新的台风资讯,有效地降低了损失。

1965年,港英当局共发出收音机执照135000多个,但"无牌"收听收音机的用户估计超过60万。庞大的"非法"收听人群,使得当局无法执法管控,港英政府最终在这一年取消了收音机执照的申领制度。1970年,香港电台(RHK)成立公共事务电视部。1976年4月香港电台的原英文名称(RHK)加上了"电视"一词,改为 Radio Television Hong Kong(简称 RTHK)。到 1970 年代中期,香港电台(RTHK)配合社会需要,取得了急速发展。1976 年年初,香港电台共提供 4 个不同频率的中英文节目。

目前,香港电台(RTHK)隶属于香港商务及贸易发展局,定位为非营利的公共广播机构。但也有人认为,香港电台是由香港政府拨款 4.9 亿元港币,香港电台台长的职务也由香港政府聘任,而且往往是由政府广播处处长来兼任台长一职;此外,香港电台还有大部分工作人员直接隶属于特区政府的公务员编制,例如 2008 年电台 759 名工作人员中,就有 600 人属于公务员。

2000 年开始,香港电台(RTHK)全面提供网络广播服务,每天直播全部电台和所有在黄金时间播放的电视节目,并在网上提供新闻文本。目前,通过互联网可实时收听香港电台(RTHK)的 7 套节目。香港电台网上数据库容量庞大,RTHK 过去一年播出的 7 套广播节目,均可以在 RTHK 官网《节目重温》栏目中查找收听,为听众提供了很大的便利。

2010 年,香港电台(RTHK)分 7 个频率每天 24 小时播出中英文节目,具体包括:香港电台(RTHK)第一台,以新闻资讯类节目为主,广东话播出;第二台,音乐、娱乐、文化类节目,广东话播出;第三台,英语频道,主要是以音乐及关联节目为主;第四台,英语(为主)及广东话播出的古典音乐节目;第五台,主要播出面向长者的节目或其他文教节目,广东话(为主)及普通话播出;第六台,24 小时全程转播英国 BBC 的广播电视节目;第七台,普通话台(偶尔也有一些广东话节目),这是全港唯一的一个全普通话广播频率,1997 年 3 月开播,以普通话放送音乐节目与谈话类节目为主,而且每隔一小时播出一节新闻报道。

3. 香港地区的其他广播服务

在香港的广播史上,除无线电广播之外,还曾提供有线广播的服务,通过电缆分配系统将广播节目传输至听众处。尽管有线广播有维护成本较高、覆盖不易等缺点,但同时也有信号稳定、播音质量高等优点。1949年3月,香港"丽的呼声"(Rediffusion)有线广播电台开播,分中文台(Silver Network)及英文台(Blue Network)分别播出节目,每天播音长达17小时。到1956年7月,"丽的呼声"还增设了第二个中文台(Gold Network),提供国语、粤语、潮州话、上海话等方言节目。1973年,"丽的呼声"全面结束有线广播业务,其时间跨度前后长达24年,而有线广播的听众最多曾高达月100万人,广播电缆长度累计达1.1亿米。因此不可否认,在香港广播史曾写下过辉煌一页。

在无线电台方面,除了香港电台之外,还有在1957年8月26日开播的香港商业广播有限公司(Commercial Radio Hong Kong),简称"商业电台"或"商台"(CRHK)。1963年6月,商台增设中文二台,以娱乐资讯为主。但港英当局一直未批准商业电台播出自制新闻节目,只允许其转播香港电台(RHK)的新闻节目①;直至1974年,商业电台才争取到自行采制、编播新闻的权利成立新闻部,这也从一个侧面反映出港英当局在广播媒介管理政策上表现出较为明显的保守性。

目前商业电台共有3个广播频率,每天24小时不停广播,分别是:(1)雷霞881商业一台(广东话),是全港听众人数最多的电台,以播放资讯、时事和娱乐节目为主;(2)叱咤903商业二台(广东话),是以音乐为主的年轻人频道,节目路线以轻松、活泼、娱乐及创意为主;(3)英语广播频道(AM864),以精心挑选的国际流行曲为主,为听众提供本地歌曲以外的选择。

1991年12月开始播音的新城广播有限公司(Metro Broadcasting Corporation Limited),简称"新城电台",目前由长江实业及和记黄埔各

---

① 事实上,在1973年之前,香港电台也没有新闻部门,其制作的新闻简报是由港府新闻处提供的。

持一半股权。新城电台也有3个广播频率，全部为自制节目，分别是：(1)新城娱乐台(前称新城997、新城劲歌台)，以资讯、娱乐和音乐为主，部分时间联播新城财经台和广东电台的节目，定位较为不清晰。该台口号为"知讯音乐，成就力量"；(2)新城财经台(前称精选104、新城金曲台)，主要报道香港及外地的股汇行情，以及少量音乐与资讯节目。该台口号为"全球财经，尽在新城"；(3)新城采讯台(AM1044 Metro plus)，主要播放专为少数族裔而设的节目，用英语播出，也包括印尼语和菲律宾语。此外1971年港英当局成立"英军电台"，为驻港英军提供有针对性的英语广播节目。1997年7月，香港回归，"英军电台"随之结束广播业务。

二 香港地区电视的发展与现状

香港的电视广播服务最早始于1957年，由亚洲电视有限公司(亚视)的前身——"丽的映声"提供有线电视播出，这是香港第一家电视广播公司。其后第二家无线播出的电视台———电视广播有限公司(TVB)于1967年启播。

目前(2010年)，香港共有两家免费播出的电视公司——电视广播有限公司(TVB)及亚洲电视有限公司(ATV)；另外还有4家收费的电视机构：香港有线有限公司、电讯盈科媒体有限公司、无线收费电视有限公司，以及并无经营牌照的城市电讯(香港)有限公司。此外，还有其他一些以香港为基地的广播电视机构[①]，通过本地广播电视平台或卫

[①] 根据广播事务管理局资料,非本地电视机构的电视服务并非以香港本地为主要目标市场,此类机构的电视服务的持牌人也需确保其电视节目符合香港的法例及有关标准。目前(2010年),香港地区这类非针对本地电视观众的广播电视机构(持牌机构)主要有以下一些：Starvision Hong Kong Limited、无线收费电视有限公司、亚太卫视发展有限公司、Starbucks (HK) Ltd.、美亚电视有限公司、特纳国际亚太有限公司、华娱卫视广播有限公司、GlobeCast Hong Kong Limited、阳光文化网络电视企业有限公司、天浪卫视有限公司、Auspieious Colour Limited、凤凰卫视有限公司、时代卫视国际传媒集团有限公司、亚洲时报在线有限公司、Real Global Broadcasting Hong Kong Limited、中华卫星集团股份有限公司及柏兆有限公司等(参见：香港广播事务管理局网页,http://www.hkba.hk/cn/tv/licences/non-domestic_tvps.html)。

星、有线电视系统等方式播出电视节目,这些节目主要不是针对香港本地的电视观众,收视份额也不高,通常不被认为是香港本地的电视机构,如内地观众较为熟悉的凤凰卫视就属于这一类的电视机构。

1. 启播时代:香港电视的早期发展

1949年3月1日,丽的呼声公司(Rediffusion Hong Kong)在香港开播了有线广播电台——香港"丽的呼声"电台(Radio Rediffusion),而香港的第一家电视台也是由"丽的呼声"公司开办的。

1957年4月,"丽的呼声"获颁有线电视执照,同年5月29日晚19:00,香港"丽的映声"(Rediffusion Television,RTV)正式开播,这不仅是香港本地的第一个电视台,更是全球华人地区第一个电视台。"丽的映声"电视台以广东话为主要播出语言,开台时即每日播放24小时,节目内容包括新闻和体育消息等。"丽的映声"电视采用有线方式入户,也正是由于采用有线入户方式(订户需支付月租费来收看电视,而且费用不低,最初的月费为港币25元,相当于当时警察一个月的薪水),订户数也很有限(开始时订户仅640家),"丽的映声"也因此被称为富裕阶层的奢侈品。

1967年11月19日,香港地区的第二家商营电视台——电视广播有限公司(Television Broadcasts Limited,TVB)成立,采用无线播出方式,不用安装线路更不用收资,这与收费相对昂贵的"丽的映声"形成了鲜明的对比。无线电视节目的播出立即吸引了大批观众,并在公众中造成巨大影响。由于电视广播有限公司是香港第一家而且是当时唯一一家采用"无线"方式播出的电视台,因此香港人称之为"无线电视台"或"无线台"[①],这个称呼沿用至今。

无线台的免费电视节目造成了收费的"丽的映声"观众大量流失,

---

① 尽管现在TVB早就不是唯一一家"无线"播出的电视台,但"无线台"的简称仍维持了下来。

"丽的映声"于1973年4月6日作出重大改革,播出形式由有线转为无线,由收费变成免费,并改名"丽的电视",设"丽的中文台"和"丽的英文台"两个频道。尽管"丽的电视"改为免费播出,但收视率并没有立即改善①,并未撼动无线台的垄断地位。当时,收看电视已经成为香港人的主要娱乐,无线台的一些电视节目的收视更高达60—70点,这在现在几乎是不可想象的。

无线台启播初期由香港制作的电视节目并不多,以香港新闻节目为主,这成为整个70年代最高收视的节目类型之一。港英政府在牌照上要求电视台多播出西方电视节目,而且无线台当时的股东中还包括美国的广播机构,所以当时无线台大量播出粤语配音的外国节目。直至1976年,无线台开拍的第一部百集连续剧《狂潮》播出后广受好评。1980年,当局取消了进口节目规定,无线台的本土制作比重迅速增加,成为香港本土电视文化的代表。

2. 三台鼎立:香港电视的短暂插曲

1970年,香港电台(RHK)就成立公共事务电视部;1976年4月香港电台改英语名称 Radio Television Hong Kong(简称 RTHK),也体现出其电视业务的部分。香港电台(RTHK)制作出了《针锋相对》、《狮子山下》②等广受欢迎的电视节目,奠定了香港电台(RTHK)电视

---

① 其实"丽的电视"的收视不但当时并未超过无线,后来在佳艺电视(1975年开播,1978年停播)的收视率也常常要比"丽的电视"高;而且近年来,香港的收费电视——香港有线电视台的一些节目收视也比亚洲电视(改名后的"丽的电视")来得要高。

② 狮子山位于香港九龙塘及新界沙田的大围之间,除了是香港的重要地标外,也见证香港由一个小渔村到今日国际化大都市的历程,从而成为香港精神的象征。1973年由香港电台(RTHK)电视部制作单元剧《狮子山下》讲述香港普通市民逆境自强的励志故事,播出后轰动全港,直至1994年停播,播出时段长达21年。其同名主题曲《狮子山下》(罗文主唱,黄霑词、顾嘉辉曲)也流传甚广。2002年香港经济萧条期间,财政司长梁锦松在财政预算案报告后,朗诵《狮子山下》的歌词与港人共勉;而朱镕基2002年11月在访港谈话中,也引用《狮子山下》的歌词勉励港人不怕艰辛、努力奋斗。

部的发展地位。但香港电台本身并没有独立的电视频道,港府主管当局规定,香港电台制作的电视节目(多为评论、教育类节目)由其他两家商业电视台免费播出,而且播出时段也有限制,必须包含相应比例的晚间黄金时段。香港电台是香港地区一个没有独立频道但有节目播出的电视机构。

除了无线台与丽的电视两家电视台进行市场竞争之外,在香港电视广播史上还出现过短暂的"三台鼎立"市场格局。1975年9月7日,香港佳艺电视有限公司(Commercial Television)启播,简称"佳视",加入免费无线电视市场的竞争,成为香港第三家免费电视台。香港电视的"三台鼎立"竞争格局就此形成。

而且,当时的佳艺电视、丽的电视、无线电视、香港电台、商业电台刚巧都坐落于九龙塘广播道(Broadcast Drive)。一条不足一公里的广播道上,总共有三家电视台和两家广播电视台,因此被称为"五台山"。但由于当时香港政府发牌时加入了限制,按规定"佳视"必须在晚间黄金时段制作播出教育节目。加之其他多重因素,佳艺电视难以为继,董事局于1978年22日宣布停止营业,成为香港第一家倒闭的商营电视台,结束香港电视史上"三国争雄"年代。

在"佳视"倒闭后,无线与丽的电视的竞争日渐白热化,丽的投巨资制作剧集来抢夺无线《欢乐今宵》时段不爱看综艺节目的观众。1980年丽的动员全台力量拍摄民初乡土剧《大地恩情》系列,播出后收视率大胜无线台同时播出的电视剧。尽管丽的也有若干胜利,但在基本格局中,无线在与当时的丽的电视竞争中优势明显。

1980年年初,丽的电视股东数度易手;1982年,远东集团收购丽的电视股权,并于1982年9月24日正式更名为亚洲电视(Asia Television)。

3. 无线独大：香港电视的现实困境

1978年佳艺电视倒闭之后，香港政府再没有核发第三家免费电视的牌照，导致香港免费电视领域形成了"两台参战、无线独大"的稳定格局，而两台悬殊的实力事实上导致了"胜者不思进取、败者得过且过"的局面。因此各界一直呼吁港府应当核发新的免费电视牌照，以形成更为健康的传媒格局与市场环境。

亚洲电视（包括其前身丽的电视）在与无线台的竞争中，长期相对处于弱势。在香港还有"惯性收视率"的说法，就是一些香港电视观众会"惯性地"、不假思索地首先选择无线台的节目，只有当无线台实在没有合适节目可看的时候才会选择转台，夸张的说法是有的香港家庭1年也用不上几次电视遥控器。在这样的情况下，尽管亚视有过不少突破甚至个别胜绩，但在总体上并未扭转局面。

1994年3月，亚洲电视推出的时事性综艺节目《今日睇真D》，无线被迫改变原先节目计划，及时推出《城市追击》来予以还击。亚视《今日睇真D》最令人轰动的，就是购得所谓外摄人解剖片段，一周以内密集报道，引起轰动，而"陈健康事件"更成香港传播媒介历史上最大争议的报道。尽管《今日睇真D》收视占有上风，但事实上并未给亚视带来好的声誉。

1998年，吴征入主亚视后大刀阔斧进行改革，除了裁员外，引入多个先进节目制作系统，如非线性后期制作，新闻部则于9月引入"虚拟演播室"技术，令电视制作更具灵活和创造性，亦使新闻直播室看来更宏伟。同时在黄金时段进行改革，宣传口号为"新新ATV，新新的选择"。90年代后期，亚视开始将节目制作外派，减少自制剧集及节目，是香港电视业中首先推行者。但由于亚视内部权力斗争等原因，吴征的改革也无疾而终，并且被迫退出亚视。

1999年，亚视新闻部还突破传统，起用艺员朱慧珊及何守信报道新闻,并在新闻时段加插娱乐消息,引起社会公众尤其是专业人士对亚视新闻部公信力的广泛质疑;香港记者协会更批评此举侮辱了新闻从业人员的努力。亚视在一年后取消了这一安排。

近年来,香港政府借数字式电视转制的机会,开始考虑新的免费电视牌照的核发事宜。2009 年 9 月 21 日,香港特区政府核准一直没有独立电视频道的香港电台在未来数年内开设独立免费数字电视频道。2010 年 1 月,香港宽带、有线宽带及电讯盈科先后向广管局申请营办免费数字电视台,推动免费电视的公平竞争。可以预见,香港即将出现多家免费播出的电视机构相互竞争的市场格局,这必将在很大程度改变现有的"一台独大"的畸形电视市场格局。

4. 技术突破:香港电视的前景

20 世纪 90 年代,香港电视业在技术上也取得突破。例如当时丽音电视广播技术的引入,使立体声电视广播成为可能;以电脑技术创造虚拟背景的虚拟参播也渐被运用。此外,包括卫星电视及收费的有线电视先后于 1991 年 8 月 26 日及 1993 年 10 月 31 日启播。

相比较以无线方式免费播出的广播电视将占用公共频率资源,主要以有线、光纤或卫星直播系统 A 户的收费电视服务对公众资源的占用较少,因此一般对于它们的审核要相对宽松。尽管香港当局对第三家以上的免费电视牌照的核发至今仍未有定论。而 2000 年,香港政府就同意向五家机构核准收费电视牌照。之后有公司结业退还牌照,目前还有无线电视旗下的银河卫视持有收费电视服务牌照,并于 2004 年推出"无线收费电视"。

科技进一步发展,电视传送方式走向多元化,包括互联网、宽带等传播技术,"广播"定义的边界也在逐步扩大。香港互动电视(iTV)于 1997 年利用电讯盈科前身香港电讯的 ATM 宽带网络,推出双向式收费电视服务,但因价钱过于昂贵及技术未成熟而不受市场欢迎,最终于

2002年结束业务。电讯盈科于2003年内先后推出收费电视服务now宽带电视,自从now宽带电视服务推出后,用户人数倍增,其后取得不同频道的独家播映权。香港宽带网络有限公司也于同年推出收费电视服务——香港宽带bbTV(未持有电视牌照①)。

香港主管机关宣布,香港数字地面电视广播由2007年12月31日开始,逐渐采用中国内地的数字电视广播DMB-T/H制式作为数字地面广播制式,要求电视在2012年数字电视转制完成前同时保持原有模拟方式的地面电视广播原有频道。在新旧交替期间,两家免费电视台会以模拟电视及数字电视的两种制式同步广播。

2007年12月31日晚上7时,数字地面电视服务正式启播,由行政长官曾荫权于香港文化中心主持数字电视启播仪式。仪式过后无线电视翡翠台及清翡翠台同步播出第一个节目《东张西望》;而亚洲电视本港台及亚洲电视高清频道亦同步播出第一个节目《十六不搭喜趣来》。

2007年,数字电视启播之初,仅有慈云山发射站投入服务,覆盖全港人口大约50%;2008年年底增至75%,直至覆盖香港全部收视人口。2010年4月,香港商务及经济发展局指出数字广播已覆盖全港90%人口,估计渗透率(安装机顶盒或转用内置机顶盒的数字电视)约有52%,或相当于120万住户有接收数字电视。

5. 香港地区的主要电视机构

(1) 电视广播有限公司(TVB)

英文名Television Broadcasts Ltd.。是香港最大的商业电视机构,1967年11月19日启播,是香港首家商营的以无线微波传输信号

---

① 根据法庭裁定,由于收费电视供应商香港宽带bbTV被界定为互联网电视,这种传播方式不用正式的牌照经营,也不受《香港广播条例》监管。

的电视台,因此通常被称为"无线台"。TVB旗下设有两个频道,分别为翡翠台(中文,主要为粤语播出)和明珠台(英语),其中无线台中文频道翡翠台开播至今长期处于收视领导地位(2009年数据:无线翡翠台及明珠台平均收视份额分别占有83%及73%),已成为香港大众文化的重要组成部分。TVB每年播放近16000小时的节目,为香港超过228万个家庭免费提供电视娱乐节目,同时无线台也是全球制作华语节目最多的电视台之一,它还将部分节目配上多种不同语言,发行海外超过30多个国家,供全球近3000万人收看,成为世界认识香港的文化窗口。

电视广播有限公司业务已遍及各地,并涉足节目发行、收费电视、音乐、电影、出版等行业,为全球最大的华语商营传媒之一;TVB下辖TVB International(国际发行)、tvb.com(在线服务)、TVBS(卫视)等分支机构。无线台最初有员工约200人,至今已超过4500名全职雇员,2007年的营业额超过43亿港元。

(2) 亚洲电视(香港)有限公司(ATV 或 aTV[①])

英文名 Asia Television Ltd.,是香港本土的另一家商营电视公司,前身为"丽的映声"(有线电视)及"丽的电视"。1957年5月29日以收费方式开播;1973年由收费转为免费收看,并改为无线方式播出;1982年通过股权运作改名"亚视",沿用至今。亚视设有两个频道,分别为中文(粤语)播出的本港台及英语的国际台;ATV下辖亚洲电视企业有限公司、ATV在线等分支机构。2002年,亚视宣布已经获得国家广播电影电视总局的批准,亚视本港台及国际台两个频道,通过广东省有线网正式在珠三角落地。

(3) 香港有线电视有限公司

---

① 现亚视为配合其新标志系统通常将英语缩写"ATV"写为"aTV",其中首字母改为小写。

英文名 Hong Kong Cable Television Limited(HKCTV)，提供有线电视系统、节目及宽频数据传输服务。香港有线于1993年10月31日启播，原名九仓有线(Wharf Cable)，获得香港政府批准约达12年的有线电视专营权；1998年改名香港有线，同年于香港及NAS-DAQ同时上市。有线电视播放的电视频道达112个，曾为全港电视台之冠；然而这个纪录在2006年5月10日被香港now宽带电视和无线收费电视合作打破。现在香港有线电视拥有多个自制24小时播放的频道，包括主打的新闻台、财经资讯台、娱乐台、娱乐新闻台、第1台、18台、电影1台、电影2台、HMC1、HMC2、体育台、足球台，另有多条外购的娱乐、纪实、体育、国际新闻频道等。2009年8月推出高清频道，包括hd201、hd202。香港有线电视目前(2010年6月)收视户数已达108.6万户。

(4) 香港凤凰卫视控股有限公司(凤凰卫视)

英文名 Phoenix Satellite Television Holding Limited，官网：http://www.ifeng.com。凤凰卫视是一家总部位于香港的中文电视台，但其在香港取得的只是"非本地电视节目服务牌照"，不属于香港本地电视台，其主要目标对象是我国(大陆)及其他使用中文的观众群，因此凤凰卫视在香港关注度并不算高。凤凰卫视1996年3月31日开播，由新闻集团(通过香港Star TV)、香港资本及中资合股组成，节目集新闻资讯、体育、音乐、电视剧于一身。凤凰卫视集团旗下的卫视频道有：凤凰中文台、资讯台、欧洲台、美洲台及电影台；另外两个媒体平台为《凤凰周刊》及凤凰新媒体(凤凰网)。凤凰卫视通过亚卫三号S卫星覆盖超过50多个国家及地区；在港澳地区通过香港有线电视、now宽带电视、无线收费电视、香港宽带bbTV等有线电视系统提供服务；在内地，中文台、资讯台在广东珠三角地区的有线电视网络落地，凤凰卫视电影台作为收费频道在部分有线电视网络中付费播出。

三 澳门地区广播电视的发展与现状

澳门面积狭小,加之邻近香港,在社会、经济、文化上都受到香港很大的辐射与影响。在广播电视方面,香港广播电视也对澳门地区产生重大影响,甚至可以认为澳门本地居民受到香港广播电视的影响要甚于本土的广播电视媒体。

由于澳门当局不干预香港广播电视机构对澳门的信号覆盖,澳门居民可以轻易收到香港地区的广播电视信号,尤其是在电视方面,澳门本土的竞争力并不强。相关数据显示,澳门电视的晚间中文新闻节目(包括澳门本土新闻)其实拥有不少电视观众,但新闻结束后澳门电视的收视率立即下降,大多数市民转而收看香港电视节目(其中又主要是无线台的电视节目)。因此,澳门地区的广播电视对本地居民的影响力相对较小,这里仅对澳门的广播电视基本情况作简要的介绍。

1. 澳门地区的声音广播

澳门地区的声音广播起步于20世纪30年代。澳门电台是澳门地区最早的无线电广播电台,于1933年6月26日开播(呼号CRY-9 Macau),用葡萄牙语播放新闻和音乐。澳门电台中间经历过停播(1937—1938)、多次变更呼号等,于1948年划归澳葡当局经营(隶属新闻旅游处管理);1962年转归邮电厅负责;1980—1981年一度由葡萄牙广播公司管理。

1930年,葡萄牙人创办了私营的绿邮广播电台(Radio Vila Verde Ua),最初主要播出音乐节目,1964年开始以粤语广播商业新闻。1981年,绿邮台与香港公司改成"澳门绿邮商业电台"。1993年,电台宣布暂停广播。

澳门电台于1982年并入政府出资组成的公共企业——澳门广播电视公司("澳广视"),葡语名为Teledifusao de Macau(简称TDM),电台分为中文台和葡文台两部分,并增加新闻广播。

2000年3月,"澳门绿邨商业电台"重新开播,节目除时事新闻外,还有音乐、体育及赛狗节目,覆盖面扩展到香港和珠江三角洲地区;该台在每天的播音中设置8小时的葡文节目。

2. 澳门地区的电视广播

澳门地区的电视广播起步较晚。1984年5月14日,"澳广视"开播了旗下的电视台,主要覆盖澳门本地,开始设一个频道轮流播出中文和葡文的电视节目。1990年10月,增设了一个频道,将中文和葡文电视节目分别播出。1988年起"澳广视"转制为有限公司,并向私人财团转让部分股份,实行董事局管理制,但其中新闻节目仍由澳门当局主办。1996年,澳门宇宙卫星电视公司(通常简称为"澳门卫视")成立。1999年12月,澳门卫视开播了澳门卫视旅游频道,为24小时播出的卫星电视。澳门卫视自办有旅游台、亚洲台、五星台(pop频道)、生活频道、财经台和卡通台等,转播节目约50余套。

2000年7月,澳门有线电视正式开播,该台由中葡两国及澳门地区合作,于1999年成立,向澳门电视观众提供40多个中、英、葡语频道,澳门有线电视以转播为主,不自制电视节目。到2003年有线电视已覆盖澳门人口的40%;2005年7月,澳门有线电视频道增加到70个。

2002年10月28日,澳门莲花卫视(Lotus Satellite TV Macau)开播,原称澳门卫视国际商务台,是提供新闻、财经、娱乐、本土历史文化、社会动态信息的卫星电视频道;2008年12月,正式获得澳门政府发出的卫视频道执照。莲花卫视通过亚洲二号通讯卫星,覆盖以亚太地区为主的全球53个国家和地区,节目24小时滚动播放。

2003年前后,"澳广视"财政问题一度严重。2004年10月,澳门政府宣布"澳广视"提供公营服务,正式成为"公营广播机构","澳广视"的财务问题最终在政府帮助下得以解决。2005年,澳门特区政府购买了"澳广视"的全部股份。

澳门其他的电视广播机构还包括:亚洲联合卫星电视(LTTV,2001年11月开播)、澳门东亚卫视(2002年开播)、CBN(中国商务网)卫视(2006年6月开播)。由此可见,澳门广播电视业的另一个显著特点就是卫星电视业务比较发达,特区政府为推动澳门传播事业,强调要对外开放卫星电视业。但卫星电视从严格意义上来说,主要并不是针对本地受众而设立的,因此这些卫星电视只是基地设在澳门的电视机构,同样不能算是澳门本土的电视台。

四 台湾地区声音广播的发展与现状

1. 台湾广播的重建与发展

台湾的广播事业最早是在20世纪20年代日本占领台湾期间发展起来。1925年,台湾"总督府"在台北建立播音室,进行最早的实验性广播;1931年1月13日,财团法人台湾放送协会(台湾广播协会)正式成立,以日语进行播音。

1945年日本投降,台湾主权回归祖国,此前日本殖民当局所开设的所有媒体包括广播电台及其分支机构,随即由国民党当局接收,对旧有广播设备进行改装、修复与增补。1945年10月,原"台湾放送协会"改制为台湾广播电台,隶属于国民党中执委下设的中央广播事业管理处,下辖台中、台南、嘉义、花莲各地方台,形成初步的广播网。台湾广播电台在当时的节目设置上仿照中央广播电台,同时为满足地方需要(如台湾居民学习汉语的需要等),开办了新闻、政令、教育、服务类的广播节目,以国语、闽南语、客家话、少量英语及日语播音。

再加上1949年之前,国民党当局有计划地从大陆撤迁到台湾的公、民营广播电台,这些已有的设备、技术、人才和资金等为台湾地区广播事业的起步提供了良好的发展基础。其中陆续将部分设备运抵台湾的中央广播电台,于 1949 年 11 月正式改组为"中国广播公司",并在原先台湾广播电台 4 个分台的基础上,增建扩容为 22 台广播联播网,各地方电台也利用此系统将地方新闻传送至"中广"台北总台。

国民党军方电台"军中"广播电台(1942 年成立)、"空军之声"(1946 年成立)也先后迁往台湾并复播;随国民党当局迁台的民营电台有益世(1946 年成立于南京)、民本(1946 年成立于上海)、凤鸣(1934 年成立于上海)等广播电台,也先后在基隆、台北、高雄等地陆续复业。

国民党当局迁台之后,对广播事业采取了既扶持又管制的政策,对推动岛内广播及以后的电视事业的发展起到了一定作用;而对民营广播采取有限开放的政策。1957 年后,陆续在台湾各县市批准民营电台的设立,但每一地区仅限一家民营电台;而这一开放政策到 1959 年后即告结束,当局以"整顿频率"为由,冻结了民营广播的申请。

尽管"戒严"时期政治环境较为严苛,但以"中广"为代表的台湾广播仍然取得了许多技术上的突破。1968 年,"中国广播电台"在台北地区正式开播调频广播,节目以新闻与音乐为主;与此同时,军中电台、警察电台、教育电台、台北"国际"社区电台也相继开播调频广播,台湾广播开始进入调频时代。1969 年"中广"租用国际通信卫星独家转播了在美国举行的"中华"金龙少年棒球队与美国西区队的比赛实况,这一节目开了台湾广播电台利用通信卫星传送广播节目信号的先河。

2. 戒严时期台湾广播的特点

台湾地区广播事业在"戒严"时期也取得了一些成就,但也因为当时政治、社会、文化环境的制约,有着与现在台湾广播不一样的生态与特点。

(1) 对广播宣传严密管理与审查。国民党迁台初期,岛内局势复杂、国际地位孤立,1950 年蒋介石在台北"复职视事",整顿党务及完成权力分配,发布"动员戡乱时期临时条款"对台湾实行严密控制。1949

年 5 月起,台湾地区进入了长达 38 年之久的"戒严时期",在这样的政治环境下,当局对广播业同样实行严密的管控措施。

1952 年,国民党当局成立广播事业管理委员会(当时隶属于"教育部",1958 年后转由"交通部"管辖),负责广播电台的设置与审查、广播节目的设计与指导、广播资料审查与供应、广播从业人员的审核与登记,以及其他广播事业的稽核等业务。当局的基本政策态度是:对党营、军营的广播进行扶持,对公营广播进行辅助,对民营电台采取适度开放的政策。

1976 年,台湾地区的"广播电视法"公布实施,还有"广播电视法"及后续的"广播电视法施行细则"、"广播电视事业从业人员管理规则"、"广播电视节目供应事业管理规则"、"广播电视节目规范"等相关条例。这些法规条例的基本走向还是延续了国民党对广播的管理政策的脉络。

(2)国民党实际控制下的"中广"与军政广播主控台湾广播业及宣传导向。从 1949 年国民党当局全面迁台到 20 世纪 80 年代的 30 多年间,台湾广播电台体系与格局基本没有变化。"中国广播公司"从国民党党营的"中央广播电台"转制而来,虽然名义上已成为公司制电台,实际上仍由国民党掌控,"中广"因此能获得当局重组的经费支持而得以发展壮大;而军方直接或间接经营广播及后来的电视、军营电台也得以扩张;此外,台湾警政、渔政、教育等一些"公营"单位也介入广播经营。

(3)对祖国大陆的"反共"宣传与"国际"广播。国民党当局不惜动用大量资源扩大对大陆进行所谓的"心战"宣传,广播就是其中的主要媒介之一。从 1950 年 11 月起,"中广"就以"中央广播电台"的呼号对大陆进行广播,每天播出 6 小时节目。1949 年起,"中广"还以"自由中国之声"为台呼,以国语、英语开始"对外"广播,后来广播语种逐渐增加到 15 种(包括方言)。另外"亚洲之声"则主要以大陆及东南亚为广播目标。

(4) 涌现出一批有影响力的民营电台。在台湾发展初期,广播成为许多人的一种便利的媒介(尤其是作为娱乐工具),一批新型的民营广播得以兴起。到 1972 年台湾三家电视台成立,广播影响力受到冲击而明显下降,民间电台因此成立"民营广播电台联合会"加强合作。这一时期的民营电台普遍重视新闻节目、丰富娱乐节目(以音乐与广播剧为主),来适应激烈的竞争环境。

(5) 专业电台的成立。设立、强化专业电台是 20 世纪 30 年代以后台湾广播的一个重点,尤其是 60 年代以后,为适应不同层面、不同族群的听众需要,成立了一批专业电台:如台中农民电台(为农民提供相关消息)、"警察"电台(提供路况资讯)、教育电台(从事"空中教学")、"中广"新闻网(1973 年成立,全新闻广播频率)、渔业广播电台(服务渔民及其家属)、台北、高雄的"市政"电台(强调都会服务)、幼狮电台(主要针对青年"救国军"团体)。

3. "解严"后广播频率的开放

1987 年 7 月,台湾宣布"解严",标志着"戡乱体制"的结束;原本控制严格的广播资源也开始向民间倾斜。尽管如此,国民党的"中广"因其历史久、规模大、人才济济、财力雄厚,在台湾广播媒体中仍处于领先地位。而 90 年代以来台湾当局释放出广播频率资源,广播体制和节目开始多元化,一改台湾广播封闭保守的格局。但电台的增多同时也导致广播业的竞争失序,出现了复杂、多变的局面。

"解严"初期,国民党仍然控制着主要的广播媒体,同时在民众中具有相当的影响力。如由国民党实际控制的"中国广播公司"①,下辖新

---

① 尽管个别民营台的规模也能和"中广"一争高下,如正声广播公司(简称 CBSC),作为台湾地区规模最大的民营电台,在规模上、影响力上一度与"中广"不相上下,但大部分民营电台的规模、影响力都较为有限。

竹、苗栗、台湾、嘉义、台南、高雄、台东、花莲、宜兰9个分台、7个发射组、6个转播站;分设中广流行网、闽南语、音乐网、新闻网、服务网等专业服务广播网。长久以来,"中广"节目的广告收益和观众收听率也高居台湾广播界榜首,受到了广大听众尤其是中老年听众的喜爱。

台军电台在发射机数量、功率、比例等方面都有明显的优势,台湾军方共有6家广播电台(含59家分台):"军中"广播电台、"中央广播电台"、汉声广播电台、复兴广播电台、"空军"广播电台、复兴岗广播电台;军方占有台湾广播频率的精华,播出功率占全台湾总功率的51%。因此,民间强烈要求军方应当释放出部分频率资源,迫于民意军方做出相应调整。

尽管国民党、军方的广播机构在"解严"初期凭借已有的成绩,仍然保持着一定的优势"惯性",但广播媒体多元化的特点在"解严"后(尤其是90年代以后)表现得尤为突出。1993年台湾当局开放广播频道,在台湾传播史上,标志着台湾广播媒体迈入了一个新的多元化的阶段。而新成立的多是区域性的中功率和小功率的电台,尤其是调频台的剧增,使得台湾广播频率得到多层次的释放和运用。听众有更多的选择余地,广播节目在地化、多元化的特点也日益明显。

总之,1988年台湾当局全面开放"报禁"后,由于社会舆论的压力和经济多元化对资讯的迫切性,台湾当局不得不排除一些政治因素的考虑,不再垄断资源频道。正是在这种认知的推动下,1993年1月30日,台湾"交通部"与"新闻局"共同宣布开放调频广播频道,所开放的频道可容设28家区域性调频广播电台,从此台湾广播进入了多元化并存的新阶段,初步形成了三个层次的调频广播网:覆盖全岛的电台、地区级电台以及社区级电台。

1993年至今,台湾当局分九梯次开放广播频率供民营广播申请。其中,1993—1996年间是第一梯次至第八梯次开放的广播频率,包括中、大功率调频广播电台、社区教育功能的小功率电台、金(门)马(祖)

地区小功率调频广播电台,以及台北地区的客家话中功率调频广播电台共有118家电台筹备处获得核配广播频率,除了被退回频率申请的以外,已有109家完成电台建设。

针对前八个梯次的广播频率释出,台湾广播事业生态发生重要变化。经营竞争激烈,主管当局经过对频率特性、民众需求、广播市场格局、弱势族群及偏远地区民众的需求,以及前八梯次开放对业者的冲击等多方面信息进行综合评估后,决定于1999年后继续开放第九梯次的广播频率申请,第一梯次的频率主要是中、小功率频率,强调合理规划、均衡布局,尤其强调优先照顾偏远地区、弱势族群及教育服务的广播需要,以期建立多元、均衡、公平、健全的广播市场。

台湾1993年之后整个广播频率的开放过程,体现出这样的变化:(1)政策有意向民营电台倾斜,强调"资源分配平均","民营优先",以均衡长期存在的"重官营轻民营"的偏颇生态;(2)强调地方性特点,提供在地化服务,即长期存在的"重总台轻地方";(3)多元化、专业化的电台发展,打破电台类型同构化的现状;(4)广播市场窄播化,突出"类型电台"(format radio),淡化综合性电台的"一统天下"特点;(5)突出企业化的经营理念,取代传统经验法则。

4. 多元化发展的广播版图

20世纪90年代初,台湾广播机构依然有党营电台、军营电台、公营电台、民营电台4大体系。1993年全岛广播电台共有33个单位,其中公营7个单位、军营5个单位、民营21个单位、电台188座。但广播节目逐渐增加,内容日趋多元,一些电台不仅播第二、第三套节目,还普遍延长播出时间,很多电台开始24小时全天候播音。

而台湾自1993年广播频率开放申请之后,少数播放范围为全台湾地区的大功率电台仍走综合型电台路线,以大众的普遍需求为综合目标。大部分电台在火爆竞争及区隔定位的考虑下,通常采用专业电台、类型电台、社区电台等经营方式，本土化、在地化、社区化、专业化更是不少电台追求的广播节目风格走向。

（1）强化专业台，增设新栏目。原先广播频率因受当局垄断和控制，观念上对专业电台也认识不足，所以专业台并不普遍。但近年来，台湾广播也开始注意强化专业台，并增设了许多新栏目，强化对目标受众的深度"黏着"。尤其是出现了24小时播出的全新闻电台（如"中广"新闻网），以适应听众扩大了的经济、文化、社会生活资讯的需要。广播电台传播资讯，比电视、报纸、杂志快速，一有重大新闻即可随时报道。

（2）重视少数族群的节目制播。台湾广播近年来出现了"多声道发声，方言成新宠"的现象。过去广播倾向国语和闽南语，但新近电台语言政策开始调整，客家语、原住民语节目陆续出现，形成新的趋势。1993年频率开放也多倾向于区域性的电台、中功率和小功率的电台，强调广播的在地化、区域化服务功能。

（3）热线电话（call-in）盛行，变传统电台的单向传播为双向交流。随着电话的普及与观念的改变，在直播节目中引入听众的电话已经变得十分普遍，力图把节目办成"听众自己的东西"。听众可以随时打电话进节目发表意见、参与讨论，许多节目因此变得非常火爆。台湾用语习惯将热线电话根据英语读音译为"叩应"（call-in），也非常形象。

（4）跨媒体合作，汇整新资源。信息时代传媒发展的方向，在于整合运用各种传播渠道，并以最佳的组合搭配，以达到更好的传播效果，在专业领域发挥更大作用，配合未来科技的持续发展。广播与有线电视、卫星电视，或与报纸、杂志等媒体寻求横向联系与合作也同样如此。广播在与其他媒介竞争的同时，也开始多媒体间、跨媒体、跨地域等多层次合作，实现传播效果共赢；在广播同业态的竞争中，也强调"策略联盟"合作，在没有直接竞争关系的电台间实现经营合作也是一种有效的尝试①。

五　台湾地区电视的发展与现状

1. 台湾地区电视的发展简史

台湾电视开始于1962年2月。台湾第一家实验台开播，发射功率仅为100瓦，覆盖范围约10公里，每天播出2小时的教学节目。

事实上早在1951年，台湾"行政院"决定以民营企业制度推动台湾的电视事业并以美国的商业电视制度为蓝本发展台湾的电视业。真正实现电视的商业性播出是在20世纪60年代以后了。

1962年10月，台湾电视公司播出电视信号，正式成为台湾第一家官股民营的商业电视台，创立并基本确立了商业电视制度。1968年9月，以国民党党营的"中广"为核心的台湾"中国电视公司"正式成立，并于次年10月31日开播；"中视"率先开启了台湾电视的彩色时代，而且"中视"的开播，也改变了台湾无线电视"仅此一台（台湾电视公司）"的局面。继而教育电视台扩大改组为"中华电视台"，在1971年成立并开播；"华视"虽最初由行政经费创办，但以商业方式经营；"华视"开播使台湾地区的电视竞争格局从一枝独秀演变到三台鼎立，"无线三台垄断型竞争"的状态维持了很多年。

台湾地区的电视媒体在初期发展极为迅速。由一家电视台扩展为三家电视公司、由黑白电视发展到彩色电视；发射机数量、功率、收视区域，以及节目播出时数同时快速增长。技术的进步、经济的繁荣，又促

---

① 如1997年开始，台北飞碟电台原本是仅限于台北地区播音，但飞碟电台在全省各地与其拒绝方台达成合作关系，事实上形成飞碟联播网（达到类似于全省覆盖的目的），这对其他广播业者形成了竞争压力；用这样的方法也并非只有飞碟电台一家，如高雄KISS电台、亚洲电台联播网都有类似的联播机制。这种联合经营的做法，一方面是地方电台合作参与市场竞争的一种有益尝试，另一方面又与当初分配时强调的多元化、在地化等理念及申请筹设的理由不相符合。因此尽管这种做法并不直接"违法"，却在业界及学界引发一定的争议。1969年9月，台视发射全台湾第一个彩色电视节目信号，不定期试播彩色电视节目成功；同年11月19日，台视首次使用人造卫星以彩色电视信号转播美国"阿波罗12号"太空人登陆月球实况。

进了电视机的生产与消费,电视已几乎成为现代家庭普遍的必需电器。1992年1月,台视、中视、华视立体多声道电视广播系统正式开播,采用美国Zenith公司开发的Zenith-dbx电视立体声与双语音系统频谱。

1987年台湾当局宣布"解严",为适应社会大众对电子媒体开放的需求,于1993年执行频道开放政策。虽然频率开放政策的主要受益媒体是广播,而不是电视,但频率开发,也使原先电视"无线三台"呈"垄断状态"的格局最终被打破。

1994年1月28日,台湾"行政院新闻局"宣布开放第四家无线电视频道。有关方面经过规划、公告、受理申请及审议等过程,于1995年6月召开的审议委员会中,民间全民电视股份有限公司筹备处获得"当局"核发的台湾地区第四家无线电视台的经营权。1997年6月,民间全民电视台正式开播。

1993年之后,台湾主管当局着手"修法"将已经大量存在的有线、卫星电视业者按资质进行登记,纳入"合法"管理的范畴,使得台湾地区的电视频道竞争更为激烈,观众也有了更多元化的选择。

2. 台湾地区的无线电视台

(1) 台湾电视事业股份有限公司

简称"台视"、"TTV",英文名:Taiwan Television Enterprise Ltd.。是台湾第一家正式播出的电视台,成立于1962年4月28日[1],同年10月3日开始试播(呼号为BET_21),10月10日中午12点正式开播。台视过去是隶属于台湾省政府的公营事业机构,采取官股(政府持有股份)经营(董事会管理)的商业模式。2006年台视开始民营化进程,之后官股受日资持有的台视股权陆续释出。2007年9月,台视公司上

---

[1] 1962年4月28日,台湾电视公司成立,这一天被定为台视"台庆日";但台视正式开播的日子要稍晚,于当年10月10日开播。

市，正式完成民营化。

1961年3月，台湾"省政府新闻处"成立台湾电视事业筹备委员会，与日本企业（富士电视、东芝电器、日立制作、日本电器）等合作，推进台视筹建工作。1962年，台湾电视台于10月10日开播。台视在1965年完成中部、南部4个中继站，组成南部联播网；1969年9月，台视宣布彩色电视节目试播成功；于1969年及1971年，相继完成花莲及台东转播站，形成涵盖全岛的覆盖网络。

台视新闻开播时称为"电视新闻"，只在每日20：00播出15分钟的新闻，由记者与播音员轮流播报。到"中视"开播后，台视才将"电视新闻"改名为"台视新闻"以做区隔。台视曾享有"新闻王国"的称号，并率先与美国有线电视新闻网签约，在新闻中使用CNN的新闻素材，拓展了台湾电视新闻的视野。1988年1月1日，台视新闻部体育组升格为体育部，专门负责制播体育节目（包括体育新闻）以提升体育类节目制作能力，制播的体育节目总称是"台视体育"。1997年3月1日，"台视晚间新闻"主播李四端跳槽华视，对台视新闻部门形成一定冲击。台视新闻在早上、中午、晚间、深夜等有四个常态档次；如逢"选举"等重大事件，则会另播出特别报道。此外，台视新闻部也制作新闻资讯节目（深度报道），主要以财经议题、社会新闻为主题。

(2) "中国"电视事业股份有限公司

简称"中视"、"CTV"，英文名：China Television Company Ltd.。成立于1969年，是台湾地区第二家正式成立的无线电视台，与台湾电视公司、"中华"电视公司并称为台湾地区"老三台"或"无线三台"[①]。

[①] 以三台的资本结构分析，"台视"是由台湾"省政府"与中日民间企业人士所参与投资；"中视"则是以国民党的"中广"为核心，民间广播公司和私人资本为辅的电视台；"华视"之资金则分别来自台湾"国防部"、"教育部"及部分民间投资人士。虽然这三家电视台在法定地位上都为"民营公司"，但通过股权分析可发现，三台都具有若干"官方"的股份，事实上受控于"官方"手中，并且与官方有着千丝万缕的联系。因此被认为是有"官方色彩"的电视台，这三台被统称为"老三台"或"无线三台"以区分后来完全强调民间资本的"第四台"民视。

在2000年"党政军退出媒体"的过程中,原为国民党的股份被售于中国时报,现与有线电视频道业者中天电视同属旺旺——中时集团旗下。

1967年10月17日,由"中国"广播公司、28家民营广播电台及其他人联合成立"中国电视公同筹备委员会",推进"中视"筹建工作;"中视"于1969年组建成立,同年10月9日开始试播,10月31日正式播出①。"中视"于1975年完成全台湾联播网的搭建。而"中视"开播之初,推出国语连续剧《晶晶》(主题曲演唱:邓丽君),长达102集,开创了连续剧的先河,形成收视高峰。

"中视"在筹备时期就把负责制播新闻节目的单位单列"新闻部",与节目部(新闻以外的节目)与工程部并列为"中视"三大部分,这为开播之后的"中视新闻"打下了良好的基础。1971年9月1日,"中视"全部改彩色节目讯号录播新闻;1978年1月16日,"中视新闻"的气象播报时段定名为"中视气象台",由气象专业的男编辑冯鹏年担任主播,成为台湾第一位男性电视气象主播与第一位气象专业的气象主播。1976年5月5日,"中视"新闻部开始以电子新闻采集(ENG)设备拍摄新闻片,提高了新闻的时效性。

"中视"的早间新闻节目历经多次大改版,先后有《我爱早晨》、《"中国"早安》、《大家早》、《"中视"早安新闻》(第一代)、《早安!您的气象新闻》、《"中视"早安新闻》(第二代)。"中视"现在播映中的晚间新闻节目是"中视新闻全球报道",每天晚上7点播出,时长1小时。"中视新闻全球报道"在相当长的时间内保持为全台湾收视率最高的新闻节目。2010年1月1日起,"中视"新闻进行主要时段(早安新闻、午间新闻及夜线新闻)的新闻节目片头动画、镜面及虚拟布景等全面革新,并以统

---

① 与台视选择公司成立为台庆日不同,"中视"直接将1969年10月31日的开播日定为台庆纪念日。

一化的风格呈现,各节新闻皆有各自代表的颜色(早安新闻:蓝色;午间新闻:绿色;夜线新闻:红色)以做区分。

(3)"中华"电视股份有限公司

简称"华视"、"CTS",英文名:Chinese Television System Inc.①。"华视"是台湾第三家电视台,与台视、"中视"并称为"无线三台",也是台湾地区的五个无线电视台之一。1970年2月,台湾当局原则决定扩建教育电视台,改名为"中华电视台"。1971年1月,由"教育部"、"国防部"及企业界人士与海外"侨领"等共同设立的"中华电视台"正式成立。1971年10月10日,"华视"开始试播,而10月31日下午16时整,"华视"正式开播②。"华视"开播后,立即成立"空中教学委员会",大力推进以"空中教学"为主的远程教育,成为"华视"除新闻、娱乐、公益节目之外的重要节目样式。"华视"最初只有一个VHF频道;后为独立制播"空中教育"课程而增加一个UHF频道,是台湾地区唯一拥有双频道和设立教学事业处的电视台。另外,台湾"国防部"为加强金门地区"军中"政治教育及文娱活动,于1978年正式从小雪山转播站以5千瓦高功率之微波机将电视送达金门岛,在当时是电视业界少见的技术突破。

"华视"新闻开播之初,每天仅以黑白画面播出的四次新闻有《"华视"晨间新闻》、《"华视"午间新闻》、《"华视"晚间新闻》与《"华视"夜间新闻》;其中开播日当天就播出的"华视晚间新闻",每天播出25分钟。1982年2月,"华视"开始以卫星接收英国维斯新闻社(Visnews)与美国哥伦比亚广播公司(CBS)所传送的新闻素材,并在新闻节目中选用;

---

① "华视"原来的英文名为"Chinese Television Service",1987年7月22日修正为现用名"Chinese Television system",但简称一直是"CTS"。

② "华视"与"中视"的做法相同,也是将开播日而非电视台成立的日期定为台庆日;而"华视"的台庆日和"中视"的开播日,"台庆日"都是10月31日("中视"1969年、"华视"1971年)。同样在10月31日并非巧合,而是为了配合蒋介石的生日而定。

1990年,《"华视"晚间新闻》率先尝试使用国语台语双语(主播以国语播报,旁白以台语播报)播出的新闻节目。2010年7月之后,《台语新闻》、《"华视"午间新闻》、《"华视"夜间新闻》、《早安今天》等新闻制播全部启用3D全虚拟摄影棚。

(4) 民间全民电视股份有限公司

简称"民视"、"FTV",英文名:Formosa Television Inc.。民间全民电视①,是台湾地区第四家开播的无线电视台,为台湾的五个无线电视台之一,也是台湾第一家纯民间资本的无线电视台。而且为了防止财团垄断媒体市场,"民视"有意采取分散股权的方式来募集建台资金,民视在筹备的过程中,喊出"自民间,属于全民"的口号,吸引了大量个人资金的支持。1997年3月5日,民视的新闻频道"民视新闻台"先行开播;1997年6月10日,民视最后取得"新闻局"的电视执照;6月11日晚间7时,台湾第一家"纯民营"的无线电视台正式开播,打破了台湾电视事业30多年来三足鼎立的态势。

由于民视两位主要建台发起人都是民进党重要人物,而其政论节目所请的嘉宾及其立场往往被批评过度"亲绿",常被讥讽为"民进党党营媒体";但也有泛绿人士批评民视是"绿皮蓝骨"。民视新闻也存在有"广告化"倾向的问题,有时也为政治人物选举等活动进行植入性营销。

(5) 台湾公共电视

正式名称为:财团法人公共电视文化事业基金会,简称"公视"、"PTS",英文名 Public Television Service Foundation。台湾公视也是台湾五家无线电视台之一,但与前面商营公司制的电视台不同,根据台

---

① "民间全民电视"的名称比较复杂,其实"民视"是由"民间传播"与"全民电通"两家公司合作筹建,是由两个公司名称的合并而成。"民视"是更通用的简称,2001年起,民视各节目片尾的公司名称已简化为"民视电视公司",只在正式场合才用全名。

湾"公共电视法",公视被定位为服务公众而且是一家独立且全民共同拥有的公共媒体,不受任何"政府"、政党及利益团体控制;强调公视使命在于维护民众表达自由的权利,提高全民教育和文化水平,并促进民主社会发展,增进公共福祉。

公视的理念可回溯到 1982 年,而 1983 年,"公共电视节目制作中心"因经费过高、人力庞大而搁置;1984 年 2 月,"行政院新闻局"设立公共电视节目制播小组,征用"老三台"的时段播出公共电视节目。1986 年,公共电视的制作转由广播电视事业发展基金下设的机构来负责。1994 年 10 月,公视业务再由广电基金移至公共电视台筹备委员会,但没有专属频道播出而征用"老三台"时段播出;由于借用的播出时段经常被调动,影响公视观众的收视权益。

1996 年 9 月,由学术、文化界人士组成公共媒体催生联盟,推动"公共电视法"通过,经由民间锲而不舍的游说及"立法院"密集的政党协商,1997 年 5 月 31 日"公共电视法"终于获得通过。1998 年 7 月 1 日,公共电视文化事业基金会正式成立,并于同日开播,至此,公视完成长达 18 年的建台历程。

公视提供全民多元充实的高品质节目,注重妇女、儿童、原住民等弱势团体的收视需求,内容则以教育、益智、环保、文化、艺术为主。公视新闻节目内容净化、素材多元、报道深入,而没有其他新闻台的血腥、火爆的场面;相比较于台湾其他商业电视台,公视新闻的政治立场也尽量客观,不偏向任何政党色彩,公视新闻在台湾受到各方好评。公视新闻节目主要包括:《公视晚间新闻》、《公视手语新闻》、《公视午间新闻》、《公视中昼新闻》、《公视暗时新闻》[①]。公视运行资金最早由政府提供,政府划拨的金额逐年递减(前 5 年每年递减 10%),而

---

① 其中"公视中昼新闻"、"公视暗时新闻"为闽南语播出,其中"中昼"(中午)、"暗时"(晚间)就是闽南语。

从2001年开始,"政府"拨款维持每年新台币9亿元。公视"依法"不能播送商业广告,而为增加公视财务独立性,避免过于依赖政府捐赠,公视的其他经费来源还有:企业赞助(但不得进行促销或暗示,并不得参与节目制播)、个人捐赠、其他财源(如公视节目周边产品销售等其他收入)。

表3-3 台湾地区无线电视台[①]一览表

电视机构	频道名称	无限模拟电视频道	无线数字电视频道	有线模拟电视	卫星***[②]（数字式）播出	机构官网实时播出
台湾电视公司	台视	7/10/12频道	32频道	7/8频道	中新1号 亚太2R 亚太5号 马布海1号	无
	台视财经台	无	32频道	无	无	无
	台视综合台	无	32频道	无	无	无
	台视国际台	无	无	海外播出	JCSAT-10	无
"中国"电视公司	中视	9/10频道	24频道	9/10频道	中新1号 亚太2R 亚太5号 马布海1号	中视万维网
	中视综艺台	无	24频道	无	无	
	中视新闻台	无	24频道	无	无	

① 表中统计的是台湾地区获得开路无线播出电视频道执照的电视公司,包括下属的卫星、有线及向海外播出的子电视频道(台),数据来源自陆晔、赵民编《当代广播电视概论》,复旦大学出版社2010年12月第二版。

② *** 表示:表中仅统计用于覆盖台湾的卫星,而各电视频道通过国际卫视、华人天空直播(C-Sky-Net)、数码天空直播(D-Sky)、146天空直播(146-sky-Net)、世华天空直播(1-sky-Net)等卫星系统向海外播出的数据,未统计在本表中。

(续表)

电视机构	频道名称	无限模拟电视频道	无线数字电视频道	有线模拟电视	卫星***（数字式）播出	机构官网实时播出
「中华」电视公司	华视	8/11 频道	34 频道	11/12 频道	中新 1 号 亚太 2R 亚太 5 号 马布海 1 号	HiNet 华视网络直播（外购节目部播出）
「中华」电视公司	华视教育文化频道	11/12 频道	34 频道	未定额	中新 1 号	
「中华」电视公司	华视休闲频道	无	34 频道	无	无	
「中华」电视公司		无	无	无	无	中华电信 MOD 第 55 频道
民间全民电视公司	民视	5/6 频道	28 频道	6 频道	JCSAT-10 中新 1 号 亚太 2R 亚太 5 号 马布海 1 号 超鸟 C	无
民间全民电视公司	民间新闻台	无	28 频道	53 频道	JCSAT-10 亚太 2R 亚太 5 号 马布海 1 号	HiNet
民间全民电视公司	交通电视台	无	28 频道	无	无	FMTV
民间全民电视公司	民视高画质台	无	28 频道	无	无	无

（续表）

电视机构	频道名称	无限模拟电视频道	无线数字电视频道	有线模拟电视	卫星***（数字式）播出	机构官网实时播出
公共电视文化事业基金会	公视	50/51频道 52/53频道	26频道	13频道	中新1号 亚太2R 亚太5号 马布海1号	hiChannel
	DIMO TV	无	26频道	无	中新1号	无
	客家电视**①	无	26频道	17频道	中新1号	hiChannel
	原视**	无	无	16频道	中新1号	hiChannel
	宏观电视**	仅通过卫星向海外播出			JCSAT-10 超鸟C 新天六号 马星2号 SatMex 6 银河25 银河3C 电星12号	台湾宏观网络电视
	HIHD	无	30频道	无	无	无

3. 台湾电视"第四台"的合法化

有线、卫星电视媒体在台湾俗称"第四台"，泛指"老三台"（无线播出）之外的所有电视媒体。早期"第四台"出现主要是为改善电视信号传输品质、提供更多节目选择，但有的"第四台"带有政治意识形态色

---

① ** 表示：公视制作、管理的渠道，属台湾公共广播电视集团（TBS）的成员，其中：客家电视台（Hakka TV）由"行政院客家委员会"委制，全程使用客家语播出；原住民族电视台（简称原视或 TTTV）由"行政院原住民族委员会"委制，目前是亚洲唯一的原住民专营渠道；宏观电视（Taiwan Macroview Television，简称 MACTV）由"行政院侨务委员会"委制，以国、闽南、粤、客、英语，通过卫星免费向海外华人播出。

彩,也事实上突破了对广电频率的控制。台湾在早期并未开放合法经营"第四台",业者处于地下经营的状态。但由于取缔成效不彰,"第四台"逐渐在台湾民间开枝散叶。1993年11月起,主管当局在修改"有线电视法"及相关规定后对既成事实予以承认,开放"第四台"登记,为过渡性质的有线电视节目播送系统业者,当时共有610家取得临时登记证;1994年10月正式受理有限电视系统业者登记。

而台湾民众使用卫星电视(俗称"小耳朵")直接接受海外卫星电视节目,一开始同样不合规范,会遭到相关单位的取缔;但由于设备价格日益走低、体积又日益小巧,取缔工作增加了执法成本。通过一系列的抗争与协商,卫星电视业者也像有线电视系统业者一样逐步走向合法。但由于一些卫星频道除通过直播到户(DTH)方式入户外,还向有线电视系统业者提供节目。因此,一般电视观众其实不能完全弄清一个电视频道到底属于有线或者卫星电视,而是笼统地称之为"第四台"。

随着有线、卫星电视的合法化,外资电视频道纷纷进入,如ESPN、CNN、Discovery Channel、迪斯尼频道等;而民间也成立卫星电视公司,有线电视频道业者提供播出的节目,使得台湾的有线电视频道数量直线上升,目前本土与海外电视频道合计超过一百个。(具体可参考下表3-4,3-5)。

表3-4　　台湾地区主要有线/卫星频道一览表

电视机构	频道名称	有限模拟电视[①]	卫星(数字式)播出	机构官网实时播出
中天电视股份有限公司	中天新闻台	52频道	JCSAT-10 亚太2R	无
	中天综合台	36频道	亚太5号	无
	中天娱乐台	39频道	马布海1号	无

---

① 数据来源自陆烨、赵民主编《当代广播电视概论》,综合整理,复旦大学出版社2010年12月第2版。2010年后,台湾地区有线电视将全部由模拟制转数字式播出。

(续表)

电视机构	频道名称	有限模拟电视	卫星（数字式）播出	机构官网实时播出
中天电视股份有限公司	中天亚洲台	亚洲播出	JCSAT-10 亚太5号 超鸟C	无
	中天频道	北美播出	精宇直播 DirectTV Verizon FIOS AT&T U-Verse	无
联意制作股份有限公司（TVBS）	TVBS	56频道	国际8号 亚太2R 亚太5号 马布海1号 Direct TV	无
	TVBS新闻	55频道	国际8号 亚太2R 亚太5号 马布海1号 新天11号	无
	TVBS欢乐	42频道	国际8号 亚太2R 亚太5号 马布海1号	无
	TVBS-Asia	亚洲播出	国际8号 新天11号	无

(续表)

电视机构	频道名称	有限模拟电视	卫星(数字式)播出	机构官网实时播出
东森电视事业股份有限公司	东森综合台	32 频道	JCSAT-10 亚太 2R 亚太 5 号 马布海 1 号	无
	东森新闻台	51 频道		Now News
	东森财经新闻台	57 频道		无
	东森电影台	62 频道		无
	东森戏剧台	40 频道		无
	东森幼幼台	25 频道		无
	东森洋片台	66 频道		无
	超视	33 频道		无
	东森购物 1 台	47 频道	亚太 5 号	东森购物网
	东森购物 2 台	48 频道		东森购物网
	东森购物 3 台	35 频道		东森购物网
	东森购物 4 台	80 频道		东森购物网
	东森购物 5 台	60 频道		东森购物网
	东森亚洲台	亚洲播出	亚太 2R 亚太 5 号 新天 11 号	无
	东森新闻 Asia	亚洲播出		无
	东森卫视台	美洲播出	Dishnetwork SatMex 6	无
	东森美东卫视台	北美播出	银河 23 号	无
	东森新闻 America	美洲播出	Dishnetwork 银河 23 SatMex 6	无
	东森美洲幼幼台	北美播出	Dishnetwork 亚太 5 号	无
	东森美洲戏剧台	北美播出	Dishnetwork	无
	东森中国台	北美播出		无
	东森超级台	北美播出	银河 23 号	无

(续表)

电视机构	频道名称	有限模拟电视	卫星(数字式)播出	机构官网实时播出
年代集团	年代新闻台	50 频道	JCSAT-10 亚太 2R 马布海 1 号	无
	年代 MUCH 台	36 频道		无
	东风卫视	37 频道		无
	年代综合台	45 频道	JCSAT-10	无
	东风亚洲台	亚洲播出	亚洲 3S 超鸟 C	无 无
非凡电视台	非凡新闻台	58 频道	JCSAT-10 亚太 2R 亚太 5 号 马布海 1 号	无
	非凡商业台	尚未定频	JCSAT-10	无
财经网股份有限公司	SBN 全球财经	尚未定频	新天 11 号 中新 1 号	SBN 全球财经网站
星空传媒有限公司(台湾)	卫视中文网	31 频道	亚洲 3S	无
	卫视电影台(台湾频道)	61 频道	亚洲 3S	无
	STAR Movies(台湾频道)	69 频道	亚洲 3S	无
	Channel[V]娱乐台(台湾频道)	尚未定频	亚洲 3S	无
	国家地理频道(台湾频道)	18 频道	亚洲 3S	无
	ESPN(台湾频道)	73 频道	亚洲 3S 亚太 5 号 马布海 1 号 亚洲 3S 亚太 5 号	无
	卫视体育台(台湾频道)	尚未定频	亚洲 3S 亚洲 5 号	无
	STAR World(亚洲频道)	尚未定频	亚太 3s	无

(续表)

电视机构	频道名称	有限模拟电视	卫星(数字式)播出	机构官网实时播出
八大电视股份有限公司	八大第一台	27频道	中新1号	无
	八大综合台	48频道	中新1号	无
	八大戏剧台	41频道	中新1号	无
	八大娱乐K台	86频道	中新1号	无
三立电视股份有限公司	三立台湾台	29频道	JCSAT-10	无
	三立都会台	30频道	JCSAT-10	无
	三立新闻台	54频道	JCSAT-10	无
	三立国际台	海外播出	JCSAT-10 亚太2R 亚太5号 马布海1号 超鸟C Dishnetwork	无
高点传播股份有限公司	高点综合台	44频道	新天11号 亚太2R 马布海1号	无
	高点育乐台	尚未定频		无
纬来电视网股份有限公司	纬来日本台	尚未定频	中新1号	无
	纬来体育台	尚未定频		无
	纬来综合台	26频道		无
	纬来育乐台	尚未定频		无
	纬来戏剧台	43频道		无
	纬来电影台	63频道		无
	LS TIME电影台	尚未定频	亚太2R JCSAT-10 亚太5号	无

(续表)

电视机构	频道名称	有限模拟电视	卫星(数字式)播出	机构官网实时播出
霹雳国际多媒体股份有限公司	霹雳台湾台	11/12 频道	JCSAT-10	无
米迦勒传播事业股份有限公司（好消息卫星电视台）	好消息一台	15 频道	中新 1 号	GOOD TV 一台
	好消息二台	海外播出	新天 11 号 JCSAT-10 马布海 1 号	GOOD TV 二台中华电信 MOD 第 15 频道
好莱坞影视股份有限公司	好莱坞电影台	68 频道	亚太 2R 马布海 1 号 亚太 5 号 新天 11 号	无
卫星娱乐传播股份有限公司	JET TV	尚未定频	新天 11 号 亚太 2R 亚太 5 号 马布海 1 号	无
	JET TV 国际	海外播出	JCSAT-10 Dishnetwork	无
国兴传播股份有限公司	国兴卫视	尚未定频	亚太 2R 亚太 5 号 新天 11 号 马布海 1 号	无
长城网络资讯股份有限公司	华人商业台	尚未定频	新天 11 号 亚太 5 号	无
	亚洲旅游台	尚未定频	亚太 2R 亚太 5 号 马布海 1 号	亚洲旅游台网站

(续表)

电视机构	频道名称	有限模拟电视	卫星(数字式)播出	机构官网实时播出
国卫传播事业有限公司	国卫频道	尚未定频	新天11号	国卫频道网站
全日通娱乐传播股份有限公司	Z频道	尚未定频	JCSAT-10	无
	Z2频道	尚未定频		无
鼎丰传播股份有限公司	恒生财经台	尚未定频	新天11号 中新1号	无
运丰国际多媒体股份有限公司	运通财经台	尚未定频	中新1号	无
万商国际传播股份有限公司	财讯财经台	尚未定频	新天11号 中新1号	财经网站
中华福报财经网股份有限公司	中华财经台	尚未定频	中新1号	中华财经台网站
台艺民俗传播股份有限公司	台湾艺术台	尚未定频	新天11号	无
鑫传视讯广告股份有限公司	冠军电视台	尚未定频	新天11号	无

(续表)

电视机构	频道名称	有限模拟电视	卫星(数字式)播出	机构官网实时播出
生命电视股份有限公司	生命电视台	尚未定频	新天 11 号 中新 1 号	生命电视网络直播
华藏世界传播股份有限公司	华藏卫星电视台	尚未定频	新天 11 号 国际 8 号 SatMex 6 银河 25 电星 12 号	华藏网络
	世界卫星电视台	尚未定频	新天 11 号	无
人间电视股份有限公司	人间卫视	7/8 频道	Apstar 2 R(Ku) JCSAT - 3(C)	人间电视网络直播
大爱卫星电视股份有限公司	大爱一台	9/10 频道	JCSAT - 10 亚太 2R 亚太 5 号 马布海 1 号 超鸟 C 新天 11 号 中新 1 号	大爱电视网络直播
	大爱二台	海外播出	马布海 1 号 国际 8 号 SatMex 6 银河 25 电星 12 号 超鸟 C	大爱电视网络直播
法界传播股份有限公司	法界弘法卫星电视台	尚未定频	新天 11 号	无

(续表)

电视机构	频道名称	有限模拟电视	卫星（数字式）播出	机构官网实时播出
佛卫电视台股份有限公司	佛卫电视慈悲台	尚未定频	中新 1 号	佛卫网站
富邦集团	MOMO 亲子台	24 频道	亚太 5 号	无
	MOMO 购物 1 台	49 频道	亚太 5 号	MOMO 购物台网站
	MOMO 购物 2 台	34 频道	亚太 5 号	无
	MOMO 购物 3 台	不详	亚太 5 号	无
中购媒体股份有限公司	VIVA 购物频道	50 频道	亚太 5 号	VIVA 购物频道网站

表 3-5 台湾地区播出的主要外商卫星电视一览表

电视机构	频道名称	有限模拟电视①	卫星***（数字式）播出	机构官网实时播出
英国广播公司 British Broadcasting Corporation	BBC World News（太空卫星电视城股份有限公司代理）	400 频道**②	国际 8 号	无
日本放送协会（NHK）	NHK World Premium（三商多媒体股份有限公司代理）	106 频道	国际 8 号	无

---

① 数据来源自陆晔、赵民主编《当代广播电视概论》综合整理，复旦大学出版社，2010 年 12 月第 2 版。2010 年后，台湾地区有线电视将全部由模拟制转数字式播出。

② ** 表示已经是数字式有线电视频道。

(续表)

电视机构	频道名称	有限模拟电视	卫星***（数字式）播出	机构官网实时播出
时代华纳 (Time Warner)	有线电视新闻网(CNN)	5/6 频道	国际 8 号 亚洲 3S	无
	卡通频道 (Cartoon Network)	22 频道	亚洲 3S	无
	家庭票房(HBD)	65 频道	亚太 2R	无
	Cinemax(又称 Max)	71 频道	亚太 2R	无
全球纪实有限公司台湾分公司 （新加坡注册）	探索频道(Discovery)	19 频道	国际 8 号	无
	动物星球频道 (Animal Planet)	20 频道		无
	Discovery 旅游生活频道 (Discovery Travel & Living)	21 频道		无
超跃有限公司台湾分公司 (AXN-Taiwan One, LLC) (Sony 公司的下属公司)	AXN	67 频道	亚太 2R 亚太 5 号	无
	Animax	未定额	亚太 2R	无
台湾音视股份有限公司（英属开曼群岛注册）	音乐电视网(MTV)	79 频道 （部分地区）	国际 8 号 中新 1 号 亚太 2R 马布海 1 号	无
华特迪斯尼股份有限公司 (The Walt Disney Company)	Disney Channel	23 频道	国际 8 号 马布海 1 号	无

这为台湾观众带来了丰富的频道选择机会,但不可否认的是,为填补频道容量,一些品位不高、意识不良的节目也同时出现,频道多元化带来的结果是两岸主管机关制定了"电视节目分级处理办法",规定电视节目必须明示分级标示,分别是普遍级(适合所有观众)、保护级(未满6岁之儿童不宜观赏,6岁以上未满12岁之儿童需父母、师长或成年亲友陪伴收看)、辅导级(未满12岁之儿童不宜观赏,12岁以上未满18岁之少年需父母或师长辅导收看)、限制级(未满18岁者不宜观看)①;以方便电视观众对节目风格的判断与选择。

---

① 台湾原本只有普遍级、辅导级和限制级,后来追加保护级,而这四种分级制度便一直流传下来,现在也有要求更加细分电视节目的舆论。而首开台湾电视节目分级的电视台为"中视",之后陆陆续续其他电视台才慢慢跟进。

第四章　广播电视的体制模式

广播电视已经建立起自己不同于其他传播手段的表达方式和技巧，并在综合其他传播手段优势的基础上，形成了独特的新闻与信息、娱乐、商业、社会公共服务等奇妙的混合形式。全世界几乎所有的国家都开办了广播电视，广播电视已成为世界上重要的传播媒介。

通常而言，大部分国家的政府对广播电视的管理与控制相对印刷媒体而言都较为严格，主要基于以下几方面的考量：首先，开办广播电台或电视台和办一家报纸有根本的不同，办报可以只是用私人投资而不需要占用公共资源，但广播电视必然会占用共用资源——无线电频率资源；因此，这些公共资源可以由谁使用，谁不能使用，如果使用需满足什么样的条件及资质等，便需要一定的专门机构来进行适当的分配和管理。

其次，无线电频率资源是有限的，在一定的区域内，只要有足够的经济支持，报刊的出版发行在理论上是可以无穷多的，广播电视机构受到频率资源的限制而不能无限度地发展。因此，世界上大多数国家认为，对广播电视所需要的无线电频率资源应该是限制性的使用，并根据不同的情况制定相应的法律法规，对无线电波频率的使用进行适当的分配和管理。广播电视业者获得的，并不是对其所使用的无线电波频率资源的拥有，更像是一种公共资源的信托者，在使用这些资源的同时满足适当的信托条件,以确保公共利益不受损害。

最后,由于广播电视媒体生动形象的传播特点,更容易为人接受,受众门槛相对也较低,因此对广播电视的传播内容通常也有更为严格的选择,以使广播电视媒体更符合社会公序良俗的需要及社会主流民意的支持。

例如,美国"1927年无线电法案"(The Radio Act of 1927)的核心理念就可归纳为:(1)无线电频谱为国家资源,私人不得拥有;(2)无线电频率执照拥有人具有满足"公共的利益、便利和需求";(3)禁止政府实行新闻检查;(4)广播服务在各州间平衡进行。该法案对无线电频率资源的使用限制做了明确的说明,虽然"1927年无线电法案"作为法律已被替代,但其核心理念被后续法律沿用至今。

从整体上看,和其他大众传播媒介一样,广播电视并不是孤立存在的,它不仅受到社会系统中种种因素的制约和影响,也对社会系统发生作用。在世界各国,由于社会制度、经济模式的不同,广播电视事业的体制也各不相同。根据其性质的不同,在管理体制上可将不同的广播电视机构分为三种不同的体制模式:商业广播电视、公营广播电视及国营广播电视体制。

1. 国有/国营型广播电视机构

国有/国营型的广播电视机构属全体国民所有,但通常是由政府(或执政党[①])直接来建立、管理、控制的一种类型。国有/国营广播电视机构通常直接由政府出资兴办,代表官方立场,负起传播新闻、引导舆论、服务受众的责任;其经费主要由政府拨款,同时也依靠小部分的

[①] 理论上国有/国营与党有/党营并不相同,而且直接以执政党名义运营的广播电台、电视台非常有限,两者特点几乎一致,因此将党营广播电视机构也划入"国有/国营广播电视机构"类型之中。

广告收益。我国及其他一些社会主义国家的广播电视事业都是依照这一模式建立的。随着电视广播事业的发展，受众需求的不断深化，政府的直接拨款对广播电视事业的需求越来越无法满足，如何在坚持为社会主义新闻事业服务、坚持正确的舆论导向的前提下，扩大广播电视的广告经营收入，是国家广播电视事业面临的新课题。

这类组织结构和管理体制的特点是，所有的广播电台和电视台都为国家所拥有。在 1980 年代以前，这一类广播电视台往往是非盈利性质事业单位，其运作所需要的全部费用包括更新设备、员工工资福利等，均由国家财政拨款，不播放商业广告，也基本上不进行节目买卖。如苏联的中央电视台和全苏广播电台①、朝鲜的广播电视机构，中国的广播电视事业在 1980 年代以前的情况也是如此。

虽然美国的广播电视机构以私有制为绝对主体，但美国政府新闻署下属的国际广播电台"美国之音"（Voice of American，VOA；现同时提供广播与电视服务），包括美国之音的姊妹台"自由亚洲之声"、"马蹄之声"（专门针对古巴广播）等电台，都是属于美国国有/国营的广播电视机构，由美国政府拨款成立并负责运营，其社会节目有时会直接表明"电台代表美国政府的立场"。但由于立法机构的顾虑、民众的反应以及美国的文化传统，作为美国政府下属的"外宣机构"，按照美国联邦立法的规定，"美国之音"等电台不得向美国本土进行广播，这是比较耐人寻味的社会现象。

2. 公共机构经营型广播电视机构

公共机构经营型（简称公营型）广播电视机构，通常是由国家委托或特许公共机构负责运营、管理，其运作经费主要来源于收取广播电视执照

---

① 苏联解体后，其全部由国家拥有和经营型的广播电视体制也随之而解体。1992 年，俄罗斯联邦政府成立了俄联邦新闻中心，负责管理俄罗斯新闻通讯社和俄罗斯公共电视台。该台的前生即苏联中央电视台，如今已经私有化了。到 1995 年，俄罗斯联邦已经开办了 500 多家私营电台和电视台，仅在莫斯科就有 30 家。

费(或视听费),或者通过政府捐助或民间善款等其他财务安排来维持。

公营广播电视也是广播电视体制的一个重要组成形式,强调公共服务,承担为公众传播新闻、提供文化和娱乐节目的责任,公营广播电视的经费来源最主要的是收音机、电视机用户按规定交纳的执照费用;其次是少量的国家财政拨款;另外还包括少量的广告收入。但与商业广播电视不同,公营广播电视的广告收入仅占其经费的一部分比例。

公共广播电视台(公司)由国家委托/特许公共机构经营。其运作经费来源于收取受众的收音机和电视机的执照费(又称视听费),各种民间、私人和企业捐助,以及部分国家财政拨款。一些国家的公共广播电视在主频道电视节目中不播放商业广告,如英国广播公司(BBC)、日本放送协会(NHK)、德国电视二台(ZDF)等;有一些允许少量的商业广告或者赞助商的企业形象广告,但明确规定赞助不得影响节目内容。

实行公共广播电视体制,便是基于广播电视频谱资源的公共性和稀有性这样的传统信条,通过国家特许和委托公共机构经营广播电视媒介,来保障社会公共利益。在欧洲,除卢森堡以外,传统上大多数欧洲国家都将广播电视视为公共服务事业。在20世纪80年代以前,这些欧洲国家都基本遵循国家垄断或国家管理下公营和少量私营广播电视媒体相结合的发展模式;即使在十分商业化的美国,公共电台和公共电视系统也具有相当的影响力。

公营台的隶属虽不直接划入国家的组织构成之中,但公营台因其严肃性和权威性,事实上被认为"准官方"的电视广播机构,国家的重要文告也经常通过公营台来向民众布达,因此比商业广播电视更带有一些官方色彩,如BBC英国广播公司的董事会主席由政府提名、女王任命。这也是国营型与公营型两种类型有时会产生混淆的重要原因。

3. 商业型广播电视机构

商业型广播电视机构是由财团或个人所有与经营,以赢利为其重要目的,其主要收入来源是商业广告、节目销售及其他经营性收入,政府则只是通过一定的法律和法规来进行管理。商业型的广播电视机构有其他一些称呼,如私有型、独立型、民间型等,都是以商业利润为主要经费来源的一种形式。美国的美国广播公司(ABC)、全国广播公司(NBC)、哥伦比亚广播公司(CBS);日本的日本电视公司(NTV)、东京广播公司(TBS)、全国朝日广播公司(ANB)、富士电视台(Fuji TV);香港地区的电视广播公司(TVB)、亚洲电视公司(ATV);以及在东南亚颇为知名的卫星电视(Star TV)等都是一些商业电视广播的代表。

  在广播诞生之初,到处都是私营台。私营台发展了几年之后,各国当局鉴于广播的强大影响力,加之涉及频率分配、电波开放等技术问题需要统一管理,于是相继采取立法和行政措施,将广播(包括后来的电视)纳入国家的控制之中,形成相当长的一段公营电视广播垄断的局面。但私营广播电视的发展始终未曾间断,及至1970年代后期,由于政治、经济、文化等多方面的原因,尤其西方商业经营的暗流日益强大,私营广播电视取得新一波的发展势头。

  商业广播电视机构本身是一种企业实体,它一切活动(至少是绝大部分)的主要目的是为了获取最大的商业利润。商业广播电视的主要部门包括节目制作部门、广告部门和支持系统:节目制作部门负责制作新闻、文娱、服务等各类节目,相当于一般企业的生产部门;广告部门相当于广播电视台的销售部门,是负责向广告客户出售广告时段,从而获得商业利润。广播电视台的广告一般以秒为计算单位,大多数广告是长约15—30秒的广告短片,在正常节目之间插播。广告收入是商业广播电视机构最主要的收入来源,此外,商业广播电视的其他收入还包括节目出售收入、客户挂牌节目、有线广播的收视费等。

  广播电视三种不同的理论类型:国有/国营型、公营型、商业型广播电视机构,在开办与终止、经费来源、广告播放、负责人产生方式、节目取向、节目管理方式等方面有着不同的特点,当然也有共同点,具体如表4-1所示。

表 4-1　广播电视机构理论类型的特点比较

比较项目	国有/国营型	公共机构经营型	商业型
开办及终止	由政府或执政党直接决定开办或终止。	国家向公共机构发放特许状或委托状准许开办;因上述文件届满而自动失效或因特定事由被收回、取消而终止。	由投资者按法律、法规申请开办或终止经营。
经费来源	①政府或执政党拨款;②有限的商业收入等。	①执照费或收视费;②民间捐助;③部分政府财政拨款;④少量商业收入。	①商业广告、节目销售等经营性收入;②其他投资收入。
广告播放	①基本不放或播出少量商业广告;②播出公益或政令发布、政策宣导广告。	①基本不播出商业性广告;②播出公益或政令发布广播;③播出少量商业广告或赞助商形象广告(但节目赞助明确不得影响节目内容)。	①播出商业广告;②根据需要播出其他性质广告。
负责人产生方式	由政府或执政党直接任命、指派或认可;本身属于政府或政党序列。	由公共机构委托、延聘,或经国家机关通过、备案。	投资者或股东大会产生或认可。
节目取向	重视新闻、教育节目;政治倾向性强,承担政策宣传、舆论导向、政令发布任务;节目总体较严肃、格调健康。	重视新闻、服务类节目,强调对公众负责;节目取向较严谨、格调健康。	强调商业利润,节目以受众喜好、收视率为主要导向;节目取向从严肃到娱乐化都有,没有明显倾向性。
节目管理方式	由政府或执政党直接介入管理,或通过法律、法规进行管理;事前限制、事后追惩及强制使用。	通过法律及特许状管理;事后追惩、强制使用。	通过法律、法规进行管理;事后追惩、强制使用。

节目管理方式包括：事前限制（prior restraint）、事后惩罚（subsequent punishment）及强制使用（forced access）[①]。其中，事前限制是指政府主管机构依法在信息传播之前通过许可证制度或节目审查制度对媒体传播内容加以限制，以决定允许该节目播出，或要求修改后播出及限制、禁止该节目播出；事后惩罚（追惩），即主管机关事先不对媒体播出内容进行审查，但若播出内容违法法规和政令，则对媒体进行相应的惩罚，这种模式往往需要有较为明确、完善的法规系统，让节目主创人员有明确的制作指南；强制使用是指政府通过法令等强制媒介传播某些特定内容的节目，如政令发布、公益节目等。

第一节　典型商业型为主体的美国模式

美国模式是典型的以商业型广播电视机构为绝对主体的商业化运作体制，广播电视媒体由财团或个人所有和经营，盈利是其重要目的，其财政收入来源于商业广告、节目销售和其他经营性收入；政府对商业广播电视机构的管理主要通过法律实现，媒介对于政府具有比较完整的独立性；另外，国家根据对外传播及公共事务的需要，还设立少数的国有型、公有型广播电视机构作为整个广播电视体制的补充与平衡。

美国大多数广播电视公司都是由财阀拥有和运营的，联邦通讯委员会（FCC）则通过一系列的条款来对广播电视进行必要的管理。商业性的广播电视机构基本特点为：（1）机构以盈利为最终目的；（2）节目以收视率作为制作、播出的直接目的；（3）节目取向以迎合受众为节目制作的基本原则（当然有不同的目标受众就有不同的节目取向，有低俗也

[①] 具体节目管理的模式参考：ZELEZNY, John D. (1993), Communications Law: Liberties, Restraints, and the Modern Media, Belmont: Wadsworth.

有高雅);(4)垄断竞争是美国电视业运作的基本模式。

从美国的现实情形看,商业广播电视系统的存在和发展是基于下述几个方面的动态作用:一是联播网在全国范围内的节目分配和发行;二是各种各样的节目制作公司和辛迪加(即节目购销的中介公司)所提供的大量节目;三是商业广告的经济支撑;四是地方附属台和独立台对受众的大面积覆盖。

传统上,联邦通讯委员会(FCC)对商业广播电视网的管理与控制,主要集中两大原则:(1)反垄断原则:对于财团拥有广播电台和电视台的总量、执照的审核、联播网和辛迪加的关系、节目和广告内容等,都有相应的限制性条款;(2)公正原则:至少在形式上保证新闻时政节目的公平性,其中最著名的就是节目播放的"公正准则"(又称"对等原则"),以确保不同的意见观点都能够在广播电视上发表。

20世纪80年代以来,美国广播电视管理体制中出现"去规制化"倾向(deregulation),即政府放宽对广播电视产业结构和节目内容方面为确保公共利益而曾经作出的种种限制。而美国《1996年电信法》(The Act of Telecommunications 1996)几乎彻底打破财团对媒介的垄断限制,以及允许电信、传媒行业间的相互渗透。

始于20世纪80年代的大规模的广播电视"去规制化",也在很大程度上改变了商业广播电视既有的市场秩序,包括"公正准则"在内的FCC在广播电视节目内容上的许多规定被取消或削弱;为促进节目公平竞争和保护独立制片人利益的"经济利益和辛迪加规则"也在1995年年底被取消,新的联播网通过进入节目制作领域而进一步瓜分市场。传统三大商业广播网CBS、NBC、ABC在美国广播电视市场上的霸主地位一路滑落,从20世纪70年代将近90%的市场份额减少到90年代中期的55%。

一些用来限制媒介集中和垄断的措施被放宽,如在80年代,每家财团拥有电台和电视台的数量不能超过8家,到90年代,这个数字增加到12家,《1996年电信法》则更加放宽到只要每家财团或公司的全国受众不超过30%即可,而对其拥有电台电视台的数量基本上没有限制。"去规制化"使得美国商业广播电视的兼并案不断出现,并在《1996年电讯法》之后达到高潮,国际化的超级媒体王国开始出现,并呈现出广播电视业和印刷媒介、电信业、娱乐业大融合的趋势。

由于传统理念和政策的界限,在20世纪80年代以前的美国广播电视市场上,要购买一个联播网几乎是不可能的事情。但当大都会(Capital Cities)成功地兼并了ABC之后,一切都改变了;随后通用电气(GE)买下了RCA、NBC;到了90年代,迪斯尼(Disney)公司买下了大都会/ABC(Capital Cities/ABC),西屋电子(Westinghouse)购并CBS,而CNN归入时代—华纳(Time-Warner)旗下。

这样的兼并与再兼并产生了"巨无霸"的媒介公司,改变了整个广播电视市场机构;尤其《1996年通信法》的出台使1990年代初开始的传媒业的兼并、收购、重组的商业浪潮再度出现热潮(见下表4-2①)。1996年6月,西屋/CBS(Westinghouse/CBS)宣布以490亿美元购买Infinity Broadcasting,这一"联姻"造就了一个拥有82家广播电台的大集团,成为当时最大的电台拥有者Clear Channel和Jacor的强劲竞争对手。到了1998年9月,Chancellor则成功地兼并了CBS/Infinity,成为最大的电台公司(可参见下面表4-3②和表4-4③,观察这数年来的

---

① 数据来源:Broadcasting & Cable,Sept.7,1998,转引自陆晔、赵民,《当代广播电视概论》(第二版),复旦大学出版社2010年版,p.103。

② 数据来源:RADIO WORLD,Sept.16,1998,转引自陆晔、赵民,《当代广播电视概论》(第二版),复旦大学出版社2010年版,p.103。

③ 数据来源:BIAfn Media Access Pro.;转引自:The State of the News Media 2006;An Annual Report on American Journalism,the Project of Excellency in Journalism,URL: http://www.Stateofthemedia.org/2006/chartland.Asp?Id=360&ct=col&dir=&sort=&coll_box=1,last accessed 8/25/2006,转引自陆晔、赵民,《当代广播电视概论》(第二版),复旦大学出版社2010年版,p.103。

变化与发展)。而 2000 年,互联网公司美国在线(AOL)以 1840 亿美元一口吞掉了称雄百年的时代—华纳(Time-Warner)公司①,这一切都对美国乃至于全球媒介行业带来进一步的影响。

表 4-2　1998 年美国 10 家大型媒介集团

公司名称	营业额(亿美元)	流动资金(亿美元)	年利润(亿美元)	业务范围
时代—华纳(Time-Warner)	246.22	54.12	27.28	电视、有线电视、电影、因特网、期刊、音乐、出版、娱乐、零售业等
迪斯尼(The Walt Disney Company)	224.73	71	43.12	电视、有线电视、电影、因特网、出版、音乐、零售业、体育、娱乐业和主题公园等
索尼(Sony)	156.09	20.2	15.65	电影、音乐、电子游戏等
维亚康姆(Viacom)	132	17	7.528	电视、有线电视、电影、出版、娱乐等
新闻集团(News Corporation)	128	14.01	18	电视、有线和卫星电视、电影、报纸、期刊、出版、技术开发和服务等
TCI	75.7	29.75	6.85	有线和卫星电视、因特网、出版、音乐、技术和设备等
环球(Seagram)	64.39	7.12	N/A	电视、电影、娱乐、音乐等

---

① 当然这次合并至今依然有争议性,主要是有关市场垄断方面的顾虑。而且随着科技/互联网泡沫的终结,到 2002 年,美国在线(AOL)已是公司中最小的一部分资产;2003 年 9 月 17 日美国在线—时代华纳(AOL-Time Warner)宣布将公司名要改成时代—华纳(Time-Warner),而公司的标志也从原先的美国在线的标志改为合并之前时代华纳的标志。而 2009 年 5 月 28 日,时代华纳宣布董事会已授权管理层执行拆分 AOL 的计划,至 12 月 9 日拆分计划完成后,AOL 重新成为一家独立的上市公司。

(续表)

公司名称	营业额(亿美元)	流动资金(亿美元)	年利润(亿美元)	业务范围
CBS	53.63	7.72	2.49	电视、有线电视、广播电台、户外广告等
通用电气/NBC	51.53	4.5	10.02	电视、有线电视、因特网等
Cox Enterprises	49.37	N/A	N/A	电视、有线电视、广播电台、报纸、电话等

表 4-3 1998 年美国广播电台 5 强

	电台数量	1997 年营业额(亿美元)
Chancellor Media Corporation	471	15.8
CBS/Infinity	162	14.9
Jacor Communications, Inc.	205	6.13
Clear Channel Communications, Inc.	219	4.78
ABC	38	3.27

表 4-4 美国广播机构规模及收入排名(2004/2005)

广播机构	下辖电台数量(2005)		收入额(2004)(单位:亿美元)	
	新闻类电台总数	电台总量	新闻类电台收入	电台总收入
Clear Channel	136	1190	3.67	35.62
Infinity Broadcasting	19	178	4.20	22.08
Entercom	14	103	0.69	4.68
Citadel Communication	23	225	0.28	4.13
Cumulus Broadcasting	33	303	0.20	3.24
Salem Communications	22	104	0.35	2.04

应该说，集约经营、规模经营是现代产业经营管理的一个重要特征，类似时代—华纳兼并特纳广播公司、迪斯尼公司兼并美国广播公司这类超大规模的传媒经营权的集中，必定会对现代传媒业的发展带来积极作用：有助于提高不同媒体的整合程度，以提升媒介集团在国内外的竞争能力；有利于集团内部的资源共享及合理化配置，降低成本；从信息制作到传播的垂直一体化，有助于减少传播流程。然而，对具有商业经营和社会舆论功能双重性质的传媒而言，控制权过分集中于某些利益集团，可能会产生同样强大的副作用，不得不引起人们的关注。

随着大量原本与传媒业毫无关系的大财团、大公司进入传媒界，可能会对新闻事业产生一定威胁，财团更多所关心的是公司的利润表，而往往忽略新闻的社会责任。一方面由于受到财团的控制，新闻将面临越来越多的不能触犯的利益，包括间接的和直接的，比如很难期望CBS新闻能够对关于其投资母公司——西屋集团重大利空消息作揭露报道；另一方面，为了商业利益，媒介无休止地满足受众的需求，有日益娱乐化、软性化的迹象。随着媒介公司的极度膨胀，新闻部门也许会越来越多地受到来自各方的掣肘，成为"越来越小的土豆"。

美国商业电视体制运营的内部机制大致由三部分构成：(1)电视台：是节目传输和组织机构。节目传输的设备最早由电视台自行研发，现在已基本转为向专业公司直接购买；节目组织对内实行节目管理、生产与编排，对外经营广告业务与购买节目(但通常新闻等节目由电视台自制)。(2)节目制作者：节目的实际策划、制作机构。非电视台节目制作者已成为电视节目的重要来源；制作者既可以是电视台的关系企业或纯粹外部机构。而电视节目买卖是双向的，由电视台购买外制节目用于播放，或由制作者向电视台购买合适的播出时段。除了是通过专业制作公司降低制作成本，但同时此举也或多或少体现电视的公共资源属性，努力使节目取向多元化。(3)广告商：包括广告主及其广告代理商。目前广告商仍是美国电视发展的主要经济来源，成为广播电视的重要组成部分。广告商除直接投放电视广告之外,也会赞助电视节目的制作(通常是娱乐类节目),但广告商不得影响节目的内容与制作流程,并且对新闻类节目等的广告投放、赞助通常有更为严格的限制措施。

当然现在美国广播电视的收入也逐渐多元化,并不仅仅依靠广告投放。如从美国今年来电视业的收入结构来看,尽管广告收入绝对数值一直在增长,但从增长幅度上却比不上电视订购(如有线电视、卫星电视节目订购)收入的增幅(具体可参照表4-5[①]所示)。

表4-5 美国电视产业收入结构(2002—2006)

单位:亿英镑	2002年	2003年	2004年	2005年	2006年
电视家庭(单位:百万户)		108.7	109.6	110.2	111.6
电视订购收入		256.8	286.1	313.4	335.9
公共服务收入		2.71	2.81	2.89	3.11
广告收入		317.8	331.3	335.8	361.7
电视收入合计	550	580	620	650	700

除了商业型广播电视机构占了美国广播电视体制主体之外,还有其他类型的广播电视机构作为补充与平衡,也是美国广播电视体制的一个特点。如前面提到的美国政府新闻署下属的国际广播电台"美国之音"(VOA)、"马蹄之声"(Radio Marti)等电台,就是属于美国国有/国营的广播电视机构,由美国政府拨款成立并负责营运。

另外,为了平衡商业型广播电视媒体可能出现的媚俗、迎合受众的现象,美国还有公共机构经营型的广播电视机构,如美国公共电视网(Public Broadcasting Service,也称公共广播协会或美国公共电视台,

---

① 数据来源为英国广播电视管理机构Ofcom,收入计量单位为"英镑"。转引自中国广播电视年鉴编辑委员会编:《中国广播电视年鉴》(2009),中国广播电视年鉴社2010年版,p.567—570。

简称PBS)、全国公共广播电台(National Public Radio,简称NPR)等,通常制作具有公共价值的新闻、教育或儿童节目,《芝麻街》(Sesame Street)①就是由PBS委托制作、播出的。公共电视与全国公共广播及其下属电台的运营经费来自政府拨款及民间捐助,但政府拨款不得影响公共广播电视的节目制作。

其实美国政府并不直接向公共广播电视拨款,而是通过一家名为"公共广播公司"(The Corporation for Public Broadcasting)的非营利机构对政府拨款进行再分配与转拨款。这一制度安排的重要目的就是为了在政府拨款与直接干涉公共广播电视节目制作之间,设置一道防火墙与缓冲垫(buffer),防止政府直接以拨款控制方式来影响公共广播电视的独立性。尽管这一安排的形式意义大于实质意义,但也说明了在社会文化传统上,政府不应通过拨款来影响公共广播电视的独立性已经形成了共识。

第二节 公营、商营共同发展的西欧/日本模式

西欧/日本模式是以公营、商营广播电视共同发展的双轨制。在20世纪80年代之前,除英国、卢森堡外,西欧主要国家的广播电视业全是单一的公营电视体制;而80年代以后,西欧各国均出现了广播电视业私有化进程,除卢森堡外,西欧各国均发展出商业型广播电视机构

---

① 《芝麻街》是美国公共电视(PBS)播出的幼儿教育电视节目,内容结合了教育和娱乐;节目由Children's Television Workshop (CTW)制作,1999年后由CTW分立的Sesame Workshop继续制作;节目采用大量布偶(Muppet)作为大部分主角。《芝麻街》于1969年11月10日首播,迄今节目已播出超过40季、4200多集,成为美国电视历史上最长久的电视儿童节目。此外,节目成功在120个不同的国家播放过(包括中国也曾引进过部分内容),并曾经推出20多个国际版本,因此被公认为世界上最家喻户晓的幼儿教育节目。《芝麻街》曾经获得109届格莱美奖,远超过其他的电视节目。

(在英国称独立广播电视)(参见下表4-6①)。而日本也从公营型NHK一枝独秀的压倒性优势,发展到民营(商业性的,也称"民间放送"、"民放")广播电视机构(如富士电视台、东京广播公司、日本电视公司、朝日电视台)齐头并进的局面。

表4-6 欧洲主要电视台(覆盖超过50%)的数量

国家	1980年		1990年		1997年	
	公共	商业	公共	商业	公共	商业
奥地利	2		2		2	
比利时	4		4	2	4	4
丹麦	1		2		3	2
芬兰	2		2	1	2	2
法国	3		3	3	3	3
德国	3		4	4	5	9
希腊	2		3	4	3	5
爱尔兰	2		2		2	
意大利	3		3	6	3	6
卢森堡		4		4		4
荷兰	2		3	1	3	6
挪威	1		1		2	3
葡萄牙	2		2		2	2
西班牙	2		3	3	3	3
瑞典	2		2		2	3
瑞士	3		3		4	
英国	2		2	2	2	3

① 数据来源 Denis McQuail & Karen Siune, Media Policy: Convergence, Concertration & Commerce, SAGE1998, p.26;转引自陆烨、赵民,《当代广播电视概论》(第二版),复旦大学出版社2010年版,p.107。

20世纪80年代以来,全球广播电视行业发生了巨大的变化,最根本的冲击就是市场化和商业化。一方面,有线电视和直播卫星的发展,不仅打破了公共广播电视赖以存在的基于无线电频谱资源的"公共性"和"稀有性"的传统信条,而且还极大地拓展了广播电视的服务范围,为受众提供了更为丰富的选择机会;另一方面,广播电视是高投入、高成本的行业,随着市场竞争的日益激烈,公共广播电视所依赖的试听执照费在市场日益趋于饱和的情况下很难再有大幅度提升,而节目成本却在年复一年地增加,许多公共广播电视机构在强大的市场压力下越来越难以为继,于是,欧洲各国政府不得不对公共广播电视政策作出种种调整和改变,以适应市场的需要。

西欧主要国家以及日本原先较为单一的公营广播电视体制政策的改变主要表现在三个方面:一是自由化,即通过国家干预,积极在广播电视领域引入新的私有/商营者,打破公有广播电视的一统天下,与原来的公共广播电视机构形成新的竞争格局;二是商业化,在广义上指广播电视在经营中更多地强调市场因素和盈利倾向,除了前者的引进商业媒介的竞争以外,还在公营型广播电视媒体的经营中更多地强调市场因素和盈利倾向,以及国家减少对广播电视业的公共资源投入,使公营广播电视财政收入中国家拨款和视听费的比重相对下降,而广告和其他商业性收入的比重增加;三是去除"规制化",即国家政策放宽甚至去除对广播电视产业结构和节目内容方面为确保公共利益而曾经作出的种种限制。于是,商业广播电视在欧洲快速发展起来。

随着各国公营型广播电视政策的变革,近年来各国商营广播电视机构的数量及实力、影响力都不断增加,打破了公营广播电视机构一统天下的局面。如原先在西欧主要国家(以英国为代表如BBC)及日本(如NHK)占绝对垄断地位的公营广播电视机构,近年来不断受到本国迅猛崛起的商业广播电视机构的挑战。

从英国公营广播电视体制确立的过程来看,本来就在公营型与商业型之间寻找平衡，而非黑白对立的两极。1922年11月，经过邮政大臣的独家特许授权，英国广播公司（British Broadcasting Company, BBC）开始广播服务，早期的BBC是商业性质的公司，以出售收音机等收入支持广播节目，并收取收音机执照费（收听许可费）以弥补经费缺口。随着广播活动日益发展，公众对商业机构独占广播利润的体制日益感到不满。1923年4月，英国政府成立希可斯爵士委员会以检查商营BBC的合理性。

希可斯委员会认为，电波频率是公共资源，授权时应慎重考虑公共利益；而广播这种对民意、对公众生活具有极大潜在影响的媒介，不应毫无节制地任由商业利益团体独占，而应由国家授权的公益团体经营。1925年7月，另一个研究广播政策的克劳佛德委员会也提出相似的建议：由议会立法成立一家公共广播公司，为全民利益制作和播出广播节目；该公共广播公司对新闻、时事节目的内容应有独立自主权。

英国政府最后采用了这两个委员会的专业建议，1926年12月31日，BBC由商营改制为公营机构，国王批准了第一个皇家特许状（Royal Charter），公营的BBC于1927年开始广播。

英国公营型广播体制延续到了新生的电视事业。1934年5月，英国成立了第一个电视对策委员会——塞尔斯顿委员会，对电视事业的发展进行评估。塞尔斯顿委员会支持发展电视事业的决策，并提议由BBC依照公共广播的思想和方式负责第一个电视频道的经营管理。

此外，1934年成立的华兹沃特委员会负责评估公营的BBC第一个十年的表现，以决定是否继续授予BBC独占经营广播事业的特权。该委员会对BBC不偏不倚的立场和兼容并蓄的原则表示赞赏，还附议了塞尔斯顿委员会的建议，也主张由BBC开办第一个电视频道。BBC获准于1936年11月2日正式播出电视节目，并于1937年获得第二个10年的广播电视特许状。自此，英国广播电视公司正式进入了公营型的广播电视体制的时代。

但与美国商业性电视节目相比,BBC以训导和教育为主的电视节目缺少吸引力,也引发了批评。一些议员批评BBC的独占体制缺少竞争,美国的经验受到重视,呼吁开放商业电视。民调显示,多数英国人赞成BBC独占声音广播,而在电视体制上支持商业经营;其中,保守党上层、工商界人士及劳工阶层赞成商业电视;而反对商业电视制度的主要是工党上层人士及知识分子,认为商业电视会拉低电视节目的教育水准。

经过数年的政策反复,在主张开放商业电视(英国称独立电视)的保守党的支持下,1954年8月,"独立电视法案"在议会获得通过。法案允许成立一个与BBC性质相近的公共机构——独立电视局(Independent Television Authority,ITA),管理独立(商业性质的)电视广播。而独立广播的开放要晚于独立电视,一直到1971年,保守党政府宣布开放商业广播;次年,ITA改名为独立广播电视局(IBA),着手审批商业性和地方性的独立广播电视体制在英国正式确立。

从英国广播电视体制的确立过程可以看出,自从1922年英国广播公司BBC成立以来,广播电视的公共经营理念之于全社会都是根深蒂固的。尽管1954年商营的独立电视ITV开通,打破了公营的BBC独家垄断,但由于其特殊的产权结构和严格的管理方式,ITV都被看成是公共广播电视系统的有机组成部分;而1982年建立的专门提供非大众口味节目的第四频道,则采取的是购买节目(尤其是独立制片人节目)和间接广告资助模式,为商营媒体服务于公共利益起到了很好的示范作用①。

但从20世纪80年代初开始,开放广播电视市场的论调占了上风。1988年11月,英国政府公布了关于广播电视立法计划的白皮书《1990年代的广播电视:竞争、选择、节目质量》,指出由于技术进步和国际化

---

① 赵月枝,《公众利益、民主与欧美广播电视的市场论》,选自《新闻与传播研究》1998年第2期。

进展,广播电视系统的变化在所难免。白皮书宣布政府将尽可能地对广播电视采用同放宽限制的一般政策相一致的方针;1990年11月,英国新的广播法案生效,开始实行商业广播电视开放政策。与此同时,虽然BBC还没有在其国内主要频道播放广告,但它在1991年开设了24小时商业性质的国际电视服务WSTV,1995年和私营公司合作开办了两个欧洲卫星电视频道,通过商业型的国际广播电视服务来维持国内的非商业特色,已经成为BBC行之有效的发展战略。

其他国家的公共广播电视体制所面临的情况也十分相似,如加拿大联邦政府对公营的加拿大广播公司CBC的财政投入在1983年到1994年间减少了23%;美国各级政府对公共电视PBS的投入份额也从70年代的70%减少到90年代初的40%左右,而同时企业和私人赞助的份额则从30%增长到超过50%;欧洲一些实行视听费的国家也在不同程度上降低或取消了视听费,而让商业性收入成为公共广播电视的主要经济来源;更有甚者,法国最主要的公营电视频道TF1则被完全私有化了。

不过,无论如何,广播电视的公共性质迄今为止对于社会公众来说,仍然是一个重要的概念,在北欧一些社会公众参与政治决策比较深入和广泛的国家,各种社会公益团体仍然是阻止广播电视市场进一步商业化的重要力量。在挪威,消费者委员会一直在努力强调对商业电视进行严格管理的重要性,而丹麦的消费者委员会则有效地阻止了在第二个全国性的电视网上播放商业广告[①]。

公共广播电视的节目构成策略与商业型广播电视节目策略有明显差异。公共广播电视(public broadcasts[②])内部其实也有不同的节

[①] 赵月枝,《公众利益、民主与欧美广播电视的市场论》,选自《新闻与传播研究》1998年第2期。

[②] "公共广播"中的"公共"(public)一词,是最早由美国卡内基教育电视委员会(the Carnegie Commission on Educational Television)在1967年引入的,目的是用来取代容易引起歧义的"指导性"(instructional)电视"或"教育性(educational)电视"的概念。

目宗旨，但有两个共同的目标是共通的教育性和非商业性。这意味着公共广播电视必须直接为"公众"服务，而不是服务于商业性的目的。公共广播电视节目编排策略与商业广播电视策略的其中一个差别是：公共广播电视并不需要不惜一切代价进行节目编排来追求最多的观众，与此相反，公共广播电视还有为特殊受众服务的义务，这些小众的数量太小而无法引起商业广播电视的兴趣有可能被忽略。当然，公共广播电视也不能仅仅迎合极少数口味怪异的受众，公共广播电视终究还是大众媒介，无论是商业的还是非商业的，只有能照顾到相对较多的受众，它才有理由占据无线频道和由公共经费提供的巨额广播电视设备[①]。

所以，公共广播电视当然也要争取更多的受众，以使节目实现更好的传播效果；但与商业广播电视不同，这并不是公共广播电视的唯一目标，而且在绝大多数情况下甚至不是它们最重要的目标。一些在商业广播电视中已经得到验证的节目编排方法，有相当一部分仍可在一定程度上移用到公共广播电视中来，但具体使用方式仍有相当的差别。

公共广播电视的节目编排原则通常有四个原则方向：一是根据"公共电视"的定位精神（即公共的、多元的、教育的）来规划节目性质和类型；二是根据"观众收视研究"资料结果来对照节目在目标观众中的收视偏好情形，并据此修正节目本身或调整编排方式；三是采取与其他商业广播电视机构的节目"反向编排策略"，以减少同质节目互相竞争；四是规划年度招牌节目（年度大戏）以及策划受众喜爱的"重点节目"。

从广播电视实践来看，公营型广播电视与商业型广播电视节目相互补充，通常既能满足受众多元化节目的需求，同时在很大程度上能避免在过渡竞争的商业环境下容易产生的节目低俗化的倾向。因此，以

---

① 参见 Susan Tyler Eastman & Douglas A. Ferguson：《电子媒介节目设计与运营：战略与实践》（第 6 版）（英文影印版），北京大学出版社 2004 年版，p. 207—208。

西欧/日本模式为代表的公、商并举广播电视发展机制,也成为很多国家对广播电视体制确立或调整的一种有益参照。

第三节 坚持国有属性的中国模式

中国模式广播电视体制即保持广播电视媒体国有属性不变的前提下,引进有限的商业运作机制,在第三世界国家中较具有代表性。与纯粹国有/国营广播电视体制相比,具有如下新的特点:一是广播电视业广告、节目出售等商业经营收入在广播电视业中开始占据重要地位;二是节目的制作部分以市场导向来执行,但仍主要承担着执政党和国家的宣传喉舌作用;三是广播电视机构之间出现激烈竞争,但"优胜劣汰"或"优胜劣并"的情况尚不可能出现。

20世纪80年代以来,随着中国社会的改革开放,过去的计划经济体制开始逐步转向社会主义市场经济,社会形态的变化与广播电视业自身发展的需要,促进了中国的广播电视媒体也逐渐从单纯的事业单位走上"事业单位,企业管理"的改革之路。1979年,上海人民广播电台和上海电视台率先恢复和播出了商业广告,1983年3月召开的第十一次全国广播电视工作会议,把"广开财源,提供经济效益"作为中国广播电视改革的方针之一,指出:"我们不能只依靠国家投资,还应采取措施开源节流,以便有更多的资金加快广播电视事业的发展"[①]。

近年来,随着社会主义市场经济体制的建立,媒介经济规模及产业化程度的提高,人们再次认识并承认了媒介的产业性质。1985年4月,经由国务院批转的《国家统计局关于第三产业的统计报告》第一次

[①] 来自《方向与实践——第十一次全国广播电视工作会议文件和典型材料选编》,中国广播电视出版社1984年版。

将广播电视事业列为第三产业。1987年,国家编制投入产出表,明确将传媒业列入信息产业,一些传播/新闻学者也明确提出了新闻媒介的双重性质的问题①。1992年6月,中共中央、国务院颁布了《关于加快第三产业的决定》,要求第三产业机构应该"做到自主经营、自负盈亏;现有的大部分福利型、公益型和事业型的第三产业单位向经营型转变,实行企业化管理"。1998年第九届全国人大第一次会议明确指出,国家今后对包括广播电视在内的大多数事业单位,要逐年减少拨款的三分之一,三年后这些单位要实行自收自支,广播电视事业要全部推向市场。

从我国广播电视发展情况来看,在许多经济发达地区,以广告为主的商业经营性收入,已经成为广播电视业非常重要的经济支撑。1996年,全国电视广告营业额达到90.78亿元;1997年为114亿元,占全国广告经营额的24.7%,其中中央电视台的广告经营额为41亿;而到2008年年底,全国广播电视总收入701.75亿元(其中电视广告收入609.16亿元)②。这些年来,我国广播电视营运的成功可见一斑。

以上海为例,1979年上海广电业的财政收入中,政府财政拨款占88.3%(455万元),经营性收入占11.7%(60万元),1984年该行业的经营性收入(1099万元)和政府财政拨款(1100万元)已基本持平,1992年全行业的广告和其他经营收入为同年财政拨款的5.5倍③。此后,经营性收入一路攀升,成为上海广播电视行业最为主要的经济来源。从1979年广播电视恢复广告以来,上海广播电视的广告经营收入经历了一个高速增长的过程,从1979年的60万元猛升至2008年的43.94

---

① 宋建武,《论新闻媒介的双重性质——兼论传媒产业化运作的条件、方式及后果》,载《中国广播电视学刊》1997年第11期,p.13。
② 数据均来自中国广播电视年鉴编辑委员会编:《中国广播电视年鉴》(1998),中国广播电视年鉴社1999年版。
③ 陈怀林,《试论垄断主导下的大陆广播电视商业化》,载何舟、陈怀林《中国传媒新论》,(香港)太平洋世纪出版社1998年版。

亿元,30年间增幅超过7300倍(具体可参见表4-7的数据①)。

表4-7 上海市广播电视系统历年广告收入统计(单位:万元)

年度	广告经营收入	年度	广告经营收入
1979	60	1983	512
1980	120	1984	1099
1981	282	1985	1484
1982	408	1986	1958
1987	2388	1994	60000
1989	4470	1995	80000
1990	5414	1996	130000
1991	10559	1997	150000
1992	23214	2007	412300
1993	47700	2008	439400

1997年8月国务院正式颁布了《广播电视管理条例》,以行政法规的形式肯定了我国广播电视事业"宣传工作、事业建设和行业管理"的"三位一体"的广播电视体制。由于中国的广播电视是党和人民的喉舌,是党和政府联系群众的桥梁和纽带,广播电台、电视台是国家重要的舆论宣传机关,因此《条例》明确规定我国的广播电视台要由党和政府授权的广播电视行政部门设立,禁止任何其他单位和个人设立广播电视台,禁止设立外商独资经营、中外合资经营和合作经营的广播电视台,以确保和促进中国广播电视事业的健康发展。

中共中央1983年批转的广播电视部党组《关于广播电视工作的汇报提纲》在谈到广播电视机构的性质和职能时说:"中央和地方各级广

---

① 资料来源:复旦大学新闻学院陆晔教授在市广电局所作之访谈;魏永征等:《上海新闻改革15年》,上海社会科学出版社1994年版;陈怀林:《试论垄断主导人的大陆广电业的商业化》,载《两岸大众传播的交流与展望》,台湾铭传管理学院大众传播系,1996年;历年《中国广播电视年鉴》。

播电视机构,既是新闻宣传机关,又是事业管理机关,中心工作是宣传。"尽管在具体实践中,存在着"重宣传,轻管理"或者"重管理,轻宣传"的一些片面做法,但各级广播电视行政部门既管宣传,又管事业建设,宣传、技术、行政后勤"三位一体"的管理职能,基本符合我国广播电视工作的客观规律。广播电视媒介是新闻宣传的重要组成部分,是党和国家的喉舌,广播电视部门的中心工作是宣传工作。宣传工作离不开传播手段,传播手段又直接服务于宣传工作。宣传工作与事业管理是广播电视事业不可分割的组成部分,片面强调一方面忽略另一方面的做法是不符合广播电视工作的客观规律的。离开了广播电视的事业建设,广播电视宣传工作将难以实现;反之偏离了宣传中心的广播电视事业,会偏离广播电视事业的根本方向。

广播电视事业的经营管理是以经济利益为考虑要素,对广播电视事业的频段资源、传播效应等一系列社会功能进行合理配置、管理运作的所有经营管理的统称,这是广义上的广播电视经营管理的概念;从狭义上来讲,广播电视经营管理是专指出售广播电视广告时段的有关经济活动和管理运作。不管是从广义上还是狭义的理解广播电视经营管理的概念,都必须基于对广播电视事业的产业属性和经济功能的认识。

对广播电视的功能和属性的认识,属于人们对广播电视事业本质的认识,认识的正确与否,对于广播电视发展和改革实践,都具有重要的决定意义。随着广播电视事业的发展,几十年来社会、政治、经济、文化等环境条件的变化,社会需求的不断深化,以及广播电视本身的升级换代,都使我们对广播电视的属性和功能的认识不断地发展深化。

在过去,我们一直单方面地强调广播电视是党和国家和广大人民群众的喉舌,是重要的宣传工具和舆论武器,毫无疑问这样的认识起到了团结广大群众、促进精神文明建设的作用,作为党和政府的喉舌,广播电视事业充分发挥了其自身的宣传功能、政治功能、舆论功能和教育功能等；然而对广播电视的经济功能或商业运作却一直认识不到，或是讳莫如深。

早在1940年，邹韬奋曾在《事业性与商品性的问题》一文中，就指出了媒体商品性的必要性和必然性①；1947年，法兰克福学派阿多诺和霍克海默提出"文化工业论"，指出"（西方）所有大众媒介均为具有相同商业目的和经济逻辑的企业体系"②。

多年以来，我国正是从广播电视事业的阶级属性、政治功能出发来进行管理运作；对电视广播的节目编排、工作重心等安排，无不是从广播电视事业的政治属性出发。但在建立社会主义市场经济体制的改革过程中，原有的广播电视管理体制和运行机制已越来越不适应广播电视的发展了，正如十四大报告中指出的："原有经济体制有它的历史由来，起过重要的积极作用，但是随着条件的变化，越来越不适应现代化建设的要求。"如果我们仍按行政事业、计划经济的传统思路来研究广播电视的经营管理，必将无法正确认识到广播电视的产业属性。广播电视的属性和功能是双重的：一方面，由广播电视的阶级属性所决定的，它总是由一定的政府、政党、集团所控制，并依照其意志来进行管理运作，这表现在我们一贯强调的广播电视的喉舌功能；另一方面，广播电视相对于社会经济活动范畴而言，则具有明显的产业性，从产业发展的角度来研究广播电视，是深化广播电视改革，发展广播电视生产力的必然。

广播电视事业并非有形财富的生产者，因此广播电视业可以划入第三产业的范畴。基于这一点，我们对广播电视的产业性有如下认识：首先，广播电视的基本经济功能是向社会提供服务，从这一层面上而言，属于服务型行业；其次，广播电视事业属于服务行业中起社会信息

---

① 参见邹韬奋，《韬奋全集》，上海人民出版社1995年10月版，卷9，p.681—682。
② 参见《传播批判理论》，（台北）黎明文化事业公司1994年5月版，p.13。

中介作用的信息行业;第三,既然认识到广播电视属信息服务行业,则广播电视经营运作等必然受到供求平衡、市场竞争等市场经济客观规律的制约。

在对广播电视的政治功能、阶级属性和经济功能、产业属性有明确认识之后,我们应当按照广播电视基本的属性和功能,建立起广播电视事业的事业型与产业型相结合的双重体制,即走宣传经营之路,一方面强调广播电视的政治宣传功能,同时发挥其传播服务和经济功能。各级电视台的主体频率应重点发挥电视宣传作用,可以称之为"主体台";而利用其他区域性频道开办的各类系列台、专业台等,则更多地发挥其社会功能和服务功能。

要实现广播电视的产业属性,广播电台、电视台应当纳入市场经济的运行轨道:首先必须实现广播电视资源的有偿使用、依法管理。广播电视实现社会功能的基础资源是无线电频率,使这一资源人格化(属于有产权载体的法人所有)、资产化(由货币资本的投入)、价值化(有市场竞争价格体现),实行有偿使用广播电视资源。这样可以使频率资源配置最优化,有限的频率资源的有偿使用和分配,可以促进广播电视媒体之间的竞争,从而实现最大的社会效益和经济效益。

其次,要有完备的法律体系来控制、约束广播电视发展不偏离社会主义新闻事业的主航道。市场经济行为是一种有法制体系保障的合法行为,政府虽逐步减少对广播电视台的直接行政手段的干预,但可以通过立法、政策调控、经济手段等一系列间接手段来实现对广播电视事业的有序管理,使各级广播电视机构在严格的法律法规的范围之内有效地发挥其社会功能和经济功能,实现依法建台、依法治台、依法管台,将广播电视事业的经营管理纳入法制化的轨道。

再次,实现广播电视的产业属性的前提是坚持广播电视的政治属性。广播电视事业是我国社会主义上层建筑的重要组成部分,提出注重广播电视的产业属性,并非意味着党和国家对舆论阵地的放松管理,而是强调广播电视的政治属性和经济属性兼并,事业型和产业型兼顾,两者不可偏颇。相反,强调广播电视的产业属性更要加强对广播电视内容的政治保障,主要通过政府制定原则的行业行政管理和党委部门的政治领导来实现。但在原则以内的问题则由广播电视台自行制定节目风格、样式、内容编排等。

广播电视深层体制改革的目标在于建立一种层次分明、结构合理,将广播电视的事业型和产业型特点相结合,并充分实现广播电视的政治功能和社会、经济功能的一种新型的具有中国特色的广播电视体制。

然而,从中国广播电视经营的现状看,仍然受到计划经济体制下的思维惯性的影响,我国媒介业尽管对传媒的双重性质有所认识,但往往只考虑到传媒的"喉舌"功能,而对传媒的经济功能认识不足,主要表现在以下几个方面:

(1)各地各级媒体的重复建设现象严重,条块分割,媒体资源分散,缺乏优化配置,加重了政府财政负担。在地方省委、省政府、省政协以及各省级部门,分别开办杂志社、报纸媒体,形成党务部门有喉舌,政府部门有喉舌,其他单位均设喉舌的状况,这是一种水平分割;而政府机构的建制是上下隶属,上级组织设立何种机构,下级组织应相应设立隶属机构,往往上下级同时办有媒体,造成覆盖重复,这可称为垂直分割。条块分割本身就是重复建设的表现之一,我国中央—省—地市—县四级办广播电视的模式就是一种典型叠加覆盖的重复建设例子。

(2)政企不分,经营意识不强,缺乏妥善平衡宣传工作和经济利益的有效平衡。一些县级广播电视机构,政府往往是出资者也直接介入经营,同时还是消费者,出资源于财政,消费同样源于财政,都是对财政这块"蛋糕"的分割,只不过存在上级财政与下级财政、大财政与小财政之别,因此谈不上真正意义上的经营和效益。此外,广播电视常常容易将媒体负担的喉舌功能与其经济活动对立起来,或者一味强调舆论宣传工作,忽视市场反应与消费需求;或者迎合市场需求,部分广播电视节目呈现低俗化的趋向,甚至丧失舆论阵地的作用。

(3)市场竞争机制尚未真正形成。市场经济体制的重要特点就是公平竞争,优胜劣汰,而我国媒体经营这一领域仍然处于计划经济体制的惯性作用之下,优胜劣汰的市场规律与效率优先的竞争机制远未真正形成。其实,缺乏反映市场需求的媒介产品,广播电视所担负的喉舌功能、舆论阵地的作用非常有限。就目前的体制而言,仍无法实现媒介业竞争优化的机制,有限的媒体资源不能实现从弱势媒体向优势媒介的有效配置流动。

(4)宏观调控方式单一,法制建设滞后。市场经济是法制经济,而目前在传媒法制建设中存在着法律数量不足、层级不高、内容老化的现象。虽然近年来,我国已在法制化进程中取得了长足的进步,但在传媒业的宏观管理中缺少核心法律,主要依靠行政法规以及法律层级更低的部门或地方规章作为管理依据,同时以大量稳定性较弱的政策、方针来代替法律、法规的制定,影响到我国媒体业的宣传、经营管理的进一步发展。

(5)缺乏传媒业高级管理人才。由于我国长期受计划经济体制的影响,加之媒体作为政府职能的延伸,使得我国媒体的管理烙上了行政管理的印记,经营管理者往往就等同于政府行政部门的官员,因此就出现了一些媒介管理者并不懂经营的情况。在市场经济体制下,人才竞争成为关键,传媒业缺乏适应市场经济需要的高级媒介管理人才,将严重制约我国媒体宣传效果、经营水平的发挥,同时也不利于我国媒体参与国际市场的竞争。

我国广播电视业已取得了明显的进步,但是,如何做到既要坚持正确的舆论导向、完成大众传播媒体宣传、教育的主功能,又要积极开展经营创收活动,实现社会效益和经济效益的统一,是广播电视从业人员面临的重要课题。

1. 加强新闻节目，强化"喉舌"功能，树立舆论导向

新闻节目是广播电视节目的主干，各广播电台、电视台之间的竞争在很大程度上反映在新闻报道的竞争上。在国外，新闻节目不仅占播出节目总量的很大比重，同时还成为衡量一家电台、电视台的重要指标。在我国，新闻类节目是实现广播电视的"喉舌"功能的重要形式，是实现广播电视的政治功能、舆论导向作用最重要、最直接、最集中的形式。

随着改革开放的不断深入，受众对社会生活各个领域的发展变化乃至对国际重大事件的关注程度不断提高，为满足广大受众的需要，新闻报道不断地发展，从倡导短新闻、增加信息量，到加大经济报道的力度；从拓宽报道面、挖掘深入报道、系列报道到新闻节目时间延长、国际国内混合编排、滚动播出和现场直播等。全国各地各级电台、电视台纷纷增加了新闻节目的播出比重，同时提高了新闻报道的时效性和质量，形成了一批有影响力的新闻节目。在加强新闻节目比重的同时，有些地方的广播电台、电视台成立新闻中心，一改过去那种部门繁多、各自为政、力量分散的小生产方式，发挥新闻中心的规模效应，提高快速反应能力，增强时效性。一些广播电视和有线电台还开辟了专门的新闻专业频率（频道）。

新闻改革的直接结果是广播电视新闻节目质量的明显提高，不仅形成了一批有影响力的"拳头"产品，同时也加强了新闻评论、深度报道的力度，充分发挥新闻节目扬清激浊、扬善惩恶、针砭时弊等舆论引导、舆论监督的作用。

2. 改变政府职能，加强宏观调控

我国的广播电视事业在初期，采用了由中央广播电视局和地方政府双重领导，但以中央广播电视局的管理为主的体制。而到了 20 世纪

80年代之后,我国广播电视开始迅猛发展,尤其是各地新建电台、电视台纷纷出现,原先纵向为主的管理机制改为现行的"条块结合,以块为主"。广播电视的"条块结合,以块为主"的管理体制,一方面起到了促进地方党政机关加强对广播电视部门的领导,和促进地方兴办广播电视事业的积极性的作用;同时也因为"双重领导"体制的不明确而衍生出一些矛盾。例如,全国已形成初具规模的包括中波、调频、微波、有线广播电视系统、卫星传输、地面中转等多环节、多层次、多功能的综合性广播电视网络系统,在这种网络上,如果有统一、集中的科学管理、资源合理配置,具有不可估量的作用。但现行的管理体制是分散成块的,各自为政,为全国有计划、稳步协调发展带来许多困难。"双重领导"体制的散状分布与广播电视手段的现代化、网络化不相适应。事实上,广播电视系统的上级部门对下级部门的领导权是有限的,除在一些宣传重心、舆论导向等原则问题之外,对地方广播电视的发展、各地间的合理配置、资源优化缺乏有力的手段。

广播电视的政府主管部门应做好统筹规划、掌握政策、信息引导、组织协调、提高服务和检查监督的管理工作:(1)推动立法步伐,建立比较完善的大众传播的法律法规体系,加大执法力度。(2)建立广播电视执照管理制度,加强批台、建台管理,严格贯彻中央关于广播电视治散治滥的指示,严格审批新台成立和节目套数的增加,以避免资源浪费。(3)建立电台、电视台的年检制度,加强电视台、电台常规化、规范化的管理,对于效益不佳或社会效益未达到预期效果的电台、电视台予以关、停、并、转的处理。(4)建立、健全节目许可证制度,加强广播电视节目制作和流通的管理。可以按照广播电视节目制作单位的生产规模及节目质量、数量发放制作许可证;并逐步建立广播电视节目制片人资格认证制度,加强对现有节目交换网络的调控与规范,加强中央和省级节目交流中心的建设。(5)建立广播电视节目的评议制,以加强宣传管理和舆论引导,对新闻性、评论性、重点专题节目、黄金时间的文艺节目及广播电视使用语言文字规范化情况进行评议,提出改进意见,并以此作为广播电台、电视台年度检评的指标。(6)建立、健全引进节目的审查制度,加强对进口广播电视节目和引进影片的管理工作,既充分引进海外广播电视节目,以丰富我国广播电视节目;同时要谨慎把关,防止不符合我国国情或对社会产生负面作用的节目,甚至是有错误政治倾向或诲淫诲盗的节目进入我国。(7)强化对于卫星传输电视节目的管理工作,充分利用卫星技术加快提高我国广播电视人口覆盖率,同时要加强对海外卫星电视节目的接收工作。

3. 引入公平竞争机制,在市场竞争中求发展

长期以来,我国的广播电视系统基本是大台垄断的格局,受众对于媒体缺乏选择,媒体之间也缺少必要的竞争机制。由于缺乏竞争,各地各级电台、电视台普遍缺少活力,节目陈旧,对于受众缺少吸引力。这样的情况,事实上已经阻碍了我国广播电视事业的发展。

近年来,大量各级电台、电视台的出现,使广播电视呈现出多台竞争、共同发展的情景。各地广播电视不仅要面对来自中央及本地各级广播电视机构的竞争;随着全国省级电视台全部上星传输,本地的广播电视还面对来自全国各地广播电视节目的竞争;另外,大量的有线电视系统,也是广播电视中的一支新生力量。这种多台竞争的格局,促使各台不断提高自身的节目编播制作水平,节目样式不断推陈出新,促进了广播电视水平的提高。

公平竞争促进广播电视的蓬勃发展,但在个别地方也出现了一些相互倾轧、降格迎合等恶性竞争的苗头。广播电视的公平竞争要注意下面几个问题:(1)坚持正确的舆论导向不变;(2)广播电视竞争的社会参与和社会调节;(3)综合开发,资源共享,实现理性、双赢的市场行为,避免恶性竞争;(4)避免急功近利的短视行为,走科学、可持续发展的道路。

4. 遵循广播电视发展规律，建立科学管理模式

改革开放以来，我国的广播电视事业虽然取得了很大的发展，但是对广播电视发展规律的探究和科学管理模式的建立，仍有相当的差距。要建立科学的、行之有效的广播电视管理模式，必须掌握广播电视作为大众传播媒体的共性规律和作为新兴电子传媒的特殊规律，两者缺一不可。

首先，加强对广播电视传播媒体区别于其他大众传播媒体的特殊性研究。作为一种新兴的传播手段，广播电视有必要从其他传媒管理模式中借鉴和学习，但广播电视传媒有自身的独特规律，应摸索符合广播电视特色的科学管理模式，才能求得广播电视的大发展。

其次，如今广播电视已作为第三产业纳入社会主义市场经济的发展轨道，我们要不断改革传统广播电视管理体制中不适应在新时代市场经济条件下的广播电视新发展、新情况的部分；理顺政府职能部门和广播电台、电视台的宏观管理调控和依法自主经营的关系；不仅要将广播电视作为宣传事业来抓，实现良好的社会效益，同时要把广播电视作为产业来有效经营，获得良好的经济效益。在社会主义市场经济的体制下，要增强、完善广播电视的宣传、舆论等为党和国家、人民的"耳目"、"喉舌"的基本功能；同时要顺应市场经济的冲击，在平等竞争中求生存、求发展，必须改革传统的管理体制，摸索出符合市场经济发展规律的新型的广播电视管理体制和方法。

最后，要在坚持自主意识的同时，借鉴各国广播电视的先进管理经验。国外一些发达国家（地区），它们的广播电视事业起步较早，在广播电视的设备、技术、经营管理、制作等方面都积累了相当丰富的经验。近年来，我国广播电视与海外同行积极合作，除了引进技术、设备之外，还引进了一些海外广播电视的管理技术、经营理念以及节目样式、传播手段等，在很大程度上拓宽了我们的视野，提高了我们管理水平。由于

意识形态、文化传统、国情民风的差异,在借鉴、吸引国外先进经验的同时,要注意剔除与我国国情不符,甚至是糟粕的东西。要建立新兴的、行之有效的广播电视管理体制,必须积极地借鉴吸收他国的先进经验,缩短差距,同时也要牢固树立自主意识,坚持"以我为主,为我所用,对我有利,对等交流"的原则。

第五章 广播电视传播符号和传播特性

我们生活在一个符号的世界,任何一种物质都可以由无数符号指代,人类的交流与传播过程也是以符号为载体进行的。施拉姆曾提出,符号是人类传播的要素。在大众传播媒介中,报纸、杂志和书籍等纸质媒介主要采用文字、图表、图片等静态符号系统来传播信息,文字符号不仅需要读者具有一定的文化水平,文字符号的抽象性表达和间接性传播,也决定了其传播效果缺少了面对面口语传播的现场感和生动性。广播电视作为电子传播媒介采用了不同于纸质媒介的传播符号,广播媒介是完全依靠声音进行信息传播的,电视媒介是依靠声音和图像进行信息传播的,由于电视媒介不仅包含了声音符号,电视媒介的图像还包含了文字、图表、图片符号和最富有魅力的影像符号。因此,在表述能力上,它既能够形象直观地描述对象,又能深入地抽象分析和概括;在传播性能上它既能够超越空间局限,又能在相当程度上超越时间局限;在传播效果上,它也具有良好的现场感和亲切度,这使得电视的传播符号成为大众传播媒介中最具魅力的符号系统。

广播电视传播符号分为语言符号和非语言符号两个联系系统(见下表5-1)。语言符号系统是包括了书写符号(文字)、声音符号(语言)两个子系统。人类社会的交流,诸如经济、文化、军事、教育、科学等一切社会活动主要是靠语言完成的,所以广播电视传播也是以语言符号系统为基础的。非语言符号指那些能直接打动人们感官并引起内心反应的各类符号,诸如颜色、声响、环境、时间、空间、衣着、神态、表情、手势、姿态和人际距离等。非语言符号的主要特征是:意义即在符号自身,难以用语言复述,语意模糊而具体,所传递的信息多是来自内心深处,难以抑制。

表 5-1　广播电视与印刷媒介传播符号比较

媒　介	语　言　符　号	非语言符号
印刷媒介	文字语言	画面造型语言(图片、图表等)、版面语言
广　　播	抽象音响语言(现场语言、演播室语言等)	具象音响语言(人为/自然音响、音乐)、编排语言
电　　视	抽象音响语言(现场语言、播音语言等),文字语言(画内文字、屏幕文字等)	画面造型语言(图像/图片等),具象音响语言(人为/自然音响、音乐)、编排语言

第一节　广播电视的语言系统

一　广播电视中的人声语言

人声语言,指以语音为物质外壳,以词语为建筑材料,以语法为结构规律而构成的体系。人声语言是人类最重要的交际工具,也是人类交流信息最明确的媒介之一。

人声语言是广播电视诉诸接受主体听觉系统的主要传播手段,与印刷文字相比,用人声语言作为传播符号显得更直接、更亲切,而且不受受众文化水平的限制。人声语言,因有音调、音色、力度、节奏等因素的不同,而具有情绪、性格、气质等形象方面的丰富表现力。

广播节目中，人声语言在广播媒体传播符号系统中处于核心地位，发挥着无可取代的作用。广播新闻、教育、服务等节目，需要传递大量的信息，而这些信息不能靠模糊的音乐、音响来确切地表示，主要依靠人声语言来传递；主题节目所要表达的中心思想、中心观点，都需要由人声语言来提炼；某些节目的各个段落之间或者不同的栏目、节目之间，可以用播音员或主持人的人声语言来进行连接、过渡；广播节目中的人声语言还可以用特定的语气、语调来表达各种情绪、渲染特殊的气氛，让观众在其中产生恰如其分的联想和想象，激发听众构筑意象的现场；不同的人声语言还是听众分辨播音员或主持人的标志，不同的语言特点可以在听众心中塑造具有鲜明个性的播音员、主持人形象。

人声语言在电视中的表现形态主要有以下几种：

1. 解说，是指从客观叙述者的角度，直接用有声语言来交代、说明或评论的一种表达方式，是播音员或主持人播讲节目内容的有声符号，一般是由采编人员撰写文字稿，由播音员、主持人或记者播讲出来。

在电视节目中，解说词一般用来传达图像和同期声没有或不能包含的其他信息内容，例如交代新闻的五要素，深化主题思想，加强叙述和表现事件或人物，强化视觉效果，有时还可以发挥语言转场的作用。电视解说词不要试图去描述可以用电视画面形象再现的内容，例如现场环境、人物长相和穿着，因为在表现形象化的内容方面，电视画面无疑更有优势。解说词离不开画面；在一部电视作品中画面语言永远是基本语言，可以这样讲，没有了画面，也就没有了解说，解说对画面有着一种不可摆脱的依附性。故而，解说词离不开画面；但是，解说词又不能被动地从属于画面，这样就剥夺了解说词反映社会生活和表达思想感情的主动性，仅仅化作了画面的附属品。所以，画面与解说的关系不是绝对的"统一"，而是有机的"组合"。解说词的创作，关键在于处理好解说与画面的这一辩证关系。

2. 人物同期声，指在拍摄电视画面时同步采录的人物讲话、记者和采访对象的谈话等,用来表现人物采访和人物语言交流,以区别用来表现现场背景声音的同期声。

和解说词不同的是,解说词是在节目后期制作时加工配制的,人物同期声是在前期采访时摄录下来的,是当事人在事件现场所说的语言,因此不可避免地带有现场的气氛和情绪,不仅内容是有感而发的,而且语音、语调、语气都是在其他时间和现场无法再现和模仿的,是无可取代的。如今大量的电视新闻节目都采用了现场采访的方式,让新闻当事人、目击者、知情人在事件发生、发展的过程中,在事件现场接受采访,亲口讲述自己的所见所闻所感,这样得来的人物同期声比用解说词加画面的表达方式要真实、感人得多。

但不是所有的同期声都是需要的。一是对较好的同期声素材要去粗取精,把那些最具个性、最能表现人物特征的话语留下来;二是对太哕嗦的问题可以用解说去概括,以节省时间,把那些词不达意的同期声素材去掉;三是对有些同期声要仔细推敲,对那些虽然很有个性,但播出后有负面影响的不能用。

3. 现场报道,是电视记者在新闻事件发生的现场,以目击者或参与者身份面向电视观众所做的图像(含现场音响)报道。[①] 在现场报道中,记者需要在现场随着事件的发生、发展,边观察边叙述,报道与新闻事件保持同步。由于现场报道较之影像新闻具有更强烈的现场感,观众更能感受到身临其境的参与,电视观众已经越来越喜欢这种记者亲自在现场来讲述发生的事情的形式。

现场报道一般用于事件性新闻题材,尤其是突发性新闻事件,现场记者和观众一起探知事件的发生、发展过程。现场报道中记者采用的是大量的即兴口语,不仅要求记者用最简略的语言干净利落地叙述新闻事件,很多时候还需要对事件的原委给予充分的报道,分析预测事件

---

① 赵玉明、王福顺主编:《广播电视词典》,北京广播学院出版社1999年版,p.105。

的发展过程。由于事件现场的瞬息万变,因此要求现场记者语言叙述要简洁严谨、信息量大,分析评论要中肯、有见地。至于句式的公正、词语的优美等方面比解说词之类事后配制的人声语言要求略低。

4. 导语和串联词。导语是在新闻播报前由播音员、主持人说的介绍语,用来吸引观众收看新闻;串联词是指上下新闻之间承上启下的简短评论、介绍,是对之前已播出的内容的简要回顾、评价和即将要播出内容的主旨或新闻中心的简要提示。

导语要张扬个性、具备概括性同时还要形象化。由于报纸和广播电视所采用的传播媒介不同,所以就要求导语有不同的特点。广播电视新闻是采用现代的先进技术为传播手段,相对于报纸来说,其互动性更高。在整个广播电视新闻当中和读者最先见面的肯定是整个新闻的导语,其导语的好坏,是否具备鲜明的特色都直接地影响到新闻的收听率和收视率。

串联词又称为导播词、串词,是电视新闻播报过程中衔接两条内容上彼此独立的新闻时采用的比较简短精炼、观点鲜明的句子。电视新闻串词一般占用的时间短、花费的文字少,呈现的观点鲜明、通俗易懂。它是使节目的各个组成部分连接成有机整体的语言形式,是节目的结构手段之一。它通过揭示节目要点、升华节目主题、揭示节目内容的含义、激发受众联想等,把节目的各个局部联系起来,以增强节目的系统性和整体感。串联词要从节目内容出发,力求简明扼要,既能承上启下又富有吸引力和启发性。

二 广播电视中的文字语言

文字语言在电视中的应有作用,是深化观众的"内视"感受,使观众在直观画面中,内视画面以外的信息,内省画面以外的内容。这并不等于文字就可以与画面环境、内容相剥离,游离于两者之间,深入整合环境和内容,才是它的应有功能。所以,通常的电视文字既作用于电视,又受制于电视,既延伸着声画内容,又受制于声画环境。

一般而言,文字语言指的是在电视内容中通过视觉可以感知和阅读的文字内容,通常分为画内文字和屏幕文字两种。画内文字指的是画面拍摄到的文字内容,往往是重要的新闻要素、内容细节、节目标识,比如电视新闻画面当中的机构名称、会议会标、法律文件、娱乐节目背景板上的节目名称、采访记者话筒上的标识等等。屏幕文字主要指后期制作合成的文字,即字幕,主要包括节目或栏目名称、节目宣传语、屏幕下方滚动的新闻提要、被访者的姓名身份同期声的字幕等。

近年来电视字幕的功能变得日益强大和多样化,字幕除了传统的交代时空、人物、背景等作用外,还具有渲染气氛、提醒、警示等作用。在形式上,字幕也变得形式感更强,字体、字号、文字的特殊效果(阴影、立体、光影、材质效果、加底板等)变得越来越丰富,手法也更多样。电视虽称为视听艺术,但主要还是视觉艺术,它是通过许多连续不断的画面来描写生活的,它的艺术形象是直接反映事物运动形态的视觉形象,画面上所表现的内容,都能给观众以直观的可见的视像,这就决定了电视文字语言所叙写的内容要能鲜明地体现出视觉形象,具有具体、实在的视像性,以便转化为屏幕形象。

第二节 广播电视的非语言符号

广播电视除了运用语言符号进行传播外,非语言符号也是其传播信息的非常重要的手段。在广播电视的声音符号中,音乐和音响作为直接为人们的感觉器官接受的具象符号,他们都属于听觉系统的非语言符号,也是广播电视媒介所共有的非语言符号。

音乐、音响常常是画面和人声语言的补充,是语意的延伸、人物感情的深化,也是感染听众和观众的力量所在。音乐和音响比较,音乐指的是有旋律、节拍、节奏、调式、和声、速度、力度、音色、音域、音区、曲式的,经作曲家依照一定规律创作出来的,由演奏家、演唱家表演而完成的作品;音响则只有速度、力度、音色,没有旋律、节拍、节奏、和声、调式和曲式的,它包括自然界发出的风声、雨声、雷声、山呼、海啸、地震等一切物体运动摩擦碰撞产生的声音。因此,音乐是写意的,音响是写实的。

一 音乐的分类与作用

音乐是通过组织声音(主要是乐音)来表现感情的艺术。它与组织声音(主要是词语)表达思想的人声语言一起,构成了现代人类声音表达的主要方式。由于广播电视都具有优秀的声音传真性,因而都是胜任音乐传播的媒体。广播电视中不仅有专门的音乐节目来提供音乐审美信息供受众欣赏,另外还存在着大量的节目音乐和实况音乐。

1. 节目音乐

节目音乐是指在节目的后期制作时配制的音乐,节目音乐主要发挥以下作用:

(1) 作为背景音乐,强化情感,烘托气氛。音乐是感情的语言,在节目中它可以作为背景音乐,通过营造音乐情感空间,配合画面、语言、音响来引导、强化受众对节目内容的理解和情感反应,以提高传播效果。特别是当需要一定的时间给受众体会、思考时,可以用音乐对受众的思绪进行暗示或引导。

特别值得一提的是,新闻节目以传播信息为目的,要求在形式上尽可能客观公正,因而在新闻节目中音乐的运用一般比较谨慎。消息类新闻节目中除实况音响中存在的实况音乐以外,一般不适用音乐来辅助信息传达,只是在广义的新闻类节目中,有时采用节目音乐来渲染气氛、抒发感情、提高传播效果。在文艺等其他类型的节目中,节目音乐的运用则是比较广泛的。

（2）作为编辑手段，整合节目，创造特殊效果。从节目编辑的角度来看，节目配乐能够提高受众注意力，使用恰当的话，它还可以掩饰其他表达要素中存在的缺陷，例如可以用音乐的连贯性、呼应性来提高节目各要素间的整体性，掩盖画面编辑不流畅的缺陷。电视中一些欣赏的节目，如服饰展、花展等，或者一些重大事件的精彩回顾节目，经常会用一段连贯的音乐把不同时空条件下拍摄的画面串联在一起。节目配乐与节目的其他构成要素的组合，还可以造成各种特殊效果，比如严肃的乐曲与猥琐的人物形象同时出现就产生滑稽的对比效果。

（3）作为节目的声音标志。广播电视的传播过程常常是在受众比较分散的自由环境中进行的，受众经常处于非专注状态下，边做事边收听、收看节目，因此大多数电台、电视台及其固定节目都设定了自己的标识，以吸引受众的注意，在标识的声音部分，一般都选用音乐或音乐加人声语言。当电台开始播音时，先播放标识音乐，呼报台名，再向听众介绍当天的节目安排，这样听众听到哪个标识音乐就会知道是哪个电台在播音；电视的音乐标识往往与画面结合在一起，称作片头，还有与固定内容联系在一起的背景音乐，例如与节目的内容提要、内容回报和结尾时编播人员名单字幕同时出现的音乐，也具有标识作用。

（4）作为节目的间隔或过渡。不同的广播节目之间或者一个单篇较长的节目中往往需要一些分类归纳或段落分隔，音乐是非常有效的间隔方法，有些节目中时间、地点、场合、事件发展过程等的转换过渡，也往往采用音乐，即间隔音乐、桥梁音乐，起着划分段落、调控节奏、营造气氛的作用，也给听众舒缓情绪、转换接收心态提供时间。在电视节目中，同样起作用的音乐再加上与之配合的画面、语言就是片花，有的是单独制作的，有的是借用片头的一部分来实现同样的功能，出现在节目中起到隔断的作用。

（5）作为填充时间空档的元素。在广播电视节目中，常常会出现由于各种主客观原因如播音速度节奏的控制不准确、播出内容临时删减、技术故障等等不可预料的情况,此时在节目播出中利用一段音乐或音乐风光片来避免产生空档开天窗。

2. 实况音乐

实况音乐指的是与广播电视传播内容同步或相关的现场音乐,是在表现该内容的现场采集的,而不是事后配上的音乐。比如在新闻类节目中,新闻现场本身存在一些音乐声源,例如音乐会、演唱会或重大场合的升国旗唱国歌的仪式等,这些现场意义很强的实况音乐,和现场的环境、氛围或事情的发展情况密切相关,是新闻事实重要的组成部分。实况音乐不仅作为事实性要素发挥着传播作用,甚至有时还能强化内容的情感、情绪、力度,烘托气氛等等综合效果。

二 音响的分类与作用

音响在不同的语境中有不同的含义,就一般意义而言,它可以作为"声音"的同义语。我们在与语言、音乐概念并举时所说的音响,是指除去语言和音乐以外的所有的声音,更确切地说,音响是没有纳入语言逻辑表达序列和音乐逻辑表达序列的声音,它们当中当然也包括某些语言和音乐,但只能是那些处于具体表达系统之外的语言和音乐。例如,会场上交头接耳声,虽然是语言,但语言内容是难以辨认的,并不能起到准确地传递信息的作用。又例如,市井中夹杂的乐曲声,只是各种声音中的一个组成部分,附属于市井声,并无独立的音乐表达意义。

在广播电视传播中出现的音响,又可分为实况音响与音响效果两种。

1. 实况音响

实况音响是客观物质运动声波真实的再现,具有现实还原的特点。

对实况音响而言,声音的客观存在是其真实感的来源。在广播节目中,实况音响可以用来营造现场场面和气氛,表现人物性格和情绪,听众根据其听到的音响加以联想可以想象出现场的情景、人物的形象。在电视节目中,实况音响也就是前面提到过的用来表现现场背景声音的同期声(又称效果声),对画面起着补充和介绍环境、说明背景特点的辅助作用,可增强电视节目的现场感、空间感,提高真实性,给观众以身临其境的感受。例如在电视新闻节目《大官村里选村官》中,开篇的镜头是大屯镇清晨的景色,镜头中传来的鸟叫声、鸡鸣声还有村广播站播音的声音,传达着浓郁的农村气息。在稍后的村民正式投票选举村委会主任的段落里,三个屯子的村民聚集在一起等待选举村长,现场一片嘈杂的人声,体现出村民们按捺不住的激动心情。

为了更好地营造现场气氛,目前广播电视节目都十分注重对实况音响的运用。在需要配上解说词的部分,一般把实况音响压低后保留在二声道,解说的声音录制在一声道,两声道合成后播出,这样观众既可以听清楚解说词的内容,又可以听得到极富表现力的实况音响。

在广播电视节目中,实况音响主要发挥如下作用:

(1) 再现事实中的声音形态

听觉与视觉是人类接受外界信息的两个主要通道,实况音响就是为受众打开的通往客观事实的听觉通道。它为受众提供了真实的、具有现场感的听觉事实,使受众更直接、更具体地感受事实及其现场氛围,这对于提高新闻的真实性、可信性和传播效果,无疑具有重要价值,是文字、语言、音乐、图像都不可替代的。

在某些特殊情况下,由于声音具有全方位性,在视线(摄像机)看不到或看不清的地方,音响有可能是唯一的实况事实记录,此时的实况音响具有特殊的新闻价值。例如2001年美国"9·11"事件发生时,有一位跟随拍摄消防队员的摄像师在双子大楼里拍摄时被埋在坍塌的废墟里面。这时画面一片漆黑,在这种伸手不见五指的环境里想要拍摄到任何画面已是不可能,但是摄像师顽强地开着摄像机,记录下了大楼坍塌之后废墟里的音响,这段黑漆漆的画面由于有了现场音响而显得弥足珍贵,成为那个历史时刻特定场合唯一的见证。

(2) 发挥一定的叙述作用

某些具有典型意义的实况音响,可以替代语言来叙事。声音是事物运动的伴生物,许多事物、运动都有自己的声音特征或者说声音形象,具有了一定的符号特性,因而选择并组织典型实况音响,可以在受众的想象中再生成事物、事件的运动、变化过程,达到叙事的目的。例如,运动比赛过程的精彩瞬间人们爆发出的欢呼声、汽车启动离开时发动机的轰鸣声……当然,实况音响本身在传播时往往会有许多不确定性,因而在节目中经常只是部分地发挥叙述作用。

(3) 提供节目起承转合的过渡

声音或声画叠加转换是广播电视节目常用的转场连接手段,通过声音叠加在前一个声音或画面上,引出下一段音响或音源画面,使受众注意力自然转移,而不对连续的声画感到突兀,使节目承转自然、流畅。例如上一个画面是在车水马龙的街道上,青年推开站在飞驰而来的汽车前面的孩子,自己却被汽车撞倒了,在青年昏迷的画面里叠加上了救护车的声音,那么接下来的段落就可以直接地过渡到青年在医院接受急救的情况。

(4) 创造蒙太奇效果

实况音响可以作为一个独立的时空单元,可以与其他时空单元并立,同步传达信息,也可以与其他时空单元连接,并在相互映衬、补充、对照、冲突乃至否定中生成新的意义传达。例如,一个古老而落后的小村庄的图像和繁华都市街头喧嚣的音响同时出现,可以让人联想到现代文明对古老传统的冲击。

(5) 突破视像的框限,拓展空间

电视画面受屏幕边框限制,容量毕竟是有限的。而音响则是全方位的,可以突破画框的限制,将信息的容量延展到画面之外,形成一个与人们经验相同的视听信息空间,从而扩大画面的信息量。音响从出现方式来说可以分成画内音响和画外音响。画面内物体发出的声音成为画内音响,它完全依附于画内物体。画面上看不到的物体发出的声音就叫作画外音响,它一方面并不完全依附于画面内容,而是有相对的独立性,这就为信息量的增加提供了空间;另一方面,由于声音的全方位性,画外音响可以起到扩展画面空间的作用,这既可以补充画面的背景信息,也可以为镜头的移动或切换提供依据。例如,当画面上出现一个孩子正在聚精会神地盯着某处看的场景,画外音响是《新闻联播》栏目大家熟悉的开始曲和播音员的问候声,观众可以推断这个孩子正在看电视,这时如果画外忽然响起一声巨响,孩子抬起头顺着声音看过去,那么下一个镜头就可以很自然地切换到发生巨响的物体的画面了。

2. 音响效果

音响效果是信息传播者制造出来的或转借来的声音,它与实况音响的区别在于,实况音响具有客观真实性,而音响效果仅具有真实感,不具有客观真实性。所以,音响效果不能用于再现事实,只能用于表现、表达或虚构。因此,新闻、纪录片等纪实类节目不可以使用音响效果,一般常在文艺节目、娱乐节目以及广播剧、电视剧等非客观再现节目中用来增强传播效果。

音响效果除了不具备事实音响客观再现的作用外,一般而言可以发挥与实况音响相同的上述其他作用。除此以外,它还主要有以下一些独特的作用:

(1) 创造主观化音响。所谓主观化音响,就是从主观角度出发,将客观音响加以变形,或是制造出现实中不存在的声音形式,以传达作者或表现对象的主体音响感受。如较常见的是采用夸张、变形的方法,把本来听不见的声音放大到听得见,把小的声音放大到震耳欲聋,还可以加上混响、延时处理等。

（2）创造现实当中不存在的音响形式。这种手法经常使用在科幻、动画类节目中，用以配合新奇、怪异、陌生等非日常经验性的情境。

（3）营造和渲染气氛。通过音响强弱、节奏等的变化，配合特定的情节与画面，往往可以创造出摄人心魄的氛围。例如用心脏跳动的音响来表现人物的紧张，用钟表的滴答声来表现时间的紧迫等。

第三节　电视画面与镜头语言

电视与纸质媒介和广播媒体最大的不同就是，电视传播符号中出现了形象的活动画面。声画结合是电视区别于其他传统媒体的最重要的特色，画面是电视媒体非常重要的可视性的非语言表意符号。

对于电视画面，有时候又会称为电视镜头，那么画面和镜头是否有区别呢？很多情况下人们会把这两个概念混用，一般不会出现太大问题。但是如果深入研究，两者还是有细微差别的。

根据《广播电视辞典》的解释，画面是指屏幕框架内所展示的能传达一定信息的可视形象。它是造型语言的基本视觉元素。电视画面由框架、影像、构图三个要素组成[1]。由此可见，画面是一个静态的概念，它的意义表达主要是通过空间特性来体现的。影像是画面视觉形象的存在形态，它在二维空间中再现现实对象三维的立体形态。

《广播电视辞典》中对于镜头的解释是，镜头是由若干静态画面组成的一段连续的动态影像流程。它是电视语言的基本表意单元和叙事单元[2]。由此可见，镜头是一个动态的概念。它既有二维平面表现三

---

[1] 赵玉明、王福顺主编，《广播电视辞典》，北京广播学院出版社1999年版，p.239。
[2] 同上。

维立体的空间特性，又有影像连续运动的时间特性，并且在现代电视概念中，声音是镜头的有机成分，一个完整的电视镜头应该包括图像和伴随图像的同期声两部分。电视镜头作为行为时空的影像记录，从本质意义讲，它展现的应该是形声一体化的形象。

"画面"与"镜头"的区别，实际上是根据对连续画面这种时空一体性影像的空间性和时间性的不同侧重来加以区分的。当我们强调其空间性时，一般使用"画面"这一概念，而当我们强调每拍摄一次的一段画面的连续性时，往往使用"镜头"这一概念。而在一部完整的作品中，可以发现这样的顺序：画面—镜头—片断—场面—段落—整部作品。

一　电视画面的影像要素

从视觉角度来看，电视画面由画框和影像组成。"画框"是从绘画借用过来的词汇，在影视中指出的是画面的边缘，具体在电视屏幕上就是一个长方形的边框。画框对画面影像的空间范围起着限定作用，并具有凝聚观赏者注意力的作用。艺术创造的魅力就在于将媒介的限制加以利用，创作者可以利用画框造成的内外两个空间营造特殊的艺术效果。

影像是我们研究的重点，它是画面视觉形象的存在形态，在两维空间中再现现实对象三维的立体形态。电视画面包括这样一些影像要素，下面我们就来一一分析。

1. 景　别

简单地说，景别是被拍摄的主体（可以是人、物或环境）在画框内呈现的范围。根据这种范围的比重和画面表现空间（一般是以画框内成年人身体部分多少为标准），可以进一步把景别划分为若干种，主要有远景、全景、中景、近景和特写五种。

远景：远景画面一般没有明确主体，多用于表现大范围的空间、环境、自然景色或众多群众活动的场面。

全景：全景画面主要是以主体存在为前提，也就是说，全景的概念似乎相对画面主体而言的，全景是表现成年人的全身或场景面貌的画面景别。不管是一个人、一棵树、一座楼或是一个特定的场面，若用全景来表现，就要注意其外部轮廓线条的完整。

中景：中景是表现成年人膝盖以上具有典型意义的局部场景的电视画面。中景主要用于交代人与人、人与物之间的交流及相互之间的关系，反映人物的动作、姿态、手势。在电视访谈、节目主持人现场采访等镜头中，景别的运用基本上都是以中景画面为主。

近景：近景是表现成年人胸部以上或物体局部的电视画面。近景画面的表现重点是人物的精神态势和物体的局部细节特征。

特写：特写是表现成年人肩部以上的头像或某些被摄对象细部的电视画面。它突出地强调人或物的局部细节，通过一"点"窥视人的内心或物的本质。特写是一种在视觉上具有强制性的镜头，具有较强的主观色彩和情绪色彩，展示出人眼无法模仿的视觉效果，容易给人以视觉上、心理上的强烈感染。特写镜头不一定都是人物头部，有时也用于表现手、脚、景物特写或物体局部。

2. 构　图

构图一词源于绘画的概念，指画家对画面各部分进行组织和安排，以求达到理想的画面效果。影视的构图更为复杂一些，因为影视中的画面是活动的，这就造成了被摄对象、环境、光线、色彩等各种视觉元素的流动变化，摄像师必须跟随这种变化来调整镜头，完成构图的任务。简单地说，构图就是结合被拍摄对象（动态和静态的）和摄影造型要素，按时间顺序和空间位置有重点地分布，组织在一系列活动的电视画面中，形成统一的画面形式。好的构图能准确的传达作者的意念，表现情节（叙事），同时具有独立的欣赏价值，体现出创作者的美学素养。

构图的基本任务是把生活中一般的、个别的、局部的形象组成一个艺术整体,运用画面的形象来生动有力地表现某种思想、情感和美感效果。组成一幅画面一般有这样几个因素:主体、陪体、前景和背景、空白等,另外还需要考虑到画面构图的均衡以及表现运动对象时应有的动感等。

主体:主体是电视画面中的主要对象。它是一幅画面中主题思想的重要体现者,是画面中起主导作用的、控制全局的焦点,也是吸引摄影者进行艺术创作的主要因素。画面确立主体之后,整个画面就要以它为支点,其他诸因素都要围绕着它来配置。总之,让主体在画面上形成表达内容的中心、视觉与结构的中心,这就意味着画面空间上要给予主体明显的位置、充足的光线,显露其主要的轮廓线条,一目了然。

陪体:陪体是相对于主体而言的,是与主体有密切联系的,在画面中陪衬、渲染、突出主体的被摄对象。陪体能够帮助观众了解成像时的现场情况,更容易理解画面中的主体精神、动作的内在含义。陪体处理有直接和间接之分:直接表现是指陪体出现在画面中,出现在主体周围,与主体"相伴而行";间接表现是指陪体不直接出现在画面上,在观众欣赏画面时,自然而然地出现在观众的想象之中并为镜头转场提供方便。

前景:位于主体之前,靠镜头最近的景物为画面的前景。前景作为主体周围环境的一个组成部分,直接作用于人的眼帘,给人们以画面感觉的第一印象。它虽然出现于画面上下左右边框部位,但给观众视觉心理的影响不能低估。凡是有前景存在的画面,前景离观众最近,因此也是吸引观众注意画面情境的关键。前景还有一个非常重要的作用就是可以突破画平面二维空间的限制,表现出强烈的空间感和透视感,使电视画面有了更加鲜明的立体效果。

背景:位于主体之后,渲染、衬托主体的景物为画面的背景。背景在画面中的地位是不容忽视与低估的,它可以点明主体事物所处的客观环境、地理位置及时代特点，可利用色调和空间来衬托主体，使主体的形状及轮廓显著，还能造成各种画面气氛、情调，帮助解释画面内容。

空白：画面除了实体之外，有时还要有空白，也就是画面中除了实体对象以外起衬托实体作用的其他部分。画面的空白是由单一色调的背景组成的，失去了原有实体形态的天空、大地、水面、墙壁等一切景物，由于色调的单一，都可以视之为空白。空白是一条无形的纽带，把画面中的各个实体元素联系为一个有意义的整体。如果一个画面中没有空白，填满了主体、陪体和环境的线条，必然会使人的视觉应接不暇，这样反而削弱了画面的表现力，因此所有画面都需要有恰到好处的空白。

均衡：画面均衡是指经过艺术处理的画面构图所具有的那种稳定、完整、和谐的感觉。画面的均衡既来自画面形象（不同的景物、影调、色块及动静状态）给人的视觉感受，也来自人的视线在画面各因素之间的运动，是包括客体刺激及主观感受的整体。达到画面的均衡，是人们审美的基本要求。如画面的某一边"过重"或"过轻"，就会影响到主题表达，也会影响和分散观众的注意力，有时还会破坏人们对于事物的某种欣赏习惯。

对一幅电视画面来说，以上诸因素并不是缺一不可的，往往要根据画面主题思想和拍摄时具体情况来确定究竟应当包含哪些因素。对构图的一般要求是选择简化、工整、清新的形式，并找视觉醒目、造型较好的对象做结构中心。

3. 角　度

角度，就是画面拍摄时的视点，也可以说角度是由镜头与被摄对象在实际空间中的位置关系形成的。画面拍摄角度的变化是从人们的生活及习惯演变而来的，生活中人们用眼睛观察一切事物，都是有一定角度的，这些角度一般代表了人的某种习惯与心理要求。在电视画面中，拍摄角度总是千变万化、多种多样的，不同的拍摄角度可以形成画面不一样的表现力。

画面角度的变化一般是由拍摄的方向、高度、距离来决定的。根据方向不同可以分为正、侧、背，还有斜侧、倾斜等特殊用法。正面角度具有稳定、庄严的感觉，拍摄人物时，被摄对象与观众容易产生面对面的交流感。斜侧角度适于表现画内人物之间的交流。背面角度则具有主观色彩的抒情意味。根据高度不同可以分为平、仰、俯，分别具有不同的叙事功能和情绪色彩。平视镜头表现的是正常的情绪，仰角镜头则有利于表现人或事物的高尚、宏伟，带有赞颂的色彩，经常用于表现国家领导人、英雄人物或高大宏伟的建筑物等，俯视镜头则会显得人或物比较渺小，常带有轻蔑、鄙视的情绪。

4. 运　动

电视镜头的本质就是运动，把被摄主体的运动状态通过摄像机的运动镜头呈现出来，这是电视的魅力所在，同时也是影视艺术区别于其他构型艺术的一个重要标志。作为一种表现手段，电视的运动有其内在的独特性，这主要表现在：从各个不同的角度拍下几个动作片段，就能够让观众觉得这几个动作是连续的、不间隔的。通过若干片段将整个运动的典型部分拍下来，然后顺畅地连接在一起，就往往要比只用一个镜头拍下整个运动过程更细致、更完整、更生动。那么镜头运动有哪些作用呢？

第一，通过镜头运动，电视可以最大限度地还原现实生活，同时也可以最大限度地让观众理解生活。电视不仅仅能充当人的眼睛，而且通过特定的运动形态扩展人眼所及的视野范畴。

第二，镜头运动可以体现电视的视点诉求。例如，客观地跟移人物，摄像机的运动方向就是观众的视点方向，即摄像机代替了观众的眼睛；主观地前移推进，摄像机的运动方向使得电视人物和观众的视点保持一致。

第三,镜头运动可以建立一种空间感觉,镜头运动使画面景别和角度不断变化,使画面表现的背景空间不断变化,在一个镜头中出现对空间表现的多平面、多层次画面,从而打破画面的单一结构,使电视画面在屏幕上展现出一个富有纵深感的三维立体空间。而且,镜头运动还可以用来建立观众的心理空间感觉,即通过简单运动,让观众在内心形成整个空间关系感。

第四,镜头运动可以渲染电视人物的特定情绪。电视运动镜头可以代表人的一种情绪,使人的情绪直观化、影像化。例如,镜头急速跟拍人物的运动,这个人物的内心状态可能就是焦虑、容易爆发冲动;而如果运动镜头缓慢节制,凸显的则是人物情绪的平静。

第五,运动为电视节目整体构型风格的确立创立视觉基础。一个电视节目就是一个重要的有机的整体,应该有自身的一套特定的镜头运动体系。这一套体系需要符合影片整体的构型风格,也需要符合电视节目的主题体系。

运动形成了镜头的基本表达方式,电视镜头的每一种运动都有其特定的含义和明确的目的,不同的运动方式在传达着不一样的镜头含义。镜头的运动可以分为三种形式:镜头内部运动、镜头外部运动和镜头综合运动。

(1) 镜头内部运动

即摄像机机位和镜头不动,主要靠画面中物象的运动来表达动感。这是一种运用得较为普遍的表现动感的方法,例如镜头中熙熙攘攘的人群、冉冉升起的太阳、呼啸而过的火车等。

(2) 镜头外部运动

主要指镜头内部物象基本不动,而镜头外部摄像机产生运动。外部运动主要有推、拉、摇、移、跟、升降等运动方式,一般是通过摄像机焦距的变化或者摄像机本身位置的变化来实现的。

(3) 镜头综合运动

即指前面讲过的镜头内部运动和镜头外部运动合二为一,不但画面内部被摄体运动,画面外部镜头也同时运动。这种综合运动动势效果极为强烈,拍摄方法很多,也十分灵活。

5. 光　线

光线是人类产生视觉的一个客观必要条件,没有光线就没有视觉。光线也是电视摄像艺术的生命所在——有了光,我们的摄像机就能进行正常的拍摄工作;有了光,我们所拍摄的被摄体就能呈现出多面的不同的画面形象;有了光,我们想要表达和表现的主题、思想就能被赋予生命力和感染力。电视作为一门视觉艺术,传递的就是一组连续的活动影像信息,这一信息的传递过程就是通过一定的技术手段,将光线传递给人的视觉感官神经系统的过程。没有光线,电视就没有可能的存在空间。所以说,光线是形成活动影像并产生视觉的前提,是电视摄像创作的灵魂。

我们都知道摄影艺术是将某决定性瞬间形象凝固下来,可以说是一个相对静态的过程。而电视摄像不同,无论是人物自身、环境气氛、故事情节等等都会因时空变化而变化,是一个动态的过程。那么电视摄像用光就是要在这个动态的过程中,对光线进行合理的选择、恰当的处理、巧妙的布置、严格的控制等等。电视摄像中用光应注意以下几点:

(1) 要清楚色温的变化。我们知道摄像机内的摄像器件总是"敏感而客观"地记录光源成分,不以人眼的感觉为转移。在光线色温发生变化时,摄像人员要时刻谨记对摄像机的白平衡进行调整,以取得正确的彩色还原。那么光源的色温是不是一成不变的呢?我们发现有些自然规律和人工或技术因素,会影响光源的色温。也就是说无论是自然光,还是人工光,其色温都会受到影响而变化。我们都知道自然光在一天的时间内色温就是不断地变化的。一般来说,中午的色温是最高的,日出和日落时分的色温就比较低。而随着气候的变化,色温也会发生变化。一般来说阴天的色温比晴天要高些,多云的蓝天时色温也比日光高。另外在人工光的照明情况下,所使用的不同电压也会使光源的色温变化。一般来说电压偏高,光源的色温也偏高。有时我们也会在人工光源前加上透明的色纸,改变原有的光谱成分,从而改变光色温。如暖色的透明灯光纸,则光源的色温偏低;相反,光源的色温偏高。

(2) 要注意光线的变化。如在拍摄人物专访时,前一个镜头是白天人物在办公室开会的场景,下个镜头可能是人物在回家的公共汽车上,这一过程就使得光线的多个因素都在变化。即使在同一镜头中,也会出现前几秒钟还是阴雨连绵,后几秒钟就云开雾散、万里晴空的情况。电视摄像记录的就是在某段时间内的光色变化。在这段时间内,光源种类、光线性质、光线强烈、光线角度等都可能会出现不同的变化。而这些不同的变化又会对被摄体的外部特征的表现、画面明暗的分布、对比和层次、画面影调的形式及分布、形成的环境气氛,以及画面色彩的选择、安排和正确还原等产生影响。对于这些影响摄像人员要做到心中有数,以便及时地进行调整、弥补,或加以利用。

(3) 要设计巧妙的光线。也就是说为了表现人物形象、塑造场景造型、营造环境气氛等而制定的有计划的照明方案。设计光线是电视摄像创作中的一部分,也是影响摄像造型、画面影调和基调的重要因素。如通过对人物主光角度、人物主光和副光的亮度或照度之比的设计,可以塑造人物形象,表现人物的外部特征(如轮廓、大小体积、表面质感等)和性格特征及心理情绪的变化;通过对光线的性质和分布、被摄体亮度的设计,可以再现的时间和季节特点,形成画面的影调明暗对比和反差层次,展现空间范围和空间透视效果;通过对色光、画面亮度反差的设计,可以构成画面的基调,营造环境气氛,表现艺术效果。对于这些设计摄像人员应源于生活,要根据生活中原有的光效,以故事情节内容为出发点,并结合被摄人物和场景的具体情况,设计出真实、理想的光线造型和光线气氛。

（4）要配合节目类型的需要。不同类的电视节目中对光线的要求也不尽相同。如我们每天都看的中央电视台的《新闻联播》,演播室是播音员所处的固定场所,这时的光线一般是固定的或是很少发生变化。要是在新闻现场就不同了,不管现场的地点和周围的环境情况怎样错综复杂,我们要做的就是如实地记录,这时的光线一般只要可以满足摄像机工作的需要,可以让观众看到清晰的画面图像就行了。如果不能满足拍摄的基本需要,就借助人工光来增加亮度至可以拍摄,此时光线的艺术效果只能破坏新闻的真实性、纪实性。而在一些电视纪录片、专题片等中以纪实性为主,即使是对光线进行了一些加工和处理,也是为追求真实自然的光效而服务的。当然,电视晚会、音乐MTV等节目以艺术为主,就可以充分利用光线来满足造型的需要和审美的要求,从而表现出特定的光线效果和艺术气氛。

6. 文　字

这里研究的文字是指出现在电视屏幕的文字,这类文字出现有两种情况,一是画面文字,一是屏幕文字。有的书中在分析电视的传播符号要素时把文字作为与图像、声音并列的传播符号,考虑到文字和图像一样是出现在屏幕上供观众观看的,本节把文字也作为电视画面的一个组成部分来进行分析。

画面文字,是指出现在画幅内的文字（如路标、招牌、会标、文件等）,这类文字由于处于特定的现场,因而它往往表现了现场的某些要素,如路标表明了事件地点,会标有时能表明参与者的身份,文件用于证实被参访者反映的情况或者记者的调查采访。画面文字的巧妙运用,有时比使用单纯的语言描绘更为简洁、更有吸引力,有时还可以起到画龙点睛的作用。特别要注意的是这类文字因画幅所限和镜头流动等因素影响,常常是不完整或不清晰的,因此使用时可以配合声音等其他传播符号以防止歧义的产生。

屏幕文字,又称字幕,是指在节目后期制作时叠加到屏幕上的文字。字幕的作用包括:打出节目的标题;介绍画面上人物的姓名、单位、身份等;标出重要的数字、时间等以加深观众的印象;屏幕概述讲话内容标在讲话者图像的下方,以避免由于口音等问题造成的信息传达障碍;在节目片尾标出工作人员名单及制作时间等。

当前,随着电视理论和实践的迅速发展,字幕在电视节目中发挥着越来越多的作用。有的新闻节目由于同期声比较丰富或精彩,为了保留完整清晰的同期声,就完全用字幕代替解说词来表明新闻的五要素等现场画面和同期声不能确切表达的信息。例如在一些警察围堵劫匪的节目中,由于现场有警察与劫匪对峙,有向劫匪喊话的声音,有现场疏散群众的声音,有抓获劫匪时的呼喊声和枪声,这些丰富的现场同期声具有极强的现场感和震撼力,如果压低同期声再配上解说词的话会降低节目的现场感,因此很多节目都采用了字幕打出事件发生的时间、地点、事件起因等新闻要素的做法,在这种情况下,字幕就发挥了相当于解说词的重要作用。

为了提高电视新闻的时效性,字幕新闻的方式也越来越多地被采用。在不打断正常节目播出的情况下,用屏幕下方播放滚动字幕的方式插入告知信息。这种字幕的使用不受截稿时间和栏目播出时间的限制,大大提高了电视新闻的时效性,同时还能保持节目的完整性和传授双方关系的融洽。

7. 示意图与图表

对于节目中需要出现的一些复杂的理性内容,有时可以用示意图或图表的方式使其化繁为简,使得影像难以涵盖或表现,语言叙述头绪多、难以表达清晰的内容变得形象直观、一目了然。电视画面出现的示意图有地图、气象云图、卫星运行轨迹等,图表有统计图表、分析图表等。

8. 照片、图片与动画

照片、图片和动画一般是作为活动影像的补充,经常用于没有、无法或不宜拍摄活动影像的情况。可以传播活动的影像画面是电视媒体的优势,但是对摄录设备的依赖又制约了电视新闻的灵活性,在没有条件获得活动影像的情况下,照片、图片或者动画可以用来作为填充。例如在新闻节目中回顾已经时过境迁的案件时,由于已经不可能记录当时案发现场的活动影像,那么可以利用当年公安机关拍摄的照片,或者利用电脑特技绘制一些模拟的图片、动画,来帮助观众进行联想、想象,同时也使得电视画面更加丰富、生动。

9. 附属的镜头因素

附属的镜头因素是指各类摄像机光学镜头的运用和效果以及布景设计、照明、服装、化妆等造型手段。例如焦距长度不同,镜头制造的视觉效果也就不同。广角镜头会夸大对象的外形和深度透视,而长焦镜头会压缩空间。用广角镜头记录一个人在平原上由远及近地跑来,强烈的透视效果明显改变运动给人的时空感受,人物前进速度没变,但他在画面中却由小及大、由远及近急剧地变化,运动节奏似乎加快了。用长焦镜头拍一个人走向远方,由于镜头成像对景物空间的压缩,远去的人物仿佛总也走不脱,时间流逝缓慢,可以体现出一种恋恋不舍的情感。再比如,背景如果十分复杂,会将观众视线吸引过去,从而扰乱观众对主体的注意力;如果背景简单并且主体与背景的色调形成明显的反差,主体在屏幕上就显得非常突出。

二 电视画面的特性

画面具有与声音完全不同的特性,这主要表现在:

1. 电视画面是连续运动的

时空一体的运动与变化是人类感知客观世界的基本方式,但是报纸、杂志等转播媒体使用的照片、图片只能采取静止的方式空间性地展示客观世界,而电视画面实现了时空一体性的动态再现。这种时空一体、连续运动的活动画面展示的是与客观世界同样的情景,为真实再现客观世界提供了最好的物质基础。

2. 电视画面具有现场感

语言文字陈述的是事件的结果,而画面往往表现的是事件的过程,是事件现在的时态、正在进行的情景,这种感受带给观众身临其境的现场感,尤其是现场直播的电视画面,实现了在事件发生的同时进行传播,它的现场感更加强烈。

3. 电视画面具有客观性

电视画面在传播信息的过程中对观众而言有着"百闻不如一见"的强大优势,画面准确而全面地再现了摄像机前面的几乎全部内容,人们看了画面便一目了然,画面中的形象具体、鲜明、可信。因此,纪实性电视画面被看作现实的客观再现,能激起观众强烈的现实感。

4. 电视画面具有主观性

虽然电视画面所反映的情景是客观存在的,但是在千变万化的大千世界中到底拍摄什么样的画面却是经过了选择的,例如选择哪些现场图景,拍哪个物体,选什么角度,用什么样的镜头运动方式等。摄录者的种种主观因素包括个人的思想观点、价值观念等,总会有意无意地对画面的选择产生作用,因此拍摄下来的反映客观现实的画面仍然可以反映摄录者的主观意愿。

5. 单个画面具有表意不确定性

一般来说,电视表达一个意思需要用到一组画面,单个的画面因为头绪繁多其含义是不确定的。例如,一个青年从古老的深巷中走出的电视画面,画面本身并不能确切说明事件发生的时间、地点、人物身份等,而且单从这一个画面,观众也无从得知这是想表达某青年刚刚走出家门去上班的具体事件,还是想表达现代人与古老传统剥离的抽象理念,具体的含义必须结合前后连接的画面和节目的解说词才能明确传达。

三 电视画面的基本功能

第一,纪实传播。电视画面能完整地记录摄像机前的种种现实图景,并准确、客观地传送到广大受众面前,这就使电视画面具有纪实传播的功能,许多重大事件的电视画面成为一种历史性的见证。

第二,形象传播。电视画面传播的是一种形象具体的现实,单纯的影像不能传播概念、思想等抽象的、理想的东西。当然,这并不表示电视不能表达抽象的思想,电视画面的巧妙组合加上声音、文字,与观众的联想、想象等思维规律共同作用,也可以表述抽象的理论和概念。

第三,直接传播。电视画面上出现的是种种具体的人和物,观众与电视之间的任何接触都是直接的。长期以来,不同文字、不同语言成为各地区、各民族国家相互沟通的一道道屏障,而电视画面的直接传播使这道屏障消失,自身也成为一种世界性的语言。

四 声画关系

爱森斯坦、卓别林等大师认为,有声电影会破坏画面的美,进而发表了反对有声片的宣言。大师们的担心在他们那个时代是不无道理的,然而时代的进步和科技的发展是不可阻挡的,电影终于在科技的助推下成为一个"健全人"。电视的发展就令人欣喜得多,因为从它诞生之日起就是以"健全人"面目出现的。从传播角度上说,电视与广播的亲缘更近,只是由于电视承袭了电影的创作理论才有了声画关系这样问题的出现。

声音与画面的不同组合,两种元素的交互作用,可创造出不同的富有表现力的效果,可以深化电视的内容和含义。声音与画面的关系,一般分为声画合一与声画对位两种形式。

声画合一,又称声画同步,是指声音与画面紧密结合,声音同画面的内容或人物的动作、情绪、节奏一致,视听高度统一,它使画面显得更真实、自然,能够加强传播内容的可信度,这是声音和画面关系中最基本的组合方式。声画合一还可以细分为两种形式:(1)画内声画合一:画内音响空间与视觉空间的统一,主要表现为画面物象及声音的合一。同期语言声音运用的方式大致有:①新闻人物的声画合一;②以记者、主持人的身份出镜头报道;③以记者(主持人)的身份进行现场采访,记者(主持人)、被采访者声画合一。画内声画合一形式,十分适宜于对话式采访报道。(2)画外声画合一:画面空间与画外音响空间的统一,必须是在时间上的同步。这一形式适合于报道内容严肃、节奏缓慢的新闻。如庆祝会、追悼会,需要逐一介绍与会的主要人物,画外播报姓名的同时,出现相应的人物图像。

声画对位,是指声音与画面各自相对独立的、非同步的对位关系,声音和画面形象分别表达不同的内容,各自以其特有的内在节奏独立发展,分头并进又殊途同归,从不同的方面说明同一含义。对位法原是音乐中的技巧,是指两个以上的旋律或声部,根据互相之间的和声关系共同进行以获得浑然一体的效果。声音和画面围绕同一个内容中心,在各自独立表现的基础上,又有机地结合起来的表现形式。它的特点是利用声音画面不同步产生的信息差距,调动人们视听感知通道的注意力,引起声画信息叠加联想,加大感知深度。声画对位能形成强烈的对比,表现深刻的内容。

其实在业界还有一种声画平行的提法,这是一种介乎声画合一与声画对位之间的一种形式,指的是声音与画面既不合一,也不对位,处于若即若离、平行发展的状况。不过声画关系本身就是实时变化,根据具体情况所需来处理的。无论是声画合一还是声画对位,也只是两种不同的处理电视声音和画面关系的手法,谈不上哪种手法更好一些,都是视不同的情况具体分析。但是不论使用哪种手法,都切忌声画两张皮,即电视画面和声音各行其是,在解说词上贴上一大堆时间、地点、人物都模糊的所谓资料画面,让画面成为语言的配图,画面本身没有承载任何信息量,也就失去了电视声画结合的意义。

五 镜头的组接

1. 蒙太奇

蒙太奇是电影研究领域中的最基本词汇,字面的解释出自法文Montage,原意是剪辑,即镜头的排列与组接,是指在影视作品的创作中将一个个的镜头,根据一定的逻辑关系组接在一起,通过形象之间相辅相成或相反相成的关系,互相作用,产生连贯、对比、呼应、联想、悬念等效果,形成一个含义相对完整的表意整体。在电影艺术理论与实践的历史中,蒙太奇的范畴经历了一个形成和演变的过程。不同的电影流派、电影导演和理论家对蒙太奇的理解及运用各有不同,其内涵在电影诞生的一个世纪中已经达到了相当丰富的程度,然而随着时代的变迁,当代观众的视觉接受心理因素与电影语汇的发展互为影响,产生了新的审美客体和视听形式,冲破了很多以往艺术表现形式的禁区,从而赋予蒙太奇范畴以新的含义。

蒙太奇作为电影画面组接的基本技巧和影像语言的基本表达方式,必然被电视所继承,蒙太奇也是电视编辑的一个最基本概念。狭义蒙太奇是镜头编辑的艺术,即画面组接的章法、技巧。一篇好的新闻内容可分为一系列的镜头内容进行拍摄,然后进入后期编辑。镜头的组接必须符合生活的逻辑,才能使观众了解新闻的内容;另一方面,电视画面是活动的,镜头的运用和不断的转换,又势必产生一定的节奏,当这种节奏和镜头的内容结合在一起时,就会有力地感染观众,引起强烈的共鸣。每个镜头都有自身的表现内容,几个镜头按照不同的方式组合,又会产生不同的视觉效果。狭义蒙太奇就是通过研究各种不同的效果,找到最合适的镜头组接方法,使之符合观众的习惯,激发起观众的联想与共鸣。广义蒙太奇不单纯是编辑上的艺术,不只是镜头组接的章法,而是整个电视构成的形式方法的总称,常体现于分镜头脚本上,甚至应用于艺术构思之时。实际上,广义蒙太奇包括了一切镜头的调度和声音构成的全部技巧。

蒙太奇的主要功能:第一,通过镜头、场面、段落的分切与组接,对素材进行选择和取舍;第二,引导观众的注意力,激发观众的联想;第三,创造独特的影视时间和空间;第四,蒙太奇是形成不同节奏的重要手段,它将内部的节奏与外部的节奏、视觉节奏与听觉节奏有机地结合,体现内容的变化,使作品节奏丰富多变、生动自然,产生较强的感染力。

蒙太奇技巧可以归纳为两大类,一类叫叙事蒙太奇;一类叫对列蒙太奇。

叙事蒙太奇是按事物的发展规律、内在的联系、时间顺序,把不同的镜头连接在一起,叙述一个情节,展示一系列事件的组接方法。叙事蒙太奇以交代情节、展示事件为主要目的,重在按情节发展的时间、逻辑顺序、因果关系来分切和组合镜头。能依据动作、声音、情绪、节奏、色彩等因素组成的不同景别、不同角度的镜头,明白清晰地叙述事件和运动连贯过程的分解与组合是叙事蒙太奇的重要环节。叙事蒙太奇也称连续蒙太奇,它的任务是保持叙述对象的时空连续性,即接在一起的几个镜头在时间上是连续进行的;在空间上是相互联系的整体。叙事蒙太奇能够清楚地表达事件的发展和运动的连贯，使观众产生流畅、明晰的感觉。叙事蒙太奇是镜头组接的主要形式，大多数故事片、新闻片，是按照叙事蒙太奇技法来编辑画面的。

　　与叙事蒙太奇相比，对列蒙太奇可称为表现蒙太奇，是以两个镜头的对列为基础，通过两个镜头不同画面的联系，产生明确的含义，从而使观众对故事的发展直接或间接地熟悉起来，并产生进一步的联想。表现蒙太奇的结构形式有下面几类[1]：对比式：通过画面（场面和段落）之间，画面中对立因素在内容和形式上的强烈对比，映射、表达某种寓意。平行式：将两条或两条以上的情节线索在时空上交替出现、平行发展，或将两组形象并列组接，相互补充影响，不仅自由灵活地展现了更为广阔的时空结构，而且从多侧面观察事物，有利于表达事物深刻的内涵。积累式：不是表达单一画面，而是将几个在内容、性质上基本相同，但表现形式不同的画面（场面或段落）接连出现，积累起来才建立一个总印象，进而表达一种意境或一种普遍结论。隐喻式：又称联想式。主要通过两个具有某种相似性的不同事物的画面（或场面）进行对列类比，含蓄而形象地表达某种寓意。重复式：又称复现式，将有特定含义的画面（场面或段落）在以后场面中相关时刻反复回闪，造成对比、呼应、渲染、强调等艺术效果。

　　电视编辑中蒙太奇组接大致分为如下五种技法[2]：

　　　　（1）蒙太奇组接，是叙事蒙太奇和对列蒙太奇在画面的具体应用，是按事物的发展规律、进展顺序，或者运用事物之间的相互呼应、对比、比喻、暗示，将镜头组接起来，以叙述某一件事，解答某一问题。

---

[1] 张倩，《蒙太奇在电视编辑中的运用》，选自《记者摇篮》2009年第7期，p.127。
[2] 朱明俊，《浅谈电视编辑中的蒙太奇》，选自《影视制作》2009年第10期，p.40。

(2)平行式组接,是指把同一时间不同地点或不同时间不同地点的若干镜头组合。

(3)交叉式组接,就是将同一时间不同地点发生的、互有因果、呼应关系的镜头交叉组合在一起。交叉式是在平行式基础上发展起来的。

(4)积累式组接,就是把一系列性质相同或相近的镜头组合在一起。

(5)对比式组接是把两个主体形象不同、内容对立或相反,或形式上具有强烈对比的镜头组合在一起。通过前后不同主体形象的画面组接,使观众产生感想,其作用是增强画面的冲击力。

2. 长镜头

长镜头是与短镜头相对而言,是在一个较长的不间断镜头里,通过推、拉、摇、移、跟等综合运动摄影(摄像)等空间连续的场面调度方法多层次、多景别地展现一个完整的动作过程或时间进展的镜头。

安德烈·巴赞提出了长镜头的概念,揭示了电影的本体语言。比较准确地说,长镜头理论中所谓的"长镜头"包含了两层意思:一是指景深镜头,即是既能清晰地看到前景又能看到后景的镜头;二是指移动性的长镜头,这是摄像机和被摄对象处于相对运动状态下拍摄的镜头,是由多种不同的景别和画面构图形成的、在时间延续上较长的镜头。在著名的《蒙太奇的界限》一文中,巴赞提出:"若一个事件中主要的内容要求两个或多个动作元素同时存在,蒙太奇应被禁用。"那么该使用的就是长镜头。巴赞在《电影是什么》的论文集中反复强调:"空间的真实;没有空间的真实,活动的画面就不会构成电影","电影的特性,就纯粹状态而言,仅仅在于从摄像上严守空间的统一性。"

长镜头大致可分为以下几个种类——(1)固定长镜头:机位固定不动,连续拍摄一个场面所形成的镜头。最早的电影拍摄的方法就是用固定长镜头来记录现实或舞台演出过程的。卢米埃尔 1897 年初发行的影片,几乎都是一个镜头拍完的。(2)景深长镜头:用拍摄大景深的技术手段拍摄,使处在纵深处不同位置上的景物(从前景到后景)都能看清,这样的镜头称景深长镜头。例如拍火车呼啸而来,用大景深镜头,可以使火车出现在远处(相当于远景)、逐渐驶近(相当于全景、中景、近景、特写)都能看清。一个景深长镜头实际上相当于一组远景、全景、中景、近景、特写镜头组合起来所表现的内容。(3)运动长镜头:用摄影机的推、拉、摇、移、跟等运动拍摄的方法形成多景别、多拍摄角度(方位、高度)变化长镜头,称为运动长镜头。一个运动长镜头可以起到一组由不同景别、不同角度镜头构成的蒙太奇镜头的表现任务。

使用长镜头主要有以下功能:(1)再现客观世界的原貌,保持时空的真实统一。长镜头拍摄的时间较长,能够在一个镜头中形成一个完整的段落,在单镜头中的画面时间与生活中的真实时间完全同步。同时,环境、人物、事件都可以被充分地展示,可以让观众看到现实生活的原貌,得到一种完整的时空感。(2)表现人物的心理情绪,烘托故事的环境气氛。长镜头由于可以连续地对一个场景或一场戏进行拍摄,因此能够连贯地表现人物的心理情绪,烘托故事发生的环境气氛。

3. 蒙太奇与长镜头差异比较

(1)蒙太奇的叙事具有创作者的主观特征,而长镜头则具有客观性。它主张通过蒙太奇的叙事方式对镜头的组接标明自己的思想观念,并让观众接受,对事件矛盾冲突和人物性格的变化也往往采用人工化的艺术手段,以求得戏剧性效果。而在长镜头的叙事中,创作者往往不以参加者的姿态出现,保持冷静客观,力求把创作者的主观意图、倾向,包括自己的美学追求、造型的欲望,隐蔽在客观纪实事实影像后,采用一种间接的表现形式,使创造更接近现实生活的本来面貌,而避免了叙事蒙太奇所惯用的对素材的浓缩、整合。

(2)蒙太奇叙事内容紧凑凝炼,而长镜头叙事内容丰富全面。在蒙太奇的叙事中,结构上往往比较集中,情节上比较紧凑,性格发展过程往往由生活中的几个关键点来构成,力求简炼明了,日常生活形态和生活环境少见。而长镜头叙事,重视人物与日常生活环境的有机联系,许多情节就在现实生活中展开,环境镜头很多,而且经常会有较多的过程性镜头。

(3)蒙太奇理论强调画面之外的人工技巧,而长镜头强调画面固有的原始力量。

(4)蒙太奇表现的是事物单一的含义,具有鲜明性和强制性,而长镜头表现的是事物的多含义,它有瞬间性与随意性。

(5)蒙太奇引导观众进行选择,而长镜头场面调度提示观众进行选择。

(6)蒙太奇探索了镜头之间的构成所具有的表现力,长镜头则关注镜头的内部构成(景深、变焦、场面调度)所具有的表现力。

4. 其他几种镜头方式

推镜头——指被摄体位置不变,摄影机逐渐向其推进拍摄连续画面的过程。其效果是画面视点由远而近,取景范围由大变小,使某一主体或局部细节在画面上放大,而周围的次要部分则被推向画面之外,从而让观众的视线由整个环境逐渐集中到影片所要着重表现的人物和事物上。推镜头的使用,符合一个向前行进中的人物的视点,或者说是表达了某一视线的投射方向。它的主要作用是描写细节,突出主体以表现人物思想情绪的发展。此外,推镜头还可用来渲染气氛,推进剧情。一般说来,快推显得刚劲有力,慢推则显得舒展深远。当使用固定焦距拍摄时,使用移动车,此时,其光学轴心同移动路线之间的角度,始终不变。

拉镜头——指摄影机逐渐远离拍摄对象,取景范围由近到远,由小变大地把不同视距效果的景物拍摄在一个镜头里。其作用是为了让观众在看清某一重点的基础上,把视线从主体引向整个环境,从而认识人物与环境、局部和整体的关系。由于拉镜头可以自如地表现人物和环境之间的关系,因此拉镜头能丰富镜头审美的层次感,是一种常见的镜头运动方式。

摇镜头——指摄影机位置不动,借助于三脚架上的活动底盘做原地转动拍摄而成的镜头,其视觉效果如同生活中人们转头环顾。它的特点是能将内容表现得有头有尾,一气呵成,在表现场景方面有着独特的功用。摇镜头时,左右横摇适用于展示气势浩大的群众场面或广阔壮观的自然景色,不少影片在开头时常用它来纵览场景全貌,介绍人物所处的特定环境。上下摇摄则多用于表现高大的建筑物或悬崖陡壁,给人以雄伟险峻之感。有时,以较近的视距来表现数量较多或体形较长的对象,也常使用摇镜头拍摄,如拍摄某一圆桌会议上各人的姿态和反应等。由于摇镜头带有强烈的主观色彩,故也常被用来表现剧中人在特定情景下的心理感受。在影片中,摇摄速度可快可慢。快摇使影像模糊不清,把人物或景物迅速摇出或摇入画面,以此来转换和组接镜头。慢摇则显得节奏舒缓,富有别致的韵味。随着科学技术的发展,电影摄影机不仅可以左右转动,而且能灵活自如地连续旋转,从而造成独特的艺术氛围。

跟镜头——是摄影机跟随某一对象一起移动拍摄的镜头。它能够连续而详尽地表现具体对象的活动和感情的变化,给人以身临其境、真切自然之感。跟镜头是故事片中常用的一种手法。由于跟镜头始终跟随移动着的被摄对象,因而它能严格规范观众的视线,使之只能看到导演所规定的部分,从而加强了镜头的艺术表现力。根据内容的需要,摄影机跟随着某一固定拍摄对象的运动而上下左右,在纵与横的各个方向上做平行移动。由此,在同一个镜头内,画面的构图随着摄影机运动方向的不同而发生变化,随着其运动速度的快慢而有张有弛,从而造成强烈的节奏感。为了更好地体现被拍摄对象的动态过程,影片中常把跟镜头与摇镜头结合起来运用。一般说来,影片中的跟镜头不宜过多,否则会造成篇幅冗长和节奏拖沓之感。

移动镜头——指把摄影机放在移动车或其他运载工具上移动拍摄而成的镜头。它与跟镜头不同,不是在一定距离内固定跟拍处于运动中的某一对象,而是如同在现实中人们边走边看,故名移动镜头。移动镜头可分两类:摄影机在水平方向左右移动的,叫"横移镜头";在垂直方向上下移动的,称"升降镜头"。移动镜头可以突破银幕四边画框的限制,拓展画面表现范围。横移镜头使得画面构图不断变化,纷繁复杂的人和景物在不停的流动中有机地构成一个整体。因此,在表现对象之间的空间关系,特别是创造宽阔空间的气氛方面,能产生独特的艺术效果。横移镜头在拍摄开阔的战场、繁忙的工地、整齐的队伍、繁华的街道等方面更有效果。横移镜头也可以代表剧中人的移动视线,使展现的场景带上主观情感色彩。此外,横移镜头还能使观众根据同一画面内不同物体运动速度的快慢,分辨出它们的远近,从而产生立体的幻觉。升降镜头一般是把摄影机安放在升降机上拍摄,它从垂直方向拓展了画面的表现范围,多用于表现高大耸立的景物,如高楼、井架、崖壁等。但由于条件的限制,它在影片中不常见。

空镜头——为电影艺术中一种特殊表现手段,一般指电影画面上没有人物,只映现具有一定寓意的自然景物或场面的镜头。空镜头的"空"是相对人物镜头而言的。实际上这种镜头往往具有隐喻、暗示、象征等作用,它对渲染环境气氛,烘托人物内心世界,表现意境,推进剧情,增强艺术感染力是必不可少的。空镜头有写景与写物之分,写景的往往用全景远景,通常称作风景镜头;写物的大都用特写近景,通常称作细节描写。空镜头是客观景物与人物主观情绪的结合,是景与情的统一。有时,空镜头也常被用来调节节奏。在运用空镜头时,应使之与人物镜头完美地结合起来,做到物显人情,同时又要单纯明了,内涵充实,且要富于创造性,从而取得意味隽永的艺术效果。

第四节 广播电视的传播特性

广播电视是建立在电子技术基础上的现代化大众传播媒介，借助电波，广播电视帮助人们实现了千里眼、顺风耳的愿望，并以其光的速度和生动直观的声画传播效果明显区别于以文字语言为主的印刷媒介。作为电子大众传播媒介，广播和电视在传播特性上既有共同之处，又有差异。随着传播技术的不断进步，广播电视的传播特性呈现出动态发展的趋势，越来越趋向完美。

一　广播电视的共性

1. 时效性

广播电视可以说是网络媒体出现之前传播速度最快的媒介。传统纸质媒介如报纸一般需要有编报、印报、发行、读报的过程，而依靠极快的电波传播速度，广播电视信号的发送和接收等整个信息传播过程，都是在时间极短的瞬间完成的，信息传播的同时也就是信息的接收过程。

随着传播技术的不断发展，尤其是同步卫星技术的运用，广播电视可以在重大事件或突发性新闻发生的同时，将实时信息用现场直播的方式传播给亿万受众，进一步实现信息发生、传播和接收三者之间的同步进行。这种同步传授将迅速及时的特点发挥到极限，这是任何其他传统传播媒介都无法比拟的。

2. 广泛性

借助无线电波，广播电视的声画符号如同插上电的翅膀，跨越高山、越过大海，将广播电视节目瞬间传播到远方。随着传播技术的发展，卫星技术更是极大地扩展了广播电视的传播范围，由于卫星传播没有空间和疆界的限制,这样使得广播电视信号能借助卫星电视管道覆盖地球村的各个角落,实现全球性覆盖。当然,广播电视传播范围包括广播电视信号覆盖的范围和广播电视传播的地理版图。而所谓的传播地理,是指实现了有效传播的覆盖范围。一般来讲,卫星信号覆盖的范围并不等于卫星电视的传播地理版图,覆盖地理的扩张应该会扩大传播地理。

从1989年西藏电视台第一个上星播出节目,到1999年海南电视台最后一个上星播出节目,我国内地各省市自治区都开通了卫星电视频道,各电视台的传播地理跨出了其行政隶属边界,具备全国覆盖能力。我国境内共有48个电视频道上星,其中中央台14个,中国教育电视台4个,各省级卫星电视台31个。1998年,全国已有卫星地面站9657座。为了满足少数民族地区、多山边远地区观众的需要,并解决这些边远地区电视台自办节目传播和接收的困难,先后开通了新疆、云南、四川、贵州等边远山区和省份的卫星传送业务,构成了微波传送和卫星转发的全国电视覆盖网。

卫星电视技术对传播范围的扩展,改变了电视传播者的传播观念和传播行为,使得传播者从更广大的区域甚至是全球的角度考虑电视的传播效果和电视业的格局。

3. 丰富性

广播电视具有新闻传播、文化娱乐、信息服务和社会教育等多种功能,广播电视节目数量之大、种类之多、范围之广、内容之丰富,除了网络媒体之外,其他大众传播媒介都不能与之相比。24小时不间断播出的广播电视,其日发信息量相比于一家报社要大得多。随着广播电视的专业化发展,广播电视节目又开始了纵深拓展。在我国,广播电台的专业化发展已形成了新闻、经济、体育、交通、文艺、音乐等系列电台。在电视方面,我国中央电视台已相继开办了电影、电视剧、经济、综艺、体育、国际、少儿、新闻、军事、农业以及科教等多个频道,其他省市还开办有旅游、女性等专业频道,节目内容包含了社会生活的方方面面。在国外发达国家,广播电视节目的专业化发展则更为深入。前面我们已经谈到美国的一家电台往往就以一种专业化节目类型取胜,仅音乐电台就能细分为爵士音乐台、乡村音乐台等。美国电视的专业化发展也非常明显,除了上述我国的专业化频道外,美国电视还有野生动物、历史、地理、钓鱼、气象频道等更为细分化的频道,包罗万象的广播电视节目着实令人眼花缭乱。

当然,世界上没有十全十美的事物。广播在具备以上传播优势的同时,也不可避免地存在一些局限性。广播电视虽然可以同步传送,但所传送的声画信息瞬间即逝、不留痕迹,这样对于一些复杂的信息,人们不易及时理解,也难以进行细致的回味和深刻的思考。看报纸,人们可以对重要信息仔细读、慢慢读、反复读,甚至可以停下来进行推敲、思考,有必要的话还能将报纸留存以供日后翻读。而广播电视是以电磁波为载体,电磁波消失了,所附载传播的信息也就消失了。可以说,广播电视传播的信息是瞬间而至,又瞬间而逝。除非借助现代录音手段,其信息是无法留存的。针对这一缺憾,人们只能采用反复重播的方法来进行弥补。同时,广播电视虽然节目内容丰富多彩,但是却受着线性传播的制约。广播电视就像源源不断的流水,节目按照编排的时间顺序依次播放,受众在同一时间只能接受一种节目,选择一个频道,并按照传者安排的播出时序逐条收听收看,不像报纸可以随意选择顺序,或细看,或粗看。不过,随着科学技术的发展,尤其是网络技术的发展,广播电视的这些局限性正被逐渐突破。

二 广播的传播特性

1. 传递通道单一,诉诸听觉

电波携带声音,可以飞越高山大海,把信息送到受众的耳际,但是受众只能听,不能看到或者触摸到它,声音是受众能感受到的唯一传播符号。

因此广播在采集和制作节目的过程中必须把所有的具象和抽象符号都转化为声音符号才能传递出去,才能在听众的脑海中形成概念。因此,我们可以说"声音,构成广播的唯一物质材料和运动形式,没有声音便没有广播,用声音传播信息是广播的主要特点,听觉感知是广播的本质属性"。①

相对于电视的边看边听的传播,广播的传播有着记忆上的劣势,但是,也有着它独特的传播优势。与电视的传播特性相比,广播传播的一切内容都是通过声音这一有声语言、这唯一的符号承载的,不会产生传播因素间的矛盾,更不会因为冗余信息而干扰了公众的思维。抽象语言是一种针对性较为强烈的传播符号,它在表情达意的准确性上超过了任何"理性蒙太奇",不容易产生理解上的失误、制造出多余的噪音。而这种传播过程的单纯性则可以准确表述概念和传达传播者的意图。

2. 受众接收的机动和便利

广播接收的机动性是广播技术进步的结果,尤其是收音机的小型化,使收听广播越来越成为个人的接收行为。具有自动录存功能的数字收音机的出现、个人手机里收音机功能的增加,则在提高接收质量、提供收听方便的同时,进一步增强了接收的机动性。人们之所以在电视已经普及的情况下,仍然还离不开广播,就在于广播是接收机动性最强的现代媒介。人们在骑车、开车、读书、料理家务的同时想听就听。

与广播收听的机动性相伴着,自然会衍生出广播接收的便利和随意。广播是单一声音传播媒介,听众只需要听就可以了,解放了眼睛和双手,并不影响受众同时进行其他的活动,因此,广播的伴随性在当前的媒介形态中是最好的。据调查,88.6%的观众都是随意听广播的,特别是青少年,他们几乎百分之百把广播当作背景音乐。②

---

① 施旗,《广播电视语言》,中国广播电视出版社 1988 年版, p.2。
② 黄匡宇主编,《广播电视学概论》,暨南大学出版社 2005 年版, p.169。

三 电视传播特性

1. 视听兼备,立体信息传播

既能听见又能看见,是电视的最大特点。看和听是人类接受外界信息的主要途径。根据科学家们的研究,人对外界的感受,60%来自于视觉,视觉在我们的感官中是最重要的,通过我们的眼睛,我们可以比通过耳朵更了解和熟悉周围的世界。眼睛记录下的是物体对光线的反应,以让人们知道物体在空间的形状、颜色、表面特点和运动形式;耳朵记录下的则是物体运动中产生的声波。眼耳并用,便在人脑中记录下了事物最基本的特征。从记忆的效果来看,听到的信息能记住20%,看到的信息能记住30%,边看边听能记住50%。声画并茂、视听兼备的综合传播,顺应人的生理特点,这是电视得天独厚的优势。

传播学家施拉姆认为"非语言符号(图像等),它们携带的信息常常不需要任何的语言来表达,一幅画就是一种完整的传播"。电视的传播就是立体的信息传播。信息理论认为,信息不是事物的本身,而是事物的存在方式和运动状态。电视声音与拍摄画面形象都是同步的。这一方式和运动状态,决定了其信息结构不是线性的,而是立体的,是一种立体的场结构。在物理学上,场的概念是指在同一空间里,所有物质之间都互相有引力作用,力的互相作用从而形成更强大的能量。电视通过对事物直觉视觉特征的记录,可以传达色彩、明暗、形态特征、空间深度等直觉的视觉信息;而通过视觉的统觉(对当前事物的心理活动同已有知识经验相联系、融合,从而更明显地理解事物意义的现象)作用,还可以传递质感(硬度、柔度、湿度)、量感、力感、运动感及听觉、味觉和触觉等信息。电视通过若干信息的综合立体地传播,为人们对事物的分析和判断提供最直接的依据。

2. 画面直观，内容易受

电视图像是直观的形象系统，这一系统里包括视觉因素——事物的运动状态以及听觉因素——事物运动状态下的自然声响、效果声响和人物讲话的语言，电视传播把视听因素同时存在的事物的原生状态直接呈现在屏幕上，给观众以直接的认知和感受，并由感受上升到对事物的理性认识。

从传播学的角度来讲，传播内容的选择和传播符号的运用往往决定传播的效果。电视传播内容的易受性正是由于电视传播时运用多种传播符号，可以将观众接收信息时的费力程度减少到最小。这种费力程度就是传播学家施拉姆强调的公众接受信息时所付出的代价，如时间支出、费力程度等。电视传播的魅力在于它将同一种信息由多重符号、多条通道输入，增加了单位时间内的输出量；尽可能使同一种信息在公众脑海中重复多次出现，强化了观众对传播内容的领悟力；各种符号相互补充，弥补了单一符号在传播上的交待不足，意义曲解。"听"的记忆和思考、"看"的证实和感染、"读"的理性思辨和反复推敲交织在一起，形成了对电视传播内容的全方位的把握、理解和判断。

电视传播内容的易受性还来源于"面对面的人际交流"，这使得电视这种大众传播媒介具备了人际交流的特性，而且，这种传播特性在电视新闻的传播中更加凸显。在电视上新闻主播们声情并茂地叙述、记者们娓娓动听地讲评、当事人身临其境地回顾都会使观众们聚精会神地关注传播的内容。科兹洛夫在谈起美国电视新闻主持人丹·拉瑟时说："人与人直接交流给人的印象是如此之强，因此，比如说当拉瑟说'晚安'时，我们很可能对屏幕应答说'晚安，丹'。"[1]这种面对面的相互

---

[1] ［英］尼古拉斯·阿伯克龙比，《电视与社会》，南京大学出版社2002年版，p.20。

沟通、相互联系、相互作用的社会行为更容易控制人们的情绪和思想，从而激发观众对电视的认同、关注、接受和需求。

3. 现场感强，可信度高

长期以来，人类经历了一个借助符号传播信息的过程。从各种图识标记到象形文字直到现代的文字，都是具有特定的象征指代意义的符号。传播和接受信息，实际是这样一个过程：信息源→编码（制成符号）→传递→解码（了解符号的含义）。在这个过程中，或者由于编码不清造成受众难以解码，无法了解其含义；或者由于解码者文化水准限制，无法解码；由于解码者和编码者在认识结构上的不同，都会造成传授双方的误解。电视可以逼真地再现信息源的多种情景，电视屏幕上所展示的是信息源所发出的真人、真事、真情、真景。受众通过自己的眼睛和耳朵直接了解、感受信息，现场感强，而这又大大地提高了电视所传播的信息的可靠度。这样，电视所产生的动人心魄的感染力也是广播报纸难望其项背的。

1973年，美国的"水门事件"轰动一时，最后导致尼克松总统的辞职。事情最早是由《华盛顿邮报》的两位年轻记者鲍勃·伍德沃德和卡尔·伯恩斯坦首先揭露的。在最初的3个月时间里，《华盛顿邮报》虽然发表过不少调查文章，但未能引起全国重视。这以后，哥伦比亚广告公司电视网播出了一部介绍"水门事件"的纪录片，当时吸引了有3000万受众观看，才使"水门事件"成为社会广泛议论的话题。美国广播电视界中的人为此洋洋自得地声称："一个小时的电视节目影响远胜三个月的报纸。"[1]这虽有夸大其词之嫌，但电视对揭发"水门事件"的推波助澜作用确实是无法低估的，而这正是电视的强烈的现场感和高可信度在起作用。

---

[1] 施天权，《广播电视概论》，复旦大学出版社1987年版，p.56。

四　广播电视传播特征的演变

传播学者麦克卢汉曾经说过,"真正有意义、有价值的讯息,不是各个时代的传播内容,而是这个时代所使用的传播工具的性质、它所开创的可能性以及带来的社会变革"。不可否认,每一次技术的革新,都推动着社会生产力的跳跃式发展,而广播电视技术的发展也使广播电视的传播特性发生着变化。

1. 大众文化传播和分众化传播并存

在电视最初发展的几年时间里由于频道数量有限,多数电视频道都是综合频道。而近几十年来,电视传播的专业化趋势越来越明显,其主要原因是受众结构的变化。其实,无论是从理论上还是实践上,作为大众传媒的电视都已经进入了分众传播时代。分众传播一个最大特点就是指向性要相对明确,频道与频道之间应该在差异中求生存,以特色求发展,这一趋势决定了电视频道专业化发展的方向。与此同时,以有线电视和卫星电视为代表的新兴电视传播技术的发展,也为频道专业化提供了技术支持。因此,20世纪70年代以后,分众化传播成为世界传播发展的趋势之一。

美国未来学家阿尔文·托夫勒在其著作《第三次浪潮》(1980年)一书中认为在当代信息社会中,无论是社会生产还是消费需求,乃至价值观念,都出现了从单一到多元、从整体到分化的发展走势,并预言了信息传播领域内分众传播时代的到来。

1984年卫星有线网络刚刚在欧洲兴起的时候,只有10个频道的卫星电视节目,基本上均为综合娱乐节目。但是到了1992年,欧洲的卫星电视频道已猛增至67个,除电影频道和体育频道之外,还有面向妇女儿童的专门频道。在电视业甚为发达的美国,至今已有100套左右的电视节目,频道专业化和细分化趋势更加明显,媒介的传播已经进入了"适应受众"的时代,电视节目的定位更准确、指向性更强。美国的电视频道已经在新闻、娱乐、资讯等大类别的基础上进一步分化,有了专门的历史和纪录片频道、天气预报频道;音乐频道中又分为古典频道、流行乐频道、爵士乐频道等;电影频道中也分为了新片频道和老片频道以及戏剧频道、动作片频道等;体育频道中又分化出户外运动频道、赛车频道、篮球频道等;此外,还有专门的卡通频道、园艺频道和食品频道等。这些专业频道的设置分门别类,以最大程度地满足受众的需要为目标,受众可以根据自身的需要各取所需。

目前,我国的频道专业化主要分为三个层次:第一是大众化专业频道,如新闻、电影、电视剧、少儿、音乐、体育等频道;第二是分众化专业频道,如财经、历史、探索、国家地理等频道;第三是小众化专业频道,如机场、高尔夫频道。目前国内所开办的专业频道还主要集中在新闻、财经、娱乐等"粗分"局面,绝大多数专业频道都停留在影视、经济、体育、文艺等模式中,专业频道不专业是其共有的痼疾。在"影响您收看电视节目的因素有哪些"的一次大型电视观众调查活动中,52.93%的电视观众选择了"随意选中,哪个好看看哪个",这说明了中国观众对于节目的忠实程度不高。而这可能跟我国专业频道缺乏充足优质的节目源、盈利模式单一、受众细分程度不高以及在频道专业化过程中地方保护主义带来的限制都有一定的关系。

分众化传播要求传播者不再把受众视作一个没有分别的整体,而是针对受众的不同群落和不同的需求层面,分别实施特定的传播策略。同样,从受众的角度来讲,"他们不是传媒的靶子,他们在媒介市场上也主动地选择内容,并积极参与传媒活动"。因此,面对分众化传播,要求广播电视媒体也必须积极地以其丰富化个性来应对受众的多样化要求。而且,有学者断言,未来的传播模式将从一对多的大众传播逐渐演化到一对一的小众传播;由目标隐匿的受众群体转化为针对不同受众群乃至受众个体的单一受众。

2. 固定接收与移动接收并存

"电视长了脚,跟着乘客跑"是一个形象的比喻,说的是一种新媒体,区别于传统媒体的数字移动电视。移动电视也称为数字电视地面广播,是数字技术的具体应用。作为一种全新的大众媒体,数字移动电视是通过无线数字信号发射,地面数字接收的方式进行数字节目的播放与接收,并可以在高速移动的物体中收看的一种现代化的电视系统。移动电视的发射机的输入信号不是通常的视频和音频节目信号,而是将视音频信号按 MPEG-2 标准,经过压缩、编码,并与其他数据信息打包后的传输码流(TS 流)。输入的 TS 流,经过信息编码与调制单元形成符合一定制式标准的模拟中频信号,然后上变频至发射频道,经射频放大后发送。

移动数字电视最早出现在公交车上,早在 2001 年 2 月 14 日,新加坡巴士服务公司的巴士上进行了世界上首次移动电视节目的播出,新加坡也成为世界第一个建成 DVB-T 信号单频网的国家,目前新加坡共建设了 8 个数字电视发射站。从 2001 年 3 月开始,新加坡在 150 辆车上都安装了移动电视设备,150 万人次开始享受移动电视服务。上海是中国首个、全球第二个普及移动电视的城市,上海公交移动电视于 2002 年 5 月 28 日正式开播,目前上海近 150 条线路的近 4000 辆公交车安装了移动电视机,其中 90%的线路贯穿中心城区,日受众达 130 万人次。上海的移动电视在覆盖市内大部分公交车的基础上,正在逐步向出租车、楼宇以及轨道交通、轮渡、银行、医院、连锁餐厅等扩展,来构筑移动电视平台。广告收入成为移动电视的主要收入来源,上海东方移动多媒体公司 2004 年全年收入 4200 万元,利润为 788 万元,效益可观。移动电视在上海成功运营后,湖南、北京、河南、南京、广东、湖北、辽宁、江西、合肥等 20 多个省市也纷纷开始启动,陆续在公交车上开始播放移动电视。

作为一种新型的媒体,移动(地面)数字电视虽然起步较晚,但因其集固定、便携、移动接收功能于一身,同时具有覆盖广泛、反应迅速等优点,同时还具备城市应急信息发布的功能。因此数字电视在社会信息化发展中逐渐扮演着越来越重要的角色,潜在的市场容量巨大,迅速发展的趋势已经呈现,需要我们在其发展过程中不断地深入认识和研究。

随着技术的发展,数字移动电视还有望在手机终端"梦想成真"。目前,诺基亚等手机生产商正在开发具有移动电视接收功能的新产品,一旦移动数据电视技术成熟,手机市场也将会掀起一股"移动电视"的热潮,那时电视真可谓是无孔不入了。

3. 传播过程中受众的主动性增强

就电视而言,它的信息严重依附于时间坐标,留给受众的选择权利十分有限,留存性也很差。自从电视产生以来,人们就试图用各种办法来弥补电视在这方面的缺陷,如改善节目编排,用节目预告和频道分割,提供给受众一定的选择权,用滚动播出减少信息流失,或者动用其他媒体来辅助,如受众可以实时或者定时录制播出的节目,电视播放者可以发行电视报。但是这些措施都没有从根本上改变局面。交互电视的出现,使电视传播中受众的被动局面将有所改变。

交互电视是家庭电视与交互式技术的融合,它使观众能以新的方式来观看和利用电视内容,传播者将数字视频信号通过卫星、有线或普通屋顶天线从广播机构发送给家庭,在家庭用机顶盒将接收的视频信号解码。而后观众可以利用标准的电话或电缆线路与广播电视机构建立双向连接,这种连接为各种各样的附加活动创造必要的条件,附加活动包括获得专为演示制作的增强的内容,关于广告产品和服务的详情,购物、游戏、视频点播以及标准的 Web 冲浪和 E-mail 等。这样一来,受众接收主动性也在增强。他们不再是被动的节目消费者,而成为能够从完全自由的、个性化的消费中获益的主体。人们关心的已不再是怎么收看到尽可能多的节目,而是从大量的节目中选择他们喜爱的一种。

截至2001年底,全世界已经有3800万个家庭接收数字交互电视业务,特别是在欧洲,交互电视取得了显著的进展。目前交互电视观众中,西欧占62%,北美占18%,亚太地区占10%,拉美占1%;74%的观众使用卫星的业务,21%的观众使用有线业务,5%的观众使用地面业务。[①]

在我国,2001年8月8日,河北电视台(五套)视频点播频道正式试播,当时有报纸称它为"中国第一家观众自己做主的电视频道"。河北电视台视频点播是根据我国光点系统光纤干线与同轴单线网并存的现状,以数字压缩为传输手段、以数字机顶盒为用户终端,以银行储蓄卡为收费方式,在占用的三个模拟频道上播出节目和其他数据信息。该频道设置了"影视剧场"、"股票在线"、"新闻点击"等11套节目,实现了24小时滚动播出。除了点播之外,如果观众发现还有更好的节目,可以事先预约电视节目。

[①] 宋玉文,《交互电视的现状及发展趋势》,《广播电视信息》2002年第6期。

第六章　广播电视的栏目化和板块化

从"杂货铺"到"专卖店",形象地说明广播电视节目构成的发展历程。栏目化是当今广播电视节目组织形式的主流形态。由"百货"的大而全、小而全,到如今"专卖"的专栏型、品牌型,是广播电视进入成熟期的显著标志。20世纪80年代初期,电视节目栏目化进入了大发展时期。日本广播协会(NHK)电视台开办了60多个栏目。原苏联中央电视台开办了新闻、科教、少儿、文艺、体育等七大类近百个栏目。美国的全国广播公司(NBC)、哥伦比亚广播公司(CBS)、美国广播公司(ABC)三大广播电视网的专栏节目更是进入了鼎盛时期,创办了许多令人终生难忘的电视专栏节目,出现了一批出色的电视明星。在我国,最早各省、市电视台除播出新闻和少量社教、文艺类节目外,就是大块的电影片和电视剧,即便是有少量的电视栏目,也不是真正意义上的电视节目栏目,更不能形成整体节目的栏目化。1983年,中央电视台开办《为您服务》栏目,由沈力担任固定主持人,获得良好效果后,电视专栏节目才开始以它特有的魅力走进了千家万户,受到了亿万观众的喜爱,在社会上产生了广泛而深远的影响。"仅中央电视台就有将近300个栏目,节目形态已相当复杂,同时每个地方台也有几十个栏目,全国加起来不少于1000个栏目"①。庞大的栏目阵容已经形成,在实行栏目制片人制的电视台,基本上栏目就是机构。栏目在,人在;栏目撤,人散。栏目的灵活机动、能上能下适应了市场竞争,共同描绘出跌宕起伏的竞争画卷。

第一节 广播电视节目栏目化

栏目是从报纸杂志的编辑艺术中借用过来的专有名词,在电视中栏目就是指风格、形式具有一贯性,内容、题材统一,有着相对固定主持人,定时、定量、定期播出的电视节目。这样看来,电视栏目对于我们就并不陌生了,《新闻联播》、《焦点访谈》、《正大综艺》甚至《天气预报》这些都是电视栏目。因此,这样看来,虽然节目和栏目都是视听作品,但电视节目要宏观一些,而电视栏目在电视节目之下,更微观一些。这些被装进栏目的电视节目,每期的呈现形式都差不多,所不同的是节目的内容在更新。电视节目栏目化大大减轻了编排工作的劳动强度,使节目部门的工作有章可循,也方便了观众收看。

所谓电视节目"栏目化"就是以星期为单位,把电视台的时间按计划分割给各个节目,而这些节目就按既定的播出时间和长度,有规律地播出。栏目化,意味着内容、时间、长度相当的固定。《中国应用电视》中指出电视节目实现栏目化,实际上是通过各种栏目的编排及每个栏目的节目构成、顺序安排,来组织观众收视。观众与电视广播机构的交流,也因为有了"专栏"作为具体的对象而更加方便直接②。因此,栏目化使得电视台可以更生动、自觉地吸收观众深度介入到电视节目的制

---

① 罗明,《电视有学、研以致用》,选自《电视研究》1998年第1期,p.14。
② 魏劲松,《电视节目栏目化的改进取向》,选自《新闻前哨》2006年第6期,p.57。

作、演播过程中来。电视栏目化也使得节目系列化，播出连续化、周期化。

一 栏目化的特点和好处

1. 便于成立相对固定的采编集体筹划栏目的录制，可以按一定的方针与构思，确定栏目的性质功能、选题范围、服务对象、节目的名称和长度、栏目的包装及表达方式方法，有计划有步骤地策划、收集资料，精心摄录、编辑、修改，确保栏目质量，塑造栏目形象，以自身的特色立足于节目之林①。比如：中央电视台的新闻类栏目《焦点访谈》、《新闻调查》，综艺类栏目《非常6+1》等一些名牌栏目，通过栏目组工作人员的共同耕耘，集中目标充分发挥聪明才智，经过摸索积累，使这些栏目力压群芳，深入人心。

2. 便于设置节目主持人。选择在学识、修养、风度、性格上与栏目相适应的节目主持人，使他们充分施展自己的才能技艺，成为某一栏目的代表。比如：提起王小丫我们就会想到《开心辞典》，提起张悦我们就会想起《半边天》。主持人的可信度与魅力可以起到"人保戏"的作用。而配合默契的采编播集体群策群力、集思广益，也有助于主持人走向成熟。

3. 便于观众选择收看节目，便于与观众保持经常而密切的联系。电视栏目化，就是要做到电视节目定时间、定内容、定栏目，按时播出。利用固定的栏目，来稳定固定的观众层。准时开播的专栏节目，犹如整点发出的列车，可以引来众多的旅客搭乘。专栏的设置，有利于喜欢这个节目的观众按时开机，注意地、认真地收视；不愿接收的观众，也可以心中有数，暂时回避，到自己喜欢的栏目播放时再收看。栏目的定期播出使观众收视行为有章可循。各个栏目同观众容易建立对口的互馈关

---

① 王劲松，《以电视栏目化提高节目质量》，选自《记者摇篮》2008年第10期，p.45。

系。与此同时，还可直接、间接地吸引观众参与节目，比如播出并回答观众的信件、电话，观众可以通过短信参与节目，或登陆网站反馈意见或提出建议，邀请观众一起办节目。比如：中央电视台的《梦想中国》和湖南卫视的《超级女声》都是观众参与短信投票决定选手去留。这些互动，既扩大了栏目的影响，又密切了同观众的联系。

4. 便于与社会有关机构、团体合作，在信息来源、专业知识、人力、资料乃至经费等方面得到指导与支持，也可同这些协作单位共同举办社会活动，聘请各界人士当顾问。总之，广泛吸引社会力量长期投入，使得各个栏目获得"源头活水"，常办常新。比如中央电视台的《今日说法》，在每期节目中都要邀请法学专家、教授来分析案例，讲解有关法律知识；湖南卫视的《超级女声》就是与蒙牛乳业有限公司和天娱公司联办，首届季军得主张含韵还成为蒙牛乳业的形象代言人。

5. 便于现代电视机构之间的节目网交换。按定时间、定内容、定栏目的栏目化来制作节目、播放节目，这样方便于运用微波转播台、通信卫星进行交叉联网广播。比如：全国各地电视台在编排节目单时，每天的 19：00—19：30 这个时间段都设定为转播中央电视台的《新闻联播》。这样，全国范围联网、交换播放，就十分方便了，不会因为播放时间的不确定，或节目长度不一致，在转播时出现切掉头或尾的混乱现象，从而达到"安全播出"。

二 栏目化的负面影响

随着电视观众审美情趣的提高，栏目化也带来不少负面影响：

1. 节目工作人员的创新意识削弱。一个固定的栏目做久了难免就会有"电视八股"的感觉：起承转合都有了套路，编排播出也是期期相同，久而久之就没了新意，没了新看点，没了新感觉。比如央视的《开心辞典》起初很招人喜欢，许多家庭都是每期必看。可是时间长了，观众发现每期的节目主题、手法甚至主持人提问的眼神、手势、语气都十分雷同,形式老套,观众看多了肯定会厌烦。早期《开心辞典》、《幸运52》两档节目是有相当声势的,王小丫和李咏也是央视的当家主持,可是他们主持风格的一成不变加上节目形式的老套陈旧,导致两个品牌栏目的没落。要知道电视机前永远坐着喜新厌旧的观众,他们希望看到有灵气的充满创意的电视节目,而不是老套的克隆版。栏目化使创制者因循守旧,故步自封,日渐僵化。没有创新就没有活力,电视媒体只有求新求变才能满足观众不断变化的需求,栏目的生存与发展更是如此。

2. 内部协调难度大,影响快速反应能力。我们经常会看到这种现象:同一个电视台里,依据形态设立的各栏目之间常常会因题材冲突而互相封闭信息资源,而一旦同时看上了同一个新闻人物或事件,一个部门的各栏目之间又会有两拨、三拨甚至更多的记者前去采访。这是既浪费了人力物力,耽误了观众审美,又荒废了宝贵的播出时间。栏目化提供了舞台也限制了自由。各栏目通常都站在自己的栏目立场考虑问题,其关心的播出时段好坏是栏目的,收视率是栏目的,收入支出是栏目的,人员的奖金福利也是栏目的……"栏目本位主义"的泛滥必然导致在突发事件发生时,频道内部资源协调难度的加大,从而难以形成有效快速的反应机制。

要克服栏目化的弊端,不能简单地取消它,只能适应它。因为栏目化是一种规范,是一种运作规则,是对日复一日的电视播出的一种基本保障,是电视播出的"有序化",是对电视观众的一种尊重。栏目创新是观众对电视节目的基本要求,也是电视圈生存的基本法则。不论是栏目还是频道,都要不断关注受众的心理变化,研究节目形态的变化并及时做出调整,保持节目的开放性,不断完善自我、超越自我,从而保持自身的品牌优势。在必要的时候,栏目也是可以打破常规的。像《东方时空》,曾经数度推出过特别节目,以纪念该栏目1000天、五周年之类。《东方时空》还出过一次访问廖静文回忆徐悲鸿的特别节目,40分钟只播出一个主题,其格式与《东方时空》的常规格式绝不相同。

三 以《东方时空》为代表的中国电视栏目化道路

在中国电视发展史上,《东方时空》的创办有着重要意义。它成功借鉴了国外许多宝贵的经验,在电视栏目的生产理念、传播理念、标准理念、风格化理念及后开发理念等方面作了积极的探索。

1. 从生产理念来看。《东方时空》作为日播版栏目,为满足大量的节目播出需求,从单一节目的选题、拍摄、制作理念逐渐摸出了连续性、系列化、批量推出的选题策划、拍摄制作的路子。在节目选题方面有主题、成系列地推出,在特定的时间、季节里有主题、成系列地播出,成为他们选题、拍摄、制作的突出特征。为提高生产效率,又逐渐形成了从前期的策划、选题,中期的采访、拍摄,后期的剪辑、制作流水线作业的工作方式,每个工种、环节各司其职、分工细化,这使得他们的节目生产能力、水平大大提高,保证了日版栏目顺利播出的需要。

2. 从传播理念来看。以往节目偏重于单向传播,《东方时空》则努力向互动传播迈进。将节目的大众传播与人际传播有机结合,高度重视出境记者和主持人的作用。这是保证互动、双向及人际传播的重要措施。其中,尤其是主持人以富于人格化魅力的个性形象凸显,《东方时空》栏目形象更具有个性魅力。

3. 从标准理念来看。一方面赋予《东方时空》特色的标识、标志的完整统一,如音乐、栏目的主题词、栏目的视觉符号和各个栏目串联衔接的完整统一;另一方面,在制作环节上也呈现比较高的职业化特征,如演播室设计、拍摄的角度、剪接的方式和采访的方式等,都有统一的标准要求,这一系列统一的标准要求使《东方时空》栏目形象更为清晰和明确。

4. 从风格化理念来看。追求电视栏目的独特个性是《东方时空》

始终如一的追求，从栏目的外观到内涵，《东方时空》都努力追求与众不同的个性。尤其是主持人的主持风格和栏目内各个节目的叙事风格。

5. 从后开发理念来看。体现出鲜明的现代性和时代感。《东方时空》充分利用其他媒体的平台如报纸、广播、杂志等媒体，来宣传推广自己的栏目内容、塑造栏目形象，同时注重各种相关活动的组织、策划，组织有意义的社会性活动，尤其是对其节目的产品开发，如录像带、录音带、VCD、图书、画册等，多层次开发《东方时空》后续相关产品，以扩展栏目的影响力。

《东方时空》在取得成功的同时，也培养出了一大批名记者、名主持，取得了经济效益和社会效益的双丰收。到20世纪90年代中期，中国电视的传播在整体上进入了"栏目化"阶段。电视栏目化，实际上就是电视节目的规范化。

第二节 节目板块化设置

近年来，广播电视节目的栏目化、板块化已成为一种趋势，新闻、文化、教育、文艺、娱乐、服务等各类型节目竞相以板块式结构来重新进行节目定位。大板块、杂志型节目成为当今广播电视节目的主流，尤其在广播方面，大多数电台以板块式节目作为电台节目的主体结构。

"板块"是借用地质学中的一个概念，在广播电视学中用于对集合式广播电视节目的一种形象称呼。板块式广播电视节目是指具有基本固定播出时段及周期，节目内容融新闻、信息、服务、文化娱乐等多种节目类型为一体，多采用主持人串联形式播出的大时段节目，亦称"杂志型节目"。大板块节目的兴起，改变了原来的单一的节目构造，扩大了受众的信息接受面,在有限时间内满足多层次受众的需求,使广播电视节目呈开放性,具有比较显著的试听效果。

一 节目板块化的特点

相对于传统的节目编排模式,板块式节目的结构方式具有如下一些特点:

1. 板块式节目编排集中,时间长度基本固定;
  传统节目编排结构分散,时间长度随意性较大

在广播节目构成上,板块式结构将全天的播出时间划分为若干单元,每一单元中再由基本固定的集约式小栏目构成板块节目。板块式节目的长度一般从半小时至 2 小时不等,也有的更长,但节目长度多以整点或半点为单位。而传统式的节目编排,除少量文艺节目、教学节目较长,大量的是从 5 分钟到 20 分钟不等的小型节目,并且节目长度较随意。如中央人民广播电台 1988 年的第一套节目全天播音 21 小时 30 分钟,共划分为 74 个节目,单个节目平均长度为 17.5 分钟左右[①]。1998 年的上海东方广播电台中波 792 千赫全天播音 24 小时,却只划分成 15 个左右大板块节目,节目跨度较长,如早晨 6∶00—9∶00 的《东广早新闻》,这个长达三小时的板块包括《东广快讯》、《新闻追踪》、《报刊导读》、《东方传呼》、《792 为您解忧》、《公共服务信息》、《东广体育特快》、《东广金融专递》等子栏目;9∶00——12∶00 的经济板块《上海潮》,设有《热线急诊室》、《消费指南》、《生财有道》、《市场哈哈镜》等小栏目;其中最长的午夜谈话节目《相伴到黎明》甚至长达 6 小时,从 0∶00 到 6∶00。[②]

---

① 根据 1988 年 7 月 4 日中央人民广播电台第一套节目时间表。
② 根据 1998 年 7 月上海东方广播电台 792 千赫节目时间表。

2. 板块式节目子栏目内容相互关联；而传统结构中节目内容基本相互独立，缺少联系

板块式节目中，若干子栏目以一定的内在联系为纽带组合起来，使整个板块式节目形成有机的整体风格。中央电视台的《东方时空》节目在开播之初设有《东方之子》、《生活空间》、《焦点时刻》、《音乐电视》等子栏目，由于《音乐电视》的风格与其余子栏目的纪实性风格不协调，致使《音乐电视》实际游离于《东方时空》节目主线之外。因此在节目改版时，《音乐电视》即被撤除出《东方时空》节目，使整个节目风格趋于统一、和谐。而传统的节目编排方式只是将节目依线性次序编排，不强调节目与节目之间的内在联系。

3. 板块式节目内容具有多元性、多向性的特点；而传统结构的节目内容界定明确，指向单一

板块式节目兼具新闻、信息、服务、文娱等各类节目特性，汇集多方面的内容（往往是在一个大主题之下的多个不同侧面）于一身；而传统编排的节目，内容界定明确，在新闻节目中不能播文艺，文艺节目中不能播信息等，即使在同一大类节目中，歌曲节目不播戏剧，经济信息中也不播社会新闻等，节目内容指向比较单一。

二 板块式节目内容的组合模式

板块式节目并非是若干不同类别的节目的简单总和，而是对节目内容与节目时段的优化组合，节目内容是一个有机的整体，是依照一定的内在联系与规律编排组合起来的。依其编排标准的不同，板块式节目一般分为三种不同的节目模式：

1. 内容集约模式

指将多数受众在某一时段希望获得的信息和普遍有兴趣的内容集

中统一编排的板块式节目编排模式。

一般在清晨节目中,广播电视大多依照受众的普遍需求,将早新闻、交通、气象、市场等各方面的信息汇集在一个节目板块中,让受众根据这些必要的信息作出相应的日程安排。如《东广早新闻》就是典型的内容集约模式的板块式节目。

在这类的板块式节目编排模式中,大多数受众需求的集中指向制约、决定了节目的内容安排。根据受众一般的生活习惯,对广播电视的需求具有相对比较集中稳定的指向,因此,内容集约模式节目往往将受众这种相对集中的需求指向作为其内容间相互关联的基础。

2. 对象集约模式

指按照节目的目标受众群的特殊需要来集中编排节目内容的模式。

此种编排模式节目的目标受众一般比较明确,如专为老年人、青年人等开设的板块式节目,甚至更加精确地将节目的基本受众定位为"中年以下、事业有成、有高等文化修养的白领阶层"等。这类节目是针对特定明确的受众群,将各方面的需求集中起来,节目内容可以包括新闻、信息、文化、娱乐、服务等几个方面。

如上海东方广播电台的《三至五流行世界》节目,以广大少年、青年为基本目标受众,节目内容涵盖了这一层次听众喜欢的流行音乐、生活常识、文艺动态、有奖竞猜、热线点播等子栏目,在青年人中有较广泛的稳定听众群;再如中央电视台的《半边天》(星期日版)节目,其子栏目包括了《时间航班》、《人生百味》、《谁来做客》、《海外来风》等,将原先散杂的有关女性题材的栏目汇集在同一个杂志性的版块节目之中,产生了集合效应。

综上,对象集约模式的版块节目的目标受众具有较明确的指向性,其节目内容是为满足特定的受众多层次、多侧面的广泛需要。

3. 混合模式

一般以时段为标志,以多方面的内容来满足多方面的受众的需求,是介于内容集约模式和对象集约模式之间的一种节目编排的结构模式。

混合模式板块式节目的受众群比较广泛,很少有特殊规定性;同时由于受众群的广泛势必引起其收听(收视)需求的广泛性,就决定了这类节目的内容比较宽泛,既可以集新闻、教育、文娱、服务于一体,也可以选择其中的二、三类来编排。这类节目一般在非黄金时段里播出,如工作日的白天时段等,往往无明确的受众群体,缺少明确的需求倾向,可以按混合编排方式来编节目内容;或者双休日时段,由于受众面较广,需求层次也丰富,因此按混合模式的板块节目正是以兼顾大众的口味为目的。如浙江卫视的双休日板块,即为典型的混合模式板块节目,其内容包括了新闻、文艺、影视、卡通、游戏等不同类型、不同层次的节目来适应不同类型、不同层次的受众需求。

板块节目编排模式的划分是相对的,因为节目的内容编排随着播出过程不断得到修正,而且不同时期的同一节目的编排风格也会有所差别,因此三种板块节目模式的划分只是指出了节目通常的编排倾向,而非一成不变的。尤其是混合模式的板块节目,由于缺乏明确的指向,往往容易转向内容集约模式或对象集约模式。

三 广播电视节目的编排方式

对一个电台或电视台而言,除在单个节目上争取受众之外,不同的节目组合也会影响到广播电视节目系统效应的发挥。优化的广播电视节目编排结构意味该节目体系能提升传播效果,最大限度地稳定现有受众和争取潜在的受众群。目前我国广播电视的节目编排大体有传统个体式节目编排、传统及板块混合式编排、亚板块式节目编排及大板块式组合等四种结构方式。

1. 传统个体式节目编排

这是广播电视节目编排的传统方式,即多个节目以简单线性顺序排列,而节目个体之间缺乏内在联系和联结标志。这种编排方式具有简单易操作、个体节目内容清晰、制作独立等优点,但由于编排缺乏内在联系,比较容易使受众在节目间产生关机意识,使节目系统整体效应难以发挥,同时不利于受众对节目的方便选择。这种传统个体节目的组合方式目前应用面较窄。

2. 传统及板块混合式编排

即基本保持传统个体式节目编排的方式,同时划出部分时段用以开办板块节目。这种组合方式保留了传统节目编排结构中节目宗旨明确等长处,又发挥了板块节目的综合优势。这种编排方式更适合电视节目制作费用高、时间长短不一的特点。目前我国大部分的电视台,除少数周末节目或专业频道之外,多采用此种编排方式;在广播方面仍有一些电台保留了这一种传统及板块结合的编排方式,如中央人民广播电台(第一套节目)是这类编排方式的代表。

3. 亚板块式节目编排

即把播出时间划分为若干比较小的时间单位,再设置针对不同受众及不同内容的节目,节目时间跨度较小,一般不超过1小时。这种节目组合方式既能较充分地顾及到受众面,节目内容也容易编排,是当前广播电台中使用最多的节目编排形式;在电视方面,在专业频道中有较多的使用,如上海有线电视台下属体育频道、音乐频道、信息频道、戏剧频道等基本以此种方式编排节目。

4. 大板块节目编排方式

是将广播电视播出时间按受众的收听(收视)习惯划分为若干个大的时间段。根据不同受众在不同时段的接收习惯、接收兴趣，在不同的时段安排不同的板块式节目。这些节目时间跨度较大，内容丰富，一般由主持人直播串联而成。这种大板块节目编排方式，多用于广播专业电台(频率)，如上海东方广播电台 792 千赫，全天播音 24 小时，划为 15 个左右板块节目①，其中《相伴到黎明》节目甚至长达 6 小时，多数节目由主持人直播主持；除少量周末电视板块外，这种编排方式较少运用于电视节目编排。同时，有些电台、电视台将一天的播出时间划分为上午、下午和晚上等时段，并冠以名称，但若其中内容各自分散，并无真正统帅串联节目内容的主线，则并不是真正的大板块节目。

以上节目编排组合方式各有短长，应根据实际情况决定具体采用哪一种方式。确定节目编排方式的基本原则应为：

一，提高黄金时段的收听(收视)率与开发非黄金时段收听(收视)率相结合的原则。板块式节目编排方式可改变在非黄金时间安排节目重播的传统作法，而针对不同类型受众群体的不同需求设置板块节目，既可以开发广播电视非黄金时段的传播效果，也增加了广播电视传播的整体效益。

二，满足普遍受众需求与满足特定受众需求相结合的原则。节目编排不论组合方式如何，其最高宗旨应是尽可能满足最广泛的受众需求，所以在节目编排上必须考虑兼顾到各个层面的受众需要。因此内容集约模式、对象集约模式和混合集约模式的板块节目相互穿插就显得十分重要。

三，节目播出合分结合、适度重播的原则。广播电视节目稍纵即

---

① 根据1998年7月上海东方广播电台792千赫节目时间表。

逝,重要节目有必要安排适度重播,但板块节目一般时间跨度长、内容多样,重播板块式节目的全部内容是不必要的,也是不现实的。因此按合分的原则来安排重播,即将一定需要重播的内容单独在其他板块里重播,大板块里合,小版块里分;板块节目里合,传统编排节目中分。由于信息变更的加快,需要完整重播的节目一般仅限于文艺、戏曲、科教、体育赛事等内容,而新闻、信息类节目则通过滚动播出,不断更新及时新闻内容,发挥出广播电视新闻媒介的时效性强的优势。

四 广播电视板块式节目的传播优势

板块式、杂志型节目编排方式较之传统的广播电视节目模式,有更大的传播优势。

1. 板块式节目具有连贯性强的特点

传统编排方式下的节目个体之间是相互割裂的,缺乏有机的内在联系;而板块式节目则是关联性编排,在某一时段内,节目内容与内容之间有一定的联系,以主持人串联过渡,起到节目内容之间承先启后的作用。这种节目编排方式较符合受众的收听(收看)习惯,易于吸引受众的连续注意力。

2. 板块式节目具有比较明确的选择性

传统的广播电视节目呈散点式分布,受众寻找其需要的节目的费力程度往往会妨碍他的收听(收看)兴趣;而板块节目按受众的接受习惯来编排,受众可在较短的时间内集中接收到其需要的节目,选择性比较明确。

3. 受众的接收兴趣集中,有助于收听(收视)率的提高

板块节目编排的特点是集中满足目标受众的需求,受众可以通过

其有兴趣的板块节目集中满足多层次的需求,因此板块节目较传统式节目更易形成稳固的受众群体,形成较高的收听(收视)率。

五　我国广播电视节目的板块化

1986年12月5日,广东珠江经济广播电台的开播,率先推出以主持人直播串联的大板块节目,以灵活、迅捷、生动的传播形式给长期接受一种传统广播风格的听众以新的感受,这种新颖的节目编排方式很快为广大听众所接受。在珠江台之后,楚天经济台、长江经济台以及在全国广播改革中有较大影响力的上海东方广播电台,均主要采用主持人直播板块式节目的编排方式。这样的编排以板块节目为骨架,在固定播出时段,以主持人直播串联的形式,将新闻、文艺、信息、广告、娱乐等子栏目组合播出。

在广播节目板块化、杂志化的过程中,除地方台、专业台(频率)迅速跟进之外,以严谨、权威、正统著称的中央人民广播电台也做了相应的节目调整,在维持传统传播模式特点的基础上,也吸收了板块式节目的一些长处。中央人民广播电台在1987年、1988年以及1992年先后进行了三次大幅度的节目调整,着重加强新闻节目的播出力度和频率,同时根据实际收听情况,设置一些板块式节目,以提高有关时段的收听率。例如,较有代表性的《午间半小时》节目,是一套融新闻性、知识性、服务性于一体的新闻板块式节目,设置主持人串联播出。节目播出之后,很快以其大信息量和错落有致的节目编排赢得了听众的认同,纷纷来信称赞《午间半小时》"节目新颖、别致,融新闻性、知识性、服务性于一体,令人耳目一新",使人"在亲切、舒展的交谈中受益","以崭新的风姿赢得了听众"[①]。

在栏目化、板块化的过程中,我国广播节目逐渐形成了三种有代表

---

① 引自《中国广播电视年鉴》(1988年),北京广播学院出版社1989年版。

性的广播节目模式。

1. 中央台模式

以中央人民广播电台为代表,节目以录播为主,审查严格,制作精良,强调思想和艺术的统一,同时穿插一些直播版块节目。这种广播节目模式具有权威性高、分类清晰、制作严谨等优势;但同时也存在着风格单一、单向传播、缺少必要的反馈等短处。

2. 珠江经济台模式

以1986年珠江台推出的主持人中心制和直播大板块节目为代表,节目以直播为主,强调双向交流,具有风格生活化、节目容量大、操作手法灵活等长处;同时也存在着节目分类不明确、粗放制作、内容随意性大等短处。

3. 东广模式

1992年10月28日,上海东方广播电台的开播,使广播节目的板块化达到了一个新的高度。东方广播电台的节目设置是较完整意义上的板块式节目,采用主持人直播串联,基本实现24小时全天候直播。东方台792千赫节目全部采用板块式节目的模式,开播之初,全天的广播时间划分为11个板块节目,每天早晨6点到9点的新闻板块《东方新闻》,9点到12点的经济板块《上海潮》,中午的青春板块《相会在午间》,下午的戏曲板块《听戏坛》及交通信息板块《与你同行》,黄昏的生活板块《阳光列车》,谈话板块《今日新话题》,深夜及通宵板块《夜鹰热线》、《相伴到黎明》等,并在正点插播"东方快讯"[①]。据2002年3月的节目表,东广792千赫的主要节目在原有的节目基础上,增加了下午的

---

① 根据1992年11月上海东方广播电台792千赫节目时间表。

法律知识板块《东方大律师》、老年人板块《长春树》和旅游咨询板块《旅游金线》等。星期六的《逍遥星期六》、《792网络星空》、《周日作文》、《滑稽相声》、《流行商情》、《新世纪对话》等,更是突出了双休日的家庭休闲特点①。这样的节目设置体现出板块式节目的特点,同时也强调节目出精品,既一改传统广播节目训话式的广播腔,同时又较好地避免了直播节目易流于粗糙、失控的倾向。

广播节目的板块化应该以"新观念、新内容、新形势、新技术"构筑节目体系的思路:(1)以节目主持人魅力体现节目;(2)实行制作人制,下放"人事聘用、经费使用、节目操作"三权;(3)注重新闻类节目,构建以大容量信息为主要内核的节目体系;(4)宽窄结合的梯形节目层次:白天节目大众化,定位宽泛;而晚间节目受众针对性强,定位精准;(5)强调精品意识,推行"直播节目录播化,录播节目直播化"的制作方式;(6)加强对热线电话的控制,做到"事先有设计,播前有准备,对象有选择,交流有导向";(7)倡导雅俗共赏、深入浅出的节目形式;(8)多种广播手段和艺术手法综合使用等。

电视节目因其传播效果直接、牵涉面更广、影响层面更深、技术更复杂等原因,节目编排的改革相对比较缓和,但在电视节目的杂志化、板块化等方面,从中央到地方各级电视台仍做出了有益的尝试,从新闻、社交到文娱等各类节目竞相以板块形式重新定位,以取得更好的传播效果。

1993年5月1日,中央电视台《东方时空》的开播是电视节目板块化进程中的重要事件,《东方时空》作为一个融新闻深度、背景、人物报道为一体的新闻类板块,与《早间新闻》一起组成了早晨新闻节目板块。中央台《东方时空》的成功,带动了其后一系列的节目改革,1994年4月1日,中央台《焦点访谈》开播,与《新闻联播》一起构成晚间黄金时间

---

① 资料来源 http://www.ers.sh.cn。

的新闻版块;1995年4月午间档《新闻30分》开播;1996年10点档《晚间新闻》改版,推出以《中国报道》、《世界报道》和《体育新闻》组成的晚间新闻板块。除新闻类节目的板块改革外,中央电视台也在其他类型节目的形式及内容上大胆改革,实行黄金时间节目招标,推出了一系列全新的板块式节目,如《文化视点》、《新闻调查》、《万家灯火》、《社会经纬》、《音乐电视城》、《戏曲大舞台》、《旋转舞台》等。2001年,在全国电视频道专业化浪潮中,中央电视台进一步在频道细分的基础上进行新的改版,如《东方时空》以新的板块结构"早新闻"、"传媒链接"、"直通现场"和周末版的"百年人物"、"纪事"、"世界"、"直播中国"亮相,尽管播出后褒贬不一,但新的板块整合所昭示的现代电视专业化改革的意义,是不言自明的。

六　板块式、杂志型广播电视节目的前景展望

在广播电视节目的板块化、杂志化的趋势中,今后几年我国广播电视节目在类型的分布上会出现以下的趋向。

1. 新闻、信息类节目的比例将继续逐步增大

新闻类节目播出时间占总播出时间的百分比在很大程度上标志着一个国家(地区)传播业的发展水平,人们衡量一个电台、电视台的水准,首先是比较它的新闻采编能力。以新闻点事为例,目前大多数发达国家(地区)的综合频道中新闻类节目约占播出总时数的40%以上;而广播中的新闻类节目的比例则更高。此外还有专业新闻频道(频率),全天候播放即时新闻,如美国有线电视新闻网(CNN),我国台湾地区的"中国广播公司"新闻广播网。

2. 服务类节目比例应继续稳定增长

服务类节目是广播电视节目直接服务于受众的一种重要方法,具

有和受众直接关联的密切性,因而有很大的发展潜力。服务类节目的类型可分为:

(1) 信息服务:包括提供天气、交通路况、市政、购物广告、旅游、生活常识及节目预告等信息;

(2) 经济服务:主要为企业及从事经贸、金融、财政等工作的受众群服务;

(3) 特殊服务:是针对社会上特殊群体或弱势群体(如残障者、老年人、妇女、儿童、心理偏差者等)服务的节目,帮助特定受众群体克服生活困难、舒缓心理压力等。如上海东方电视台1995年12月29日开播的电视手语节目《迎着阳光》,设有《星光灿烂》、《大地情怀》、《希望风帆》等子栏目,专为残疾人服务。

(4) 其他服务类节目:包括反馈受众来信、来电、沟通有关部门等。

3. 教育类节目保持稳定的发展

在我国,尤其是许多不发达地区,广播电视的遥距教育节目具有非常重要的现实意义,一些地区教育台(频率)的广播电视大学、外语、电脑、财经等教育节目广泛受到受众的欢迎,因此教学类节目在今后较长一段时间内仍应保持稳定比例。

4. 文娱、体育类节目的专业频率频道会继续发展,
而综合频率频道中的文娱节目稳中有降

文娱类节目包括影视、戏剧、音乐、游戏、体育等,由于人们获得娱乐的渠道越来越宽阔,在综合频道中的文娱类节目的比例出现稳中有降的势头,但其绝对播出时间因大量涌现的文体专业频道(频率)而继续大量增加。

文体节目的专业频道在海外已相当普遍,如美国 TNT(Turner Network Television)卡通网、ESPN 体育网、香港卫视体育台(Star

Sports)、凤凰卫视电影台(Phoenix Star Movie)、卫视音乐频道(Channel [V])等专业频道,还有中国台湾地区的"中国广播公司"流行广播网、香港新城电台音乐台等广播频率。

国内文体专业频道频率虽然起步较晚,但近几年已有很大发展,如中央电视影视频道、体育频道、上海东方电视台的戏剧频道、文艺频道、音乐频道等。

总之,广播电视不同类型节目间比例关系的调整,最终将实现自身节目系统的优化,从而能更好地、更全面地满足广大人民日益增长的精神、文化、信息等需求发挥出广播电视应有的作用。

第七章　广播电视节目的分类与制作

节目是广播电视传播的基本单位,根据《中外广播电视百科全书》中的定义,指电台、电视台各种播出内容的最终组织形式和播出形式,也可以指电台、电视台和其他广播电视节目制作单位供播出或交流的具有完整内容的广播电视作品。广播电视节目是广播电视机构播出内容最基本的组织形式、播出形式和构成单位。从实践层面看,一个节目,无论是广播还是电视,大体上应该是一个包含节目名称、内容的完整的播出单位。

第一节　广播电视节目的分类

一、广播电视节目内容繁多,而且根据不同分类标准,同一个节目有可能有多个归类方法,因此根据节目的内容、形式、风格等方面的不同,可以划分出不同的节目类型。

以节目内容和社会功能来分,广播电视节目可以分为新闻节目、教育节目、文艺节目、服务节目等,这是最常见的划分方式,是与广播电视节目的社会功能相对应的;

以目标受众的特征(性别、职业、年龄等)来分,广播电视节目可以分为妇女节目、工人节目、农民节目、少儿节目、老年节目等。比如中央电视台的《半边天》、北京广播台的《星空下的女人》、旅游卫视的《美丽俏佳人》等都是典型的以性别作为划分标准的节目;中央电视台的《当代工人》、《人民子弟兵》、湖南卫视的《乡村发现》等是以职业为划分标准的节目;中央电视台的《大风车》、《夕阳红》则是明显以年龄为划分标准的节目;

以节目的播出时间来分,广播电视节目可以分为早间节目、午间节目、晚间节目等。比如凤凰卫视的《凤凰早班车》、中央电视台的《新闻30分》、东方卫视的《东方夜谭》等;

以节目的播出形式来分,广播电视节目可以分为现场直播式节目、实况录像式节目、直播与录像结合式节目等。比如对香港回归72小时不间断的直播,而一般时效性不是很强的则采用录播或者录播与直播相结合的方式;

以节目的题材来分,广播电视节目可以分为政治题材节目、经济题材节目、文化题材节目、军事题材节目、科技题材节目、体育题材节目等;

以节目的结构形式来分,广播电视节目可以分为一般式节目、杂志式节目、综合式节目、专题式节目等。杂志式节目比如中央电视台的《东方时空》,综合式节目如《春节联欢晚会》,专题式节目则是对突发重大事件比如凤凰卫视对911事件的报道;

以节目的内容来源来分,广播电视节目可以分为自办节目、联办节目、交换节目、转换节目、联播节目等。

二、下面我们以广播电视节目的内容为主要标准,同时兼顾节目的形式和功能以及目前国内外对广播电视分类的普遍认知,将广播电视节目主要分为以下几类:

1. 新闻类节目

新闻节目在广播电视节目系统中一直占有重要地位,是广播电视节目系统的基础性节目。1920年世界上第一家广播电台——美国KDKA电台就是以广播报道总统选举结果而宣告正式开播的,可以说,新闻节目是伴随着广播电视的产生而产生的。

纵观媒介竞争的历史,新闻节目的竞争也是媒介竞争的重要方面。近年来,"新闻立台"的观点被越来越多的传媒人所接受,媒体纷纷把大量的人力、财力、物力投入到各种新闻栏目、新闻频道中去,加大对新闻栏目、新闻频道的打造力度。作为首个全球电视新闻频道,美国有线电视新闻网CNN的成功靠的就是极富竞争力的新闻节目。如今,CNN通过全球卫星电视系统覆盖了世界212个国家,日观众人数达到5亿,实现了大众传播学者麦克卢汉的"地球村"的设想。不甘落后的英国BBC也开办了24小时电视新闻频道,其电视新闻报道宗旨成功地继承了BBC的公证性、客观性,成为能与CNN一决雌雄的全球电视新闻媒体。其他如美国的有线电视新闻频道MSNBC、第四大电视联播网FOX旗下的FOX NEWS、被誉为"中东的CNN"的卡塔尔半岛电视台、凤凰卫视资讯台等电视新闻频道,也先后在近十年间相继建立,这些电视新闻频道制作的电视新闻节目有力地证明了电视的速报性、同时性的媒体特性,其电视新闻节目中不断渗透出崭新的电视新闻制作理念,深深地影响着世界各国的电视新闻节目发展。

2003年5月1日清晨6点整,中央电视台新闻频道开始试播,7月1日正式播出,它以整点新闻、现场直播、字幕新闻、新闻评论等多种形式向观众源源不断地传递国内外新闻,每天24小时不间断播出。央视新闻频道从制作理念到制作手段都展现出了向国际靠拢的决心,内容上注重对新闻价值的判断,可以随时插播突发重要新闻,形态上注重现场性和画面感,把大量的新闻资讯及时传达给受众。可以说,中央电视台新闻频道的开播对于中国内地新闻界来说,具有里程碑的意义,它使新闻报道的重要性提高到了前所未有的高度。

综合来看,现代广播电视新闻制作理念主要包括以下几部分:

第一,新闻时效,从更快到最快。

随着生活节奏的加快,受众对新闻时效性的要求越来越高,新闻媒体也已经从TNT(Today News Today,今天的新闻今天报)的时代发展到了NNN(Now News Now,即时新闻即时发)的时代。与此同时,媒体能否以最快的速度提供第一手的国内外新闻资讯更成为新闻大战中取胜的关键。各大媒体为了树立权威,提高节目收视率,不惜利用一切手段争取时效。除了大量运用移动卫星地面站、卫星直播车外,国外的电视媒体甚至购买或租用直升机来进行新闻报道。我国的电视媒体在争取新闻时效方面,进步也非常大。2003年3月20日上午,北京时间10点35分,美国开始对伊拉克进行军事打击,10点41分40秒,CCTV-4《中国新闻》就飞出"伊拉克战争打响,巴格达发出爆炸声"的字幕,同时切出美国轰炸伊拉克的战争画面和同期声,播报时间早于凤凰卫视,几乎跟世界各大媒体同步。

第二,重视现场报道。

在西方的电视新闻理论中曾有这样一句话"没有画面就没有电视新闻",虽然说得过于偏激,但是,电视新闻中,来自新闻现场栩栩如生的画面派生出来的传播效果比记者一大筐的形容词都要来得直接。从人类首次登月、肯尼迪遇刺、戴安娜世纪婚礼、港澳回归到"9·11"恐怖袭击,回想人类历史上的重大新闻事件,电视来自现场的报道给全世界的观众带来了如临其境的生动感觉。具有强烈冲击力的现场感既是电视媒体的独特优势,也是人们选择电视媒介来获取新闻信息的重要因素。因此,在电视新闻报道中,"出现场"已成为各大电视媒体的共同要求。比如美国"9·11"恐怖袭击发生后,美国各大媒体都以最快的速度赶赴现场,尽管现场被封锁,记者无法近距离拍摄,但他们都选择冒着浓烟的世贸大厦作背景，采访现场当事人及目击者。事后，媒体还迅速播放了来自游客的 DV 记录，把飞机撞击大楼的瞬间画面展现在观众面前，大大提高了新闻报道的可信性和冲击力。

第三，直播作为新闻报道的常规手段。

广播电视新闻最迷人的魅力就是现场直播——"Live"，这种集现场感与时效性为一体的新闻传播方式，已成为当前世界电视新闻报道的潮流。

早在电视新闻发展的初期，西方国家的电视媒体就曾运用过现场直播的方式进行报道，但那不过是电视存储介质还未出现的无奈之举。随着电视技术和新闻事业的不断发展，现场直播成为重大新闻事件报道的重要手段。如今，现场直播在新闻节目中的运用越来越多，它以记者第一时间现身新闻现场，完整再现新闻事件全过程以及强烈的现场感和冲击力，受到了观众的普遍欢迎。

我国的新闻现场直播报道开始于 20 世纪 80 年代。1984 年 10 月 1 日，中央电视台现场直播了建国 35 周年庆典活动，并通过卫星向国外直播。1997 年，以长达 72 小时的"香港回归直播"为代表，中央电视台相继推出了多次现场直播，以至于业界把 1997 年视为中国电视现场直播年。2003 年伊拉克战争发生后，CCTV-1 平均每天 4 至 5 小时、CCTV-4 平均每天 16 小时投入到直播"战争"，被媒体专家称为"中国新闻史上的标志性事件"。

进入新世纪，直播报道成为我国新闻报道的日常化行为。江苏南京城市频道的《绝对现场》就是一个通过转播车对发生在老百姓周围的新闻事件进行直播的电视新闻栏目。2007 年，北京卫视推出的一档节目《直播北京》也是很好的例证。栏目组记者每天开着一辆直播车在北京大街小巷穿行，碰到有意思的事儿，记者直接跳下转播车就开始采访拍摄，全程直播。

第四，新闻节目的平民化视角和互动式播出。

2002年由江苏南京城市频道《南京零距离》掀起的地方民生新闻的报道热潮成为我国电视新闻报道的一大景观。《南京零距离》将镜头下沉,视角平移,与百姓同感忧乐,冷暖与共。在这个节目里,政府活动、会议新闻经常被压缩在屏幕下方以滚动字幕的形式,取而代之的是普通市民的面庞。停水、缺水、漏水、失火、被盗、被骗、走失、落水、坠楼、争吵、打架、车祸、纠纷、投诉、求助等与老百姓生活密切相关的诸方面都是摄像镜头聚焦的地方,真正体现了对百姓生活环境、生存状态和精神需求的关注。《南京零距离》开播以来,得到了南京市民的喜爱,收视率一直居高不下。继《南京零距离》之后,各地方电视台都不约而同地把本土特色浓厚的民生新闻当作了竞争时代拓展生存空间的神奇法宝。

同时,新闻节目的互动式播出也是一种新迹象。同样在2003年CCTV-4的伊拉克战争报道中,直播期间CCTV-4公布了自己的电子邮箱,同央视公众资讯中心合作,收集广大观众发来的大量电子邮件(每天三四千封)和手机短信(每天39万条),及时了解他们对直播的意见和建议,据此对节目加以完善和调整,并把有关伊拉克战事的最新情况通过短信的形式发给观众,实现了与观众的互动。同时,观众可以提问题和建议,而主持人挑有代表性的问题问嘉宾。现在,在新闻栏目中设置互动话题,已成为新闻栏目的一个重要组成部分,如CCTV-2的《第一时间》和北京电视台的《首都经济报道》都有大量来自于观众的短信内容互动。

2. 综艺娱乐节目

当代社会,电视娱乐节目以其独特的释放功能、宣泄功能和减压功能,使得娱乐浪潮在全球范围内方兴未艾,并以排山倒海之势成为一种电视文化新奇观。"娱乐性"是电视娱乐节目的本质要求,只有真正的娱乐才能让观众得到快乐和全身心的放松。目前,国内的电视综艺娱乐节目大致可以分为四类：第一，综艺晚会，如中央电视台每年一度的《春节联欢晚会》、庆祝申奥成功晚会等；第二，游戏类节目，以《快乐大本营》为代表；第三，益智博彩类节目，比如中央电视台的《开心辞典》和《幸运52》；第四，真人秀节目，如中央电视台的《梦想中国》、湖南卫视的《超级女声》、上海东方卫视的《莱卡我型我秀》、《加油！好男儿》等。

综艺晚会是电视综艺节目中历史相对久远的电视节目类型，它源自舞台晚会，是将音乐、舞蹈、短剧、戏曲、杂记、魔术、武术、相声等多种艺术表演形式融为一体，满足观众多方面审美需求的电视综艺节目。最早的电视晚会几乎就是舞台晚会的转播。随着电视事业的不断发展，综艺晚会利用现代式电视传播手段重新进行艺术创作，因此比舞台晚会具有了更自由的时空表现和更灵活的视听展现。过去，综艺晚会一般不是栏目化、经常性的节目，而只是在特殊时刻存在的特别节目。比如每逢重大节日和周年纪念日，电视台文艺部一般都要制作不同规模的综艺晚会，以示庆祝和纪念。从《综艺大观》开始，综艺节目风靡一时，几乎每一个省级电视台都有一档自己的综艺栏目，栏目化成为综艺晚会的发展新阶段。

综艺游戏节目脱胎于综艺节目，是一种大众广泛参与、以一定游戏规则为主导、综合多种艺术形式的电视娱乐节目。综艺游戏节目的出现，主要在于电视观众的收视需求有了很大改变。以往的高欣赏性被参与性和娱乐性需求多取代，虽然在综艺游戏节目中，明星艺人仍旧是节目的主题，但他们都在节目安排下，一改过去的本行表演，而是参与到各种游戏当中，以轻松、搞怪的姿态出现在观众面前。因此，相对于电视综艺晚会节目的高欣赏性，综艺游戏节目的最大特点就是游戏娱乐。综艺游戏节目的代表性节目是《快乐大本营》和《欢乐总动员》。

益智博彩类节目之所以受欢迎，一方面在于它"寓教于乐"的特色；另一方面，节目所具有的博彩因素也极具吸引力。中央电视台的《开心辞典》、《幸运52》、《三星智力快车》，北京台的《SK状元榜》、《梦想成真》，广东卫视台珠江频道的《谁将成为百万富翁》，上海卫视的《智力大冲浪》等节目的播出，在全国范围内营造了一种"知识问答＋娱乐＋重奖"的节目模式。当人们看多了明星游戏时的丑态，追求知识外套里包裹的诱人财富成为观众新的爱好。

"电视真人秀"最早于1999年出现在荷兰，节目起名为《老大哥》(Big Brother)。一年后，美国哥伦比亚广播公司推出名为《生存者》的节目，该节目堪称"真人秀"的经典之作。2000年8月，电视片《生存者》在央视2套《地球故事》栏目播出，"真人秀"由此进入中国电视观众视野。2003年，我国开始出现本土化的真人秀节目，广东电视台推出的《生死大挑战》，就是国内"真人秀"的首次尝试。随后较为成功的真人秀节目还有维汉公司制作的《走进香格里拉》。普通人的参与、纪录片的拍摄方式、一定情境中人的真实活动是"真人秀"节目的三个主要特征。"真人秀"之所以能吸引受众，还在于它对人性阴暗面、人性弱点的记录极大程度地满足了观众的窥私欲和好奇心。

国内综艺娱乐节目频繁更新换代对观众来说已是习以为常，曾经火爆一时的《综艺大观》、《正大综艺》、《欢乐总动员》、《非常男女》、《玫瑰之约》、《城市之间》等节目都相继淡出观众的视野，而湖南卫视的经典节目《快乐大本营》也出现了疲软之势。原因之一就在于这些节目本身形态的老化，基本的模式长期不变，致使观众产生"审美疲劳"，最终导致节目的收视率下滑，节目不得不停播改版或者撤销。

除了节目形态老化问题外，我国的综艺娱乐节目的发展还存在以下几个问题：

第一，节目克隆严重，创新能力弱。各个电视台、各个频道的节目千人一面，盲目跟风和模仿。自从湖南卫视的《快乐大本营》面世后，电视界刮起了一股"快乐旋风"。北京有线电视台《欢乐总动员》、江苏卫视的《非常周末》、福建东南台的《开心一百》……类似的节目比比皆是。电视娱乐节目虽然泛滥成灾，但并非说明娱乐节目过剩；相反，娱乐节目的发展空间还很大，只是目前有独创性的娱乐节目形式太少了。

在节目的创新方面，湖南卫视无疑是国内媒体中表现较突出的。在媒介市场激烈的竞争中，湖南卫视可谓是异军突起，它以《快乐大本营》引领了全民娱乐的潮流。而创办于2004年的《超级女声》更是把娱乐平民化发挥到了极致。这个节目采取层层选拔和淘汰的竞赛机制，强调与观众的互动，使节目充满戏剧性的张力、悬念和刺激，充分调动了观众的积极参与性。但是即便如此，湖南卫视的"创新"也是一种模仿基础上的创新，《快乐大本营》模仿了香港的《综艺60分》，《超级女声》模仿了《美国偶像》。事实上，我国的许多娱乐节目都是从模仿境外节目开始的，或者是欧美的节目，或者是香港、台湾地区的节目。可以预见，不顾中国国情和老百姓的接受心理，生搬硬套、机械模仿的做法只会将娱乐节目带入死胡同。中国电视娱乐节目必须面对竞争，多多挖掘中国的传统资源和民间资源，加快娱乐节目的本土化进程。中国电视娱乐传播只有立足于中国文化，充分研究中国人的审美趣味和接受心理，致力于推出适合中国百姓的节目，才有可能赢得更多观众。

第二，节目的低俗化、弱智化。在中国，如果要做娱乐节目的收视率调查，通过和观众面对面时的访问调查得出的结果往往是不准确的。以2006年"王菲生子"事件为例，当狗仔队对王菲穷追不舍的时候，曾有人据此调查了受众是否对此事关心，得到的回答大多是否定的。但有趣的是，网络上关于"王菲生子"的新闻的点击率却非常高，可以估计，电视上、报纸上有关此事的新闻也会得到观众更多的关注。为什么会出现这样的反差呢？从心理分析角度来看，观众可能是"羞于"承认自己喜欢看娱乐新闻，因为在他们的潜意识里，已经把娱乐节目等同于低俗文化，照这个逻辑，对别人承认喜欢看娱乐节目，就意味着告诉别人，我很低俗。那么，娱乐节目是否真的就代表着浮浅、低俗呢？事实并非如此，一个好的娱乐节目，不仅趣味性和愉悦性共存，文化品位与思想内涵也同样并重。它并非与空洞、煽情、刺激、搞笑绝缘，但它一定不是低俗弱智的。

3. 谈话节目

电视谈话节目源于欧美的"Talk Show",翻译成中文即"脱口秀",字面意思就是不背稿子、临场发挥、脱口而出,是指主持人、嘉宾和观众在一个宽松和谐的气氛中,就某一个或几个大众关心的社会现象或热点话题进行交流、讨论或辩论的电视节目类型。世界上第一个电视谈话节目是美国NBC电视台于1954年推出的《今夜》。我国内地最早的谈话节目通常认为是上海东方电视台于1993年创办的《东方直播室》。但是,对大多数中国老百姓来说,真正的谈话节目却是从崔永元的《实话实说》开始的。此后电视节目层出不穷,成功者也不胜枚举,就央视来说,除《实话实说》外,还有《艺术人生》、《对话》、《面对面》、《新闻会客厅》,另外北京电视台的《屏幕连着我和你》、《夫妻剧场》、《国际双行线》,东方欢腾文化艺术发展有限公司的《超级访问》,凤凰卫视的《鲁豫有约》、《名人面对面》,台湾中天综合电视台的《康熙来了》,东风卫视的《小燕有约》等也是各地谈话类节目中的佼佼者。

谈话类节目的发展得益于社会的整体发展,众所周知,当一个社会物质日趋丰富时,人与人之间交流与沟通的欲望也越来越强烈,在这种背景下,谈话类节目以它的人情味和平易近人为观众提供了一个表达、交流和互动的平台。有些谈话类节目既增进了观众之间、名人与观众之间的相互了解与认识,也满足了观众情感宣泄的需要。谈话类节目也因此在当前取得了较好的收视率,可谓叫好又叫座。美国CBS有一个著名的谈话节目《奥普拉·温弗瑞访谈》,其主持人奥普拉·温弗瑞是一名黑人中年女性,她在节目中出色的表现使得她成为全美最著名的女主持人之一,并享有很高的声誉。奥普拉主持的脱口秀以沉静、温馨的倾谈为特征,同时诉诸于理性和情感,吸引了大批中年妇女。该节目平均每周吸引3300万名观众,并连续16年排在同类节目的首位。

同时，该栏目还在全球 107 个国家播出，是电视史上全球收视率最高的脱口秀栏目。目前，华人地区较为成功的谈话节目是凤凰卫视的《鲁豫有约》，该节目同样以主持人的名字命名，依赖于主持人的语言表达能力，注重主持人个人魅力，充满了个性化特点。鲁豫以清新、聪慧的形象，真诚、率真的个性吸引着谈话者和观众。同时，她在节目中以倾听为主、适当提问为辅的策略，并穿插一些背景材料以拓宽谈话的内容，推动谈话深入进行，让整个节目呈现出一种平和、亲切、轻松的氛围。在选题方面，改版前的《鲁豫有约》曾邀请一些在历史中，尤其是在"文革"中有争议的人物来做嘉宾。这样的人物选择使得节目带有较强的神秘性质，对观众来说，嘉宾本身就非常具有吸引力。在这种制作思路下，鲁豫相继与草原英雄小姐妹、乔冠华夫人章含之、胡风夫人梅志、毛岸英夫人刘松林进行了成功访谈。2005 年，《鲁豫有约》改版后，开始把一些明星、热门人物请到演播室，比如李宇春、李敖等，这种转变使它和时代结合更紧密，和社会联系更贴近，但从另外一个角度看，嘉宾的神秘性和谈话内容的故事性也相对减弱了。

4. 体育节目

电视的服务对象是观众，体育赛事直播节目的最终服务对象是体育迷。而体育迷收看体育节目的直接目的就是感受一种体育精神：不断超越、拼搏、顽强，鲜花、掌声、奖牌、泪水，电视屏幕前的观众和赛场上的体育运动员一起经历成功与失败，一起欢笑，一起流泪。在这样一个欣赏、感受体育赛事的过程中，体育迷们得到了愉悦性和情感的宣泄，周围的人们也会被这样的情绪所感染。在 2006 年德国世界杯中，许多不懂体育的人也在一种全民看球、说球的氛围中喜欢上了看球，成为球迷。从传播学的角度来看，类似世界杯这样的世界性的赛事，在某种意义上可认定为"媒介事件"（media event）。丹尼克·戴扬和伊莱休·卡茨在《媒介事件——历史的现场直播》（Media Events—The Live

Broadcasting of History)一书中谈到,所谓的媒介事件是指"对电视的节日性收看,即关于那些令国人乃至世人屏息驻足的电视直播的历史事件",及媒体对某一重大事件进行精心的策划、设计、制作,然后"邀请"观众来观看,并形成受众在某一时段内对电视进行节日性的、集中性的收看。这样的收看在短期内会形成一个收视高峰,由此,体育赛事转变成一个与媒体密切相关的事件。电视每日和体育赛事的关系如此密切,以至于在某种程度上电视已经成为了体育运动生存与发展的必要载体。体育赛事的观众群数量因为电视转播的关系,以几何倍数急剧扩大,其中通过电视观看赛事的观众数量远远多于在比赛现场的观众。同时也因为电视,体育作为一个产业得到了快速发展,体育经济变得炙手可热。

随着近年来观众对体育节目需求量的加大,中央电视台和各省级电视台纷纷推出了自己的体育频道,中央电视台第五套体育频道以其强大的实力成为国内体育频道中的领军者。今天,只要打开电视,各种各样的体育赛事直播节目就扑面而来,从中央电视台到地方电视台应有尽有。

目前国内的体育节目大概可以分为三种:体育新闻、体育赛事转播和体育评论。其中体育新闻强调大容量,重视时效性,将国内外赛事的最新消息及时、快捷地播报给观众。比如说中央电视台体育频道就在多个时间段向观众传达体育讯息,包括早上7点的《体育晨报》、中午11点半的《午间体育报道》、12点的《体育快讯》、傍晚6点的《体育新闻》等。体育赛事转播则是体育节目中最吸引人的,它和赛事现场高度同步,具有极强的现场感,并常常采用慢镜头、回访、固定画面和其他特技手段,使得画面的冲击力得到增强。除此之外,各个电视台体育频道还大量引进国外优秀的体育比赛节目,尤其是各类职业化比赛,如世界杯、意甲、西甲、英超、NBA等,为广大的体育迷们呈上了一场又一场盛宴。四年一度的奥运会更是一个跨越语言障碍、点燃体育迷热情的节日，2000年悉尼奥运会和2004年雅典奥运会、2008年北京奥运会都掀起了全球体育收视高潮。每当各种体育赛事举办之时，也是媒体铆足了劲、全力投入竞争之时，还是实现观众、媒体和体育赛事的三赢之时。第三种体育节目类型是体育评论。如今，中国的电视观众已经成长为一个比较成熟的群体，球迷当中藏龙卧虎，他们不再满足于简单的赛事解说，电视媒体除了要把体育赛事原汁原味地呈现给观众以外，还要具备有个性、有见地、有深度的体育分析和评论。比如中央电视台的《五环夜话》、《体育今日谈》等节目，就以最新发生的体坛热点事件和热点人物为话题，提供与体育新闻事件、新闻人物相关的背景，有主持人进行相关评论，分析该事件发生的前因后果，探讨事件和人物的发展走向及其影响。体育评论节目通过提供各种观点和角度，抛砖引玉，与观众朋友们一起进行思考，并希望以此让观众对体育事件和体坛人物有更加全面清晰的了解。

5. 剧情类节目

剧情类节目就是我们通常所说的广播剧和电视剧节目。剧情类节目在广播节目的发展史中曾占据重要地位，电视诞生后，广播剧受到电视剧的严重冲击，但之后也寻求到一些独特的出路，当然仍不及电视剧在人们生活中的重要地位。

在电视节目系统中，电视剧作为一门独立的、有巨大影响力的艺术样式，是一种在电视屏幕上进行演剧的艺术。它以图像和声音为基本载体，一剧中角色的动作和语言为基本表演手段，通过矛盾冲突展开戏剧情节，塑造生动人物形象，以此来感染打动观众。电视剧既发挥了电视技术的优势，吸收了戏剧的艺术营养，又借鉴了电影的镜头语言，是一种年轻而富有生命力的艺术，也是电视节目系统中地位举足轻重的节目类型。

电视剧的重要性，首先表现在它是观众所喜闻乐见的节目类型。

据央视—索福瑞2005年收视率数据分析,电视剧是中国观众收看时间最长的节目,占观众总收视时长的36.57%。其次,对任何电视台来说,电视剧又是必须予以高度重视的维系市场地位的重要节目类型,甚至可以说是"收视保险杠"。有调查显示,2005年1—9月,电视剧对我国省级卫视收视的贡献几乎都在40%以上,有的甚至超过了60%。为获得更多的优质电视剧,2006年,在电视剧市场的争夺战上,央视仅在独播剧上就投入了2亿元。在省级卫视的第一阵营,5家省级卫视在电视剧上的投入也都在1亿元以上。安徽电视台更是开出2个亿的支票,按照"名编、名导、名演"的"三名"标准,在晚间黄金时段的《第一剧场》全部安排全国首轮上星剧。最后,在电视节目系统中,电视剧可谓是占据了电视节目的半壁江山。各电视台大多设有专门的电视剧频道,24小时不间断播出电视剧节目,在综合频道和其他专业频道,电视剧节目也是主要的节目类型,并被安排在黄金时间播出。在春节、五一和十一长假期间,一些电视台更是将电视剧连续四集播出,分别在上午、下午和晚间播出,成为电视节目系统中播出量最大的节目类型。

作为电视台提高收视率、盈利创收的主力,我国电视剧的生产产量也呈逐年上升的趋势。根据国家广电总局公布的数字,近几年来,我国(不包括港澳台地区)的电视剧产量以每年1000集的速度增长。2001年,电视剧产量约为8000集,到2005年已达到12247集,中国已成为世界上生产电视剧最多的国家。目前,电视剧投资和创作也空前繁荣,制作机构已从5年前的400多家,发展为现在的2700多家。电视剧产业已成为我国文化产业中市场化程度最高、发展前景和优势最为显著的门类。

电视剧还是我国电视节目类型化发展的先行者。电视剧的类型化制作是指电视台按照特定的细分变数,把观众细分为若干类型,其中每一种类型都有相对固定、类似的电视剧收视需求,然后针对特定的一种类型,策划、制作出专业的、有特色的电视剧节目。电视剧的类型化制作是媒介市场激烈竞争的结果。一方面,媒介市场的分化产生多样化的消费群体,要求有适合不同消费群体的电视剧类型存在;另一方面,任何一部电视剧想要在当前的市场中分一杯羹,就要最大程度地满足受众的需求,实现节目的分众化、类型化和专业化。在具体的电视剧制作中,可以从居住环境、收入状况、职业特点、教育程度、生活方式等角度来划分受众的类型,然后针对不同类型制作出有特色的节目。为此,电视剧可以分为多种题材类型,如战争题材、反腐题材、公安题材、都市题材、商战题材、爱情题材、历史题材……。所有的题材大都锁定一定范围的观众群,其定位较为明确,通常针对特定类型进行制作。这样的做法成功实践了"从大众走向小众"的理念,有利于媒体或制作公司对电视剧进行正确的定位,在了解特定类型电视剧制作公共规律的基础上,建立同类电视剧制作的流程,培育忠诚的观众群体,同时也有利于媒体在同质化的市场中独辟蹊径,发掘新的市场空间,从而制定出正确的发展战略,增强电视剧的核心竞争力,在激烈的电视剧竞争中取得胜利。

6. 电视纪录片

纪录片是通过非虚构的艺术手法,直接从现实生活中诠释形象和音响,直接表现客观事物以及作者对这一事物的认识的纪实性电视片。①

纪录片的本源是人的历史和现实的存在,它是对历史的丰富,也是对时代档案的体现。美国纪录片史学家巴尔诺曾说,纪录片工作者的天命是在现实中的发现,是通过选择自己的发现来表达自己对世界的看法。因此,纪录片大多通过人与人之间、人与社会之间、人与自然之

---

① 钟大年,《纪录片创作论纲》,北京广播学院出版社1997年版,p.33。

间的关系的考察,亦表现对人类生存意义、人的命运、人性、人与社会和自然关系的思考。从这个意义来看,纪录片可以说是所有电视节目类型中最具有品格的一类,它具有其他任何电视节目难以替代的独特的存在价值和意义。

2001年四川国际电视节获得金熊猫大奖的纪录片《英和白》就是一个典型例证。英,是世界上仅存的一只被驯化可上台表演的熊猫,也是唯一和人居住在一起的熊猫。白,是一位有着一半意大利血统的女驯兽师,她和英相依为命已经15年,对白来讲,英就是她的孩子,甚至可以说是她生活中的全部内容。片子大篇幅地在很多细节方面来表现白对英的无微不至,为它准备营养极佳的食物,给它服用包在棉花糖里的维生素,每天检查大小便是否异常。白从不外出,电视、音乐还有英就是她的生活,常人所有的社交生活都与她无关。只有英能带给她抚慰。纪录片以独特的角度切入英和白的生活和英的世界里,以及电视机所展示的人类社会的事件中,又浓缩进了对人类的孤独和人类文明发展过程的思考。在这部50分钟的片子中,尽管没有一句解说词,但无论是画面还是音响,处处都流露出编导吉利表达一种对新世纪人类生存状态的关注:人与人之间隔着厚厚的栅栏,每个人似乎都生活在自己给自己造就的"笼"中,没有交流,没有关爱,相互提防,缺乏信任。这一系列的意象深刻地反映了世纪之交当代人内心深层次的孤独和悲凉。

纪录片在中国真正占有市场,是在1993年以后。以北京和上海几乎同时崛起的两个栏目《生活空间》和《纪录片编辑室》为标志,栏目型纪录片开始迅速在中国内地打出了自己的旗帜。纪录片栏目化之后,给观众的最大感受就是看到了身边人,这也是《生活空间》和《纪录片编辑室》无意之中触动的时代之弦。中国的电视纪录片运动以客观存在对非主流人群、弱势文化群体,也就是小人物的关怀为宗旨,抛弃过度的官方意识,从以往主流媒体忽略的地方寻找自己并构成了自己纪录片的闪光之处。正是在这样一种运动的大潮里,中国纪录片获得了空前的发展。

  按照纪录片的文化形态划分,目前我国纪录片可以分为主流文化纪录片、精英文化纪录片、大众文化纪录片、边缘文化纪录片共四类。①第一种,主流文化纪录片。这类纪录片通常体现国家意识形态,带有较强烈的政治色彩。如大型纪录片《毛泽东》、《邓小平》、《周恩来外交风云》、《香港沧桑》、《澳门岁月》等。第二种,精英文化纪录片。这类纪录片侧重对中国的历史人文进行深刻的思考,探索人类生存方式的变迁与社会的进步和发展,具有思想深度,闪耀智慧光芒。比如说《话说长江》、《望长城》、《最后的山神》、《故宫》和《新丝绸之路》等。第三种,大众文化纪录片。20世纪90年代初,中国纪录片兴起了纪实主义浪潮,纪录片得到了空前的发展。创作者们抛弃过度的官方意识,题材的选择上趋向大众化,以一种强烈的平民意识和使命感去关注人和人的命运,将普通老百姓作为记录的主角,致力于再现社会的现实形态。中央电视台的《生活空间》的口号是"讲述老百姓自己的故事",体现了一种真正的人文关怀精神。这类纪录片有《舟舟的世界》、《沙与海》、《我们的留学生活》、《八廓南街16号》等。第四种,边缘文化纪录片。这种纪录片是相对于社会主流而言,它把镜头对准社会体制之外的边缘人,如流浪者、吸毒者、艾滋病患者、同性恋者等,倾听他们的经历、情感故事。这类纪录片很难通过正常的电视载体播出,往往只在纪录片爱好者之间流传,或者采用海外参赛或发行的方式。

  不过,在20世纪90年代初的纪实主义浪潮后,从1995、1996年起,在当前娱乐节目、电视剧占据大片收视江山的形势下,加上电视体制改革后收视率地位的上升,我国纪录片的栏目化生存也陷入了重重

---

  ① 张同道,《多元共生的纪录时空——90年代中国纪录片的文化形态与美学特质》,《电影艺术》2000年第3期。

危机，各种电视纪实栏目的收视率开始急剧下降，曾创下36％的收视奇迹的《纪录片编辑室》在近年已降至7％左右，大量的纪录片栏目又纷纷退出屏幕。中国纪录片开始走下坡路，进入低迷困境。

第二节　广播电视节目的制作过程

一　前期准备

这是节目制作的第一步，前期准备工作是否充分，直接影响后面的拍摄和编辑工作的开展。一般包括策划和报批、落实资金、确定相关工作人员和准备各种设备、布景或踩点、办理各种手续等。

策划和报批。广播电视节目的策划是指确定拍摄主题，对节目的内容进行大致的规划，也就是说，在这个步骤里，创作者必须清楚节目的内容以及拍摄节目的方式。策划对接下来的其他工作有非常重要的指导作用。策划工作的直接成果是一份策划书，它的内容大概包括节目的名称、拍摄周期、拍摄内容、目标受众、费用预算等。策划完成后，要把节目的策划书向相关负责人进行报批，由电台、电视台或独立制作公司的节目审批人员对策划书的可行性进行审查。标准主要有：内容是否有吸引力、主题意识是否正确、是否独具特色、预算是否合理等。策划书一般都很难一次通过审查，他们或者直接被"毙掉"，或者要求进行修改，甚至是多次修改，直到审查者满意为止。节目策划书通过以后，创作者们才能真正开始投入工作。

落实资金。确定节目的内容以后，紧接着就要落实拍摄资金。节目的资金来源往往是多方面的，可能是媒体本身的投入，也可能有广告商的投资。落实拍摄资金是一个较复杂的工作，一般都有制片人来负责。

确定相关工作人员和准备各种设备。简单地说就是制片人要召集、组成一个创作团队，一般包括导演、导演助理、摄影师、摄影助理、录音师、灯光师、化妆师、服装师、场务、联络员等。另外，如果要拍摄外景，还需要司机，如果要到境外拍摄，还需要有翻译。相关人员确定了以后，要召开集体会议，对节目的内容进行详细的阐述，明确相关人员的职责，并且针对存在的问题进行讨论和协商。设备方面，一般来说，各种设备都由专业人员负责掌控，即摄影师使用摄像机，录音师使用录音机，灯光师使用各种灯具等。

布景和踩点。如果要在特定的空间里进行节目创作，那么就有必要进行布景。以演播室为例，布景工作包括舞台设计、灯光、音响、服装、道具等。所谓的踩点是针对外景拍摄而言的，指正式拍摄之前，先派人去实地考察。以拍摄一个旅游节目为例，如果要拍摄广西的龙胜梯田，那么创作者们就必须先知道梯田的具体位置在哪儿，坐车去的话大概要多长时间，从哪座山拍摄的效果会比较好。这样，摄像组去拍摄时，就可以直接到达那个拍摄梯田的最佳位置，既节省了时间，又节省了体力，大大提高了工作效率。

办理各种手续。租用场地或者拍摄公园景点、名胜古迹、建筑大楼等，都要提前申请并取得批文。如果要到境外拍摄，办理护照和申请签证更是必不可少的步骤。

二 拍摄制作

实地的拍摄制作是节目制作中最关键的环节，节目的后期编辑和编排工作要以拍摄完成的素材为基础。巧妇难为无米之炊，没有好的原材料，后期编辑再怎么努力也很难做出好的节目。节目的实际拍摄和录制工作，技术上是指灯光师布光、摄像师使用摄像机拍摄、录音师以麦克风收音等，形式上是指出镜记者具体的采访、主持人播报新闻、与嘉宾和现场观众的互动等。这个过程涉及到广播电视行业所有的职业工种，比如摄影摄像、主持、采访、写作、录音等，是一个协同合作的过程,且根据不同节目类型有所侧重,这在之后的章节会具体详述。

三 后期制作

实地拍摄工作完成以后,还需要对获得的素材进行编辑和整理。由于这些素材往往连接性、逻辑性不强,缺乏趣味性和节奏感,因此后期的制作工作就是要去粗取精,运用各种线性、非线性的编辑手段,把这些素材编辑成受众喜闻乐见的一个个节目,通常包括剪辑(蒙太奇、转场过渡等)、合成、混音、加入特技效果等。像直播、转播等强调同步性的节目,几乎可以说没有后期制作阶段的工作,直接体现的就是导播水平。

第三节 广播电视节目的编排策略

"我们不是在做一期节目,我们是在做一个个报道。然后把它们组合成一期节目"。[①] 这"组合"二字,体现的是广播电视节目的编排。我们经常可以看到广播电视媒体隔一段时间就要进行"改版",对栏目/频道内部进行调整,这种现象指的就是节目的编排工作。在每一个栏目已经被限定好的播出时间里,应该如何把节目放置在最合适的位置上,吸引到最大数量的受众呢?这就要看节目的编排策略。

节目是广播电视播出的基础单位,节目本身具有完整的结构和内容。节目的编排是一门艺术,同样数量的节目采用不同的编排策略,会产生完全不同的播出效果。

---

① 唐·休伊特著,马诗远、林洲英译,《60分钟:黄金档电视栏目的50年历程》,清华大学出版社2004年版,p.151。

一 节目编排要考虑的因素

节目的编排是一个系统工程,根据系统论的观点,采用的编排手法得当的话,各个节目所产生的整体编排效果将大于单个节目的播出效果简单相加的总和。广播电视节目的编排工作要遵循受众普遍的逻辑思维习惯,要给受众简洁明快,一目了然,不拖泥带水之感。它涉及节目的选择,每一个环节的衔接都有一定的讲究,各个节目之间既各自独立又隐含连贯性,具体来说,节目的编排要考虑以下几个因素:

1. 节目的定位

随着受众可接收频道数量的不断增加,广播电台之间、电视台之间、频道之间和栏目、节目之间的竞争愈演愈烈,内容、形式等的竞争也进一步凝结为风格之间的竞争。媒体竞争主体独特的风格和气质是媒体的生存之本。每一种风格——轻松活泼、风趣幽默、端庄沉稳、深沉睿智——都是针对特定的受众群,目的也是最大程度地吸引受众的目光。

美国 CNN 之所以能够在海湾战争的新闻报道中一鸣惊人,并牢牢抓住受众,在于它的新闻资讯专业化强时效定位,凤凰卫视之所以能够打破央视的"垄断",参与内地媒介市场的划分,在于它的大中华区强势新闻媒体定位;湖南卫视之所以能先后以《快乐大本营》和《超级女声》在全国刮起"快乐"和"PK"旋风,在于它适时而动的娱乐化定位;江苏卫视的《南京零距离》之所以能够一炮打响,在当地老板姓中享有很高的美誉度,取得高收视率,在于它的"民生新闻"定位……

正因为节目的定位对节目的成功与否有着如此重要的作用,所以对节目的定位有清晰的认识是进行节目编排工作的重要前提,而具体的编排工作,也一定要紧紧围绕节目的定位,避免出现偏差。

2. 受众分析

在媒介产业化发展的今天，争取最大数量的受众群是媒体制作、播出节目的首要目标。从某种程度上说，视听率已经成为广播电视媒体工作的"指挥棒"。许多媒体实行节目的"末位淘汰制"制度，一方面对媒体从业人员形成前所未有的竞争压力，促使他们不断提高节目质量；另一方面也使媒体人更加重视对受众的分析，其中包括收视/收听心理、习惯和情境等分析。同时，受众分析的结果已直接影响到节目的制作和编排工作。

传播学者D·麦奎尔在1969年至1974年做过一个关于电视节目的调查，调查的节目包括新闻、知识竞赛、家庭连续剧、青年冒险电视剧等六种节目，他从中归纳了受众观看这些电视节目所得到的四种"满足"的类型。第一，心绪转换效用。指电视节目可以提供消遣和娱乐，帮助人们"逃避"日常生活的压力和负担，带来情绪上的解放感。第二，人际关系效用。电视节目可以满足人们对社会互动的心理需求，有利于人们在现实中的融洽相处。第三，自我确认效用。电视节目可以为观众提供自我评价的参照框架，引起观众对自身行为的反省，并在此基础上协调自己的观念和行为。第四，环境监测效用。主要指受众的信息需求。受众需要获得与自己的生活直接或间接相关的各种信息，及时把握环境的变化。[①]

受众的视听需求、日常作息习惯、生活经验、生活地域等，都是节目编排工作中要考虑到的因素。目前比较常见的节目编排做法是：全天分时段新闻，傍晚动画片、黄金时段连续剧，周末娱乐综艺节目，寒暑假中播经典动画片和影视剧等。这种常规做法所体现的就是对受众的分析。

---

① 郭庆光，《传播学教程》，中国人民大学出版社1999年版，p.182。

3. 竞争对手的节目编排

媒介市场的竞争是激烈而残酷的,优胜劣汰,适者生存。它要求各个媒体竞争主题不能闭门造车,尤其是当媒体的定位类似的情况下,必须时刻关注对手情况的变化,制定应对之策,抢占媒体市场份额。媒体的竞争说到底是对受众的竞争,而对受众的竞争说到底又是节目的竞争。只有不断提高节目本身的质量,充分考虑受众的接受心理,对节目进行精心编排,才能在优胜劣汰的竞争中取胜。下面将要谈到的"迎接挑战式"和"避开锋芒式"编排策略就是根据竞争对手的节目编排情况来编排自身节目的比较常见的两种策略。

二 节目编排策略

1. "顺应民心式"编排策略

这种编排策略是指根据受众常规的视听习惯来安排节目时间表,简单说就是受众想在某个时间里听到、看到某个节目,那电台和电视台就满足受众的心理期待,播放该类型的节目。比如说,早中晚的新闻节目、傍晚的动画片、周末晚的大型综艺娱乐节目、假期里连续剧的多集连播等。在早上10点,大多数学龄儿童正在学校里上课的时候,如果电视台安排精品的动画片,我们可以想象它的收视率必然偏低。

在这个编排策略里,编排者必须对"黄金时间"有清醒的认知和把握。黄金时间是指一天之内受众收听、收看广播、电视节目相对最为集中的时间段。各个国家的媒体对黄金时间的划分各有不同,一般都与本国居民的生活作息、收听/收视习惯等有关。针对不同的受众,黄金时间也有可能不同。对儿童节目来说,黄金时间就是从下午5点至7点这个时间段。一般来说,我国的黄金时间是指从晚上7点至10点这个时间段。黄金时间里,观众大多结束了一天的工作和学习,可以从容地坐下来收看电视。因此,电视媒体无一例外都非常重视黄金时间的节目编排,纷纷推出强档节目,争取充分有效地利用好这个时间段,取得最好的播出及收听/收视效果。

2."推波助澜式"编排策略

指电台或电视台某个时段在播出一个强势的节目以后,在接下来的时段里,继续播出一个或几个好的节目,就像一个波浪接着一个波浪、一个高潮接着一个高潮一样,后者可能和前者是同一话题,但是前者的进一步深化,也可能转换话题和节目类型,但同样是精品节目。实力雄厚的媒体经常采用这种编排做法,它能给受众淋漓尽致之感,持久地抓住受众,保持节目的高视听率。例如,中央电视台一套傍晚6点13分播出《东方时空》,7点整播出《新闻联播》,紧接着在7点38分播出《焦点访谈》,近两个小时的时间里,观众可以享用到一道又一道新闻大餐。

3."帐篷式"编排策略

这种编排策略指广播电视媒体在每天的黄金时间里播出品质精良、高收视率的重量级节目,并形成一种"帐篷"效应,惠及整个频道其他相对弱的节目。实施这种策略有一个假定:受众有视听习惯,即受众一旦喜欢一个频道里的某个栏目,那么他就可能对整个频道都形成一种认同感,继而"习惯性"地收看/收听该频道的其他节目。比如说,很多人喜欢湖南卫视可能是从《快乐大本营》这个节目开始的,因为这个节目,人们知道原来节目可以做得这么娱乐,让看者这么放松和开心。慢慢地,湖南卫视就在他们的头脑里形成了一种印象——想轻松和娱乐的话,就看湖南卫视。这样,湖南卫视的其他娱乐节目,像《娱乐无极限》、《音乐不断》等节目的收视率也就随之提高了。

4."吊床式"编排策略

所谓的"吊床式"编排策略是指在两个好的节目之间安排一个相对

弱的节目或者新推出的节目，以此来带动后者，提高其视听率。这种策略类似于前面谈到的"帐篷式"编排策略，它同样利用了受众的视听惯性。受众在欣赏完一个好的节目以后，会对接下来播出的节目产生收视/收听期待，这时候播出一档不强的节目，可以带动提高它的收视率，虽然受众可能会产生短暂的、轻微的失望感，但是由于接下来播出的又是一个好节目，所以可以淡化这种失望感，使受众再次兴奋起来，得到收听/收视的满足感。比如说，中央电视台一套晚上9点40分播出的《纪实十分》节目，它相对于中央电视台其他强档节目来说，创办初期没有任何特色，竞争力也不强。但是对该节目的编排就很成功，安排在《焦点访谈》、主旋律电视剧之后，《晚间新闻》和《新闻调查》之前。这样，在这些节目的带动下，《纪实十分》的收视率也有了一定程度的上升。

"帐篷式"和"吊床式"编排策略都以受众有收视/收听惯性为前提。但事实上，这种惯性的作用由于遥控器的存在以及受众收听/收视的日趋不稳定而越来越弱，因此，这种策略的有效性并不是放诸四海而皆准的，在具体的编排工作中要慎用。

5."迎接挑战式"编排策略

也称"头对头式"编排策略，是指在同一时段（一般是指黄金时段），其他频道已经安排了强势的节目，并且取得了很高的收视/收听的情况下，所在频道迎难而上，或者把所在频道的优势节目也调整安排到这个时段，或者策划推出新的栏目出奇制胜，与其他频道展开正面的竞争。这种做法风险性很大，除非自身节目很优秀，足以把受众从其他频道吸引过来，否则最后有可能两败俱伤。也有成功的例子，比如中央电视台的《梦想中国》创办于2003年，其初衷就是想模仿美国的《美国偶像》(American Idol)给普通老百姓提供展示才艺的舞台，实现他们成为明星的梦想。由于节目类型的新颖和主持人李咏的独特魅力，再加上央视的大力支持,节目推出以后大受欢迎。2004年,湖南卫视全力打造的《超级女声》,收视率节节攀高,"PK"大战在全国火爆上演,风头很快就超过了《梦想中国》。"超女"旋风刮到2006年以后,上海东方卫视借鉴了"超女"的成功模式,推出《加油!好男儿》,同样取得了成功,可谓青出于蓝而胜于蓝。

6."避开锋芒式"编排策略

"避开锋芒",也就是敌进我退。通常,采取这种编排做法的频道或者是由于节目本身竞争力不强,或者是由于所在媒体本身相对处于弱势,所以,它在面对强势媒体的强档节目时,就尽量避开锋芒,以保持实力,同时积极寻找突破口,争取受众。江苏电视台城市频道的新闻栏目《南京零距离》成功的原因更多地在于它实践了"本土民生新闻",但是它所在频道的独特的编排策略也是不可忽视的。过去,中央电视台的《新闻联播》提前了10分钟。在这10分钟里,它大量的报道发生在市民身边的新闻,拼接这些富有人情味的新闻,牢牢抓住了观众,吸引观众继续看它的第11分钟、第12分钟……的节目,以此取得成功。

7."峰谷式"编排策略

"峰谷",顾名思义,就是有高峰、有低谷,在进行节目的编排时,充分考虑受众的需求,把一个栏目划分为几个段落,把一个频道分成几个板块,段落与段落之间、板块与板块之间形成一种节奏感、跌宕起伏、衔接恰当、有机组合,充分满足受众的收视期待。之所以采用这种编排策略是出于两个考虑:第一,媒体制作出来的节目不可能都受观众的欢迎,取得高的收视率,但是出于教育、普及知识等目的的考虑,一些相对"冷"的节目又必须播出,比如说农业节目、军事节目等。第二,这是频道或栏目不断调整编排策略的结果。媒体总是希望最大程度地吸引观众,这就要求其必须充分利用各个收视时段。如果所有强势的栏目都集中在一个频道的某个时段,其他的时段只播出一般的节目,观众就会逐渐流失。采取"峰谷式"编排策略,要把好节目恰当地安排在每天的各个时段,这种适当"分散"恰是为了更好地"集中"观众。

8. "突发新闻式"编排策略

频道尤其是新闻频道对新闻的反应能力直接体现了其专业化程度,并将进一步影响到受众对频道的评价。在这方面,凤凰卫视对"9·11"恐怖袭击事件的编排处理为内地媒体做了非常好的表率。"9·11"事件发生在 2001 年 9 月 11 日美国东部时间早上 8 点 48 分(北京时间 20 点 48 分)。事件发生后,凤凰卫视资讯台果断地中断了正常节目的播出,首先由主持人吴小莉在 9 点整的《时事直通车》节目中播发了简短消息,并提醒观众注意稍后的现场直播。半个小时后,凤凰卫视中文台、资讯台、美洲台共同对这一突发事件做了现场直播。在这个时候,内地的媒体却由于种种原因而未能有所行动。凤凰卫视对此事的直播持续了 36 个小时,国内凡是能接收到凤凰卫视的观众都把遥控器锁定在了凤凰卫视。之后在美伊战争等重大事件中,凤凰卫视的表现也是可圈可点。凤凰卫视敢于突破常规编排,及时报道突发新闻事件的魄力和能力使它声名鹊起,也使它在一次次的突发新闻报道中逐步走向成熟,树立起华语杰出新闻媒体的形象。

另外,值得一提的是广告的编排。在媒介产业化的今天,从某种意义上说,广告收入决定了广播电视媒体的生存和发展。但由于广告会造成节目的突然中断,观众对广告往往怀有抵触甚至是厌恶情绪。在广播插播时间,观众很可能就拿起遥控器换台了,因此节目编排和广告编排两者如何构成一个密不可分的整体也越来越重要。目前,国内某些媒体的广告中出现了一种很好的兆头,即插播广告时,在屏幕上用字幕进行时间提醒,像"广告时间还有 20 秒",或者"某某节目正在播出"等。这样的提示让受众有了被重视的感觉,而且明确地知道不用忍受无休止的广告。在这种情况下观众可能选择等待,或者先换台,然后在估计的时间过后回来。虽然只是一个小小的改变,却体现了以受众为本位的编排思路。实践证明,这种编排对减轻因插播广告而导致的观众流失有比较好的效果。由此也可见,节目(含广告)整体编排的好坏将会直接影响到媒体能否顺利实现提高收视/收听率和增加广告收入的双赢结局。

第八章　广播电视新闻节目

第一节　广播电视新闻概述

什么是新闻？这是不论报纸新闻还是广播电视新闻都需要清楚认识到的一个问题。在诸多纷繁复杂的对"新闻"的定义中，长期为中国新闻理论界和教育界所接受的定义是陆定一在1943年9月提出的"新近发生的事实的报道"[1]，随着社会大发展和新闻传播技术手段的更新换代，越来越多的新闻传播学者和人士对新闻的认识越发的清晰和进步。广播电视新闻，是通过某些特定的电子技术（无线电、有线光缆、卫星等）公开传播的正在变动或新近变动的事实的信息。

广播电视作为"通过无线电波或导线向广大地区或一定区域播送声音、声像节目的大众传播方式"[2]，广播电视新闻节目的特性不仅在于其传播方式依托于特定的电子技术，同时新闻节目也是伴随着广播电视的产生而产生的。可以说，新闻节目是广播电视节目系统中的重

---

[1]　陆定一，《我们对于新闻学的基本观点》，选自《中国共产党新闻工作文件汇编》（下册），新华出版社1980年版，p.187—196。

[2]　甘惜分主编，《新闻学大辞典》，河南人民出版社1993年版，p.234。

中之重。纵观当代媒介竞争的历史，广播电视新闻节目的竞争也是媒介竞争的重要方面。

"新闻立台"的观点如今被越来越多的传媒人所接受，媒体纷纷把大量的人力、财力、物力投入到各种新闻栏目、新闻频道中去，加大对新闻栏目、新闻频道的打造力度。作为全球首个电视新闻频道，美国有线电视新闻网CNN的成功靠的就是极富竞争力的新闻节目。如今，CNN通过全球卫星电视系统覆盖了世界200多个国家，日观众人数达到5亿之多，实现了大众传播学者麦克卢汉"地球村"的设想。

而我国广播电视新闻节目的发展历程，大致分为以下几个阶段：

1. 1958—1978年，这一阶段是中国广播电视新闻节目的非规范化阶段，此时广播新闻节目已初步开始尝试，而电视新闻节目基本还处于"新闻专题片"时期。

1958年5月，我国第一座电视台——北京电视台（中央电视台前身）正式开播，最早播出的是一些新闻片，如第一部《到农村去》就是由中央新闻纪录电影制片厂摄制的。从1960年元旦起，北京台实行固定的节目表，设立了每周三次的《电视新闻》栏目，但这个栏目还只是简单粗糙的新闻片和纪录片的组合。

"文革"开始之后，由于特定的政治、社会等多方面的原因，我国广播电视新闻节目出现了近十年的停滞状态。直到1976年7月1日，北京电视台才重新开办固定的新闻节目。1978年1月1日开播的《全国电视台新闻联播》（后简称《新闻联播》）成为真正意义上的电视新闻固定栏目，并产生巨大的效应，成为家喻户晓的传统经典电视新闻节目。

2. 1978—1987年，这是我国广播电视新闻节目兴盛与发展的阶段。1978年5月1日，北京电视台正式更名为"中国中央电视台"，并把《新闻联播》节目作为中央台电视新闻的形象标志，大力加强对《新闻联播》的重点建设。1980年4月1日，中央电视台开始通过国际通信卫星收录英国维斯新闻社和合众独立电视新闻社的国际新闻，并采用新华社稿件编发国际新闻。从此《新闻联播》成为国内、国际新闻,既有图像报道又有口播新闻,较为系统全面地固定了电视新闻栏目。

而地方台在转播《新闻联播》的同时,也根据本地区实际情况创办了一些有特色的新闻节目,如上海电视台1981年的《国际纵横》栏目便是全国地方电视台的第一个国际新闻知识节目;1983年的《国际瞭望》更是引人注目;此外广东电视台的《港澳动态》也同样成为新闻节目的佼佼者。

1980年7月,中央电视台创办了第一个评述性电视新闻节目《观察与思考》,此节目开始把镜头触及社会生活的深处,不满足于一般的动态性报道,对新闻事件、新闻人物进行深度分析,引起观众的思考。1987年《观察与思考》还率先设立了固定的新闻节目主持人,每周日黄金时间播出。

3. 1987—1992年,这是我国广播电视新闻节目逐渐走向成熟和繁盛的时期。1987年7月上海电视台推出了国内第一个社会多视角杂志型新闻节目《新闻透视》,"以真实准确、客观公正为基础,大开大合、节奏明快、宏观与微观、深度与广度结合,既有高屋建瓴的壮阔气势,又有出神入化的细微之功",形式上是大板块内设小版块,播音员主持串联,"力求现场感、对象感、参与感,充分发挥了电视优势,实现语言、画面、印象三者的综合效果"①。作为杂志型新闻节目,不仅具有动态新闻容纳不下的内容,而且具有生动的风格和深沉的思辨。

1988年元旦福建电视台推出《新闻半小时》,以敢于揭露现实生活中的腐败现象、探讨改革开放过程中出现的问题、实施舆论监督为主要特色。在制作方式上还大胆采用采、编、播合一的主持人,一改由播音员客串主持的传统做法。

《新闻透视》等栏目的出现表明了广播电视新闻节目当中开始出现杂

---

① 王一敏,《新闻透视》,选自《新闻记者》1988年第11期。

志型新闻编排方式。除上述节目外,中央人民广播电台的《午间半小时》、中央电视台改版后的《观察与思考》、山西电视台的《记者新观察》、《新闻纵横》、浙江电视台的《晚间600秒》、北京电视台的《看世界》、辽宁电视台的《本周30分》等都是比较有影响力的广播电视新闻杂志型节目。

4. 1993年至今,是我国广播电视新闻节目逐步向高层次、高品位、全方位、大型化方向进一步大发展的时期。

1993年5月1日上午7时,一个崭新的电视节目《东方时空》出现在千家万户的电视机前,这是一个集新闻性、社会性、知识性、趣味性于一身的大型综合杂志型节目,是中央电视台新闻栏目改革的产物,标志着广播电视新闻节目在总体上迈向一个新的台阶。

1994年4月1日,中央电视台在黄金时间推出了一个电视新闻评论节目《焦点访谈》。"时事追踪报道,新闻背景分析,社会焦点透视,大众话题评说",这一节目定位非常精确地表明了中国广播电视新闻节目开始向评论拓展和深化,是我国广播电视新闻节目从初级阶段向高级阶段的尝试。

第二节　广播电视消息类新闻节目

一　消　息

消息是指对新近或正在发生发展的新闻事实所做的简要报道,是广播电视新闻类节目中适用范围最广、运用频率最高的新闻体裁,分短消息和长消息。

1. 在广播节目中,短消息已经成为各级电台新闻节目中使用最广泛、使用频率最高的新闻体裁。广播短消息的篇幅有严格的时间限制,中国广播电视奖评奖细则规定广播短消息的长度在1分30秒之内。为了在这么短的时间内把"事"说清楚,广播短消息一般要求一篇稿说一件事,主题要集中,重点要突出;要让事实本身说话,一般不需要作者多发议论。要把广播消息写得短小精悍,要把握好以下三个方面:

第一,写好精炼而有味道的新闻导语。

(1)突出听众最关心的新闻要素。导语一般用寥寥数语突出最关键的事实,达到吸引听众注意的目的。因此,对新闻要素的概括不可能面面俱到,而是强调、提炼出听众最关心的"那一个"。一般而言,对于事件性新闻,导语侧重强调"何时"、"何事";对于非事件性新闻,导语主要提示"何故"、"如何",其他要素则放在主体部分交待。例如:

> 昔日穷得出名的平阴县孝直镇孔庄村,如今成了人们羡慕的对象:全村整体搬迁,家家户户住进了漂亮气派的二层小康楼。

这是反映平阴县新农村建设成果的一则短消息。导语中突出了"何故"和"如何"两个新闻要素。

(2)选择生动、具体的事实或语言。导语需要高度凝炼和概括,同时要防止抽象化和概念化。因而,根据报道内容的不同,可以描述生动的细节写成"陈述式"导语,也可以通过选择新闻当事人一两句经典语言写成"引语式"导语。

山东人民广播电台2002年12月27日播出的广播短消息《南水北调工程今天开工》,导语是这样写的:

> [出朱镕基录音]"现在,我宣布,南水北调工程开工!"
> [掌声,音乐声][压混]各位听众,现在是12月27日上午10点14分,记者正在济南市济平干渠贵平山口为您报道。随着朱镕基总理在北京主会场一声令下,世界上最大的水利工程——南水北调在山东、江苏同时开工建设。

"南水北调"工程是全面建设小康社会的重要基础设施,其开工的标志性意义不言而喻。山东人民广播电台记者在设计导语时,没有采取一般的"倒金字塔"结构,而是选取了时任国务院总理朱镕基在北京主会场宣布"开工"的讲话,使这条消息更具庄重性和仪式感。

(3)设置悬念,吸引听众。新闻导语以吸引受众为第一要义。在广播短消息导语中设置悬念,能激起听众收听新闻的兴趣和欲望。这种导语的写作要领,就是根据新闻内容中的主要矛盾,在导语里提出有针对性的、群众普遍关心的问题,构成引人入胜的悬念,以此吸引听众,寻求问题的答案。

第二,精心提炼主题。

(1)要努力挖掘可以"小题大做"的新闻主题。所谓"小题大做",也就是以小见大、以点见面的意思,就是把微观活动放在全国宏观的大背景下,进行分析、对比并形成能反映规律或本质的深度报道来。换言之,"小题大做"就是在小题目上做大文章。

(2)正确把握"大题小做"的时机。所谓"大题小做",就是把一个大题目的内涵浓缩在一点上进行表现,以使某一项活动最逼真、最鲜明、最生动、最活泼地展现在广大受众面前。

第三,注重用典型的细节来突出主题。

广播是诉之于听觉的一种传播方式,广播短消息要在很短的时间内给听众留下深刻印象,打动听众,就必须把短消息写活,避免平淡无奇、呆板沉闷。要把短消息写活,选择典型人物来反映事件主题,运用典型的细节描写来凸显主题,是一种很有效的方法,容易让听众入耳入心。

2. 而在电视节目中,消息类电视新闻一个最为显著的特点就是用客观存在的事实说话,它往往通过第一时间、较为精炼的文字、多样化的题材、新鲜而又引人入胜的内容来报道国内外、省内外新近正在发生、发现的新闻事实。它有这样一些特点:

第一时间。消息类电视新闻的制胜法宝就是一个"快"字,也就是说任何刚刚发生、发现或者正在发生的新闻事件,要在最短的时间内第一个告知观众。因此,记者应该强化抢新闻的意识,如果一条新闻报纸已经报道,广播业已播出,电视新闻再去拾人牙慧,恐怕就不会有多少观众了。特别是对突发事件的报道,由于事件发生的时间、地点都无法预知,更是检验电视台和记者应变能力的试金石。如今传媒之间的竞争"烽烟四起",基本上每个省都至少有一套上星节目,中央电视台更是有十几套上星节目。各台上星之后,节目的覆盖面就不单单是本地,它要面对的是整个中国甚至更为广阔的空间。因此,卫星电视节目的竞争日趋白热化,如果稍有懈怠,就会有落伍的危险。随着传播手段的日益完善,电视新闻在"快"字上做了很多文章。近几年来,现场直播、现场报道日益增多,每年的"两会"、以及一些重要的外事报道都实现了现场直播。

  篇幅简短。消息类新闻的任务是迅速简要地报道国内外大事,由于要抢时效,制作周期又短,这就要求电视记者一定要用最简练的语言与最典型的画面形象传递尽可能多的信息。首先,要短而精。消息类新闻往往以秒计算,要抢在第一时间播出,自然不可能像电视专题那样详细交代新闻事件的背景以及它的前因后果关系。消息可以在解说中提供新闻要素,在形象画面中表现事件过程,使新闻报道能够简洁地表现内容。消息类新闻的解说词应该是高度提炼和浓缩过的语言。其次,要短而实。新闻要用事实说话,电视新闻记者通过深入采访占有大量第一手材料,经过对事件的理性思考,将观点寓于材料的选择、安排之中,依靠事实本身的逻辑力量说服观众。最后,还要短而深。消息类电视新闻因为短小,往往会流于一般而缺少深刻的分析,这样的新闻难以给观众留下深刻的印象。而有不少非事件性新闻,要求记者具有认识社会、审视社会的思辨能力,能够立足宏观选题,从微观取材,并善于用最简练的画面与语言来表达深刻的思想内涵。

  中央电视台 2002 年日韩世界杯期间播出的短消息《韩国:"韩流"出处有"汉潮"》反映了韩国出现的学习中国文化的热潮。在仅仅 1 分

28秒的短新闻当中，作者不失慧眼，挖掘了深刻的主题，说明了当前在韩国出现的"中国热"固然与世界杯经济效益有关，但也突出反映了今日中国改革开放和经济发展对中韩关系和对世界的影响。

题材多样化。电视新闻面对的观众是十分广泛的，不同年龄、职业和文化程度的观众受其政治、经济地位以及具体环境的影响，彼此对信息的需求也各有不同。因此，消息类电视新闻要在题材上贴近群众、贴近生活、贴近实际，注意拓宽报道面，用广泛的题材吸引观众，使电视新闻真正起到信息主渠道作用。要实现新闻题材的多样化，就要求记者深入生活、深入群众、深入实际，做好调查研究，及时发现新问题、新现象、新经验，特别是加强观众感兴趣的社会新闻的报道分量。这就要求记者做个有心人，常常注意观察身边的人和事，善于从一些司空见惯的事件中挖掘出比较深刻的新闻内容。

内容鲜活。活，即活泼、生动，有较强的可视性。要使电视新闻"活"起来，必须强调遵循新闻的基本规律，即用事实说话，这不仅体现在事件性新闻报道中，同样也要体现在非事件性新闻中。实际工作中，在一些经验、成就等报道时，仍普遍存在具体事实少、万能画面多等的问题。好新闻必须用事实说话，既要有概括性的交待全面情况的材料，又要有典型的材料。电视记者还要善于用电视语言展现事实。随着社会的进步，现代人生活节奏的加快，人们对电视新闻的需求也在不断扩展、不断更新。新闻的指向是求新、求异、求快、求多，观众总是希望第一时间获得与以往不同的迅速、及时、大量的新闻信息，因此只有用准确、精练、有特色的电视语言提供最新、最快、最准确的消息，才具有竞争力。

3. 消息类电视新闻题材广泛，把世界各地、各行各业发生的新闻事件展现在观众面前。但由于时效性以及篇幅限制，消息类电视新闻在选题上也有着特殊的要求。

首先，必须报道新鲜事物。

时间新。现代电子技术的发展使电视记者具备了在新闻发生地同步播报新闻的能力,记者应该强化竞争意识,争取在第一时间向观众发布新闻。可喜的是,中国的电视新闻记者也逐渐强化了这种竞争意识,无论是中央台还是各级地方台,只要转播条件允许,重大新闻事件都可以实现同步播报。

比如荣获1998年中国电视消息一等奖的作品《巴格达遭空袭纪实》,展现了1998年12月19日伊拉克首都巴格达遭到美英第三轮大规模巡航导弹袭击的过程。中央台记者水均益站在一幢楼房的平台上,对整个事件进行了现场报道,我们亲眼看到了爆炸的现场和被火光染红的天空,也听到了猛烈的爆炸声。这是中央电视台记者首次在一线战场实拍到的现场报道,以最快的速度传回国内,当天在中央电视台播出,具有很强的时效性。

题材新。人们看电视新闻,就是希望了解最新发生的事件、社会各个领域发展的最新趋势。因此电视新闻报道提倡首创精神。记者不仅要报道别人首创的东西,更要争取报道别人没有报道的独家新闻。如北京电视台的《市长来咱家吃饺子》,报道的是北京市副市长来到危房改造后回迁新居的市民家中与居民一起吃饺子、迎新春。记者以此反映北京市危房改造取得的成绩:当年改造,当年回迁,当年入住。居民的欢声笑语,宽敞明亮的新居室,市长与居民的亲切交谈,北京5年内将完成所有危房改造的新信息,使这条新闻主题鲜明、现场感强,观众在不知不觉中感受到北京市政府为老百姓办实事的决心和诚意,揭示出党是代表广大人民群众根本利益的深刻内涵。

角度新。所谓"横看成岭侧成峰,远近高低各不同"。电视新闻报道的着眼点要多侧面、多变化,选取最有价值和最吸引观众的角度。是否善于选好角度,是记者业务水平的体现。角度,虽然并不在根本上影响新闻报道的价值,但它却起着促进或促退的作用。我们的报道,如果老是从一个角度取材,如由上而下、指导工作等,即使都是正确的、需要的,但就同"好戏不出三遍唱"一样,时间一长,雷同过多,电视观众就会感觉单调乏味。何况,我们的生活本身原本就是极为丰富多彩的。因此,改换角度,经常注意新闻的角度新,是提高新闻报道质量和收视率的一个重要方面。

立意新。一个优秀的电视新闻记者在新闻创作的过程中,在找到了"新闻由头"——也就是说在找到了新闻的新角度之后,确立整个新闻的主题即立意就至为重要了。要有好的立意,记者就必须吃透情况,深入采访,不但能从宏观上把握事件的全局,也能够从微观上看清事件的走向,要在获取大量的第一手材料的基础上,从中提炼出有新的立意的主题思想来。要有好的立意,还必须要求记者对周围不断变化的事物多问几个为什么,用充满好奇的眼睛去认真观察身边的人和事。

其次,重大事件一定要报道。重大新闻事件与当前社会生活和大众的切身利益有着密切关系,势必会引起人们关心,如政局的变动、政策的变化、战争进展以及重大经济信息等。电视在报道重大题材时,除了要准确把握导向、突出主题、时效性强、注重社会效果外,还要根据不同新闻事件的特点,精心策划,找到最好的表现形式,把电视新闻摄制得既有深刻的思想内容,又有生动、形象、可视性强的表现形式,使观众乐于接受,看后能留下深刻印象。重要的科技发明、天气的显著变化和重大的灾害、疾病等,往往也能引起读者的重视和兴趣。

再次,突发事件要报道。突发性事件也称非常事件,通常指战争、瘟疫、地震、火灾、洪灾、劫机、海难、车祸、矿难、塌桥、恶性犯罪等突如其来的重大事件。这类事件具有广泛关注度和强烈震撼力,对突发性事件报道如何是衡量新闻媒体和新闻工作者水平的重要标志之一,也是新闻媒体竞争的一个焦点。

最后,舆论监督作用。舆论监督是新闻媒体的基本职能之一,消息虽然较为简短,但仍然可以通过时效性强、题材广泛等特点实现舆论监督功能。中央电视台的《南京冠生园:年年出炉新月饼　周而复始陈馅料》、广西电视台的《南丹"7·17"事故初露端倪》这两条长消息在全国产生了巨大影响,是重量级的舆论监督优秀新闻。

二　两种报道方式

系列报道、连续报道常常是以消息类新闻的形式播出,从系列报道、连续报道的每一条新闻来看,它不是深度报道,但是从整体报道来看,系列报道、连续报道对事件、事态的报道做完整的有前因后果的阐述,每次报道在内容、思想上层层递进,这些又都具有深度报道的特点。

1. 连续报道是对正在发生、发展中的新闻事件及所追踪事态所做的及时而又持续的报道。又称跟踪报道,是在一个阶段内以时间为顺序对正在不断发展变化的某一新闻事件进行及时而又连续的报道。在消息类电视新闻节目中,连续报道的题材通常是重大的新闻事件,它往往追踪事件的最新动向进行深入、详尽的报道。连续报道的题材应是广大观众密切关注的重大事件,一般取材于不可预知的事件性新闻,整个报道大体上与新闻事件相始终。

连续报道的特点:

时新性。连续报道是在事态进展过程中的报道,时间跨度小,应是对新近发生、正在发生或进展中的事态的连续报道,在时效上要力争做到最新报道,讲求时新性。

连续性。连续性是指播出的连续和内容的连续。连续报道的根本特点不在于报道次数的连续,而在于报道对象事态本身的连续性,在于各次报道之间的有机联系,在于内容上承上启下的连续和衔接。连续报道对正在发生、发展过程中的事件进行追踪报道,每条新闻都有内容上的同一性和由此而产生的时间上的连续性。连续报道的连续性与新闻事态的空间、时间都是紧密不可分的。

完整性。连续报道从事态的产生一直追踪报道到事态的结束,从总体结构上它具有完整性,而这一结构上的完整性又是通过对新闻事态发展过程中的多次及时传播而最终完成的。因此,连续报道的完整性需要随着事件发展的最新动向而逐渐展示,而不是如系列报道那样在报道构思之初就已形成,也不是一下子就能完全展现的。连续报道的完整性和报道事态持续的时间跨度有关系,如果事态本身持续时间短,其完整性就能显现出来,如果事态旷日持久或者事态进展的结局为期尚远,则采用连续报道的方式可能会因观众兴趣的不持久而影响报道的完整性。

递进性。连续报道从报道层次来看是逐渐递进的,它以事物发生发展为依据层层递进地报道事件的全过程。不论是事件性连续报道还是非事件性连续报道,各报道都是由浅入深、环环相扣、逐步递进,最终完成整个报道。

广博性。连续报道是围绕同一新闻事件或问题进行的多次报道,在信息传达上比单条新闻具有更多的容量,因此其信息量更广博。从广博性这一点来看,连续报道的每条新闻都应以事件进展的新动向为主要内容,后一次报道在内容上要承接上一次报道但又不能过多重复前一次报道内容,重点放在事件的新进展上,尽可能把事件的时间上的纵向进展与内容上的横向开掘联系起来,向观众提供更多的信息。

显著性。由于连续报道对同一新闻事件做多次报道和多单元的集合,在传播效果上容易造成一定的声势,因此连续报道在一定时间内容易引起观众注意。报道的显著性是连续报道的重要特征与优势。连续报道的显著性决定了它的选题宜精不宜滥,一般的题材采用连续报道的方式会给人们以小题大做的感觉,从总体上反而会削弱连续报道的作用。连续报道选题一般选择重大的题材或者选择社会上大多数人注意的、直接关系到群众切身利益的题材。

未知性。连续报道是与事件发展同步的,在最后结果出来之前,事态的进一步发展具有未知性质。如申奥报道、入世报道等。

2. 系列报道是在某一特定时期内,为了系统、深入地反映某一领域的发展变化或体现某一主题,有计划有步骤地进行采写制作并在新闻节目中持续播出的报道形式。系列报道是围绕同一新闻主题,从不同角度、不同侧面所作的多次、连续的报道。与连续报道一样,系列报道也是新闻多次报道的集合,播出有连续性,因而也有信息传播的广博和传播效果的显著等特点。

与连续报道起源于西方新闻界不同的是,系列报道是我国电视新闻界的创造。系列报道起因于我国新闻报道的特定传统,题材多为成就报道,大多配合宣传需要而做,它以集中强大的声势宣传党的方针、政策和成就,以期引起社会舆论关注,产生显著的宣传效果。

在很长一段时期里,系列报道存在较浓的宣传味,形式多是画面加解说的模式,解说词大多比较概括,往往是罗列数字、铺陈经验,就成就说成就,内容比较乏味。1987年中央电视台播出的系列报道《改革在你身边》改变了这种情况,为系列报道走向成功做了有益的探索。《改革在你身边》是一组反映我国改革初期改革成就的系列报道。在这组报道中,电视新闻工作者力图改变以往这类报道居高临下宣传的冷面孔和画面加解说的老套路,从大多数人密切相关的事情入手,从老百姓身边的事情入手,讲百姓挂在嘴边的话题,说百姓看得到的实惠事,比较客观地反映了改革开放以来国家、社会、人民精神面貌的变化。《改革在你身边》以沟通交流的方法代替强硬宣传的模式,用现场报道、现场采访的手法与群众交流,在表现形式上力求自然生动,在亲切的交流中宣传改革的成就,播出以后深受社会各界好评。

系列报道与连续报道都是连续、多次报道的集合。与连续报道追踪事件发生、发展的最新走向做有序报道不同,系列报道各条新闻之间的次序看起来没有明显的事件顺序,但是在系列报道的各部分之间又有内在的规律可循。系列报道与连续报道有共性特点,但是两者又各具特色,系列报道的个性特点表现在以下两个方面:

主题同一性。系列报道大多是主题性新闻题材,它着重于通过多次报道突出体现某种主题思想、挖掘某种共性、反映具有普遍意义的状况或趋势,以引起社会舆论的重视。可以说系列报道是各集报道贯穿起来的"主题新闻"。系列报道的各集之间以同一主题为轴线贯穿起来,因此系列报道在开始运作时必须首先确立主旨,主题同一性是系列报道的鲜明个性特色。

系列报道有很强的计划性,多为配合党和政府的中心工作而进行的成就性报道,常常需要详细酝酿制定报道计划,明确报道思想,协调报道步伐。系列报道的成败与事前有无严密、正确的报道策划是密切关联的。

信息密集化。系列报道就整体来说,同样具有深度报道的信息广博、密集的特点。与连续报道的各条报道体现时间上的纵向联系不同,系列报道各集之间主要体现事件横向的、内在的逻辑关系。

3. 连续报道和系列报道的差异。连续报道与系列报道两者之间有共同之处,它们都是由多个独立报道构成的播出形式,都是持续多次的连续性的报道。但是,它们之间也存在着差异,两者的差异表现在以下几个方面:

(1) 题材选择的差异

连续报道多为事件性新闻,特别是那些突发性的重大灾难事件的报道,如《大兴安岭发生特大森林火灾》、《广东警方迅速破获"东星"轮千万元劫案》等,这些事件影响重大、需要做集中显著的连续追踪报道。连续报道反映新闻事件的起因、发展、高潮、结局的全过程。连续报道的关键在于时间上的连续性和表现新闻事态变动过程的连续性,离开了事态运动连续变化的过程、离开了对事态的追踪,连续报道也就失去了意义。

系列报道大多为典型经验报道和成就展示等非事件性新闻,多是就某一新闻主题或者某一典型事物从不同侧面、不同角度进行比较系统深入的报道。它着重于挖掘报道事物的共性,反映其普遍意义,以多次报道突出主题思想。系列报道围绕同一题材、同一主题进行,各集报道之间没有事态内容的连续性,没有时间次序的连续性,也没有事件本身的追踪连续性,只是每次播出有所侧重,分别从不同侧面、不同角度来反映事物的共性和本质。

(2) 报道时效的差异

连续报道与系列报道作为消息类新闻播出,都要注重时效性。但由于题材不同,两者在时效的侧重上又有所差异。

连续报道注重时新性,报道的时间都是"今天"、"刚刚",即每条新闻都是时间上的最新报道,而系列报道的时效所注重的是时宜性,即新闻是适合当前形势需要的报道,系列报道在采制时也要选好新闻由头,寻找恰当的新闻根据,通过它反映事实的最本质特点。

(3) 报道序列的差异

连续报道与系列报道都是一定时期内持续的报道。但在连续的次序排列上有根本性差异。

连续报道中的每条新闻都围绕同一新闻事件展开,报道要反映事件从发生到结果的流程,要不断地反映事件发展的进程及在社会上所产生的反响。虽然连续报道在事态的变化过程中有时也会从不同角度来拓宽题材,但是其总体结构仍然是按照事态发展的次序排列的,每条新闻之间存在着事态发展的连续性,甚至是因果关系。事件追踪报道的特点决定了连续报道的结构是有序的,各报道之间的次序不能任意变动。记者、编辑在采摄新闻时无法预知事件的进展,第一个报道开始后下面各条新闻的报道内容要随事态进展而定。连续报道结构上的有序性由新闻事物本身的发展变化而定,不以记者、编辑的个人意志为转移。

相比较而言,记者、编辑对系列报道的次序排列有较大的主动性。新闻工作者在系列报道方案中围绕同一新闻主题可以主观拟定选题、设定新闻播出次序排列等。系列报道在制作时多数事件已经是完成时,播出时各色材料也已准备齐全,只待按照最佳选择顺序排列。系列报道的各条新闻之间不存在上下连续或互为因果的关系,而是并列关系。

(4) 传播功能的差异

连续报道多是事件性新闻,特别是重大的灾难性事件。这类报道主要是满足广大观众对事态发展最新信息的要求,报道不仅要有结局,还要有对事件的深层次思考,需要记者以政治敏感和新闻敏感在新闻价值中寻找其宣传价值。

系列报道是具有很强指导性的正面报道,报道本身具有极强的宣传价值。系列报道这种形式十分鲜明地体现了社会主义新闻的舆论导向作用。

第三节 事件性新闻与非事件性新闻

根据新闻的时长划分,短消息和长消息是广播电视新闻最常见的两种表现形式;而从内容上说,事件性消息和非事件性消息大概可以囊括广播电视新闻的所有内容。

一 概念及基本特点(如下表8-1所示)

表8-1 事件性报道与非事件性报道的区别

	事件性报道	非事件性报道
概念	以一个独立的新闻事件为核心展开的报道。	对一段时间内或者若干空间里发生的诸多事实、情况的综合反映,揭示带有分析性、启发性的总体情况、倾向、态势和经验等。 主要反映的是事物发展变化中的阶段性、概貌性、倾向性或典型性。

(续表)

	事件性报道	非事件性报道
特点	• 时效性强 • 有明确的新闻主体 • 有开头,有结尾,有清晰的来龙去脉 • 有比较具体的原因和结果 • 时间,地点比较集中和具体 • 有矛盾,有冲突,有戏剧性	• 时机性强 • 大量材料的占有 • 比较强的综合分析能力 • 观点和角度的沉淀
通俗解释	事件性报道可以概括为发生了什么事情。	非事件性报道可以理解为出现了什么现象。

二 事件性新闻的题材取胜

题材是事件性新闻成功的基石,各种重大事件或突发事件经电视媒体及时报道,总能在社会上产生极大的影响。2003年中国发生的两个重大事件——抗击SARS和"神五"发射成功将永远被历史记录,而媒体对此的报道也将永远载入中国新闻的史册。

另外一种意义上的事件性新闻,就是对灾难性事件的报道。这类事件之所以得到媒体的迅速而完整的报道,一个非常重要的原因是在抗击SARS期间,党中央反复强调对疫情不得瞒报、谎报、漏报,一定要把人民的生命安全放在第一位。也因此,在近年来的电视新闻评奖中,对灾害性事件的报道,无论在各地的送选还是在最终的评定中,都占了相当的比例。

在事件性新闻中,还有一种题材大量存在,就是有关领导人活动的报道。电视时政新闻实现"三贴近"的关键,是使领导人形象有血有肉、亲切生动,而不再是高高在上、遥不可及。2003年浙江电视台的《小手机折射大发展》也是这样。这条消息的亮点就是"两会"期间吴仪参加浙江代表团审议时的临时插话。吴仪的问话直接并简练,相关数字脱口而出,思路清晰,干净利落,性格特征十分鲜明。而代表的对答也准确无误,精彩自然,使得整条消息一气呵成,毫无拖泥带水之感。在新一届政府"立党为公,执政为民,以人为本,求真务实"的执政理念的确立和实施的过程中,领导人的亲民、爱民、为民、利民的政府形象,将为电视新闻传播提供创新创优的广阔空间和资源。从相当的意义上说,中国政府领导人的个性特征的屏幕展现,将是新世纪中国电视新闻的亮点之一。

三 非事件性新闻的手法创新

非事件性新闻在我国的新闻传播中大量存在,但非事件性新闻的创新仍然是需要花大力气去拓展的一个领域。

黑龙江电视台的短消息《人工林里来了野生鹿》取材十分独特——人工林里来了野生鹿,彰显产粮大县成了全国第一个生态建设标兵县。为了接近天生十分警觉的野生鹿,记者在摄氏零下30度的严寒中耐心等待,镜头显得弥足珍贵。试想,"产粮大县成了全国第一个生态建设标兵县"这样的新闻,如果只是拍一些领导讲讲话、群众鼓鼓掌、放放炮、敲敲鼓的镜头该有多乏味。而冒着严寒去创作《人工林里来了野生鹿》,通过鹿去反映人的进步,这又多么自然和巧妙。

第四节 广播电视专题类新闻节目

一 广播专题类新闻节目

新闻专题是对现实生活中某些具有典型意义和较高新闻价值的新闻人物、事件、问题、社会现象进行记录、调查分析、解释、评述的一种节目形式。新闻专题报道可以生动反映事件发生发展结果及其影响的全过程,揭示主题的深刻意义,是广播新闻深度报道的主要形式之一。

1. 要设置悬念

广播新闻专题的时间长度一般在五到八分钟,有些时间更长,甚至还可以搞连续报道。如果采用平铺直叙的方式,听众会在收听中产生厌倦。如何有效抓住听众的耳朵,吸引听众的注意力,是广播新闻专题首先需要解决的问题。

不断设置悬念是一个很好的解决办法。以获得辽宁新闻一等奖的广播新闻专题《形同虚设的检查站》为例[1],当正文叙述到记者与交管部门在超限货车前方设卡拦截而超限货车却没有出现时,设置了这样一个悬念:

……半个小时过去了,仍然没有这些涉嫌超限超载的大货车的消息。难道是什么人走漏风声了吗?

由于在此之前记者已经叙述了这次采访的重要性和暗访的过程,设置悬念就使听众有了继续收听的欲望。在悬念设置结束后,记者在节目中穿插了一段话:

超限货车轻松过关,检查站形同虚设,背后的玄机到底在哪里?新闻110记者多方探查,揭秘行业黑幕。新闻110特别调查:《形同虚设的检查站》,正在播出。

这样一来,更加刺激了听众的好奇心理,促使他们继续收听,在这篇时长为8分37秒的专题中,记者共设置悬念四处,很好地吊住了听众的胃口。

---

[1] 王莹,《写好广播新闻专题的几点体会》,选自《中国广播》2010年11月,p.81。

在稿件中不断设置悬念是一种行之有效的吸引听众的办法,当然悬念也不应该过多,否则会使整篇稿件显得没有层次,每两个悬念之间的时间应该以一分半到两分钟为宜。

2. 结构要有逻辑性

在设置悬念的过程中,还应该考虑到稿件的整体效果,这就引出了新闻专题采写的第二个话题:结构的逻辑性。

在写作专题的时候,需要照顾到上下文之间的联系,注意前后段落之间的逻辑照应关系,否则容易造成结构的凌乱和失衡,使听众如坠雾中。

以新闻专题《伸向大桥的黑手》为例:先从一个施工人员阻止偷盗被打开始——工人们对盗贼的害怕——工地请来行业警察却被威胁——盗贼的嚣张气焰——盗贼来历及周边百姓的反映——公安部门长时间不闻不问。环环相扣、层层深入、结构严谨、脉络清晰,事件的叙述具有很强的逻辑性,使整篇报道浑然一体。

3. 把握细节的独特性

细节决定成败。一篇新闻专题报道,如果缺少独特而恰到好处的细节描写或细节音响,不能称之为优秀的稿件。这里所说的细节的独特性主要分为两方面:一是细节本身的独特性;二是细节音响表达的独特性。

抓住细节是写好文章的关键,而那些不为人注意却极具代表性的细节更能起到画龙点睛的作用,这些细节就是独特的。在《亲历传销》一稿的采访中,记者注意到这样一个细节:

这个阻挠采访的中年妇女,就是公司的培训课堂上受人尊敬的"省级代理",自称月收入能达到19万2千块钱。当记者报警后,这位"收入惊人"的代理马上锁上大门,搭乘一辆一元钱起价的三轮车跑掉了。

这个细节具有极大的讽刺意味和揭露性,记者抓住了这一独特细节,使听众很好地认清了这位所谓省级代理的真实嘴脸,产生了讽刺寓意。

抓住了独特细节和"活镜头",就能够使新闻大大增色,而能够利用独特的表现方式将细节呈现给听众,更能为一篇优秀的新闻专题锦上添花。同样,加入典型的、最有说服力的细节音响,见情景、见思想、见人、见物,更能充分说明主题。用好"点睛"音响,会起到以一当十的效果。当然,消息中选用细节不能多,细节一定要服务于主题。仍以《形同虚设的检查站》为例,记者采用了一种在广播新闻专题中很少使用的现场报道的方式描写了如下细节:

> 主持人:……在当天晚上5点左右,记者在东关屯检查站附近的一个隐蔽位置开始了观察。记者注意到,在一辆车牌号为蒙E23665的近20米长的大型货车带领下,共5辆车牌号都是蒙E打头的重型货车开始过关……
>
> 现场报道录音:现在又过去3辆,算上刚才那5辆一共是8辆,刚3分钟就过去8辆车,都是堆得特别的高,几乎是贴着收费口的顶儿过去的。两边也都超出了车体,这也是绝对不允许的。但是检查站现在是一个人都没有,检测重量的微机室也是空无一人。这车就这么明目张胆地过去了,确实没有任何的交通行政执法人员过问。

这样一来,就使一篇叙述式的专题有了强烈的画面感,让听众如临其境。由于表现手法的独特性,使这一细节显得更为突出,让听众有了深刻的印象。

新闻专题目前正向口语化、大众化发展,因此,作为以声音为传播媒介的广播新闻专题,更需要极力避免那种容易造成听觉疲劳的"八股式"播报法,而是应该追求娓娓道来的"讲故事"的感觉。当听众能够把一篇新闻专题当成故事来听的时候,这篇稿件就获得了成功。《伸向大桥的黑手》一文,一开篇就具有较强的故事性:

> 8月30号晚上,由中铁九局四公司承建的沈阳南阳湖大桥工地内灯火通明,几百名工人仍然在这里忙碌着,谁也没有注意到,从大桥东侧的一个角落里,几个人影拆开了彩钢隔离板,鬼鬼祟祟地溜进了工地,直奔码放整齐的万用杆件而去。这时,正在工地内巡视的劳务施工队长袁贵华看到了这几个人。正当他上前制止的时候,令人发指的一幕发生……

这种故事性的讲述方式能够一下子抓住听众,也使新闻专题变得亲切,让听众像听故事一样听完新闻,拉近了听众与新闻之间的距离。

4. 重视现场音响的真实性

包括讲话录音在内的主题音响,是广播新闻专题的灵魂,好的音响能够渲染气氛,突出主题。因此,"原生态"的百姓生活画面和现场音效、音响是广播新闻专题的生命,一篇好的录音新闻专题首先是音响的成功。有生活气息和感染力的音响,与文字自然结合,会起到相得益彰的效果。

在新闻专题《和你在一起》当中,记者采用了一段将近五秒的哭泣音响:

主持人:她说,女儿现在还不能在父母膝前尽孝,只能用自己的歌声给远方的父母送上问候。当孙菡荫的妈妈从电话里听到女儿带着哭腔的歌声时,老母亲一下子泣不成声。

录音(歌压混)

母亲:我能听出来,她用的是人家老师教她的发声方法唱的。唱的……呜……比以前有进步,……呜呜呜……

同样,老母亲的这段哭声从文字上来讲没有任何意义,但是却真实地再现了一位含辛茹苦的母亲对身在远方的女儿的牵肠挂肚,使听众感同身受,以强烈的感染力调动了听众的情绪。正是这种情绪化的音响,使一篇新闻专题变得有血有肉,给全篇带来了丰富的感情色彩,这也正是广播新闻专题的魅力所在。

二 电视专题类新闻

电视新闻专题节目是指有特定的新闻取向,以深度报道为主,综合运用各种电视表现手法,按周期、按专栏播出的新闻节目类型。电视新闻专题节目最常见的是采用专稿和专题报道的形式,可分为新闻调查型、新闻评论型、新闻评述型等,受众、内容、形式相对稳定,每一期只对一个内容进行专题报道,对事实进行深度挖掘和分析。电视新闻专题节目在后期制作上尽力做到充分完整,运用多种表现手段,使新闻事件可以更加真实,具体地呈现在受众的眼前。电视新闻专题节目可以弥补纸质新闻和广播新闻中的各种不足,让受众能够有现场感,让受众置身其中。并选取独到的高度、深度和感悟使若干看似平常、但却具有新闻价值的事物鲜活起来,使广大受众感受到它的新鲜、趣味和重要性。

如今,人们对信息的需求,促使电视行业,特别是电视新闻报道方面,要不断地扩大报道的内涵、增大信息量和加快信息的传播速度。电视新闻专题节目日常化地介入受众的经验领域,人们只能按照它们的安排接受什么、不接受什么。而电视新闻专题节目的重要性也越来越明显,新闻专题节目将音、画、文字等视听手段融为一体,通过声音、影像、画面、字幕和特技等多种表现手法,生动地再现了新闻事件,可以让受众在最短的时间内,了解到更多、更深入的新闻事实。

在我国,电视新闻专题节目的形成大约在1990年前后,它以电视述评为主要形式,在遵循新闻评论共性原则的基础上,用有声的画面语言来论证。论据是形象化的,论证则由记者、主持人和各界人士共同完成。电视新闻专题节目大都在后期制作上尽力做到充分完整,调用多种体裁、表现手段来表现细节和情节,使故事性和艺术性完美结合。而利用现代剪辑技术的不断创新,打造精品节目成为可能,这在某种程度上弥补了新闻专题节目实效性、现场感的相对弱势。

电视新闻专题节目作为电视新闻的一个种类,除具备一般意义上新闻的本质属性外,自身还有多符号性,运用图像、声音、文字等多种信息符号报道新闻事实,电视新闻与报纸新闻、广播新闻相比较,因其声形兼备、直观生动、现场感强,可把事实的本来面貌具体形象、细致入微地展现在受众者面前,使受众产生身临其境的参与感和亲近感。

评论型电视新闻专题——以揭示事物本质、提供看法、引导观众的判断和认知为特点,节目不断变换新闻评论的方式和视角,包括同期声评论、解说词评论、主持人评论、现场点评、采访评论等,评论的展开以主持人的思辨逻辑为核心,使信息的采集和选择具有很大的开放性。由于这些评论是在翔实的事实基础上阐发,具有极大的说服力和影响力。

调查型电视新闻专题——通过对观众关注的新闻事件、社会现象进行深入调查,把记者的调查经过和事件的扑朔迷离以悬念形式展开。通过叙事和调查,充分调动观众的关注热情,然后水到渠成地对事件进行分析或解决。调查型的新闻专题节目,往往在叙事中隐含观点的倾向性和引导力,通过对所追踪事件的内容、角度和重点的选择,对叙事结构、叙事材料的编排,使整个的调查即为一个分析、探讨的节目过程。

评述型电视新闻专题——是目前具体操作最丰富的节目类型。多样的新闻评论被适时运用在新闻事件的叙述过程中,力求深度化,并与叙事互补形成统一整体,有效避免形式单一所造成的节目冗长感。

当然,目前的电视专题类新闻节目也不尽如人意,主要有以下一些

问题①:

1. 时效性不强

时效是新闻的永恒诉求,新闻节目的叙事时态都强调当下性,为了吸引注意力稀缺的受众,新闻节目需要极高的"保鲜度"。如今随着传媒技术的日新月异,新闻的进行时态得以不断强化,使观众置身于随时变化的动态中。但由于新闻专题节目需要一定的选题策划时间,而一个优秀的选题必然是在新闻事件发生后,经历一段时间的酝酿,才能确定和实施。一些调查型的新闻专题节目,往往需要记者在事件发生后或是获得新闻线索后,赶赴实地调查取证、深入事件,挖掘新闻背后的新闻。这样时间跨度上就加大,新鲜度就可能会有所折扣。

2. 个性化不突出

电视新闻节目有着独特的叙述方式,借助画面、声音等多种表现元素,对新闻事件进行现场记录报道,营造出现场感,同时也在深度报道上下工夫,对新闻事件深入调查,翔实梳理,进行一针见血的评论。新闻专题节目对题材的选择、镜头的选取、画面的组接、声音的处理、情节的编排等,都直接或间接地体现着一个节目的风格,即个性。随着新闻专题节目品牌栏目的日益成熟和优化,似乎节目在操作上固化了一套叙事技巧,在一些情节安排和细节处理上,有着统一标签的痕迹,属于栏目的个性和风格有所缺失。

3. 选材偶有雷同

近年来,电视新闻出现了一些选题倾向,认为轰动、凶杀、稀奇古

---

① 周琼,《电视新闻专题节目特点及发展趋势探析》,选自《新闻界》2008 年第 4 期,p.147。

怪、有违常理的热点事件和恶性事件,就是电视新闻专题节目应该关注的新闻。很多节目大都取材阴暗面,将社会的丑恶现象和恶性事件昭然于世,使受众的猎奇心理得到满足,只在结尾象征性地加上评论。一些品牌节目的选题很多时候是有亮点、有锐气、有新意,但在一些重大新闻事件和社会轰动性新闻的处理上,仍会有选题重复和雷同,这就需要新闻人在新闻同质化泛滥时,做到"人无我有,人有我新,人新我深,人深我奇"的方式去挖掘题材,另辟蹊径,另寻角度。

第九章 广播电视主持人

第一节 主持人概述

一 关于主持人的定义

"主持"在《现代汉语词典》里的解释有两个。一个是:"负责掌握和处理",如"主持会议";另一个是"主张;维护",如"主持正义,主持公道"。《新闻工作手册》对节目主持人有较完整的定义:即在广播电视中,出场为听众或观众主持各种节目的人。主持人不是表演者也有别于新闻通讯和文章的播报者。主持人是以他自己的身份、个性直接面对听众或观众的人。主持人在节目中处于主导地位,其主要职责是组织串联一次节目的各个部分,但也直接向受众传播信息或解答问题或介绍知识或提供娱乐,总是以第一人称"我"的口气,与观众或听众交谈。

节目主持人是指在广播电视中,以个体行为出现,代表着群体观念,用有声语言、形态来操作和把握节目进程,直接、平等地进行大众传播活动的人。[1]

---

[1] 俞虹、褚克非,《中国电视节目主持人发展新论》,选自《中国会议》2004年11月,p.106。

二 主持人的分类

1. 按节目性质分类

当下对节目主持人的分类也是相对统一的,没有过多分歧。俞虹在《节目主持人通论》[①]一书中,在对陆锡初、张颂等学者对主持人的分类进行总结分析过后,认为电视节目主持人按照节目性质,大体上可分为以下几类:

(1) 新闻、评论主持人。各年龄层的成人均适宜,具有大学以上文化程度,对各方面知识均有涉猎,最好能懂外语,在主持时庄重严肃、谈吐直率、口齿伶俐、思路敏捷。应具有悦耳的音质,并且语言运用准确,普通话标准。在性别上,公众对男性主持人的倾向高于女性,但两者不存在质的差异[②]。

(2) 综艺、娱乐节目主持人。19—45岁最适宜。具有大学文化程度,擅长表演,懂乐器,知识广博,外形英俊靓丽。主持时能轻松自然、热情活泼、笑容可掬、幽默风趣,并且具有丰富的表情,口齿伶俐、思路敏捷。在语言上,应具有悦耳的音质,语言运用准确,普通话标准,而且评议能够口语化,生动灵活,与观众交流随和。在性别上,公众对女性主持人的倾向高于男性,但两者不存在质的差异[③]。

(3) 教育、服务节目主持人。各年龄层的成人均适宜,具有大学文化程度,学有专长且知识广博,最好能懂外语,特定栏目要求熟练掌握外语。外貌上,观众对其无特定要求,但在主持时应该轻松自然、亲切温和,与观众交流随和,语言运用准确,普通话标准[④]。

---

① 俞虹著,《节目主持人通论》(修订版),中国广播电视出版社2004年1月版。
② 资料来源于中央电视台《电视节目主持人职业素质评价指标体系研究》成果汇编,中国广播电视出版社1999年版。
③ 同上。
④ 同上。

(4) 体育竞技类节目主持人。19—45岁。大专以上文化程度,学有专长,知识广博,最好能懂外语,在主持时能够轻松自然、幽默风趣、口齿伶俐、思路敏捷。具有悦耳的音质,语言运用准确,普通话标准。在性别上,公众对男性主持人的倾向明显高于女性[①]。

(5) 少儿节目主持人。19—30岁,且不排除18岁以下年龄段的人。具有大专或大学文化程度,学有专长,且知识广博,擅长表演,懂乐器。富有童心和朝气,主持时能够热情活泼、轻松自然、亲切温和、笑容可掬、幽默风趣、口齿伶俐、思路敏捷。具有悦耳的音质,语言运用准确,普通话标准。在性别上,公众对女性主持人的倾向明显高于男性。[②]

2. 按主持方式分类

根据陈京生在《电视播音与主持》[③]一书中的分类,按照主持方式,亦可以解析为社会职业角度,主持人类型可以分为以下几类:

(1) 权威型。权威型主持人首要的条件是权威,他的主持应该是具备厚重的知识性和深度的权威性。他们能够使观众自然地接受信息的传递,从形象塑造上,需要有成熟、稳重的外在形象,能给观众充分的信任感,把知识、信息通过语言艺术传播给观众。如央视《新闻联播》播音员李瑞英、邢质斌、罗京等。

(2) 记者型。顾名思义,记者型主持人由"记者"和"主持人"两个关键词组成。既是记者,又是主持人。既要以记者的身份全面、客观、真实地捕捉新闻,挖掘和发现事实,又要在节目中起主导作用,对事件进行深度分析和评论,以主持人的身份串联节目、表达思想、说服观众。

---

① 资料来源于中央电视台《电视节目主持人职业素质评价指标体系研究》成果汇编,中国广播电视出版社1999年版。
② 同上。
③ 陈京生,《电视播音与主持》,中国传媒大学出版社2001年版。

中央电视台《东方时空》制片人陈虻说:"作为记者,他应该是具备艺术工作者擅长的思索、感悟、联想和开发的能力。但是记者最不能缺少的是对客观事物作出正确判断的能力,因为记者的首要职责是传播自己的新的发现,发现生活本身的那些超越我们想象的美好、复杂、深刻的规律。""要成为一个优秀的主持人,最首要的条件是,应当看他是不是一个独立而大写的'人',是不是一个拥有内涵、并在主持人这个位置上释放自如的人。主持人最后的成功体现在人格的高尚里。"[1]他们打破"照本宣科"的老模式,取而代之的是即兴式脱口秀,使电视节目的主持更具新闻现场感,如董卿、张泉灵、水均益等主持人,就属于记者型主持人的代表。

(3)老师型。老师型主持人通常出现在教育类节目中,有点"寓教于乐"的味道,能够把知识性的信息深入浅出地传播给观众,但同时也具备娱乐性,能够让观众乐于接受主持人传递出来的信息。这一类型的主持人,一个首要的要求,便是具备丰富的专业知识水平。

(4)朋友型。朋友型主持人最大的特点,便是像朋友般的交流。他们能够和观众最直接、最亲切的交流,通常出现在访谈类节目中,比如《鲁豫有约》的陈鲁豫、《艺术人生》的朱军、《非常静距离》的节目主持人李静等,都是以好友身份朋友般地交流,通过谈话的过程,把采访人物的很多细微全面的信息展现给观众,而这一过程如行云流水般自然。

(5)表演型。表演型主持人就是把表演与主持结合起来,这一类主持人通常具有一定的表演基础,能够有很好的现场表现力和掌控力。能把表演贯穿在节目中,使得节目能够更有感染力。主持人与演员,从某种程度上来说他们的工作都是要在一个"非生活"的状态下来进行工作的,他们都需要在一个规定的空间内来完成自己的工作,只是主持人不像演员那样,塑造不同的人物角色。在主持创作的过程中,需要借助

---

[1] 白岩松,《我们能走多远》,选自《现代传播》1996年第1期。

表演艺术。一个好的播音员主持人,同样也应该是一个好的演员。演员塑造的角色应当具有鲜明的性格特征,要把各种性格的特征表现得淋漓尽致,使人物角色生动鲜活、内涵丰富;主持人并不是通过表演来诠释一个角色,而是通过自己的表演来更好地表现自己,或者说是为了更好地表现节目。

第二节 广播节目主持人

一 广播节目主持人的发展

像广播先于电视发展、兴盛一样,在西方,主持人主持节目与节目主持人首先在广播节目中产生。1928年荷兰对外广播了第一个主持人形式的节目《快乐的电台》,一直到1969年主持人退休为止。在主持人节目最早兴盛起来的美国,仅在哥伦比亚广播公司的历史上就曾出现过几个不同时期的代表人物。20世纪20至30年代的汉斯·冯·卡尔登邦,"成功地开创了广播史上最引人注意的新闻广播评论的新局面,率先树立了广播评论员了不起的权威形象";40至50年代的爱德华·默罗则以出色的"现场广播报道闻名于世";而到了50至60年代的沃尔特·克朗凯特却以"一个杰出的消息综合人和解说者",而受到人们的一致推崇和敬重。

在20世纪30、40年代,广播事业的最初发展达到了辉煌时期,"在各大众传播界中,只有电台赚了更多的钱",而这也是广播节目主持人遍地开花的时候,主持人节目在广播媒介中一炮打响,各国广播同仁争相效仿。尤其在二次大战中,主战国的对外广播普遍采取了主持人形式。英国广播公司由林德里·法瑟主持对德国的广播,他富有智慧、幽默和权威性的谈吐,回旋在德国上空,吸引着无数听众;还有日本对美国广播中扰乱军心的"东方玫瑰"小姐等。但在40年代末电视出现后,广播的黄金时代便宣告结束,电视以其传播手段的优越性使其他传播媒介受到冲击,电视声像并茂,具有强烈的现场感,可以使坐在家中的接收者有一种面对面的直接交流感。70至80年代,西方的电视节目主持人已进入兴盛时期,出现了一批家喻户晓、深入人心的明星主持人和与他们相互依存的知名栏目。

从上可知,西方广播、电视节目主持人的发展是两条极不平衡曲线,前后的兴衰极其明显,在一定程度上,先进的新事物(电视)的发展占据了主导地位。与西方节目主持人发展态势不同的是,我国广播、电视节目主持人几乎从一开始就是齐头并进,竞争激烈。这种空中大战不仅表现在同类媒介间的竞争,还表现在电台与电视台之间的竞争。虽然电视具有声像兼具的优势,但电台依然不甘下风,在经过一段时间的探索后,充分发挥收音机便于携带、不受时空限制的长处,把节目办得有声有色、红红火火。

我国境内最早的广播电台创办于1923年初,中国共产党领导下的新华人民广播电台于1940年12月30日诞生。然而,在建国后30年的日子里,由于政治因素和新闻观念的影响、经济基础和技术设备条件的限制,我国直到1981年才出现了广播史上第一个以正式名义出现的节目主持人——中央人民广播电台《空中之友》节目的主持人徐曼。

《空中之友》节目很快获得了成功,它打破了长期以来大陆对台广播的生硬局面。20多天后,中央人民广播电台就辗转收到台湾听众的来信,信中对主持人徐曼表示热情的肯定,说徐曼亲切、甜美的声音"每天都在吸引着台湾1700万中国人……拨动着那些想要会见大陆亲人的台湾人的心弦"。

此后,广播节目主持人首先在经济发达区域活跃发展。广东人民广播电台在1981年4月开办的由李一萍、李东主持的《大众信箱》是继《空中之友》后的又一个主持人节目,二人对话,聊天式的可亲、可信的主持风格很快被听众认可,李一萍还被听众亲切地称为"知心姐姐"。

1986年12月珠江经济广播电台成立,这是我国广播界实行全面改革的先声,该台继承了我国广播的传统,借鉴并吸取了海外现代广播精华,适应珠江三角洲地区听众的需要,创造了一套比较完整的节目样式;大板块节目;主持人具有编、采、播、控的综合素质;主持人"提纲加资料"的现场直播(新闻和信息除外);听众通过热线电话的同步深度参与等。

这个"珠江模式"的核心正是"主持人中心制",它的诞生"标志着我国广播工作者经过几十年的艰苦摸索,终于学会按照广播的特点和规律办广播了;它标志着我国的广播电台不仅学会了自己走路,而且开始走自己的路了","珠江经济电台的有益探索,对全国广播节目主持人的发展产生了积极并具有历史意义的影响"。到80年代末90年代初,各地都拥有了有自己特色的广播节目,一批"明星"主持人也在听众中引起较大反响。

如今从中央电台到各地方电台都有许多个类型的名牌主持人节目,如中央电台《午间半小时》、《今晚八点半》,上海东方广播电台的《相伴到黎明》,海峡之声广播电台的《空中立交桥》等,同时也产生了一批有影响的著名节目主持人,如雅坤、傅成励、弘力、叶沙、陈晓琳等。

我国最初的广播节目主持人是采、编、播合作的形式,主持人一般不外出采访,主要是在播音室回答听众来信提出的有关问题,诸如青年失业问题、自学成才、恋爱婚姻以及家庭问题等。题材单一狭窄,内容大都局限于日常生活方面。近年来,主持人走出播音室,走向社会,深入生活,调查研究,现场采访,积极反映和干预生活,大大拓宽了节目题材,丰富了节目内容,增加了节目品种。到80年代后期,我国广播节目主持人队伍迅速发展,能够把采、编、播、控集于一身的节目主持人逐渐增多,并且有一大批具有大学本科、研究生学历乃至相当于讲师、教授职称的人,走进了主持人行列,初步形成了一个比较成熟的节目主持人队伍。

进入90年代以后,由于广播电视节目改革的进一步深化,综合版块——主持人直播——热线电话三位一体的节目形式的形成,以节目主持人为节目的中心环节来组织、调控、应变,使广播终于在大众传播中找到了属于自己的位置。

二 参与节目—热线直播——广播节目主持人的新出路

热线直播节目是广播主持人节目的一种新型的传播方式,由主持人播讲的内容和电话传送的内容有机地组合成一体,直接播放。热线直播是随着电信事业的发展而起步的。国外比我们早,目前已广泛采用热线直播。我国大陆最早采用热线直播的是1986年底开播的我国首家经济电台——珠江经济广播电台。该台的热线节目一问世,不仅受到广大听众喜欢,也引起广播界的密切关注。随着热线直播的推行,一度式微的广播重新焕发出勃勃生机。总之,热线直播不仅为广播带来了巨大的社会效益和经济效益,也显示了它强大的生命力。

从发展趋势来看,热线直播有着广泛的发展前景。一是随着市场经济体制的建立和健全,社会环境、思想观念、经济状况、文化素养、生活习惯也会随着发生深刻变化,而热线直播正顺应了这种变化,它随着市场经济应运而生,也必将随着市场经济发展而发展。二是电话普及率正在逐年上升,特别是移动电话、图文电话的使用,将使热线直播如虎添翼,使广播成为更加强大的现代化大众传播媒体。

林林总总、品类纷繁的热线直播,大体可以分为四类:热线点播(含竞争)、热线访谈、热线咨询(含投诉)、热线谈话。

1. 热线点播,以娱乐功能为主

具有和一般综艺节目相似的内容和结构。它已不单纯是"为谁谁点歌"、"祝某某生日快乐"为限,受众通过电话,可以直接与主持人交谈,提出或回答问题,或参加智力测验和知识竞赛,或参加游戏,还可以点播节目、自己表演节目等。这是近年来适应现代受众自娱自乐、自我表现、自我发展等需要而兴起的一种节目形式。电话形式赋予综艺节目更广泛的群众性,同时又克服了现场综艺节目需要一定直播场地的限制,为受众参与提供了更为方便、省时省力省钱的途径。同时在娱乐中又加强了情感沟通、知识评价、建议指导的色彩。

2. 热线采访,以新闻报道功能为主

利用先进的通信技术跨越空间距离,把新闻人物的心声、新闻事件进程直接展现在听众耳畔。热线采访可以有两种不同的采访方式:一是将被采访者请到直播现场,让受众打电话来提出问题,由被采访者当场回答;另一种是在不具备将被采访者请到直播现场的条件时,如距离很远或采访的内容时效性很强时,节目主持人和受众一起,也可以在直播室通过电话,对不在直播现场的被采访者进行采访。这种方式比之文字的采访报道和经过制作的录音报道,格外直接、真实、可信,并富有个性和生活气息。

3. 热线咨询,以信息服务功能为主

既有购物指南、医药指导,也有各类投诉电话,在为听众排忧解难方面架桥铺路,大显身手。它还疏通消费者与经营者、生产者的关系,并架起了群众与政府职能部门直接联系的桥梁。

4. 热线谈话(讨论),侧重于人们心理的沟通、导向、服务和教育功能

是主持人(含特邀嘉宾或专家客座主持)与听众之间,以及听众与听众之间,以平等友好的态度,以电话作为参与途径,就某一问题进行讨论,作思想、情感等深层心理上的沟通。其传播功能具有现场谈话(讨论)和录音谈话(讨论)形式所没有的两个长处:一是没有谈话场内外的区别与限制,任何一个受众只要有兴趣都可以打电话来,而真正打

电话来的受众都是有话想说的，自然实现了受众参与的广泛性与自然性的结合；二是受众打电话可以不报姓名单位，顾虑较少，因而可以讲出一些真实想法。这有利于加深受众参与的层次，有利于实现受众参与节目的真正交流目的。

电话直播节目是在广播这种大众传播媒介中糅合了电话这种人际传播的手段。因此，对节目主持人就提出了特殊的要求，热线直播的主持人除了应该具备广播直播主持人一般的素质之外，还应该充分注意到使用电话这种工具，掌握人际交流的相应要求，一些研究者把它归纳为"开放、诚恳、深入、支持、积极"。

开放。亦称"自我暴露"，是指向他人展露关于自我的各种信息的意愿。不少传播学家、心理学家都很重视"自我暴露"，认为是交流双方"增进亲密关系的主要机制"。比如在广东新闻台《家庭咏叹调》节目的一次"父母应该怎样教育子女"的讨论中，主持人向听众谈了自己的一个经历——"我小的时候，有一次问父亲'战马驰骋'的'骋'字怎么念，父亲回答说念'聘'，结果，这个字我念错了好多年，其间也听到别人不同的一些读法，但总认为父母的指点更权威些，于是，就错了好多年。这说明我们当父母的，在孩子的教育问题上，不能不注意孩子的这种心理。"主持人这种"开放"，使听众真诚地感到自己接触到一位平等相待、坦诚相见的朋友，交流的欲望和关系就建立起来了。

诚恳。指交流双方在对待态度上的恳挚和真诚，这是"建立良好人际关系，顺利开展二人交流的重要因素"。比如有的听众在打电话参与时情绪紧张，导致语言重复，逻辑混乱，让人感觉"不知所云"，这时主持人就可以帮助他提炼观点，用委婉的口气说"我想，你想表达的是……"，或"您的意见是……"，从而给参与者一个缓冲的机会。节目主持人作为主导一面的诚挚态度不仅让参与者放松情绪，也能让广大听众感受到主持人的诚意，增强对节目的信任。

深入。指交流一方对对方所述事件和情况"感同身受"。在《家庭咏叹调》一次"离婚面面观"的讨论中,一位离了婚的女士在电话中向主持人倾诉了当时婚姻生活的酸楚,很令主持人动容——"我能体会得到,如果两个不合适,强扭在一起,确实觉得很累,负担很重。"在交往中,人们总希望寻找彼此相同或相近的地方,而其中感情上的一致是交往深入与否的关键。

支持。这意味着广播节目主持人在参与性节目的交流中,须鼓励对方的交流行为和意愿,注意赞许对方正确的意见。当我们觉得有必要表示不同意时,必须注意方式。国外有些研究把这种交流的态度形象地成为"保护性交流"。仍以上面的讨论为例,一位听众在电话中谈到自己离婚以后"精神非常空虚、沮丧",这时主持人说——"我同意您的这种看法,人确实需要感情,需要精神寄托,正像我要送给您的这首歌所唱的——爱情没有错"。主持人小心翼翼的态度"保护"了交流的进行,并为随后积极的探索提供了条件。

积极。这是一种对自己和对他人都持积极的健康的情绪和心态,它既使交流者充满自信,又信任他人——交流过程中只有采取这种心态,才会紧紧地吸引着交流的双方。

第三节　电视节目主持人

20世纪50年代,美国哥伦比亚广播公司的制片人,金牌节目《60分钟》总编导休伊特,率先大胆启用富有经验的记者"主角"(Anchor)直播,明确了"主持人"的称谓。我国正式打出"主持人"字幕的电视节目是中央电视台1980年7月12日开播的《观察与思考》,庞啸作为节目组被批准出镜的5名记者之一首先作出了尝试,第一个节目《北京居民为什么吃菜难》播出后引起了强烈的反响,从而掀开了我国电视史上新的一页。

1983年1月1日,50岁的沈力在CCTV《为您服务》节目中以主持人身份出现在全国观众面前,沈力由此成为中国的第一位电视节目主持人。但当时的主持人,受传统观念和媒介生态影响,其功能并没有得到充分发挥,主持人给观众的感觉是模糊的群像,而非清晰的个体。

第一,主持人没有真正主持节目,等同于播音员。首先,从人员构成上看,当时的主持人大部分来自播音员、演员,共同的特征是音质醇厚甜美、字正腔圆、青春靓丽,只是学历修养、传媒资历、生活阅历参差不齐。其次,从功能发挥上看,当时的主持人话语权利小,对节目可控空间有限,往往是按照文稿和导播意图一板一眼播报编辑写好的演播稿,不敢越雷池半步,主持人实际上"担当的是对节目的点缀与衔接和画蛇添足般的过渡与串场的角色(杨澜语)","一场节目下来,很难听到主持人自己的声音(赵忠祥语)",于是有人调侃地把主持人戏称为"花瓶"、"摆设"等,甚至有人喻之为"没有灵魂的傀儡式的主持人(余秋雨语)"①。

第二,对主持人要求过于偏重外表形象。我国电视主持人诞生之初,受传统偏见和视野局限的影响,我国电视界和观众对主持人的观念尚停留在原始阶段,认为合格的、优秀的主持人的基本条件就是外表亮丽、普通话好,国内许多电视台招聘选拔主持人的首要条件是外形姣好、形象可人,所以选主持人就犹如选美,俊男靓女是当时选主持人的通则。1996年,崔永元第一次主持《实话实说》,让很多观众深感意外,因为相貌平平的崔永元极大地颠覆了人们对主持人的一贯印象。

第三,主持人千人一面,缺乏鲜明个性特征。与现阶段我国电视主持人千人千面、千姿百态截然不同的是,我国电视主持人诞生之初,模

---

① 尹晨芳,《关于电视节目主持人生命力的思考》,引自中国主播网,http://www.zhubo.net。

仿和共性是其显著特征，当时的主持人给人的印象多半是面容端庄、正襟危坐，甚至姿势、动作都没有太大差异。

只充当"传声筒"的主持人容易使观众产生审美疲劳和心理上的疏离感，电视的大众化和平民化要求主持人把喜怒哀乐真实的一面呈现在观众面前，给观众生动、可感的形象感受。因此到了90年代之后，主持人的个体功能开始显现出来。

第一，全面参与节目创制。著名节目主持人沈力说：节目主持人，关键在"主持"二字上；主持，就是掌握或处理的意思，就是了解和充分支配、运用的过程，主持人参与节目的过程，也是自我渗透的过程，参与越多，渗透就越多，主持人的作用发挥就越多①。主持人不仅在主持节目过程中通过串联、组织和协调等方式对节目起主导作用，而且能够介入到节目的选题、策划、采访、编辑制作中去，通过对节目整个制作过程的参与，更好地熟悉节目的具体内容，领会节目制作集体的创作意图，从而在节目主持过程中更加主动、自信。甚至有的主持人兼节目策划、编导乃至制片人于一身，这对驾驭他们所主持的节目是大有裨益的。以《一丹话题》为例，敬一丹不仅是节目的主持人，还深度参与从前期的选题到后期的编辑，主持人主动性极强。

第二，个性得到充分张扬。一个人的个性是其固有品质，是内在修养的外在表征。白岩松说："主持人必须说自己的话，走自己的路，始终坚持做'自己'，有自己的特色，才能形成自己的风格，突出自己的概念。"主持人的个性是其自身的文化修养、生活阅历、审美情趣、语言表现力、风度气质、服饰仪表等多种因素的综合体现，并因这些方面的不同大致可以把主持人分为"严肃型"、"儒雅型"、"活泼型"和"幽默型"等风格类型。白岩松的雄辩冷峻、敬一丹的亲切自如、水均益的机警自

---

① 陈爱美，《当主持人成为媒介的界面——简论电视节目主持人对电视传媒功能的延伸》，《新闻知识》2004年第8期，p.87。

信、方宏进的厚重朴实、撒贝宁的轻松洒脱、崔永元的敏捷幽默……他们主持的节目和栏目皆因主持人鲜明的个性为不同的观众群所喜爱和认可。

第三,成为节目的"控制器"。节目主持人的角色定位应该"是一台节目的串联人,处于节目的主导地位,是某个节目制作群体的中心人物"①。以谈话类节目为例,在谈话过程中,主持人要牢牢把握话题的起承转合,要善于引导话题不偏离主题,并能够营造和谐融洽的"场环境"。一些资深或名牌主持人在对节目掌控上做得比较好,如央视《艺术人生》栏目主持人朱军,善于运用自然的手势姿态、真实的感情流露、平等的眼神交流等非语言符号,来营造一种和谐、无障碍的谈话氛围,让现场观众获得心理愉悦。崔永元在主持《实话实说》时,不仅担负着引导话题、调度情绪、协调气氛的重任,而且控制着全程节奏,决定着节目的走势和趋向。在节目中,随处可见崔永元与嘉宾或观众之间你来我往、"短兵相接"式的话语交锋,现场的笑声也多半来自崔永元幽默的调侃。

第四,成为节目品牌的重要构成部分。当前,媒体竞争主要表现为品牌竞争,如品牌电视台、品牌节目。就节目而言,在节目定位、设计、形式、内容日益同质化的情况下,主持人便成为决定节目能否成为品牌的最大变数。主持人是节目品牌的代言人,是构成节目品牌的人格化符号。优秀主持人是电视台最鲜活、最具个性的品牌,不但对观众具有广泛的号召力,而且对观众的忠诚度具有重要的影响。为了强化主持人的品牌价值和效果,许多节目干脆以主持人命名,利用主持人的个人魅力打造节目品牌,如陈鲁豫之《鲁豫有约》、吴小莉之《小莉看世界》、杨澜之《杨澜访谈录》、崔永元之《小崔说事》、李咏之《咏乐会》等,这些节目因主持人而保持了固定的风格并形成了品牌。

---

① 甘惜分主编《新闻学大辞典》,河南人民出版社1993年版,p.240。

第四节 主持人的形象

一个节目要想做到成功,吸引观众、贴近观众,这就需要一个极具魅力的主持人。主持人的魅力如何体现,在展示自身形象的同时如何展示个人素质和特点并且吸引观众关注节目、喜爱上节目,是每个想成功的节目主持人和节目策划人都在不断探讨的问题。

越来越多的广播电视节目如雨后春笋般兴起,如何在众多节目中脱颖而出,不但需要好的节目策划,还需要有一位勤奋的主持人,不断提高自身素质,在荧幕前正确地找到自身定位,塑造完美的主持人形象,以自身魅力提升节目在观众心里的地位。而主持人的形象定位和塑造是在主持人自身所具备的高度的素质修养的基础上来完成的。

一、狭义的主持人形象泛指主持人具有的所有能够唤起受众一系列思想情感活动的有形因素和无形因素,包括外在形象和内在形象两个层面。

1. 从根本上看,主持人的外在形象也是其内在形象不可分割的一部分,它是主持人的男容女貌、音色体态、言谈举止、衣着打扮等外在因素,在观众心目中的总体印象,不仅蕴含着人们的判断和评价,而且最直观地体现着主持人的内在形象,为表现内在形象服务。主持人作为节目的核心内容之一,要正确理解内在形象与外在形象的关系,除了内在形象的锻造外,也应当重视外在形象的塑造。

人们常说:"三分长相,七分打扮",足以说明人的形象多半是要依赖于服装化妆这些修饰的帮助,才能达到一个使自己拥有良好精气神、气质提升并凸显、加强别人的接受度这样一个目的。我们这里所说的主持人形象美的体现有些和内容密切相关,如主持人的语言、仪表装扮、服饰形象、体态语等等。总之,主持人的形象要给人美的享受,既有利于节目的传播效果,又有利于增强美学品位,更好地锻造个人形象。

(1) 声音。声音是塑造外在形象的重要手段。主持人就是运用有声语言感染听众、展现自我的,语言是节目主持人创作也是形象塑造的第一要素。情景再现、内在语、对象感、停连、重音、语气、节奏、即兴口语表达等要素都是主持人语言美塑造的关键点,主持人要根据节目的性质、内容和节目对象去塑造声音形象。"县级以上(含县级)广播电台和电视台的播音员、节目主持人应达到一级水平,实行持普通话等级证书上岗制度。"①主持人的语言除了应当具备的规范准确、简洁凝炼、逻辑性强等等这些基本要求外,通俗易懂、形象生动、声韵和谐、游刃有余也是现代社会给节目主持人提出的发展要求。特别要提到的是,"通俗易懂"并非指倡导主持人讲"大白话",传统美学指出"美在意境",即便是听起来很通俗质朴的语言,也应当是主持人悉心创作处理过的,"在语言的传播关系方面,主持人宜取比一般观众仅'略高一筹'的平和姿态与话语饱和度出现在观众面前,而不是以指令教导的姿态或高深莫测的言辞出现;在语言开工方面,同样的内容和意图要'换个说法',以'个性化的独特角度'和'百姓乐于接受'的话语方式加以表述"②。

(2) 仪表妆容。脸型是一个人容貌美中最基础的部位。作为主持人要了解自己的轮廓,尤其是面部轮廓的形状。根据亚洲人脸型的特点,一般可以分为八种类型:三角形脸型、卵圆形脸型、圆形脸型、方形脸型、长圆形脸型、杏仁形脸型、菱形脸型、长方形脸型。其实,每个人的脸型都不一样,所以散发出的形象气质也不尽相同。中国传统美学对人的面部美也特别重视,中国古代画论中就有"三庭五眼"的说法,说的是人的面部正面观的纵向和横向比例关系,凡按照"三庭五眼"的比

---

① 漆权,《普通话水平测试与培训》,江西高校出版社 2001 年 8 月,p.2。
② 罗莉,《电视播音与主持艺术》,北京:北京广播学院出版社 2004 年版,p.160。

例画出的人物脸型都是和谐的。其实,可以通过发型和化妆来修饰脸型,协调配合、弥补缺陷。比如方形脸缺乏柔和感,做发型时应注意柔和发型;正三角形脸刘海最好剪成齐眉的长度,使它隐隐约约表现额头,用较多的头发修饰脸部;菱形脸颧骨高宽,做发型时要重点考虑颧骨凸出的地方,把额头头发做蓬松拉宽额头发量等。

主持人化妆的重点是根据节目性质、内容、背景灯光的局限、个人容貌条件和气质、所选择的服装与发型的色彩与款式综合确定的,忽略了哪一方面,整体的造型效果就受到影响,达不到塑造和谐美好形象的效果。整体说来,新闻评论类节目主持人要求妆容端庄大方,增强节目公信力;综艺娱乐节目主持人妆容相对新闻评论类节目主持人来讲发挥空间更大,可以尽可能地凸显个人风格和特质;少儿节目主持人不宜妆容过于前卫或者妖媚等等。

主持人化妆不同于生活妆和舞台妆。生活妆追求真实、自然,舞台妆则借助色彩、粘贴毛发等手段,带有夸张性地塑造人物形象。电视主持人的化妆更趋于清新、淡雅的职业无痕化妆。化妆的最高境界是"有妆似无妆",要懂得形、色、韵有机结合的原理,了解和把握观众的审美心理,恰到好处地化妆,这样主持人才能以和谐的形象出现在荧屏上,给观众以美感,加强观众的接受度。

(3) 服饰形象。主持人作为公众人物始终在前台亮相,主持人的一举一动、一颦一笑观众都会看在眼里,服饰、化妆都是塑造外在形象的重要组成部分,特别是主持人的衣着服饰更是观众注意的焦点,它好像一种无声语言,无时不在诉说和描绘着主持人的气质性格、文化修养等。服饰的选择决不能随心所欲,也要根据节目的特点、风格、主持人的年龄、个性、观众的审美心理特点,不同的背景、环境选择恰当的服装,努力塑造理想的外在形象。大体说来服饰的选择遵循三个方面:服从节目需要;符合个性与个人风格;注重服饰品质。

(4) 体态语。主持人要想准确地表情达意,仅仅依靠口头语言是不够的,还必须借助另一种辅助性语言——坐姿、手势、体态举止等体态语言和道具。一个成功的主持人不仅需要观众理解他的有声语言,更精彩的是要让观众体味他的无声语言,并让观众能在不同的场合下正确理解这种信号,可能的话使观众从他的形体语言中领悟到一些无法言传的微妙情感。体态语有有意与无意之分,动态与静态之别。当面对摄像机的时候,主持人不仅通过语言和观众交流,他的每个表情、动作、服饰乃至每个符号都会被数以万计的观众所看到,准确顺畅的目光交流、恰当而又丰富的面部表情、必要的手势表达和大方、自然的姿势及体态,都是主持人有声语言的有机配合。①目光语。空洞、游离、闪烁不定、左顾右盼的目光给观众的感觉一定是不好的,作为一名优秀的电视节目主持人一定要学会用目光与观众交流,既不太热,也不太冷,太热有不稳重、做作之嫌,太冷有冷漠之感。有提字器时要注意眼珠不要跟着字幕移动。②表情语。一个人的喜怒哀乐、思想情感等等一系列微妙的变化都能从表情上呈现。主持人面对观众的基本表情状态应该是微笑,这种微笑应该是发自内心的,而不是"做"出来的,唯有发自内心的情感表露才能真正地感染观众,切忌缺乏诚意、强装笑脸。一个优秀的主持人善于控制自己的表情,使之与有声语言的内容、语气、情绪相吻合。③手势语。手势语也是主持人体态语中的一个重要因素,它自觉或不自觉地配合表情语、目光语和有声语言,吸引观众,使表达更生动更到位。一般说来,新闻评论类节目主持人的手势语不宜过多,幅度不宜过大,否则会显得轻浮不稳重,影响观众的信任感;综艺节目的主持人手势语则要舒展,不宜过于死板,不宜小里小气;少儿节目主持人手势语要生动传神,要热情活泼;气象节目中需要利用手势语做指引用的,要注意手势指向的准确性和手掌的舒展。手势语的运用特别强调场合和对象,指指点点、过多过于复杂的手势都是应当避免的,另外要注意有些主持人拿手持话筒时会翘兰花指,也是不大方的表现,应注意改正。④姿态语。电视节目主持人在主持节目时,有三个常规姿态:坐着、站着、走着。大方得体应该是体态语传递时的总要求。"坐要有坐相",主持人坐时要双肩放平放松,腰背挺直,坐在椅子或沙发前端,身子略向前倾,女性主持人的双膝必须靠紧,做到挺而不僵,而谈话类节目主持人即便要与嘉宾和观众互动,呈现一种比较放松的坐姿,也要保持松而不懈。而不论哪种站姿,都要保证自信挺拔,上半身保持挺直,下巴内收,肩膀放平,臀部不能翘起,忌歪脖、斜腰、挺腹、屈腿。走姿的原则更可以用四个字来表述:轻盈潇洒。

外在形象是自身条件的直观体现,同时也是内在形象的间接体现。自身形象塑造是一门主持人应当花时间和精力来修炼的课程,我们必须承认,一定要通过化妆造型、服饰配饰等等这些外在的手段来烘托气质,令观众充分感受到主持人的形象美。外在形象塑造不像内在形象塑造那般需要时间的积累和沉淀才能展现,只要细心注意每一个细节,外在形象的改变可以有立竿见影的效果,因此每一个主持人对外在形象的塑造都应当好好把握。

2. 内在形象包括思想素质、人文修养、业务素质等方面,每一个主持人都应该努力加强自我修养,塑造自己的内在"美",打造良好的内在形象。内在形象的塑造离不开生命本身,主持人在素质、气质、修养等方面的塑造,不能离开自身外在形象的特点,应该寻求一种外在美和内在美的完美结合。

(1) 思想素质。主持人处在大众传播媒介的特殊位置,主持人的美不仅具有美化人体的一般意义,而且具有传播需要的特殊意义,主持人透过自己的专业角色直接实现着自己作为公众人物的社会影响力,观众有理由对主持人形象提出理想的、期盼的、完美的境界要求。作为一名合格的主持人,必须具备强烈的社会责任感和较高的思想政治水平。正如我国播音界泰斗张颂老师说的:"政治水平、思想修养、政策观念、新闻敏感,作用于整个播音创作活动,决定着全部播音技巧的运用,是播音创作成败与否的关键。"①

(2) 文化素养。"上知天文下知地理",只有具备较高的文化素养、拥有较为全面的知识体系,才能把握好稿件,深入理解,从而进行播音再创作。"一篇稿子,有时甚至是一个字、一句话,想要表达准确,都必须有深厚的知识积累作为支撑。"②当然,良好的文化素养绝不仅仅指文化知识、理论水平,它应该是主持人驾驭各方面的知识、人文科学等以及对未来社会发展的预知能力的综合。良好的文化素养不是一朝一夕能拥有的,只有依靠日积月累的学习。

(3) 丰富的生活阅历。不管主持人是否有意,他总要在节目中表现自己的精神面貌、个人感受和经历经验。我们经常说由内而外,这个词语用在主持人身上尤为恰当。主持人在节目中与观众直接交流,观众有各种疑问、质疑和期待,如果主持人没有一个良好的心态和丰富的生活经验,就会影响自己对事物的客观判断,从而影响到自己的创作成败。艺术源于生活,唯有丰富的生活阅历,方能使人真正沉淀,把生活经验融入主持创作,才有真情实感。最终达到全神贯注、气定神闲、从容不迫、不卑不亢、知冷知热、收放自如的状态。

总的来说,不同类型的主持人应该针对电视节目需要和观众的需求,结合自身外在形象的要求来塑造个人的内在形象。比如新闻评论类节目,它要求主持人有端庄稳重、成熟知性、端庄睿智的形象,这就需要主持人侧重提高自己的思想政治素质,加强专业知识的学习,要努力培养自己对新闻对客观事件的判断能力、思辨能力和把握能力,尤其注重气质的培养,令观众产生足够的信任感;综艺娱乐类节目,它要求主持人有充分的风趣、机智和幽默感,这就需要主持人与时俱进,关注当下社会热点和流行风潮,再不断提升自己的才能。有

---

① 张颂,《中国播音学》,中国传媒大学出版社2003年1月第2版,p.39。
② 同上书,p.40。

时候要结合表演、模仿、歌唱艺术等特长,形成独有个性的气质。综艺节目主持人要有"逆生长"的能力;教育、服务类节目,要求主持人不断加强专业知识的学习,因为他需要有丰富的知识作为内在的支撑,培养一种专家型主持人应具备的涵养性气质;服务类节目的主持人要亲切、懂生活,着重培养自己的亲和力和加深对生活的感悟力;体育类节目则绝对要求主持人不断提高专业知识,提升采访能力和编辑水平,保持对体育事业的热情与热爱,与观众同呼吸、共命运;少儿类节目主持人与服务类主持人特别需要一个共同的气质:亲和,一个有爱心、有童心、有耐心,拥有积极生活态度的少儿节目主持人才能受到孩子们的接受和喜爱,同时要不断学习新事物,掌握不同时代、不同时期儿童的需求和心理。主持人只有具备了与节目和外在形象相适应的内在形象设计,才能把节目的传播发挥到极致,使主持的节目信息,得到观众最大的认可。

由此,电视节目主持人根据自身特点和条件,根据节目类型正确设计自己的最佳内在形象,是主持人成功树立内在形象的第一步,也是至关重要的一步。电视节目主持人自己独特的世界观、人生观、道德观、审美观及文化修养、生活阅历和创造才能等自然素质,对树立主持人内在形象共同起着决定作用,每一位想在主持行业有所建树的主持人都应首先从内在形象塑造做起,了解"美"的内涵,在平时的生活中注重积累、多多感悟,努力将自己的形象丰满、有深度,使之历久弥新。

二、广义的主持人形象不仅是自身形象、职业形象,更是社会形象与媒介形象。

主持人的公共形象是观众对其外在形象和内在形象的总体评价,是主持人外在形象和内在形象的统一体。作为一个社会人,主持人比普通人更被人们关注。作为"公众人物"的节目主持人的一举一动,对公信力无疑有着不可低估的影响。广大观众对"公众人物"言行需一致的要求决定了节目主持人不应自损形象。中国老百姓崇尚"以身教者从,以言教者讼",嘴上说的与行动对不上号,必遭人唾弃。而且根据公共关系学中的"晕轮效应"原理,人们对一个人的某种特征形成好的或坏的印象时,更倾向于据此推论该人的其他方面的特征。2008年知名主持人方宏进涉嫌诈骗的案件一经披露,公众一片哗然,为什么民众不接受其个人角色与期望角色形象有如此之大的差距?主持人本身到底应该形神分离还是灵肉合一,公众到底对他们的期望值有多高,这都是社会表演学研究者应该帮助解决的难题。

社会表演学"既能帮助人们解释、规范、改善社会表演,也能从种种良莠混杂真假莫辨的表演中识别虚假的表演"①。而将之运用到主持人形象塑造上,更要理清社会表演学理论的三大矛盾②基石:

1. 表演者的自我与角色的理想形象。作为镜头前与镜头外广泛与人交流联系的社会角色,主持人要么选择个人形象与职业角色理想形象十分接近的生活,如那些受人尊崇的名嘴,把做人的原则与工作的原则合二为一,生活即工作,工作即生活,个人形象甚至与职业角色重合,不需要通过任何社会表演的技巧来缩小自我形象与理想角色之间的差距;另一种选择则是勇敢承认自我形象与理想角色差距甚远,但通过社会表演的技巧有效地在公众前掩盖了差距,真正做到生活和工作完全分开。前一种选择可操作性不大,因为作为社会人的一份子,主持人自身有太多的社会生活和因素的影响,就像上文所提到的名主持人涉嫌诈骗的案件,金钱、利益等欲望的驱使致使记者们在社会生活中忘却自身的社会角色要求;后一种选择是当下大多数节目主持人的选择,但绝大多数人并非有过表演训练的科班出身(目前仅在上海戏剧学院、中央戏剧学院这些专业院校的主持人专业才有表演课),因此缺少系统

---

① 孙惠柱,《社会表演学与和谐社会》,www.wfnews.com.cn,2006年4月3日。
② 孙惠柱,《规范VS自由:社会表演学的哲学探讨》,《人类表演学系列平行式发展》,文化艺术出版社2007年11月版。

的职业角色培训及社会表演技巧的训练，仅限于在口头表达、仪态表情等浅层次内容的训练上。

2. 表演的前台与后台。在主持人的前台，我们都会看到热情大方、亲切平易的外在形象，还有端庄的气质、丰富的学识和敏锐的感觉，这是主持人职业赋予的角色形象。曾经在某地方台的一档唱歌节目中，主持人介绍完歌手之后退下，却忘记关话筒，导致台下观众听见了主持人之间偷偷对歌手的评价，顿时主持人的后台"前台化"，且与之前展现的前台形象大相径庭，这是主持人职业角色的前后台转化中的负面效果，是主持人社会角色的前台与后台矛盾的最大化。

在主持人的表演训练当中，有个词"放松"很重要，要求主持人在前台如同在后台一样轻松自如地应对各种现场情景。就像对职业演员的训练一样：首先肌肉松弛自如，注意力集中，有角色意识和形象真实感，掌握行动的技巧，能有机地合乎逻辑地在话筒或镜头前进行积极的行动，在行动中能熟练地运用表演的基础元素，如倾听、交流、判断、联想、行动等，这是对主持人最起码的基础要求。所以，主持人在前台的"放松"实际上是一种内紧外松，是建立在对职业本身的角色认识和设定已经十分完备和全面的建构基础之上的，主持人应对个人本身与社会角色的差距了然于心，在前台全面规避自己后台形象中的一些瑕疵，这样才能真正给观众带来主持人正面和完美的角色形象。反之，任何毫无准备的懈怠的放松都会造成主持人形象在前台的坍塌，如上文提到的，观众在顷刻间知晓了主持人个人对参赛选手的真实评价，并对照之前的介绍，由此产生的不信任感急剧增强，此主持人之前塑造出的角色形象便大打折扣。

3. 事先准备的脚本与现场的即兴发挥。主持人的前期准备工作与演员极为相似，尽管主持人脚本不是虚构的，但脚本包括了主持人和编导对整个现场的预测和准备，需要确定哪些是观众熟悉的人和故事；确定什么是观众想进一步了解的；盘点材料，整合信息，并对材料的真实性进行确认；确认信息量是否丰富充足，是否需要补充；主持或播报的话题顺序；甚至还包括危机预测，对突发状况的估计和预防准备等等，这些都是主持人工作的重头戏，需要形成全面完备的书面提纲，就是主持人的脚本，它是建立对真实事件的整理加工基础之上的整个主持过程的依据。

但是，电视行业进入直播时代之后，直播节目的逐渐增多，必然会遇到不可预料的场面的出现：访谈形式及广播热线、短信互动的频繁采用，对语言的组织和运用也提出了更高的要求；以及综艺、娱乐、益智类节目中主持人与嘉宾、与受众大量的语言互动，更需要临场即兴鲜活的思维和语言反应。优秀的主持人不仅需要"被迫应变"，利用敏捷的反应和机智的处理化险为夷，转危为安，更应该"随机求变"，面对偶遇的外界刺激，作出积极的回应。

此时，主持人手中的脚本已经不能完全应付这些突如其来的变化，那么，主持人长期的角色定位和表演训练就必须发挥作用。一个优秀的主持人除了他先天的形象声音条件优秀外，深厚的文化艺术素养、丰富的生活经历、过硬的主持技巧、良好的职业道德，以及熟练的社会表演技能，在这个时刻就要全部展现出来。对于个人形象与角色设定之间的差距认识，争取统一还是合理规避；前台展现何种形象，获得什么效果，面部表情和肢体语言传达何种信息，情绪控制和情感的把握等，这都是主持人的社会表演训练的主要内容。

从外部训练来看，主持人的表演元素训练体现在节目的创意编排，主持节目的语气、节奏、停连、重音、语速、表情、气息、技巧和体态上，这些都是可以靠后天努力和长期训练获得良好的效果的，但无论演员或是播音员主持人都应该具有"表演"意识，培养出积极的表现欲和良好的控场能力，这是从个人角色意识和塑造完美前台形象的目标出发的，只有通过内外结合的社会表演技能训练，主持人才能真实准确、随机应变地把信息很好地传达给观众，体现这一媒介角色的社会功能。

第十章　广播电视谈话类节目

第一节　广播谈话类节目

在广播节目形态中,谈话类节目是比较受听众喜爱的一种节目形式。听众之所以喜爱这一广播节目形式,是由其特点所决定的。广播谈话类节目具有以下明显特点:

一是直接性。广播谈话类节目的参与对象是在节目播出中由导播接入播音室与主持人交流,因此,谈话交流的内容是未确定的。

二是个体性。电视谈话类节目参与的嘉宾往往是多人,可以根据谈话内容和现场的需要来设定人数,而广播谈话类节目参与到节目中来的对象则往往是一人。

三是主观性。广播谈话类节目主持人在做节目前,与谈话对象彼此不熟悉,电视谈话类节目则不然,电视谈话类节目的主持人与嘉宾对于选定的话题要做前期准备工作;节目中,围绕话题来作各自的阐述。广播谈话类节目中,由于主持人与参与对象之间要谈的话题事先未作沟通,所以,在节目中他们表达的所思所想,个人主观色彩比较强。

四是互动性。互动性是广播谈话类节目一个显著的特点。主持人与谈话对象互动交流的情况如何,直接关系到节目的质量。主持人要善于引导谈话对象,并且要善于将话题引向深处。这样形成的互动,才能更好地体现广播谈话类节目的特点。

五是感染性。广播谈话类节目对听众的感染和影响是一个循序渐进的过程,听众随着谈话内容的不断深入,会慢慢地进入情境,融入其中。

众所周知,广播表达方式相对单一,没有画面用来分散听众注意力,加之听众很容易对长篇累牍的谈话内容产生听觉疲劳。那么,如何制作才能把听众吸引进有一定时间长度的谈话节目当中呢?

首先,选择合适的话题是节目的核心要求。选题好坏直接决定了一期节目的质量高低,因此要把握选题内容是不是百姓"最关心、最热点的问题"。作为广播谈话类节目,要避免"假、大、空"的议论,反对哗众取宠的观点,定位要准确。对于那些普通听众关心的、街谈巷议的"家常事"要给予足够的关注。相关专家也认为,由于节目中"权威观点"说教得太多、平易近人的说法太少,"高高在上"的宣讲太多、交流互动的太少;本意是希望大家各抒己见,结果却导致节目可听性不高,听众感觉乏味。

广播比电视更具有灵活性,在节目中可以随时加入最新信息。在选择话题的时候,不必刻意考虑话题的新鲜感,一个好的话题,可以从几个不同的侧面来说。今天意犹未尽,明天继续探讨,完全可以延续两三天的后续报道。这就需要我们把握话题的参与度,分析话题可能引起听众关注的几个角度,不怕话题旧,就怕话题说不透。

其次,生动活泼的表现形式是节目的外在要求。广播不仅仅是声音的艺术,更是一门内涵丰富的社会艺术。尽可能地利用各种表现方式,会为我们的节目增色不少。在编辑时,我们注意围绕主题请记者采访、连线嘉宾访谈、采用电视的视频同期声,让观点多元化。有时候一段新闻事实如果用连线、录音的效果做出来比主持人陈述要"给力",那么我们就要想方设法把它"丰富"的内容展现出来。简单地说,就是以故事的方式传播新闻、以播新闻的角度讲述故事,这也应该是处理广播谈话节目所需要的技巧。

此外,随着新媒体技术的飞速发展,节目也要不断利用新技术增加与听众交流的渠道,要善用采用各种互动方式,如短信互动、热线电话、微博在线交流等,还可以在网上同步直播节目的音频。在新媒体时代,通过多种方式让听众对新闻事件和新闻人物进行品评,引领听众走近新闻事实、探讨共同关注的问题与现象,这样听众就成了节目的主体,而且,这种"立体"的互动方式也是大家乐于接受的。

最后,主持人的素质是节目质量的"精神内涵"。节目主持人拼到最后靠的是什么?靠的是主持人的文化底蕴。而节目内容便是主持人思想的"外化"。新闻谈话类节目除了要在内容上下工夫,更需要通过主持人的正确引导。这就要求主持人除了具备良好的政治素养、深厚的文化功底之外,还要具备一定的个性魅力和声音魅力。最主要的是拥有"广阔的胸怀",一种心灵深处对人的尊重和理解。谈话类节目需要主持人展现自己的个性特色,在节目中重视引导,客观、真诚地面对受众。主持人应该是话题提示者、参与者,而不是主讲者。要在谈话中有自己独特的观点和客观立场,就需要主持人在录制每一档节目前,认真做好准备工作,包括"腹稿"和文字稿件,从节目的策划、结构的起承转合以及现实背景等方面做足功课。只有充分备稿,主持人才能在节目中游刃有余、充分发挥。

第二节 电视谈话类节目

电视谈话类节目指的是主持人与访谈对象就预先设定的话题在演播室进行讨论,节目现场的受众可以自由提问或发表个人意见,同时接通热线接受场外受众的电话参与。访谈中的嘉宾既可以是与所讨论话题有关的政府官员、学者、专家或社会知名人士,也可以是普通的社会大众,他们是在主持人的引导之下将话题即兴展开,所谈的内容通常在相当程度上能引起公众的兴趣与关注。谈话类节目在西方叫做"talk show",一些港台娱乐媒体则将其翻译为"脱口秀"。

脱口秀可以追溯到 18 世纪英格兰地区的咖啡吧集会,集会上人们可以畅所欲言谈论各种社会问题。20 世纪初,随着广播的产生,越来越多的民众加入到这一新媒介,谈论的话题所涉及的范围更加广阔而繁复。只是那时的脱口秀大都是一言堂,即由某个领域的专家向听众发表观点,听众只是倾听而不参与。从 1933 年开始,随着电视艺术的不断发展,越来越多的观众有机会主动参与到讨论中。自 20 世纪 80 年代起,脱口秀成为一大时尚,对社会的影响越来越大,已经成为一道独特的文化景观,一把解读西方社会政治、经济、文化的钥匙。尤其是在美国,各种各样的脱口秀节目占到电视节目总量的 40%,成为了一种记录文化与社会巨大变化的载体。

我国的 talk show 开始于 1993 年上海东方电视台播出的《东方直播室》,它的出现意味着电视谈话类节目正式登录中国荧屏。1996 年 3 月 16 日,中央电视台《实话实说》开播,它不仅成为当时影响最大的电视谈话节目,还在全国掀起一阵谈话旋风。它为人们提供了一个相互沟通的场所,让人们在其间自由讨论某些问题而引起全社会对这些问题的关注,由此建立了一个全国性的谈话系统。此后各地电视台纷纷开播谈话节目。如黑龙江电视台的《北方直播室》,凤凰卫视的《铿锵三人行》,广东电视台的《岭南直播室》,北京电视台的《国际双行线》,广州电视台《夜谈》,湖南卫视的《新青年》,东南电视台《午夜相伴》等。据统计,目前全国大约已经有 180 个谈话节目。

谈话类节目在我国的产生和发展有其深刻的社会原因。一方面,改革开放 30 年来中国社会发生巨大变化,社会转型给人们带来了困惑,面对各种各样的选择,人们迫切需要加强交流和加深理解;另一方面,随着媒体竞争的日益激烈,特别是网络时代的到来对电视节目收视率产生了巨大冲击,电视节目的发展面临着严峻的挑战,要想获得较高的收视率就必须突破已有的传播观念。电视节目的创作者逐步认识到,只有调动受众的兴趣和广泛参与,才有可能获得并保持较高的收视率,而电视谈话类节目这种新型大众传播方式,能让主持人与嘉宾、受众在一种和谐、民主的氛围中自由谈话,对受众体现了充分的尊重与关注。加上节目本身针对性和时效性较强,往往针对社会热点作为讨论主题,或以新近发生的新闻(社会新闻、娱乐新闻等)所引发的社会争议作为节目由头,这些都有利于引发受众的兴趣。

从不同的角度,可以对电视谈话节目进行不同的分类。从谈话形式上,可以按主持人、嘉宾、现场观众的人数分为:一对一,一对 X(两位及两位以上嘉宾),一对 X+Y(多位观众),或者 Z(两位及两位以上主持人)对 X+Y 等多种;从参与人数和节目规模上,可以分为小型与大型两种;从栏目定位及话题对象方面看,又可分为青年、老年、妇女、球迷等多种类型。同时,从节目的内容和性质等方面,我们可以对目前知道的电视谈话节目进行如下的分类:

(一)话题类电视谈话节目。这类节目以大家普遍关注的话题为中心,由主持人、嘉宾及现场观众共同参与探讨。这类节目以中央电视台的《实话实说》和《文化视点》为代表。它们每期设置一个话题,如《实话实说》的广场鸽话题、《文化视点》"关于相声创作问题",都请有关专家和观众来发表意见,谈切身体会。不求观点一致,允许意见相左,在争论和对话中让大家听到各种不同的声音,使观众能结合个人感受来加以评判,是这类节目的魅力所在。

(二)人物类电视谈话节目。这类节目是为观众介绍一个或多个有个性有影响的人物为主,通过主持人与节目主角人物的对话,让观众充分了解他的人生、他的思想,了解他在事业上的成就和对于理想的追求,以他的性格精神来感染观众。中央电视台《东方时空》中的一些《东方之子》栏目和《读书时间》中与作家的谈话,应该属于人物类电视谈话节目。

(三)新闻类电视谈话节目。这类节目是就新近发生的典型的新闻事件为内容,请有关人士介绍事件的前前后后,分析其中的来龙去脉,尊重观众的知情权,让大家了解"应该知道"的事情;或者就某些局势动态,请有关权威人士给观众介绍相关背景及战略方针。中央电视台军事栏目在海湾战争和北约轰炸南联盟期间,曾请专家介绍战争局势、双方力量对比、各自战略方针及战争预测等问题。

(四)评析类电视谈话节目。这类节目在我国的体育节目中较为常见,如中央电视台在各类球赛转播期间,常常会邀请有关专家与主持人一起对比赛双方的力量、策略、表现等方面进行评述分析,帮助观众了解整个比赛和体坛动态。中央电视台不久前开播的《精品赏析》栏目也源于评析类电视谈话节目,他们每期关注一部作品(或晚会或电视剧或其他),请有关主创人员、专家、观众一起探讨其得与失。评析类谈话节目以欣赏为主,依附于电视作品和资料素材,由感性到理性,从而帮助观众完成完整的审美过程。

就目前情况来看,电视谈话节目的内容已涉及方方面面。除有以上几种类型外,还有知识类电视谈话节目、娱乐类电视谈话节目,以及服务于生活的各类谈话节目。娱乐类电视谈话节目一般以娱乐界明星为对象,以主持人的引导甚至是巧妙的提问手段,让明星们倒出腹中的酸甜苦辣、幕后秘闻和一些本不愿公开的隐私,以满足电视观众的好奇心。这类节目虽然也是以人物为主,也介绍人物的一些生活经历与感想,但目的却是为了娱乐大众,所以可以称作娱乐类谈话节目。

不管怎样对电视谈话节目进行分类,都赶不上电视栏目的飞速发展、千变万化。且不说以后电视谈话节目会如何的种类繁多、形式多样,单单是目前的电视谈话节目的类型,也非以上分类所能包容。在实际运作中,以上类型的谈话节目往往是相互交叉、相互渗透,往往是你中有我、我中有你,难以截然区分。如台湾电视栏目《非常男女》和湖南卫视《玫瑰之约》一类的电视"征恋"节目,既是话题类电视谈话节目,又可算是娱乐类电视谈话节目。因为他们每期都有关于婚恋的话题,但同时,那些青年男女侃侃而谈并不是为了当众寻觅"白马王子"或"白雪公主",只是为了展示青春形象和个人风采,这已经是公开的秘密。甚至连"名花有主"的人也曾稳坐台上,煞有介事地把"绣球"抛来抛去。从这点儿上来讲,这类节目归于娱乐类谈话节目更合适,因为当事人中很多人并没有把"征恋"当真,大家只是在玩、在乐。

电视谈话节目就是传播主持人与被访者、嘉宾、现场观众进行语音交流过程的节目。优秀的谈话节目其成功要素主要有以下几点:

1. 节目定位要准确。这个问题是电视节目赖以生存的基础,节目定位准确,就有生命力、影响力。中央电视台的黄金节目《焦点访谈》1994年4月1日开播,至今仍然受到社会各界的关注和赞誉,其中一个原因就是定位准确。节目定位也有一个不断完善优化的过程,这和主办人的认识能力提升,观众需求发生变化,党和国家形势发展的需要等都有关系。《焦点访谈》定位是时事追踪报道、新闻背景分析、社会热点透视、大众话题评说。在这个定位下,坚持以正面报道为主的方针,精心选择题目及素材,开始一段时间舆论监督的报道偏多,对社会进步起到了很大的推动作用。之后根据形势任务的需要进一步加强了正面报道,同样得到了观众高度评价。中央电视台《艺术人生》的核心定位是"用艺术点亮生命,探讨人生真谛",展开说来就是访谈艺术家是怎样追求艺术,用艺术塑造自己的一生,从而挖掘艺术家人生的真实境况,进而让这些光环闪烁的明星大腕走下舞台,走进普通百姓生活,以聊家常的方式讲述他们的生命轨迹,讲述他们的七情六欲,讲述他们的酸甜苦辣,讲述他们的悲欢离合。这样势必与观众产生共鸣,激荡情感,产生吸引力和影响力。由于定位准确,所以这个节目经久不衰,颇受欢迎。

2. 谈话话题要精选。精选话题要具有新闻价值，新闻价值的要素包括真实性、重要性、新鲜性、显著性、接近性等。一个话题不一定具备所有的新闻价值要素，一般具备两三个就可以了。当然新闻价值要素具备得越多价值就越大，新闻类的访谈节目价值要素具备就多。中央电视台的《焦点访谈》的新闻价值就大，所含的价值要素就多。识别新闻价值的基础就要增强新闻敏感性。新闻敏感性是节目主持人专业素质的重要要素及专业精神的体现。没有新闻敏感就不可能当好节目主持人。新闻敏感源于具有强烈好奇心职业激情，有了这种职业激情就能发现新闻、识别新闻、选择新闻、传播新闻。职业激情的培养离不开政治水平、思想水平和知识水平的提高。只有具备了这方面的高素质，才能站得高、看得远，洞察新闻现象的潜在新闻价值，挖掘出具有强烈新闻价值的新闻来，才能具有独到的认识角度，做出与众不同的访谈节目。

3. 主持风格要鲜明。主持风格是主持人在主持节目过程中显现出来的独特性，越独特则越鲜明，唯有鲜明才具有影响力和吸引力，才能得到观众的喜爱和青睐。主持风格的形成与主持人成长过程中的主客观因素紧密相关，其中主观因素起决定性作用。主观因素往往着重表现在主持人的个性特征上，阅历对个性形成有着重要作用。朱军的平实、真诚而又不失适度幽默的风格是与他的军旅文艺兵的"锤炼"分不开的。不同的节目对主持人的风格有着不同的要求。如新闻类的节目要求主持人端庄大方、平实简洁；民生类节目则要与百姓平等亲近，具有亲和力；情感类节目与调查类节目的风格要求是有明显差别的。王志在《面对面》节目中是刻薄、尖锐、层层逼问、步步紧跟，这种风格去主持情感类节目显然是不合适的。

主持模式的同质化是造成风格特色不鲜明的问题之一，需要加以避免。比如在人物访谈节目中，通常是嘉宾到场，从最近的情况挑起话题,而后就回忆过去的辛酸往事、坎坷经历,进行煽情,让在场的观众与嘉宾一样悲伤,再说说是怎样艰苦努力,克服了困难,战胜了不幸,取得了成功,观众报以热烈的掌声。这种模式化、套路化形式单调呆板,造成观众早有预感,形成反感。主持人也被固有模式所束缚,遏制了创作激情和思路,没有特色,也就没有自己的风格。

  主持人的主持风格也需要不断地创新和优化,长期不变的主持风格观众会产生审美疲劳。解决的办法之一就是主持人对自己的风格进行优化创新,甚至是改变风格。另一方面,在激烈的市场竞争者,电视台的节目会不断地更新,这就要求主持人与时俱进,适应节目变化调整自己的主持风格。主持人就要加强学习,更新知识,优化整体素质,增强敏锐性、观察力;主持人增强适应性,还要注意满足受众的主观要求,满足受众的期望。现在的观众新闻素养越来越高,因此对节目的要求越来越苛刻,对节目主持人更加挑剔,期望值更高。作为主持人就要了解受众的心态,让自己的水平素养与他们保持一致,甚至要高于他们,这样才能使自己的特色风格适应受众需要,达到预想的传播效果。

  4. 相互交流要真诚。现在访谈节目几乎是遍地开花,中央省市甚至是县级电视台都在着力打造访谈节目品牌,访谈节目的主线是主持人与嘉宾观众交流,这种交流是否成功关键在于是否真诚。有些主持人之所以主持的节目缺失人气,甚至招来非议,其中一个主要原因就是感情虚假,缺乏真诚。要想具有真情实感做访谈节目,首先要树立以人为本的思想,在传播活动中贯穿以人为本的思想,或者说是要把以人为本的思想作为指导,需要做的工作很多,其中一个重要方面就是要对访问对象一视同仁。现在一些访谈节目眼睛盯着明星大腕、高端白领,忽视了贫民和弱势群体,形成了传媒歧视。主持人应当承担社会义务,成为普通百姓的代言人,就应当关注他们、同情他们,与他们平等相待,这样就有了真诚的思想基础,也能够用自己的节目推动社会进步,构建社会和谐。其次在访谈中要善于倾听。有些主持人在访谈中只顾自己独往独来,忽视了访谈对象的情感与思路,随意打断对方话语,强行变化访谈角度、话题思路,这种现象应当给予纠正。

第三节　美国优秀的脱口秀节目

一　《奥普拉·温弗瑞秀》

《奥普拉·温弗瑞秀》是全球最为知名的脱口秀节目之一。1984年,奥普拉·温弗瑞在芝加哥主持 WLS 电视台的脱口秀节目《芝加哥早晨》并迅速走红;第二年,节目更名为《奥普拉·温弗瑞秀》(The Oprah Winfrey Show)。1986 年,奥普拉成立了自己的制作公司,该节目在全美首播,不久便成为全美脱口秀王牌节目。

从 1986 年 12 月 8 日到 2011 年 5 月 25 日最后一期,这个节目在 25 个年头中,播放了多达 3000 多集,平均每周吸引 3300 万观众,连续 18 年排在同类节目的首位,并在海外 100 多个国家和地区播出;同时,它也是美国历史上播映时间最长的日间电视脱口秀节目。《时代周刊》把它列入了 1998 年至今最好的美国电视节目清单,而著名电视网站 TV Guide 也把它列为 2002 年以来的 50 大电视节目。

《奥普拉·温弗瑞秀》从其实践策略上分析,它的成功并非偶然。

1. 节目定位:以电视情感类谈话节目为主要定位

首先,节目受众定位明确,在众多美国谈话节目中占有独有的受众份额。基尼·格雷厄姆·斯科特(Gini Graham Scott)将美国电视谈话节目归纳为四种类型:第一,新闻—信息节目,包括早间新闻—杂志节目、新闻讨论和分析节目、新闻讨论、嘉宾访问和观众通话节目、黄金时段纪录性—杂志节目、小报式新闻和访谈节目;第二,杂要—喜剧—访谈节目,包括深夜滑稽访谈娱乐节目、观点访谈娱乐节目、清晨时事访谈和娱乐节目;第三,人际关系、自助、心理和日常生活节目,包括以个人困境和失调的人际关系为娱乐的节目、更严肃的个人问题和自助心理学节目、更严肃的人际关系和日常生活节目;第四,为特别观众制作的特别谈话节目,包括理财与经营顾问节目、宗教和神灵启示、观点及访问节目、与运动、宠物或其他主题相关的其他特别节目①。

《奥普拉·温弗瑞秀》创办之初受到 20 世纪 70 年初女权运动的影响,将目标受众主要定位为独自在家的主妇和老人。《奥普拉·温弗瑞秀》的定位集中在人际关系、自立、心理分析和日常生活类节目中,这类节目作为当今美国数量最多的谈话节目,有着极其广泛的受众群。其他一些美国较为有名的脱口秀节目多将定位集中于新闻信息类节目与综艺、戏剧采访类节目之间,例如《拉里·金现场》、《今夜》和《热拉尔多·里韦拉》,一定程度上与《奥普拉·温弗瑞秀》形成了一种错位竞争。

其次,保持自己的特色,将传播普世价值作为节目的主要特点。美国的情感类电视谈话节目主要内容是人际沟通、心理问题以及明星情感访谈等。除了《奥普拉·温弗瑞秀》之外,较有影响力的还有《杰尼·琼斯节目》、《杰瑞·斯普林格秀》等。但以后两者为代表的节目争议较大。《杰瑞·斯普林格秀》活泼、热闹,表演性强,以话题劲爆出名,其内容多涉及同性恋、第三者等主题,在美国虽有影响力,但同时也被冠以"垃圾节目"的称号。《杰尼·琼斯节目》将不正常的古怪事物和有问题的现实人物作为关注的对象从而一度大行其道,但随着性暴力之类的话题增多,这类节目很快被正派的人们视为新的社会不安定因素而变得臭名昭著。

《奥普拉·温弗瑞秀》以沉静、温馨的倾谈为特征,同时诉诸理性与情感,在美国的情感类谈话节目中是观念较为正统的节目。所以 20 年

---

① Gini Graham Scott,《脱口秀——广播电视谈话节目的威力与影响》,苗棣译,新华出版社,p. 273—275。

来,《奥普拉·温弗瑞秀》在谈话节目的收视份额中一直能名列前茅。奥普拉认为:"一个好的脱口秀应该发人深思,引进一个新思路,也许在你绝望时给你一点希望,使你有一点受到鼓励的感觉。"①在《奥普拉·温弗瑞秀》中,不乏性、暴力等敏感话题,也常常邀请"另类"平民,比如吸毒者、堕胎者、家庭暴力者、同性恋者,但是节目之所以没有沦为美国人眼中的"电视垃圾",在于它极为重视收视率与普世价值之间的平衡。一方面,在选题的选取上,奥普拉节目注重具有社会普遍性的选题,并不刻意为迎合受众而走选题边缘化路线;另一方面,在话题展开的方式上,主持人奥普拉也不是一味去揭露由这些敏感话题而引起的隐私,而是以解决问题的态度贯穿整个讨论。比如在一期讲述青少年遭遇约会暴力的问题的时候,奥普拉节目不仅邀请了十位左右遇到相关问题的少女们,也邀请了她们的妈妈。节目通过告诉母亲们孩子们遇到的这些困难,督促和警示母亲们以后应该多关注这样的问题。

2. 议题设置:多而不杂,紧扣受众定位

作为一档以人际关系等情感分析为内容的访谈节目,《奥普拉·温弗瑞秀》在选题上一般以话题型为主,关注性、虐待儿童、减肥困难、缺乏自信等与普通百姓生活息息相关的现实问题,试图通过对典型事例的探讨和分析,给人们提供一种指导性的建议。此外,家庭生活也是《奥普拉·温弗瑞秀》的关注点之一,在节目中经常讨论关于理财、安全、装修等话题,为人们提供帮助和参考。该节目话题性较强,往往是一些有争议性或轰动性的事件,或是一些令人困惑的心理问题。因此,节目往往会邀请一位心理专家,帮助嘉宾解决自己的困惑,并提供一些建设性的意见。

---

① Upfront Goes to Zip—A—Dee—Doo—Dah Lunch with Oprah, Chicago, November 1985, p. 16.

按照选题涉及的层面来划分,《奥普拉·温弗瑞秀》的选题可以分为个人、生活方式以及社会三个层面。其中社会问题层面的选题主要以突发事件为主,占 55.6%;其他的选题分布在医学、法律等方面,选题的集中度比较高。选题的高集中度来自于节目较为明确的受众定位。所以,比起一些国家政治问题,节目更关注和平民息息相关的社会问题。一些突发的重大事件(如 911 事件、辛普森杀人案、哥伦比亚校园枪击案)以及一些有争议性的、影响广泛的社会问题(如艾滋病歧视、黑人歧视等)都是奥普拉节目关注的焦点。例如,在 911 事件之后,《奥普拉·温弗瑞秀》的目光聚焦在 911 中死者的亲人们身上,讲述他们悲痛和坚强的经历。对于其目标受众群——妇女和老人们而言,911 带来的最为直接的伤害是失去亲人,所以如何开导人们,帮助人们走出 911 的阴影是一直以家庭生活为关注点的奥普拉节目选择的议题。

3. 节目形态:力求拓宽节目形式,丰富节目形态

奥普拉节目不局限于传统谈话节目主持人与嘉宾面对面谈话的方式,而是力图使得节目形态多样化。

第一,奥普拉节目打破了传统谈话节目"只说不做"的特点,喜欢走出演播室,将其与真人秀模式结合。比如,有帮助一个具体的对象解决她实际的生活问题,实现她的某个梦想(比如"今天我是公主"系列)的,有帮助一个群体去让他们警醒某个生活中容易忽视的问题(比如提醒妈妈们管好自己的小孩不被陌生人带走)的,也有在减肥、家居装潢上去指导、动员大家的,甚至其在后来还开设了家居装潢系列节目,每期节目邀请来著名设计师帮助一家人改造居住环境。

第二,奥普拉节目对于嘉宾有"后续报道"的意识。以嘉宾马蒂为例,马蒂是一位罕见的肌肉型疾病患儿,要靠轮椅和非常复杂的辅助设备生活。他写了一本诗集,一生中最渴望亲眼见到两个人,一位是吉米·卡特,一位是奥普拉。后来的三年,他经常是奥普拉的嘉宾,直至

小男孩去世。通过"后续报道",记录嘉宾更为长久的生活以及生活中不同阶段的变化,使得故事更为完整、更具感染力;另一方面,也使得嘉宾和主持人互相更加熟悉。主持人与嘉宾的主宾关系表现在:作为主人,主持人使嘉宾成为节目的亮点和观众关注的焦点;作为主人,主持人让嘉宾感到友好、亲切、温暖①。通过几次的节目,主持人和嘉宾之间建立起更亲密和信任的朋友关系,也让观众对嘉宾建立起更好的认同感和亲切感。

第三,《奥普拉·温弗瑞秀》善于结合新闻调查的方式来使得选题变得更有深度。除了通过传统的谈话节目的形式对普通人进行专访以记录历史的特殊时刻,《奥普拉·温弗瑞秀》试着将新闻调查类节目与谈话类节目相结合,去理清事情的来龙去脉,拓宽谈话节目的形式。比如辛普森案件宣判时,奥普拉节目请来了辛普森的亲戚和很多观众全程期待宣判结果,随后在宣判结果出来时,两方人在现场辩论,随后奥普拉请来了律师进行逐一采访,剖析了案件宣判的前因后果。通过与新闻调查方式的结合,传统的谈话节目能够更为灵活地处理一些有争议性的社会类选题,使得节目更具有新闻性和信息性。

鲜明的节目定位、有特色的议题设置以及多样化的节目形态使得《奥普拉·温弗瑞秀》并不是一个刻板严肃的教育节目,也没有沦为低俗的、一味揭露隐私的娱乐化节目。奥普拉·温弗瑞的帝国所打造的每一个产品都能将精神辅导与实践激励结合,将内心的唤醒与资本主义的实用方法结合②。节目的成功在于其从节目理念上符合了美国当代以女性为主的特定人群的情感需求,并运用极其强大的综艺包装手

---

① 钟新,《美国电视脱口秀主持人特征分析》,《中国青年政治学院学报》2000 年 7 月第 19 卷第 4 期。

② Practicing Oprah ; or, the Prescriptivecompulsion of a spiritual capitalism, Kathryn-Lofton, Journal of Popular Culture, 2006. 转引自谢思,《试论美国脱口秀节目〈奥普拉·温弗瑞秀〉的实践策略》,选自《中国电视》2011 年第 4 期,p. 75。

段使得节目不断具有可看性。《奥普拉·温弗瑞秀》与其他的美国谈话节目比起来，其价值观更加正统，政治倾向更为淡化，其成功的原因值得国内的情感类谈话节目参考。

虽然《奥普拉·温弗瑞秀》结束了，但是她继续投身到自己名下的电视网主持新的节目。奥普拉拥有自己的团队，不仅制作电视节目，还有网站、《O》杂志和读书俱乐部。同时，她与"探索频道"（Discovery）隶属的美国探索通信公司合资成立了"奥普拉·温弗瑞有线电视网"（OWN），该有线电视频道于2011年1月正式投入运营，奥普拉掌握了该频道50%的股份，掌握了超过10亿美元的个人财富。美联社的评论说，20多年来，奥普拉"统治"日间电视节目，影响公众生活，向人们传达"通过努力改变现状"的生活态度，呼吁人们助人为乐。而奥普拉本人及《奥普拉·温弗瑞秀》的成功无疑也给众多媒体人以启示。

二 《艾伦秀》

《艾伦秀》（The Ellen Show）是时下美国CBS电视台的一档热门脱口秀，以主持人Ellen DeGeneres之名而命名。这是一档于2003年9月推出的日间电视脱口秀节目，以主持人Ellen DeGeneres轻松诙谐的主持风格备受青睐。

艾伦生于1958年1月26日，是美国著名脱口秀喜剧演员、电视节目主持和演员。她是历史上唯一一位主持过奥斯卡（Academy Awards）、格莱美奖（Grammy Awards）和艾美奖（Emmy Awards）的主持人。作为电影演员，她出演了《Mr. Wrong》、《EDtv》和《The Love Letter》，她还因在《海底总动员》中为Dory的配音而被授予"土星奖最佳女配角"，这是第一次也是唯一一次有声音的表现赢得了土星奖。她还出演过两部情景喜剧，她已经赢得了十二个艾美奖和无数因慈善努力的其他奖项。在最新公布的福布斯全球最具影响力女性100强名单中排名第十。在2010福布斯全球100名人榜中，更是超过布拉德·皮特及大卫·贝克汉姆等明星,位列第 23 位。

她最著名的作品之一就是《ELLEN》(艾伦/艾伦和她的朋友们),这是美国广播公司从 1994 年 3 月 29 日至 1998 年 7 月 22 日制作的电视情景喜剧,共五季,109 集。Ellen 凭该剧获得 1995—1998 年艾美奖喜剧类最佳女主角提名。

另外一个就是著名的脱口秀节目《The Ellen DeGeneres Show》,2003 年 9 月 8 日首播,前五季录制于 NBC Studios,之后几季录制于 Warner Bros. Studios。这个脱口秀赢得了 31 座艾美奖。艾伦通过独特的轻松、自然、坦诚、诙谐、幽默的主持风格与滑稽有趣的节目环节继续证明着这个节目作为日间脱口秀的领导者地位,该节目因彰显人道主义而获得好评。该节目已筹得超过 1000 万美元帮助了重建地区、校园恐吓、乳腺癌等公益事业。由于 Oprah Winfrey Show 的停播,使得 Ellen Show 成为全美最炙手可热的电视谈话节目。大牌明星作为访谈嘉宾更是吸引了众多眼球,在全美热播。

谈话节目需要坚实有力的策划与写作班子,需要主持人强大的感召力以及节目营销能力。在美国,90%的谈话节目只能坚持第一季便被取消。但是《艾伦秀》,从开播至今,美国 CBS 在周一至周五的上午 11:00 播出,却能保持收视率一直居高不下,是有它独特的成功秘诀[①]的:

第一,播出季的运作方式使《艾伦秀》的制作精益求精、提高观众期待值。在美国,每年 9 月中旬至次年 4 月下旬这段时间是无线电视网所划定的一个黄金播映季节,也就是所说的 season"季"。映"季"的划分主要有三个重要原因:一方面,自 9 月秋季开始,天气转凉,黑夜转长,人们减少室外活动,而增加电视收看时间;另一方面,9 月起,美国

[①] 乔卫,《电视创作的必然法则——〈艾伦秀〉的成功秘密》,选自《视听》2012 年第 7 期,p.36。

的学生们返校上课,重新开始有规律的生活,因而开机率及收视观众规模均大幅提升。据尼尔森数据显示,秋季期间美国的电视观众比夏天增加10%以上。这个不小的收视增量百分比使得跨度近7个月的播映季节成为美国各无线电视网全年电视播出的重中之重。所以,在内外因素合力作用下,9月就成为美国无线电视网的"新年",是他们绝对不可错过的放映黄金季节。

《艾伦秀》在美国CBS周一至周五的日间播出,从2003年9月8日开播至今,目前《艾伦秀》是第九个播出季,2012年是这个栏目踏入1500期的年份,也就是说一年当中,《艾伦秀》一个播出季只有半年的时间在播出,一年当中的其他时间是栏目组休整、策划、制作的时间。按"季"播出的模式有如下优点:(1)播出季制度促进观众约会意识的形成,提高观众期待值。以映"季"为单位进行节目播出,无形中会在电视节目和观众之间形成一种约会意识。这样,每到9月份,观众就急切地等待着屏幕上好戏开演;特别是对经典剧目,大伙儿更是苦"盼"了整个夏天。如此一来,一到映"季",观众的注意力就自觉、自动、自然地转向映"季"的电视剧和栏目上。(2)播出季制度有足够的时间对栏目做出适当的调整和创新。每一季《艾伦秀》播出之后,栏目有数月的休息时间,在这个时间里,栏目成员可以有时间去反思自己的工作,并把节目进行微调整,包括布景、内容、版块等,不断的创新元素使观众时刻保持着新鲜感,保持着关注度。(3)播出季制度充分张扬品牌节目的品牌效应。收视高的电视节目,其品牌号召力可把大量观众固定在某个频道的某个时段,从而相应地带动此时段的广告价位。这样就促使电视企业不断追加投资,一方面尽可能地延长品牌节目的寿命,另一方面不断扩大和加深品牌节目的知名度和影响力,从而赢得更多的广告收入。

第二,提前策划使《艾伦秀》在受众群体中保持持续的公关温度。在播的第九季《艾伦秀》已经在做第十季的节目预告了,可以说,《艾伦秀》的前期策划是非常到位的,这个和西方电视人工作的习惯有很大的关系，很多制作公司和电视台播出剧集的编排和制作预算都是提前一年完成策划。电视栏目的策划其实就是对栏目进行筹划、计划或打算，其本质是超前性和创造性。电视节目的策划做得完美，就可以判断、预览节目的整体发展趋势，并达到全面构思，设计实施计划，选择可行性操作方案。

而艾伦也经常在节目中说，他们的栏目组所有成员每天早上都会开会，对所要录播的节目所有环节都会提前过滤，可以说，《艾伦秀》在节目生产和运作的过程，前期策划和中、后期策划都是非常到位的。

第三，节目内容和方式的多样性使《艾伦秀》更具有可看性。与《今晚秀》的主持人乔伊·雷诺一样，艾伦的职业生涯也是从 Stand-up 喜剧开始的，喜剧的元素和欢乐的色彩渗透在《艾伦秀》中。《艾伦秀》比其他白天脱口秀节目更活泼多样，它有意识地避免了主持人晚间脱口秀节目的固定模式：高高在上庞大的桌子、嘈杂的乐队、混入效果笑声等。除了重磅的人物采访之外，每一期的《艾伦秀》都包含了三到四个环节，有音乐表演、普通人的温情故事和各种小游戏。

艾伦在节目中使用了DJ，用音乐让现场活跃起来。在每期《艾伦秀》的开场白之后，艾伦与现场观众共舞来拉开序幕是该节目的一大特色。开场白包括本期节目即将播出的主要内容，有的时候还包括新闻事件的评论，甚至是节目内容所设计的小包袱等。开场白之后，艾伦告诉DJ："让我们跳舞吧。"她从舞台上舞动着到观众席中，观众跟着鼓掌、摇摆、跺脚，再从观众席跳着回到舞台。每个观众都随着艾伦兴奋地舞动，可以说，这2分钟的序幕是《艾伦秀》成功的关键，它决定了未来一个小时的录播节目松弛的气氛。

好莱坞的一线明星可以在《艾伦秀》的演播室中做任何事情：骑自行车、喂秃鹰、展示孩子的照片……詹尼弗·安妮斯顿甚至与艾伦讨论怎么放卫生纸最合适。普通人也经常是节目中的主角。有一次，一名贫穷的黑人女孩把艾伦视为自己的偶像，她成立了慈善网站以互相帮助的模式帮助了很多贫穷的家庭,在她考上大学的时候写信给节目组,希望节目组能帮助她渡过难关,艾伦马上送上了一辆汽车和一万现金来支持这个女孩子。节目现场从布景到氛围,既像女主人温馨的会客厅,又像孩子的游戏场。一度,艾伦的妈妈经常出现在节目中,妈妈离开洛杉矶后,节目还特意保留了"妈妈椅子",只有特殊的嘉宾才可以坐。艾伦会在节目中展示她用树枝做的鸟巢,也会在嘉宾弹钢琴的时候,趴在琴盖上。一次,她穿了件与男嘉宾一样颜色的 T 恤,故作惊讶地说:没想到我们穿同样颜色的衣服,更没想到我们的尺码都是一样的,包括胸罩的尺寸。

在美国传统的 Stand-up 喜剧中,幽默与嘲讽如影随形。想尽所能嘲讽他人,调侃自己,刺激观众的脑神经,使观众从他人的可怜境遇中得到愉悦,这几乎是其固定模式。然而作为主持兼制片人的艾伦,对节目的风格与内容做出最终的决定。她说:"这个世界充满了恐惧与不安。我希望这档节目展示积极、美好的一面,让人们享受快乐。"《艾伦秀》的风格打破了这样的基调并使很多人感到意外,原来 talk show 还可以这样做:游戏、舞蹈、快乐与笑声以及艾伦温和、善意的幽默构成了《艾伦秀》宽松、舒适的居家风格。在洛杉矶的摄影棚中,每个年龄段的现场观众,都被艾伦朋友般的温暖所感染,似乎录完节目就可以和她一起去喝一杯。

第四,被采访人物的多样性和话题性。《艾伦秀》的节目内容包括了人物和话题都很丰富的人物访谈,他们中的大部分是明星或者焦点人物。在《艾伦秀》刚开播的时候,受访人物比较单一,以娱乐明星为主,在收视率和职业责任感的双重驱使下,《艾伦秀》除了在节目形式上做出不断的调整外,被邀请的嘉宾涉及的范围也在原有的基础上得到了扩大。只要是有故事、有话题的时下热点人物,观众想要了解的人物都可以列入被邀请的行列。人文关怀的气息更重了,也更加贴近和关注人的精神层面了,这是《艾伦秀》在众多的访谈类节目中始终受到观众喜爱的重要原因。

进入《艾伦秀》的采访人物很多都是重量级的,有时代变革的风云人物,如美国总统奥巴马;有备受关注的公众人物,如富家女希尔顿;有新闻事件中的焦点人物,如英国足球明星贝克汉姆;有新闻话题中的权威人物,如美国前总统克林顿。他们因为非凡影响力而进入到《艾伦秀》,而《艾伦秀》让他们更为观众所了解,让他们更具有社会影响力。

第五,主持人艾伦丰富的人生阅历和幽默的风格构成了《艾伦秀》独特的魅力。所有的脱口秀节目都是以主持人为中心设置的。美国最知名的谈话节目女主持都有着属于自己的风格,以此赢得受访者,赢得受众。奥普拉·温弗瑞通过倾听痛苦使被采访者释放压抑,并给予安慰和疏导,被誉为美国人的"心灵女王"。奥普拉最擅长的是对边缘、敏感话题的控制能力,在分寸的把握、客观的提问中渗透了奥普拉的经验阅历、人生智慧与道德评判。芭芭拉·沃尔特丝则是另一种类型。她提问犀利,毫无顾忌,并且可以胜任从政治到娱乐界各种人物的采访。

艾伦不像芭芭拉·沃尔特丝,也不像奥普拉,她亲和随意却又出言谨慎,善于挖掘与珍视他人的优点,既保护自己,也不去伤害别人,这是《艾伦秀》的采访风格,也是她的生活态度。有人说,这些态度的形成与她的生活经历有着密切的联系。艾伦这样一位注重策划、制作精美、重视宣传、充满个人魅力的个性主持人,以其轻松诙谐的风格创造了谈话节目的神话。

三 美国优秀脱口秀节目带来的启示

1. 重视品牌经营,提高节目知名度

电视节目市场化是大势所趋,建立品牌栏目便于观众把流动收视转化为指向收视状态,培育受众对栏目的惯性选择和对品牌的忠诚度。所以,在市场竞争中要取得优势地位,电视节目必须讲究品牌策略[1]。如何经营品牌,可以从三点考虑:首先,坚持栏目化原则,坚持节目的稳定性和持续性。《奥普拉·温弗瑞秀》从节目诞生到结束,25年中一直由奥普拉·温弗瑞担任,而且节目也有其稳定的播出时段,稳定的节目样式和节目风格很少有大的改动。这种栏目化原则有利于培养稳定的观众群,这是其收视率一直稳居榜首的一方面原因。相对而言,我国的电视节目经营的时间不长,却屡有更换主持人、调整播出时间、栏目改版的现象发生,这种方式很容易引起日趋稳定的节目受众的反感,导致收视率的下降。

其次,加强对主持人的包装。主持人是谈话节目的核心,是影响收视率的重要元素,主持人的知名度决定了节目的知名度。奥普拉·温弗瑞一直是美国最耀眼的明星之一,曾当选全美50名女强人之一、20世纪最有影响力的人物之一,并荣获奥斯卡最佳女配角提名。2007年9月,她还参加了美国总统的竞选,美国伊利诺伊大学甚至开设了一门专门课程专门研究她,称之为"美国文化现象",想必知道她的人很少不知道她的节目。另外,节目以主持人的真实姓名命名,不仅提高了主持人的名声,也提高了节目的知名度,同时凸显出节目个性化的特征。对此,中国的节目也有借鉴,如《鲁豫有约》、《杨澜访谈录》等。另外,我们应该利用媒体的自身优势,通过网络、电视、报纸等多种渠道加大对主持人的宣传。

最后,注重对节目的宣传。在国外,很多电视谈话节目都是现场直播的,但国内很少有现场直播,因此,在节目播出前对节目的宣传显得非常必要。在各个媒体上对即将播出的节目进行预告,提前告诉观众下期节目的嘉宾及精彩内容,既增强了受众的栏目收视期待,也造成了我们收视心理上的传播优势,凸显了品牌栏目风范。另外,除了保证高

---

[1] 彭小萍、盛安陵,《论〈奥普拉·温弗瑞脱口秀〉给中国谈话节目发展趋势的几点启示》,选自《安徽文学》2007年第2期,p.153。

质量的内容体系外,一个节目应有一套个性化的醒目的节目标识,既能展现节目的风格,又能凸显节目特色,《奥普拉·温弗瑞秀》、《实话实说》、《往事》等在这方面都做得很好。

2. 挑选魅力主持人,突出主持人的作用

主持人在谈话节目中尤为重要,是整个谈话节目的引导者和调控者,一个好的节目主持人预示了节目一半的成功。可见,为节目挑选合适主持人的重要性。一个有魅力的主持人应当具备以下能力:

谈话局面的把握能力。谈话节目主持人首先要明确节目的定位,要全程参与节目的制作过程,理解把握节目的特点。首先,是对谈话的走向,深度与节奏的控制,充分行使好话语权,引导谈话的顺利进行。《奥普拉·温弗瑞秀》节目定位为生活类,所以她的节目定位就是平民化,受众多为家庭中年妇女们,她如邻家好问事的大婶一样,亲切自然的主持风格,将真实的嘉宾展示在观众面前。但中国谈话节目中有很多定位不准或是主持人在说话过程中与节目定位脱节,甚至在一些精英谈话节目中选择很多庸俗的话题与嘉宾进行沟通。再者,对嘉宾的把握能力也是主持的关键环节。奥普拉·温弗瑞在与嘉宾做节目之前,从不详细策划谈话的步骤,她通常先充分了解嘉宾的情况,然后在现场与嘉宾进行真诚的沟通。她在很认真地听完嘉宾的讲话后,会很有针对性地利用谈话内容把主题步步深入。但是,在国内现行的谈话节目中,存在着不少的勉强沟通、虚假沟通以及无效沟通①,很多主持人无法控制谈话内容,在节目中东扯西拉,完全没有主题,观众看得也不知所云。另外,就是对现场观众的把握能力。目前,在中国的谈话节目中,现场观众资源是一个极大的浪费。

---

① 李瑛,《奥普拉·温弗瑞的传奇人生与主持风格》,选自《新闻爱好者》2005 年第 10 期,p. 13。

很多节目都没有突出他们的作用。现场观众只是成为现场的一种摆设或者传声筒,引导嘉宾说下去的一步而已。但在《奥普拉·温弗瑞秀》中,奥普拉·温弗瑞非常善于对现场观众气氛的调动,参与她节目的观众通常非常积极地和主持人或嘉宾沟通,在她的鼓励下很真实地表达自己的想法,在她节目中还出现过现场观众给她打耳洞的事情。正是因为观众的积极性、主动性和创造性使得她的节目更有真实性和感染力。

主持人的内涵。相比于中国,美国的谈话节目更注重主持人的内在魅力,而不是外在形象,奥普拉·温弗瑞、大卫·莱特曼、强尼·卡森这些著名主持人,都是把脱口秀当终身职业,而不仅仅只是吃青春饭。观看美国的谈话节目,常常会被主持人风趣的言语,突出的个性所感染和打动,同时又深深叹服于他们学识的渊博和见解的深刻。相比之下,我国现在仍然存在着大量的花瓶主持,极其缺少适应谈话节目的专业化主持风格,在知识结构和社会阅历不成熟的情况下用低俗的幽默去吸引受众,导致了节目的庸俗化。因此,我国应积极培养一批拥有专业素质的个性主持人,如鲁豫、杨澜、崔永元等,为中国谈话节目注入新的活力。

人文情怀。电视谈话节目平民化走向,对于"人"的关注、人文情怀的体现,恰恰是对人际传播本质的追求。一部成功的谈话节目一定很具有人情味,像《奥普拉·温弗瑞秀》、《实话实说》、《鲁豫有约》,这三个著名谈话节目的主持人分别拥有邻家"大婶"、"儿子"、"小妹"的美称。拥有这三个美称的原因,除了他们给观众的亲切感外,更是因为他们身上所体现出来的一种发自内心的对人的尊重和关怀。奥普拉·温弗瑞在节目中总是和嘉宾及现场观众进行真诚的平等的交流,从谈话中向嘉宾和观众灌输积极的人生价值观,而不是猎奇一样去套取嘉宾和观众的隐私。我国一些谈话节目主持人为了提高节目的收视率,忽略嘉宾的感受,得寸近尺地打探别人的隐私,满足受众的偷窥欲,很容易引起嘉宾的反感,使得嘉宾不愿意甚至拒绝与主持人真诚地交流。所以主持人在向嘉宾提问时,要把握分寸,既不能太硬也不能太软,要在犀利中透着人文情怀,在尊重嘉宾的隐私与满足受众的需求之间达到平衡。

3. 嘉宾的选择

与一般谈话节目不同的是,《奥普拉·温弗瑞秀》邀请的嘉宾不仅仅只是社会名人,还包括很多普通大众,只要是富有争议或有故事的人,都是她交谈的对象,谈论的主题也集中于嘉宾的个人生活方面。中国的《鲁豫有约》和湖北卫视的著名谈话节目《往事》在嘉宾的选择上和《奥普拉·温弗瑞秀》比较类似,十分注重人物的故事性。中国的谈话节目嘉宾大多为社会各界名人,通过对精英人物的人生轨迹的分析给受众树立榜样,达到教化目的。其实,这通常不是受众乐意接受的模式,大家更愿意选择观看平凡人物的访谈节目,平凡的小人物之间,通过他人和自身的对比获得精神慰藉、心理补偿和思想启迪的需要。另一方面,在《奥普拉·温弗瑞脱口秀》的节目中,嘉宾通常很有主人公意识,在谈话现场毫不拘束,畅所欲言,必要时还会用行动来加强其思想的表达。汤姆·克鲁斯在奥普拉·温弗瑞的节目中大跳沙发的情况在中国是不会出现的。当然,嘉宾的表现还与主持人对谈话现场气氛的调节有关。

4. 话题的选择

话题是谈话节目的生命线,也是最能吸引受众收看节目的主要因素之一。针对受众群和节目自身的特点,恰当的选题是谈话节目在竞争中取胜的重要一环。《奥普拉·温弗瑞秀》的选题紧紧围绕生活,贴近生活,通过节目让人们关注社会问题、焦点问题,常常涉及性、强奸、乱伦、卖淫等非常敏感的话题,谈话内容不仅满足了观众对事件的关注和好奇心理,也起到了一定的社会防范作用。相比于美国谈话节目,中国更注重教育性、指导性和政治性,选题范围大受限制,探讨的主题多集中在不太敏感的社会问题上,话题大多游离于"和谐"与"中庸"之间①。在中国媒体生态环境的影响下,中国的谈话节目面临着话题短缺现象。面对这种情况,我们可以尝试一些较为敏感的社会问题或对于同一话题,从不同角度进行讨论,提高话题的开发性。不管怎样,成功的选题应该是既有社会责任感又有趣味性的,让观众在轻松的谈话环境中获得启迪。

第四节 我国谈话节目的现状和发展

在谈话类节目风起云涌十余载之后,如今作为荧屏上一度最受欢迎的节目类型,近年来的口碑已大不如前。近年来谈话节目在对中国电视观众的第一轮攻势过后,进入了相对沉寂的探索转变时期。话题平庸化、主题形式化、文化品位降低、观众审美疲劳等都可以说是造成这一现象的原因。电视谈话类节目如何才能走出现在的困境,是一个值得关注的问题。

2009年,央视的王牌节目《实话实说》被告宣布在国庆以后将面临"下课";随后,凤凰卫视的王牌节目之一《鲁豫有约》在进入中国内地湖南卫视一年后,又宣布转到安徽电视台。曾经被作为成功示范的《实话实说》和《鲁豫有约》,都是自己频道的王牌节目,在中国的电视荧屏上确实红火了一番。如今一个遭遇"下课"的境遇,一个被多家电视台踢来踢去,不得不引发大众对电视谈话节目的现状进行关注与思考,说明谈话节目确实存在着很多的问题亟待去解决。

---

① 选自人民网,《国内电视谈话节目困局剖析》"今传媒"板块,2006年12月。

1. 缺乏个性与真实：谈话节目面临困境的主观原因

（1）趋同多于个性。生活在当今快节奏的社会中，人们要求个性张扬、求新求异。《实话实说》以它的选题新鲜、贴近生活、幽默诙谐等特点赢得了大量的观众，也因此成了业内公认的谈话节目范本，好多谈话节目都很难完全跳出它的模式。一档好的谈话节目应该有自己的风格定位，这需要一个全方位的策划实施过程，从初期的构思策划到后期的具体实施，从话题选择到主持人风格的确立，从标志性的片头片花到广告语的创作，都要体现"个性"二字。有个性的话题是节目最独特最能吸引观众的地方。然而目前众多节目话题内容雷同，虽然反复咀嚼，但仍缺乏深度和新意。现在好多优秀的谈话节目就是凭借有个性的话题来赢得观众的好评。比如北京台的《国际双行线》，它是目前国内唯一的以中西文化冲击碰撞为话题的双语节目，表现的是中西文化交流，具有浓厚的国际气息。即使是同一话题，也应该挖掘新的角度。济南电视台播出的《超级访问》和央视的《艺术人生》虽然都以明星为话题卖点，但是在具体风格样式上却各具特色。《超级访问》以一种平民视角来采访明星，让观众触及他们最平凡的一面；《艺术人生》则是展现明星鲜花和掌声背后的奋斗历程，兼有才艺展示。主持人是节目形象的代表，也是诸多因素中最具个性色彩的部分。主持人从手势、语气、动作、神态、衣着等方面来体现栏目个性。强化主持人的个性是满足观众欣赏需求的关键。主持人不仅要参与节目的策划，设计好谈话的结构安排和进程，以及开场白、结束语等，还要驾驭现场气氛，组织话题的讨论。然而目前的不少主持人都在模仿崔永元的幽默、倪萍的煽情、李静的犀利，举手投足之间总让人觉得似曾相识。

（2）虚伪多于真实。电视谈话节目区别于其他节目最重要的一个特点，就是必须严格遵循真实的电视理念，尊重每个人（包括嘉宾、现场观众、收看节目的观众)的说话权利,尽量将他们的观点融入其中,给所有参与和收看节目的人营造一个自由的谈话氛围。时下的好多谈话节目都在互相迎合,制作者迎合观众,节目的参与者迎合制作,大家在相互迎合的同时谈话节目失去了真诚和率直。主持人与嘉宾齐作秀、齐表演,有的节目为了追求效果在现场安排话托,更有甚者让剧组人员扮演当事人。崔永元在曹可凡新作《谈话节目主持艺术》的序言"一吐为快"中不客气地指出:"谈话成这样,让人想起打鸡血、喝红茶菌、甩手疗法,都是一哄而起,都是无所不能,都是灰头土脸。"谈话节目的竞争让人的心态变得浮躁,急功近利地想压倒对方,不择手段地追求商业利润和收视率,使谈话节目走向虚假和庸俗。当然谈话节目作为一种艺术形式,我们不否认它需要讲究技巧,但是这并不意味着就可以牺牲节目的真实性原则和新闻的职业道德。

2. 观众收视心理成熟:谈话节目面临困境的客观原因

中国文化历来有雅俗之分,作为一种特殊的文化载体,电视节目已成为一种显在的文化文本。我们的社会既需要知识分子精英文化的超越性指引,同时也需要大众通俗文化的现世性关怀。谈话节目的受众是最为广泛的普通大众,他们在众多雅文化与俗文化的熏陶之下收视心理日渐成熟,他们要求"雅"得有深度,"俗"得有品位。他们的审美趋向走向了一个平等对话的时代。

(1) 从被动倾听到主动参与:受众审美方式的转变。一般的谈话节目受众的主要接收方式是倾听,倾听既能表现出传者的权威,也能表现出受者的专注,只是这种专注仅仅是单方面灌输的、是被动接受的。而参与则是由被动的灌输转变为受众的主动选择,这样一来谈话节目就体现了一种理解与沟通、一种一问一答的交流,更能体现传者与受者的双向互动。《艺术人生》每期节目将要邀请的嘉宾预告出来,然后在全国征集现场观众,于是到场的观众多是慕名而来。因为喜爱或是崇敬,所以在节目现场,观众的反应很积极、很投入,整个谈话的氛围也比较融洽,现场互动体现得比较鲜明。节目之所以受欢迎就是因为这里面体现了大部分观众的需求。除了了解大部分受众的收视需求,节目还要关心到每一个层次的受众。帮助一下那些想学致富信息的农民,开导一下那些高墙之内的犯人,问一下我们天真无邪的孩子们想说什么,关心中学生除了学习以外的生活,安慰老人寂寞的心,在关注成功男士和女性的同时倾听一下平凡男人的心声。关于这些人的话题我们的节目做得很少,只是在一些综合性的节目中偶尔谈起。山东卫视专门为农民解疑答难的《专家热线》、央视的《相约夕阳红》、重庆卫视的《男人微积分》就是针对这些被关注较少的受众而开办的,这些节目因为这种深厚的人文关怀而备受欢迎。

(2) 从雅俗共赏到雅俗分赏:受众审美观念的转变。受众的要求已经越来越多样化,对媒介空间的要求也越来越大,雅俗共赏向雅俗分赏的过渡反映了两个方面:一方面是由于受众兴趣的不同产生了受众分化,受众从大众化向小众化方向发展;另一方面是媒体的竞争与分化,媒体从单一性向多元性过渡。谈话节目面临的问题也是如此。大众化和小众化是两个相对的概念,意指受众进一步的分群现象,从大一统走向小型化。我们的好多节目最初都被办成囊括所有内容的综合体,受众被当成一个没有个人兴趣爱好的普遍的、大众化的受传对象。谈话节目的受众是最为广泛的普通大众,他们在文化层次、教育水平、个性特点、心理欲求、生活环境等方面存在很大的差异。也正是为了迎合受众这种不同的需求,许多专业性的谈话节目应运而生。法律、经济、体育、科技等专业性谈话节目,因为受众群体明确、节目内容集中而越来越受欢迎,因为信息在我们生活中变得越来越重要,人们的收视目的也越来越明确。

如何走出谈话类节目的困境,使其步入健康发展的轨道,要从以下方面下足功夫:

1. 细分受众,突出特色

在传播分众化的今天,我们已经不可能制作出一档能满足所有人需要的节目,所以我们要找到节目的目标受众,制定准确的节目定位,进而树立节目的品牌效应。辨别一个谈话类节目在细节上的取舍就在于节目的定位。定位得越细致,节目运作就会越顺利。按照定位走,符合定位的细节增加,不符合定位的细节减掉,形成节目的独特性、风格化,具有自己的个性,这样才能多而不滥。

2. 加强现场感,营造出即兴氛围

谈话类节目在形式上要追求变化,比如现场嘉宾要多层次化,既有专家、名人,又有普通老百姓,对话题能从各个层次、各个角度深入探讨;碰上好的话题,可以加大力度,一个话题做两三期,使深度广度都到位;节目场景可以丰富多变,选择能够与谈话主题相配合的场景来制作节目;节目制作手段也可以创新,让镜头、灯光都发言,营造现场气氛。

3. 给现场嘉宾和观众创造好的谈话场所

好的谈话场所可以使嘉宾和观众想说、善说、精彩地说,主持人要懂得并且"手艺"娴熟地、不停地往"场"里添加调料、润滑剂来引导嘉宾和观众,善于在倾听中找到谈话的切入点,根据嘉宾的谈话去回应。只有用心倾听谈话对象的诉说,用自己的真诚倾听来唤起谈话对象的亲和感,才能充分发掘潜藏在人们内心的情感,共同营造出一份真诚感人的心灵空间。"现在的时代不是故事的时代,而是讲述的时代,故事已经不重要了,重要的是如何去讲故事,用什么方法讲故事"[①]。善于倾听,提问具体,回应到位,这些都是讲故事必需的方法。做到即兴是其

---

① 杨琳,《电视谈话类节目的困境与出路》,选自《新闻窗》2009年第3期,p.69。

宗旨,其中的各种方法的运用都是为创造即兴的谈话氛围服务的。正如美国《60分钟》节目总编导唐·休伊特说:"如果把《60分钟》节目比作一盘好菜的话,主持人的魅力好比调料,节目内容则是主菜。"①主持人在谈话当中,要引导嘉宾发言、受众参与,主持人好像完全融入了谈话之中,与大家一起兴奋、一起分析,使整个谈话节目如行云流水,不着一丝人为的痕迹,这才是即兴的最高境界。

4. 提升自我,加强策划

一个好的主持人需要有较强的现场把握能力、语言表达能力和亲和力,要对所谈论的话题或将要进行的节目有一个比较深入的认识。电视节目主持人只有不断学习,提高文化素质,才能正确把握好自身的角色定位,对一切节目都应对自如而不至于平庸。由于个性无法强求,年龄无法跨越,为弥补主持人难以克服的自身局限,电视谈话类节目的策划组应根据不同的嘉宾,设置主持人组合,以弥补由于主持人自身局限造成的节目遗憾。

---

① 杨琳,《电视谈话类节目的困境与出路》,选自《新闻窗》2009年第3期,p.69。

第十一章 广播电视综艺娱乐节目

第一节 综艺娱乐节目的分类

综艺娱乐节目是指通过电视媒体传播，大众广泛参与，具有娱乐性、观赏性、审美性和趣味性等典型特征的电视节目。近几年我国电视业在综艺娱乐节目领域中的实践，赋予了此类节目更丰富的内涵和外延，使该节目类型成为目前电视屏幕上最常见的一种节目形态，各电视台在此节目上的竞争越来越激烈。

关于中国本土综艺娱乐节目发展的阶段划分标准在学术界历来不一，角度各异。以下列举的是几种具有代表性的划分原则：

第一种划分方法是以节目参与主体的身份来源和所承担的节目角色的变化作为划分原则，共分为四个阶段：第一阶段是以相对独立的节目表演者身份出现的晚会明星时期；第二阶段是艺人作为电视节目主持人贯穿节目始终的综艺明星时期；第三阶段是参与节目游戏或竞猜活动的主要是演员艺人、社会名流，这一阶段被称之为游戏与知识明星时期。最后则是向普通百姓开放参与的"民星"时期。

第二种划分方法显得比较笼统，它是以节目结构的变化（如环节设置、时间构造、表达节奏等)为主要划分原则,将综艺娱乐节目的发展分为两个阶段:第一阶段被称为"无形态期"。由于我国早期综艺娱乐节目在制作过程中还欠缺对节目结构概念的认识,无法准确把握受众的收视习惯和收视心理期待,因此只是单一地站在传播者的立场将文艺节目进行简单汇编,以灌输式的方式传递娱乐。这一类型的综艺娱乐节目在娱乐选择匮乏的时代背景下受到观众的欢迎。但随着电视频道和节目的增多,不顾及观众需求也就很难长久地吸引观众目光。因此,我国的综艺娱乐节目也开始走上了结构化、模式化发展的道路,即多种节目元素并存的复合式新形态节目,这一时期也被归为此划分法的第二阶段。

第三种划分法是以播出方式的变化为主要划分原则,可分成两条主线:第一时期是录播——直播的转变。20世纪90年代春晚由录播改为直播是这一时期很具有影响力的标志性事件。这背后隐藏着电视信号卫星传送技术和节目制作手段的创新与发展,同时也意味着观众对节目时效性的要求已从新闻领域扩展到了综艺娱乐的范畴。受众更渴望电视节目对时下的流行文化或热议事件立刻进行娱乐化的解读。以娱乐和平民的心态解读新闻事件,可以发掘出更多更有趣的新角度和深度,同时也为娱乐节目本身的制作素材拓宽了视野。第二阶段则是年播——周播——日播——季播的转变。隐藏在这两个阶段性变化的背后是电视技术的快速发展和电视节目播出方式正走向国际化。

还有一种是以某一时期一档或几档极受大众追捧的代表性节目的出现为标志,从而导致一段时间内这一节目形态或某些元素成为当下节目发展主流的现象为划分原则而进行分阶段划分的:首先是以《综艺大观》为代表的联欢晚会时期,紧接着是以《快乐大本营》为代表的游戏竞猜类节目时期。之后,随着《幸运52》、《开心辞典》这些节目的出现进入了益智博彩类节目大发展时期。最后是以《超级女声》、《莱卡我型我秀》等为代表的全民选秀时期。

第五种划分方式参考自《2006—2007中国电视娱乐节目市场报告》①。这一分期标准将中国本土综艺娱乐节目的发展分成四个阶段：第一阶段被归纳为"艺术元素＋晚会节目＋艺术诉求"时期，主要是指20世纪80年代至80年代末这一时期。第二阶段节目中的娱乐成分得到了增加，即"艺术娱乐元素并立＋益智竞猜类节目出现＋娱乐诉求勃兴"时期。到了20世纪90年代中后期，进入了发展的第三阶段"游戏元素兴盛/真人秀和脱口秀元素兴起＋互动游戏/谈话/娱乐资讯类节目大发展＋人性化娱乐诉求增强"时期。21世纪初期，娱乐节目步入了第四阶段"博彩/服务/真人秀元素兴盛＋益智博彩类/真人秀类节目盛行＋人性化/服务诉求大发展"时期。

第二节 我国综艺娱乐节目的发展历程

以上几种划分方式各有侧重，以不同角度对综艺娱乐节目的发展轨迹进行了归纳总结，本书中将结合后两种分类方式来回顾和分析中国综艺娱乐节目的发展历程。

第一阶段被称为"艺术元素＋晚会节目＋艺术诉求"的综艺联欢晚会阶段。这一阶段有两个突出特点：一是"纯艺术性"的演出节目，二是"纯集合式"的晚会形式。这一时期主要的代表节目为《正大综艺》和《综艺大观》，前者的基本框架是主持人就场外记者提出的旅游知识请明星嘉宾抢答，中场贯穿明星表演，它的出现开创了当时电视综艺娱乐节目的新形态。后者是大型直播综艺晚会节目，它集相声、小品、歌舞、杂技、魔术等各种文艺手段于一体，是我国内地电视综艺娱乐节目的

---

① 褚敏、贾如，《我国综艺娱乐节目发展阶段的划分及各时期主要特点》，选自《艺苑》2011年第1期，p.95。

鼻祖。

这一类节目多是通过主持人的言语串场,将本无紧密关联的各个独立的演出节目以某种预设的逻辑顺序串联起来。因而,它更像是一个大杂烩式的演艺场。事实上,这一时期也正是被这种杂烩式的综艺联欢晚会的表现形式所垄断。在这一时期"明星＋表演"是节目主要的运作模式,对歌唱、舞蹈、小品、相声、杂技、魔术等各门类表演艺术进行了严格的独立区分。传统表演美学和播音美学决定了其整体的表现形态。这一时期最具代表性和全民性的节目当属迄今仍保持的一年一度的春节联欢晚会。从它的影响广度和深度来看,它已经成为了中国人过年不可替代的一道文化大餐,这样的电视收视影响程度在电视史上是罕见的。每届春晚所引发的社会议论的激烈程度更是非比寻常。单从节目参与者本身所获得的利益来说,许多海内外、大陆以及港澳台明星都是通过这个舞台获得了内地更广大观众的熟悉与认可,这对名人市场影响力的增加起到了巨大的推动作用。许多演艺界的新人也借助这一平台开启了自己新的演艺事业。同时,也正是在这方舞台上,新的优秀的文艺作品得以面世,获得了更高效率的市场宣传。春晚这样的综艺联欢晚会仍保留至今从很大程度上也是基于其特殊的播出周期和被赋予的特殊的文化内涵。很多保留至今的这一形态的节目已逐渐活动化,通常在策划中会做出明确的主题限定,而非形成初期的播出情形了。因为就这一节目形态本身而言,在传授过程中存在着传播单一的严重局限。受众只是被动的接收,只是作为旁观者而被愉悦,缺乏互动式的参与过程。当然,也是基于所处的历史时期所带来的种种政策上、技术上、理念观念上限制,因而这一时期的综艺娱乐节目主要是以提供单一传播的具欣赏性的艺术表演以丰富受众业余生活为策划出发点,更偏重于节目的艺术诉求。

第二阶段被归纳为"艺术娱乐元素并立＋益智竞猜类节目出现＋娱乐诉求勃兴"的娱乐游戏时期。顾名思义,处于这一阶段的节目增加了"娱乐元素"的比重。受众与节目的互动被进一步地规划设计。选择能娱乐大众的节目成了内容筛选的原则之一,"大众的"娱乐趣味得到了一定程度的考虑与重视。与传统单一的传播形式不同,知识信息与娱乐元素更大程度的结合,益智竞猜类节目得以出现。当然,参与竞赛本身的也许并非是老百姓,仍然有不少明星参与其中。但此时明星们已经不再是单纯地在节目中从事自己所擅长的本专业的表演展示,而是参与进节目中进行常识性的知识问答。节目开始形成自身的主题与规则,其他元素为此服务。明星在这种参与中与受众处于同一任务的假设情形之下,拉近了与受众的距离。这也成为节目的卖点之一。同时节目的教育意义也寻求到了一种生动有趣的呈现方式。

与之前偏重于更为纯粹的艺术诉求相比,综艺娱乐节目在形式上的严肃性和单一性得以削弱,表现方式更加的生动多样,与受众的交流互动频率愈加密集,教育价值的内核在娱乐的外衣包装之下培养着大众审美品味。这一时期是娱乐诉求逐渐蓬勃发展、日益兴盛的时期。不过此时的平民化程度还有限,受众的参与程度仍是很低的,节目元素还有很大的组合空间。

到了20世纪90年代中后期,娱乐节目进入了第三阶段,即"游戏元素兴盛/真人秀和脱口秀元素兴起+互动游戏/谈话/娱乐资讯类节目大发展+人性化娱乐诉求增强"时期。这一时期可以算是中国综艺娱乐节目创新的繁盛时期,也是前一阶段节目形式的大发展时期。传统单一的"明星+表演"方式受到了市场的排斥,能够让普通人参与其中或者关注明星平凡生活的游戏、真人秀和脱口秀元素大面积渗透到了各类综艺娱乐节目中。其中最有代表性的当属以《快乐大本营》为首的互动游戏类节目、以《玫瑰之约》为代表的婚配类娱乐节目和以《中国娱乐现场》为代表的娱乐资讯类节目,节目的主题更加关注生活,关注情感,即使是明星也喜欢选取他们在平常生活中的举动,节目表现方式也更好看、更加轻松幽默、娱乐性更强。

自1996年起,《快乐大本营》的播出获得了巨大成功,节目内容轻松活泼,追求生活化,节目中融入游戏、歌舞,观众不仅可以看明星表演,有时还可以参与到节目的游戏中去。《快乐大本营》在收视和广告市场上都取得了不俗的表现,迅速引发了互动游戏节目的拷贝热潮,其中较为有影响力的包括北京台的《欢乐总动员》,该节目模式是明星模仿秀,参与选手模仿明星的歌舞表演,而评委(通常为明星和名人)则为选手打分,评出优胜者并颁发奖品。其他的还有江苏卫视的《非常周末》、福建东南台的《开心100》、安徽卫视的《超级大赢家》等。这些节目在策划上具有明显的特征,即有明确的环节设置,制定了清晰的游戏规则,每一环节和节目总时长有严格的规定。在这样的大框架下,每期邀请明星做客,利用其名人效应和号召力增加节目卖点。节目主题紧跟社会潮流,或以邀请到的当红明星为主体开展,或以某一流行话题为切入点进行设计。参与游戏的主体加入了普通民众,与明星进行更近距离的互动配合。另外,文艺节目的表演环节得以保留,穿插在游戏环节之间,作为过渡。

除此之外,还有一个创新点值得关注,就是模仿秀的诞生。这是完全以普通观众为参与主体的游戏环节,至此真人秀这一节目元素初见端倪。有人就将游戏节目的娱乐配方简化为"游戏的低龄化与专门化加节目的竞争性与博彩性,在辅以嘉宾的明星效应和观众的广泛参与,三位一体"[1]。与此同时,20世纪90年代末期政策环境的松动也促进了一大批民营节目制作公司的出现,光线传媒即是在这一时期在娱乐资讯节目相对空白的情况下浮出了水面。1997年7月1日,《中国娱乐报道》的出现,为之后此类"美女主持+娱乐新闻+杂志式环节设置"制作方式的获得提供了契机,使得娱乐资讯节目迅速抢占了大量的播

---

[1] 褚敏、贾如,《我国综艺娱乐节目发展阶段的划分及各时期主要特点》,选自《艺苑》2011年第1期,p.96。

出时间,成为了综艺娱乐节目的重要力量。

总的来说,这一时期在反映大众审美心理需求上更趋于人性化,更强调娱乐性。这主要表现在以下三个方面中:一是以互动游戏节目为代表的综艺娱乐节目将观众从节目的旁观者变为了参与者,实现了局外人向镜中人的角色转换,体现了人性化的诉求。二是娱乐资讯类节目中娱乐新闻的报道视角与普通新闻进行了区分,将更多的目光放到了艺人在舞台下、荧屏外的生活,将名人做成了普通人,选题上更加人性化,也满足了观众心理中的"窥私欲"。三是节目所选择的主题领域在实现愉悦大众目的的同时,也将目光投向了观众的日常生活,探讨了以"婚恋"为代表的热门话题,从而进一步加强了与观众的联系性与相关性,增加了节目的服务性。因此,我们将这一时期的综艺娱乐节目在大众审美心理上的反应定位为增强了人性化与娱乐化的诉求。

进入 21 世纪至今,中国本土综艺娱乐节目都处在第四阶段,即"博彩/服务/真人秀元素兴盛+益智博彩类/真人秀类节目盛行+人性化/服务诉求大发展"时期。中国本土综艺娱乐节目正逐步走向平民化,并借由多种途径娱乐受众。

其中新世纪初到 2004 年"观众+游戏+巨奖"的益智博彩类节目将游戏娱乐与知识的普及融为一体,以高额奖品和奖金为驱动力,激发观众的参与和收视热情。这类节目在模仿英美《谁想成为百万富翁》的基础上进行适当的本土化的改造,并为节目添加了一些公益和家庭温情色彩,结果大受欢迎,收视率居高不下。

同时作为电视节目主要参与者的普通民众在这一阶段数量大幅度增多,2004 年以后"平民选秀"就是这一过程的成果。这一时期处于我国的社会转型期,人们的文化观、价值观经历着嬗变,这一时期也是电视娱乐节目的裂变时期,多种电视综艺娱乐节目形态都对传统的形式及内容进行了大胆的创新甚至深度解构。2004 年湖南卫视的《超级女声》获得成功后,"真人秀"节目以其真实性、窥私性和激烈的竞争性获得了排名第一的收视份额,"真人秀"节目是电视娱乐节目后期的产物,记录普通人为主体的参与者,在人为设定的场景和一个较长的周期内,完成某一目标或者展现生活状态的真实过程的电视娱乐节目。"真人秀"节目在展现过程中,各种悬念与波折成为吸引观众的重要因素,节目最为突出的是人物最真的性格,同时挖掘人物的特征与人物之间的矛盾。它的特点有:其一,真实地记录人性。这种对于真实的追求需要通过大量的跟拍、偷拍等拍摄手法,表现真实的细节来满足观众。其二,设定规则和奖励。矛盾冲突就是靠制定规则来实现,而另一方面只有奖励才能激励参与者。其三,增强观众的参与性。不仅选手来自普通观众,而且电视机前的观众甚至可以决定参与者是否被淘汰。

《超级女声》的大红之后选秀类节目在国内全面爆发。除了《超级女声》、《我型我秀》和《梦想中国》这传统三强之外,东方卫视的《加油!好男儿》、江苏卫视的《绝对唱响》、北京电视台的《红楼梦中人》等成为后起之秀。一时间,各类选秀节目充斥荧屏,掀起一场"草根们"的娱乐狂欢。在这股波澜壮阔的平民选秀浪潮之下,我们不难窥见:一方面,当前观众尤其是年轻一代自我实现意识和参与意识空前高涨。平民选秀为"草根们"提供了一夜成名的舞台,而这个梦想舞台上绚烂夺目的光华让无数年轻观众义无反顾地成为了这类选秀节目的积极参与者和忠实拥护者;另一方面,选秀节目竞争激烈、悬念重重的赛程设置、选手们变幻莫测的"命运"以及真人选秀节目所具备的窥视性等新元素又牢牢地吸引着广大观众的注意力,使此类节目收视率一路飙升。

在经历了四次发展浪潮之后,从 2007 年开始,国内综艺娱乐节目开始整体陷入发展困境,自身存在的许多问题开始显露。2008 年 3 月出版的《新周刊》甚至在其封面上打出了"2007,没有电视只有剧"的大标题,一语点破了时下中国电视节目普遍缺乏创新与活力、被热播电视剧风头盖过的尴尬局面。在整体表现平庸的电视节目当中,综艺娱乐节目又占了极大的比例。

第三节　我国综艺娱乐节目的现状和困境

一　完全照搬外国，本土化缺失

我国综艺娱乐节目的产生和发展几乎都遵循一个轨迹：欧美、港台首创——港台移植——国内星火——国内燎原。自2004年《超级女声》成功拷贝2002年风靡全美的《美国偶像》之后，国内娱乐的拷贝之风便久刮不止。在这种发展轨迹之下，部分节目不考虑本国国情，完全照搬国外节目，未能照顾本土观众的接受心理，往往只能昙花一现。如2004年电视湘军推出《星气象》，与以往气象节目不同的是，它披上了娱乐的外衣，添加了情色的成分。在朦胧的光线下，女主持一袭吊带晚装，以性感姿态播报天气。"星气象"的大胆出位引发了众多非议，迫于各方面的压力，不久便从荧屏上消失了。最近两年，这类拷贝欧美原形的节目层出不穷，如果只是关注节目的热点和卖点，而没有对移植的节目进行科学的本土化改造、没有赋予节目二次价值、没有以本土的文化内涵与社会心理去提升节目的可看性乃至必看性，这样的节目由于缺乏生存的深厚土壤，必将很快丧失生命力。

二　互相抄袭，创新乏力

各个电视台、各个频道的节目之间互相模仿和克隆现象严重，缺乏独创性的节目，使得各个节目似曾相识，无论从内容、风格、形式等都大体相同。"如今国内综艺节目的制作和改版都面临着盗版的问题，一个综艺节目的优秀创意一产生，很多人就会不假思考地模仿，而不是学习、创新。但其实只有动脑筋的综艺节目才能生存，简单模仿，观众并不买账"[①]。

[①] 魏永刚，《〈欢乐总动员〉十一前整改谨防三面埋伏》，选自《北京晨报》2004年9月22日。

综艺娱乐节目生命周期相对比较短,观众从欣赏到厌倦的时间速度非常快,如果一味跟风克隆,只会导致节目质量下降,最终失去观众。21世纪初,湖南卫视推出的荧屏速配节目《玫瑰之约》一炮走红,此后各省级电视台纷纷模仿,推出类似节目。这些节目大多换汤不换药,节目在内容、形式、风格、内涵等方面同质化严重。大量的模仿、抄袭使观众很快便对此类节目产生了审美疲劳,两三年后,此类节目便完全从荧屏上消失了。湖南卫视另一档高收视率娱乐节目《快乐大本营》也被各电视台广泛抄袭,如今七、八年过去了,除了《快乐大本营》由于不断创新仍然活跃荧屏之外,其他类似节目大多销声匿迹。一种类型的娱乐节目在经过短暂的膨胀发展之后,如不及时从复制中加以形态创新,就无法延续长久的生存活力。在众多的电视综艺娱乐节目中,湖南卫视在节目创新上可谓首屈一指,成为引领中国综艺娱乐节目的旗手,比如《快乐大本营》的成功创建,成为当时综艺娱乐节目的典范,引领了综艺娱乐节目的潮流;2004年创办的《超级女声》,更是开创了综艺娱乐节目"真人秀"时代。但是即便如此,湖南卫视的"创新"也是在一种模仿基础上的创新,《快乐大本营》模仿了香港的《综艺60分》,《超级女声》模仿了《美国偶像》。

三 低俗、审丑之风盛行

北京师范大学2007年进行的《北京大学生收视状况调查》显示[①]:56%的受访者认为现在的电视娱乐节目流于庸俗,过于泛滥;2%的受访者认为其品位不高,低估了观众的智商和审美标准。"超女"海选中,为了制造噱头、吸引观众眼球,评委经常对选手进行尖酸刻薄的人身攻击,让她们窘态百出。为了满足部分观众的"审丑心态",超女还推动、助长了一股"审丑之风",由节目一手捧红的"红衣教主"等人以拙劣的

---

① 邓媛,《新时期我国综艺娱乐节目发展轨迹探析》,选自《东南传播》2008年第8期,p. 57。

表演、夸张媚俗的言论为节目制造了无数卖点。2006年,旅游卫视的综艺娱乐节目《怪怪大学堂》曾播出题为《猫能从四层楼摔下而安然无恙》的节目,以残忍为噱头,大肆发掘人性之恶。还有一些电视台节目的主持人则通过外在形式刺激观众的感观,如故意讥讽、索吻、摸胸、搞怪等,并不时拿"性"话题"活跃"气氛。2007年,广电总局以"评委言行举止失态"、"内容格调低下"为由叫停重庆卫视选秀节目《第一次心动》,引发了业内关于"娱乐节目低俗化问题"的大讨论,人们对娱乐节目低俗化问题的关注掀起了一轮新高潮。

娱乐节目并不等于低俗文化,更不能和弱智相关联。一个好的综艺娱乐节目,应该是娱乐性和趣味性并存,同时体现文化品位与思想内涵。目前综艺娱乐节目表面繁荣火爆,但是整体滑向了庸俗、低俗和简单娱乐。从具体节目内容看,弱智化、低俗化的节目非常多,好像所有的观众都是弱智儿童。一些节目内容弱智,轻视了观众的审美能力和智力水平;一些节目格调低俗,甚至以荤段子取悦观众,这些都是对观众不尊重的表现。正如有人说:"目前的所谓电视娱乐节目,已经是艺术之树上的病枝,享乐的麻醉剂,刺激收视以谋取金钱的商品。它们垄断着荧屏,逐斥着真正的艺术,它们以娱乐来以偏概全地冒充艺术在历史与现实中的多元化功能与性质……丰满鲜活的艺术传统正在枯萎,尸骸标本式的华丽'艺术'将成为我们后代子孙的精神食粮。"①

第四节 综艺娱乐节目的反思及对策

综艺娱乐节目呈现的一些瓶颈问题,已经严重制约着这类节目形态

---

① 杨滨,《评电视文艺娱乐节目的庸俗化倾向》,转引自李瑞植、邱秀桐《我国内地电视娱乐节目解析》,选自《新闻前哨》2004年第6期,p.118。

的健康发展。这已经引起了学界和媒介的普遍关注和认真研究。中国电视综艺娱乐节目如何规避瓶颈问题,最终获得健康发展呢?"致力于健康积极,趣味盎然又没有视觉污染的'绿色娱乐',或许正是其出路所在。"①

一 丰富节目的文化内涵

一个好的综艺娱乐节目应该具有丰富的文化内涵。我国当前许多综艺娱乐节目昙花一现的原因就是没有文化内涵。"电视娱乐节目是电视文化的四大功能之一,通过收看电视娱乐节目获得休息和消遣,这是人民群众非常普遍的一种生活方式。电视给人们带来娱乐的这种广泛性,决定了电视文艺节目必须从满足观众多层次、多方面的需求出发,努力做到丰富多彩,雅俗共赏。"②综艺娱乐节目策划者要善于挖掘节目中所蕴涵的文化内涵,或是在创建节目时考虑节目内容的文化因素,能让观众获得轻松愉快的同时,更能获得浓郁的文化熏陶。中国具有五千年的历史,文化深厚,源远流长,可供开采的文化资源取之不尽,用之不竭。有很多的电视综艺娱乐节目正是扎根于中华民族悠久的历史文化,从而取得了良好的传播效果。例如河南电视台2004年创办的娱乐节目《武林风》,它是第一个全国性的现代武术类的娱乐节目,以传统文化为基础,以比赛为主线,把中国的武术文化和当代的比赛规则相结合,既有文化内涵又不失娱乐效果。

二 增强节目的创新能力

创新也可以说是综艺娱乐节目永不枯竭的动力。提高节目的创新能力,是综艺娱乐节目生存发展的关键。创新就要反对模仿和克隆。

---

① 邵培仁、潘祥辉,《论中国电视娱乐节目的困境与出路》,选自《西部电视》2006年第1期,p.18。

② 时统宇,《电视影响评析》,新华出版社1999年版,转引自张振华《我国电视综艺娱乐节目发展瓶颈及对策研究》,选自《电影文学》2010年第17期,p.117。

综艺节目策划者要善于解放思想,敢于创新,敢为人先,谋划全新的节目形态、节目内容和节目形式。如果借鉴国外或港台比较热播的娱乐节目,要和我国的国情和观众的审美心理结合起来,尽量做到本土化。只要肯动脑筋,总会找到创新的突破点,创建出好的节目形态。以央视的《快乐驿站》节目为例,它是综艺娱乐节目创新成功的典型案例,它采用类似于漫画的形式,以原来的演员为原型,进行夸张式的创造,取得了非常好的幽默和逗笑效果,深受观众的喜爱,至今仍然"娱乐"不衰,成功的原因就在于创新,成功的经验值得深思。

三 提高主持人的专业素养

节目主持人是媒介和节目的代表,主持人素质的高低直接影响着媒介和节目的形象和声誉。主持人除了要具有较高的政治思想道德素养外,还要具有较好的专业素养。专业素养对于综艺娱乐节目主持人尤为重要。这主要表现在:良好的文化修养,驾驭节目的能力,灵活应变能力和语言表现力。节目主持人要不断提高文化修养、广泛阅读、博闻强记、融会贯通,无论政治历史、文化艺术、社会风情,还是天文地理、琴棋书画都应该有一定的涉猎,在知识结构上力求专、深、广、博相结合,做一个名副其实的"杂家";主持人要注意历练驾驭节目的能力,注意培养驾驭节目的能力和应变能力,调整好主持心态,牢牢把握观众的审美取向,控制现场的气氛和群众的情绪,引导观众朝着节目的主题发展,这些素质的培养需要不断地总结教训和积累经验,在主持实践中不断摸索形成;主持人要培养语言表现力,文化修养是语言表现力的基础,要结合节目主题和现场气氛运用恰当的修辞、语法、词汇、语气语调等恰当表现,使语言准确、生动、富有感染力。

四 树立节目的品牌效应

娱乐节目要具有长久的生命力,要长期"娱乐"而不衰,建立品牌是必经之路。没有自己的特色和品牌的节目很难取得长久成功。这就需要电视媒介建立综艺娱乐品牌频道，推出相关的品牌栏目。品牌栏目和节目的形成是个长期积累的过程，是量变导致质变的过程。湖南台的《快乐大本营》是个品牌，该节目具有鲜明的节目定位：轻松活泼，以青少年为受众，逐步形成了"快乐中国"的主题。然后在成功经验的基础上，以"快乐中国"为基调进一步推出了一系列娱乐节目，如《娱乐无极限》、《歌友会》、《玫瑰之约》、《天天向上》等。虽然国内其他很多电视台也相继效仿，但真正成功者寥寥无几，原因是内容节目单一，形式简单缺乏创新，没有形成一个具有鲜明特色的、由多个节目构成的品牌链条，终于形单影只，未形成较大的影响。

五 加强节目的本土化研究

电视综艺娱乐节目寻求创新发展的突破点在于：要深入挖掘中国传统文化资源和民间文化资源，加快推进综艺娱乐节目的本土化进程。中国电视综艺娱乐传播只有扎根于中国传统文化的土壤中，充分把握中国人的审美趣味和接受心理，努力推出中国百姓喜闻乐见的节目，才能获得中国观众喜爱。也只有将优秀综艺娱乐节目精髓和中国本土文化有机融合在一起，才能制作出好的节目。例如河南卫视的《梨园春》、湖南卫视的《相约花戏楼》都是经久不衰的具有浓厚本土风味的成功例子。中国电视综艺娱乐节目最终要走民族之路，要结合中国的传统文化和中国观众的审美心理，因此要不断加快节目的本土化进程，在满足中国受众的"娱乐"需求的同时，成为传播中国传统文化的强有力的平台和渠道。电视综艺娱乐节目策划者要始终保持创新性研究和探索，走中国电视综艺娱乐节目的民族之路，才能迎来更加光明的明天。

第十二章　广播电视体育节目

第一节　广播电视体育类节目概述

一般认为我国现代体育报道主要是由体育动态新闻、体育类深度报道或体育专题报道、体育赛事和其他体育相关节目组成。最近几年，电视体育节目空前活跃。在报道手法上，第一时间抢发赛事新闻、多角度立体化的体育深度报道、注重影响力的体育评论不断创新；在报道形式上，以CCTV-5为代表的体育电视节目不断发展，体育赛事新闻、赛事直播、各类综合性的专题节目、体育综艺节目、体育纪录片等节目形态应有尽有，这不但满足了体育受众的多样化需求，也提供了研究体育电视节目舆论引导的范本。在体育赛事日益频繁的今天，体育并非远离政治和冲突的"绝缘体"，对不同种类的电视体育节目进行舆论引导研究成了体育传播研究的重要内容。

一　电视体育节目的分类

1958年，中央电视台开播后不久就有了体育报道，并在当年开办了不定期的专栏节目《体育爱好者》；从1960年起，中央电视台试行固定的节目时间表,每周周二、周五播出《体育爱好者》节目。改革开放后,电视体育节目随着我国电视普及和体育运动发展水平的不断提高,呈现出百花齐放的格局。特别是1995年1月1日中央电视台体育频道正式开播,一批新栏目得以亮相。现在,体育新闻节目、体育专题节目和赛事直播构成了电视体育节目的三驾马车。

1. 体育新闻类节目

电视体育新闻节目主要以国内外的重大体育资讯为主,涵盖体育赛事、大型赛事组织、体育公众人物和与其相关的内容。虽然体育节目自产生之始,就以体育新闻报道为主,但体育新闻真正的发展是随着1989年1月中央电视台《体育新闻》节目的开播而开始的。这档我国最早的专业新闻栏目,实现了体育新闻从量变到质变的飞跃,也使得体育新闻开始有了自己的阵地。从内容分类来看,国内的体育新闻分为体育竞技赛事新闻、各种运动会的组织新闻、各级运动组织机构相关新闻、群体体育新闻、体育公众人物新闻等。

2. 体育专题类节目

体育专题节目由于形式多样,内容丰富,几乎涵盖了体育的各个领域,再加上不受赛事资源的限制,因此体育专题节目在体育节目中播出规模最大。电视体育专题节目主要指有固定栏目、固定受众群、固定广告客户,能为电视带来长期而稳定的收益,构成各体育频道日常主要节目内容的节目类型。按照内容来分的话,体育专题节目主要分为集锦节目、录播节目、娱乐节目、教学节目、访谈节目等。中央电视台从1980—1984年,陆续开办固定的体育栏目"体育之窗"、"世界体育"和"体坛纵横",这些体育专题类节目的开设标志着电视体育传播逐渐成熟;中央电视台第一个直播谈话类节目的《体育沙龙》为我国电视直播谈话类节目起到了示范作用;1996年4月4日,中央电视台体育频道推出的"足球之夜"栏目是中国电视史上播出时间最长的现场直播固定性电视杂志栏目。

3. 体育赛事直播

1958年6月,中央电视台就转播了八一男女篮球队对北京男女篮球队的表演赛,这是中国第一次电视体育实况转播。1978年,中央电视台和中央人民广播电台联合转播了第11届世界杯足球赛,这是我国首次通过通讯卫星转播体育比赛。1978年12月,中国首次组织报道团前往泰国曼谷采访,对第8届亚运会作现场报道,这也是我国首次从国外现场直播体育比赛。1984年7月第23届奥运会,中央电视台先后通过卫星现场直播了开幕式、闭幕式和女排取得"三连冠"胜利等十多场比赛的实况,至此,中国电视界开始进入了大型体育赛事全面转播的阶段。体育赛事直播节目是最受受众欢迎的节目形式,体育赛事节目有国内与国际之分,根据赛事类别还可以分为足球赛事、篮球赛事、排球赛事、网球赛事等诸多类型。近年来,体育赛事节目播出规模占体育电视节目的比重越来越大。

4. 相关边缘性节目

这是很宽泛的一类,大体包括体育运动讲座教学类节目,比如五星体育的《棋牌新教室》;群众性体育活动和健身类节目,比如五星体育的《健身时代》;此外,重大体育赛事如奥运会之后的庆功晚会等,还有那些重在挑战运动素养和体能的游戏节目,如《城市之间》《奥运向前冲》等,也可算作与体育相关的边缘性节目。

二 我国体育节目发展历程

1. 创业期(1958—1978年)

20世纪50年代是世界电视事业大发展的时期,也是中国电视发展的初始阶段。中央电视台（当时还是北京电视台）在1958年开播不久，就有不定期的体育节目，主要以体育新闻报道为主。1958年6月19日，中央电视台转播"八一"男女篮球队同北京男女篮球队的表演赛，这是我国电视史上的第一次实况转播。1959年，第一届全运会在北京举行，中央电视台在新闻节目中报道了开幕式以及赛事的其他消息，还制作播出了运动会的电视纪录片，这也是最早的电视体育纪录片。1960年1月1日，中央电视台实行固定播出时间表，设置了少年儿童、体育爱好者、电视新闻、祖国各地等10多个栏目。1961年4月4—14日，中央电视台在北京转播我国历史上第一次举办的世界性体育比赛——第26届世界乒乓球锦标赛。在这次电视体育节目转播中，中央电视台共拍摄了19063米胶片，并制作成46个短片在新闻节目中播出。随后，中央电视台对在北京举行的亚洲乒乓球友好邀请赛、全国五项球类运动会、第一届亚洲乒乓球锦标赛、第一届亚非乒乓球友好邀请赛等陆续进行了报道。1963年11月10—20日，北京电视台派出报道组采访报道在雅加达举行的第一届新型力量运动会，这也是中央电视台第一次派记者到国外采访报道体育节目①。

1978年6月25日，中央电视台通过国际通信卫星传送，直播了在阿根廷举行的第十一届世界杯足球赛的实况，这是中国电视台第一次通过卫星从国外回传体育比赛实况。同年12月，在泰国曼谷举行了第八届亚运会，中国组织报道团前往采访并作现场报道。这是我国第一次从国外现场直播体育比赛节目。

在此阶段的20年时间里，中国电视体育节目一直处在创业期，因此，节目还十分单调，内容也不多，时效性不强。尤其在"文革"时期，我国电视事业整体上处于停顿状态。1978年5月1日，北京电视台正式改名为中央电视台。自此，我国的电视事业开始快速发展，体育节目也

---

① 资料来源于《中国广播电视年鉴1986年》，中国广播电视出版社1987年5月第1版。

随之丰富起来。

2. 发展期(1978—1995年)

1978年党的十一届三中全会以后,中国转为以经济建设为中心,各项事业走向正规并开始蓬勃发展。同年,中央电视台成立。伴随着中国电视事业和中国体育事业的腾飞,电视体育节目也开始了辉煌的发展期,无论在质量上还是数量上都有了明显的提高。

1979年以后,中央电视台和北京、上海、广东、广西、江苏、河北、湖南、辽宁、黑龙江等地方电视台都设立了专门机构或专门人员负责体育节目。至1984年,全国大多数电视台都开办了体育专栏,其中有中央电视台的《体育之窗》、《世界体育》、《体坛纵横》,北京电视台的《体坛巡礼》,上海电视台的《体育大看台》,天津电视台的《体育集锦》,广东电视台的《体坛内外》,辽宁电视台的《体育天地》等20余个,这些电视台的体育节目成为各电视台的主打节目之一,节目质量和类型也有较大提高。

先说中央电视台。1978年,中央电视台恢复了专门的体育栏目《体育之窗》,随后又相继开办了《世界体育》、《体坛纵横》栏目,内容主要包括体育明星介绍、比赛的精彩片断集锦等。80年代以后,中央电视台继续对国内、国际重大体育赛事进行报道,报道量逐渐增加,水平日益提高,时效性越来越强。1989年元旦,中央电视台《体育新闻》栏目播出,每周6次,每次5分钟。1991年5月,中央电视台将原来的《体育之窗》、《世界体育》、《体坛纵横》取消,重新设立了《赛场纵横》和《体育大世界》栏目。1995年1月1日,中央电视台第五套体育频道开播,体育娱乐节目获得了蓬勃发展的平台,体育赛事报道数量迅速增加,栏目形式逐渐丰富,娱乐性更加凸显。2000年,中央电视台体育频道又将《体育大世界》、《中国体育》等几档节目整合,创办了一档新闻和专题相结合的《体育世界》节目,在每晚黄金时段播出,使得体育频道的新闻节目在设置上更趋合理和科学。目前,中央电视台所有体育新闻节目都采用直播的形式,且正逐步向大信息量、强时效性和立体报道、综合报道的方向发展。

再说地方电视台。地方电视台开办体育栏目的历史要比中央电视台晚很多,其中比较有影响的有:1979年广东电视台创办的《体坛内外》,1981年北京电视台创办的《体坛巡礼》,1982年四川电视台创办的《体育集锦》,1983年上海电视台创办的《体育大看台》。1984年洛杉矶奥运会后,中国又一次掀起了体育热潮,各地方电视台也随之新办了一批体育栏目。如上海电视台的《赛场大观》,广东电视台的《体育世界》等。

进入90年代后,各地方电视台的体育栏目更多,质量更高,体育报道的力度更大。其中,由北京电视台、上海电视台、广东电视台联合制作的综合杂志性体育节目《中国体育报道》最有影响。该节目1997年1月开播,时长50分钟,除在上述三地电视台播出外,还在全国近三十家电视台播出。现在,有条件的地方电视台都开办了专业体育频道或半专业体育频道,除提供大量的赛事转播外,还有体育新闻、体育评论、体育健身节目等。

3. 创新期(1995—2003年)

进入90年代中期,中国电视体育节目发展更加迅速,体育节目的创新意识和节目质量都有所提高,这一阶段的标志性事件是中央电视台体育频道的创办。

中央电视台体育频道于1995年元旦正式播出,1995年11月30日卫星电视体育频道向全国播出。体育频道的建立使体育节目呈现出三个特点:第一,便于发挥大兵团作战的优势,尽可能安排更多的现场直播,满足社会各界、各层次受众的需要,不仅拥有对国内各项体育赛事的电视报道直播权,还拥有对奥运会、世界杯、世界锦标赛、亚运会等重大赛事的报道转播权,同时又拥有各类众多吸引观众的体育赛事报道。第二,便于发挥新闻短、平、快的优势,加大体育新闻改革力度。每天4次的《体育新闻》实现了直播,使每日的体育信息得到更广泛、更迅速的传播。第三,坚持专业性服务,使品味不同的观众都可以在体育频道中找到自己喜爱的节目。

1998年5月,在原体育部基础上,中央电视台成立体育节目中心,它是中央电视台全民健身及运动休闲、体育经济、体育新闻等节目的主创部门。负责规划、选题、采编、制作和播出国内外体育节目,管理、编排第五套节目以及其他频道有关体育赛事的播出工作。体育节目中心下设综合部、体育新闻部和体育竞赛部。

4. 繁荣期(2003年至今)

2003年以后,我国的电视体育节目出现了繁荣昌盛的景象。这不仅仅表现在体育节目改版频繁、体育节目形态更加趋于多样化上,而且表现在专业的体育频道大量出现。

(1) 央视体育节目多次改版

中央电视台体育频道是中国国内创办最早、规模最大,拥有世界众多顶级赛事和国内独家报道权的专业电视体育频道。2003年以后,为了实现体育节目的大发展,与国际水平接近以及满足2008年北京奥运会的节目需求,央视体育节目进行了三次较大的全面改版。

2003年第一次改版。2003年3月31日,中央电视台围绕"让体育节目更好看"的目标和本着"赛事第一"的原则,对体育频道的外在形式、制作方式和节目编排等方面进行改版,增设了《轻松体育》、《巅峰时刻》、《电子竞技世界》、《全明星猜想》、《顶级赛事》、《直播周末》6个栏目和板块,介绍前卫运动,浓缩最新、最高水平的国际赛事,推出与奥运会有关的各类大型节目,如《奥林匹克回到故乡》、《奥运论坛》、《奥运会会徽发布仪式》以及中国电视体育奖颁奖盛典直播等。2003年体育节目中心有《巅峰时刻》、《天下足球》、《体育报道》、《早安中国》、《体育世界》、《体育新闻》等31个栏目。

2007年第二次改版。针对2008年北京奥运会的召开，2007年中央电视台体育频道对体育节目进行了新一轮改版。这次改版是实行频道改革后进行的一次规模较大的节目调整。改版的整体思路和构想强调"五环旗下、中央五套、五大亮点"的主题。五大亮点是指体育赛事、体育新闻、栏目改造、统一风格和我的奥林匹克。改版后的央视体育频道可以用32个字概括：突出赛事，加强新闻；改造栏目，强化奥运；完善包装，统一风格；合理编排，提升影响。

首先是要加强新闻，突出时效性。从当年9月以后，体育频道将《早安中国》、《午间快讯》、《体育世界》等6档体育资讯类节目以滚动式的体育新闻报道贯穿全天。其次，在赛事选择上，按照赛事优先、直播优先、大众优先的原则，合理安排赛事播出。再次，加大对奥运节目的制作，为北京奥运会热身。2007年改版之前，央视体育频道的节目中只有一个奥运栏目《北京2008》，改版后除对此栏目进一步深化，使其更符合观众的口味外，还制作播出了《奥运ABC》、《大师教您看奥运》、《奥运故事》等新的奥运节目。

2008年第三次改版。北京奥运会期间，央视投入7套节目对奥运进行及时报道。其中，CCTV-1从2008年8月8日6：00开始转为"奥运综合频道"，奥运期间24小时不间断播出，除了保留《早间新闻》、《午间新闻》、《新闻联播》及《焦点访谈》外，其余时间均转播奥运会的顶级赛事，包括中国队参加的比赛和非中国队参加的项目。CCTV-2在2008年8月9日正式开始运作，奥运会期间24小时播出，主要转播没有中国队参加的国际顶级赛事，相当于"奥运国际频道"。CCTV-3奥运会期间相当于"奥运文娱频道"，内容涉及北京奥组委组织的上千场大型文艺演出活动，并集合CCTV-3、CCTV-2、CCTV-5的一些文化娱乐和益智类节目，实行24小时播出。CCTV-5从2008年1月1

日转为"奥运频道",集中介绍和转播中国体育健儿参加的项目,以新闻、专题、现场报道、访谈、评论、互动等节目形式进行报道。CCTV 新闻频道在 2008 年 8 月 7 日 6:00—8 月 25 日 6:00 期间转为"奥运资讯频道",全天报道时政要闻、赛事新闻、各种资讯,并以整点新闻权威发布奥运资讯。高清频道采取独资包装形式转播奥运会的比赛项目。此外,足球频道和高网频道这两个付费频道也播出相应的赛事。

(2) 形式的多样化

目前的电视体育节目呈现出一个良好的态势,多种多样的节目形态被借鉴在体育类节目中是这一时期体育节目的主要特征。尽管这一特征在早些时候出现过,但是,在体育节目繁荣期则显得更加成熟。

第一,体育节目和新闻的结合。这类节目形式关注电视受众对体育信息和体育知识的获取,借助于新闻的表现手法和视角,将体育节目做得形象而生动。比如央视体育频道的《体育新闻》《体坛快讯》,北京电视台体育频道的《体坛资讯》,上海电视台体育频道的《体育速递》《体育快报》,天津电视台的《天视体育新闻》等。

第二,体育节目融入更多的娱乐和游戏节目元素。娱乐和游戏节目原本是文艺节目和益智节目使用的手法,早期的体育节目很少使用这些元素。但进入繁荣期后,体育节目也开始在制作时加入一些娱乐和游戏的元素,形成了独特的半文体节目,使得节目更吸引观众。最为典型的是中央电视台的《全明星猜想》、湖南卫视的《智勇大冲关》等。

第三,体育节目与谈话类节目结合。体育谈话类节目也是这一阶段体育节目的重要变化,它是围绕体育明星或体育事件进行的谈话节目。相对国外的同类节目,目前我国体育谈话类节目还不是十分成熟,谈话的内容和深度还有待于进一步开发。最具代表性的是北京电视台体育频道的《较量》栏目。

(3) 专业体育频道的大量出现

目前,体育类节目的另一个亮点就是专业化电视频道的大量出现。

体育频道是电视频道专业化的产物,中央和地方的体育频道雏形是原先各个电视台设立的体育部或体育中心,以提供体育新闻为主。截至2003年底,全国共有42个体育频道,其中57.1%集中在省级电视台,21.4%集中在地市级电视台,省会级电视台占16.7%[①]。这些体育专业频道的设立,为体育类节目的进一步扩展提供了广阔空间,为体育类节目的进一步细分做了探索性的工作。

第二节 广播电视体育节目的新特点

进入20世纪90年代以来,媒介产业化和市场化对广播电视体育节目产生了极大的推动。尤其是频率频道的专业化发展,更是使得体育节目成为广播电视一个专门化程度很高的类别,呈现出跟以往大不相同的特点。

首先,广播电视体育栏目的数量和体育节目的播出时间大大增加。1990年代以来中央电视台不仅新增了《体育新闻》、《足球之夜》、《世界体育报道》、《五环夜话》等栏目,而且原有的《体育大世界》节目的播出时间延长至近一小时,而且安排在晚上的黄金时间播出,各地广播电台、电视台的体育节目播出时间也都有了大幅度的增加。

其次,专业化的广播体育频率和电视体育频道开始出现。1995年中央电视台第五套节目体育频道开播,为电视体育提供了全天候的报道空间;多数省级有线电视台,如上海有线电视台、山东有线电视台、北京有线电视台等都先后设立了专业体育频道,使得电视观众可以大范围、全面地了解体育比赛动向,及时观看各种高水平的体育比赛。

再次,大型体育赛事的实况转播大大增加。从1990年意大利世界杯、1994年美国世界杯、1992年巴塞罗那奥运会、1990年北京亚运会

---

① 数据来源于《中国电视体育市场报告》2004—2005年。

等一直到 2008 年北京奥运会,中央电视台和地方电视台都派出了大量记者和工作人员进行现场直播和详细报道。

重大赛事直播也推动了中国的电视体育赛事转播达到国际标准。从 1990 年亚运会开始,中央电视台的实况转播除满足国内播出需要外,还制作国际版信号向其他国家的电视机构传送,其转播信号要求包括要保证 1/4 决赛以内关键比赛的完整实况;提供不含有台标、转播国文字、具有特殊政治、商业或明显倾向性的镜头的干净画面;提供无解说的现场背景声;尽量提供必要的制式转换服务。这一过程也极大地考验和强化了广播电视媒介的技术能力。

此外,广播电视体育节目所涉及的体育运动门类大大增加。除了继续关注足球、排球、篮球等传统体育项目之外,广播电视体育类节目还将报道的视点延伸到其他更多的体育项目,包括竞技性项目,近年新兴的休闲、冒险、极限、另类的运动项目,其中相当一些原本并不为中国观众所熟悉,比如冲浪、帆板、滑水、铁人三项、徒手攀岩、F1 方程式赛车、体育舞蹈、马术、高尔夫等等。

与此同时,广播电视体育节目的主持人也发生了一系列变化。在大型赛事转播中,主持人从解说型向评论型转变。以往赛事转播,主持人主要是解说比赛画面的情况,告知人们场上运动员的位置变化及简单介绍运动员的基本个人背景和经历。从 1990 年代开始,赛事转播的主持人在解说比赛场景的同时,还向听众和观众提供更多的技战术分析、背景资料、比赛知识、乃至预测比赛的进展情况。如中央电视台前体育评论员黄健翔就是因为解说评论 1995 年美洲足球锦标赛的实况转播而一举成名。主持人的个人风格也成为赛事转播中吸引受众的一个因素,如上海广播电视台的体育主持人唐蒙,先后主持过《国际体育新闻》、《东视体育 30'》、《中国体育报道》、《足球杂志》等多个体育栏目和数百场国际、国内体育赛事的转播解说工作,其辞藻丰富、旁征博引、评论犀利、富有激情的风格,和他"足球就是生活"的格言,在国内体育主持和解说方面可谓独树一帜。

第三节 广播电视产业和体育产业的互利共赢

一 体育产业与广播电视产业的互动

进入 20 世纪 90 年代以来,国际体育运动发展的一个突出重点是,体育运动与社会经济发展的关系日益密切,庞大的体育产业和消费市场,包括:体育健身的有偿服务,体育比赛的门票,体育广告和体育赛事电视转播权的销售,体育彩票的发行,体育服装用品和运动饮料的生产销售以及体育场馆和体育旅游经营,等等。20 世纪 90 年代,美国体育产业的市场价值达 1500 多亿美元,占国民生产总值的 2%,位居各行业第 11 位;在澳大利亚,全国体育产业的生产总值达 80 亿澳元,占国民生产总值 1%,超过铁路、汽车制造、肉奶加工等行业,在 113 个产业行业中位居第 25 位;日本体育产业的总值 1988 年为 3.8 兆日元,1989 年为 4.3 兆日元;在足球王国意大利,足球产业每年的产值都在 100 亿美元以上;加拿大、瑞士、德国、芬兰、法国、西班牙、英国等国家,体育产业占国民生产总值的比例都在 1%—2%之间①。

作为体育赛事的最佳合作伙伴,广播电视媒介在推动体育产业发展方面发挥巨大的作用。广播电视媒介与体育产业的互动主要在下述两个方面:

1. 体育赛事的转播权

按照国际商业惯例,一项完整的电视转播权分三个方面:一是新闻报道权,即赛事新闻,所使用的体育比赛的画面在 3 分钟以内,无须购

---

① 马天元,《中国电视产业与中国体育产业》,选自复旦大学新闻学院 2002 年硕士学位论文丛。

买转播权,超过3分钟则要购买;二是比赛集锦的节目版权,也就是那些以体育赛事为主题内容的版块节目,超过15分钟就需要购买转播权;三是赛事的广播电视直播、录播的转播权,这一部分是最为昂贵的,主办方可以根据媒介的具体性质,分为不同广播电视媒介的转播权进行出售,或者按照不同覆盖区域的划分来出售。

销售体育赛事转播权的收入,是体育产业最主要的资金来源之一。1980年代大媒介集团购买大型体育比赛的电视转播权进行商业开发,获得巨大成功,极大地刺激了整个广播电视媒介行业对转播权的购买欲望,促使大型国际体育比赛的电视转播权销售价格在20世纪90年代扶摇直上(参见表12-1)。

表12-1 90年代体育比赛电视转播权的增长率[①]

赛 事	赛 季	增长率
奥运会	1984年以来	400%
世界杯足球赛	1994—1998赛季至2002—2006赛季	1000%
美国超霸杯橄榄球赛	1989—1993赛季至1993—1997赛季	50%
	1993—1997赛季至1998—2001赛季	100%
英国足球超级联赛	1996—2001赛季	350%

因此,销售电视转播权,早已成为职业体育俱乐部及其联盟最主要的资金渠道。1990年、1994年、1998年三届世界杯足球赛,国际足联通过销售电视转播权获得了22.5亿美元的收入;同时也要看到,这一渠道的收入一直在不断提高。1987—1988赛季,德国足球协会出售电视转播权的收入为4000万马克,十年之后的1987—1988赛季,这一收入达到4.2亿马克,增加了十倍。1995年年底,美国职业棒球联盟与全美网络电视局签订5年合约,协议金为16亿美元,其中FOX电视公司出资5.7亿美元,NBC出资4亿美元,ESPN出资4.4亿美元,总收

---

① 资料来源:Sport Business,1999年第6期。转引自马天元《中国电视产业与中国体育产业》,复旦大学新闻学院2002年硕士学位论文丛。

入则由职业棒球联盟旗下的28支球队平分。1999年美国职业橄榄球联盟通过销售电视转播权,全年获得60亿美元的收入①。

国际奥林匹克委员会认为,如果没有电视网商业性转播的巨额资金注入,奥运会便不可能像今天这样存在。实际上,购买体育赛事的电视转播权,不仅给职业体育和体育产业提供了经济支撑(参见表12-2),也为广播电视媒介自身创造了高额的商业利润(参见表12-3)。

表12-2 历届奥运会的电视转播费②

年　份	地　点	电视转播费用
1960	罗　马	5.0
1964	东　京	150.0
1968	墨西哥城	400.0
1984	洛杉矶	36000.0
1988	汉　城	40700.0
1992	巴塞罗那	69400.0
1996	亚特兰大	90000.0

表12-3 奥运会电视转播收入　　　(单位:百万美元)③

电视机构	1984年	1988年	1992年
美国 NBC	225.0	302.1	401.0
澳大利亚 Channel-7	10.6	7.0	33.7
加拿大 CTV	3.0	3.6	16.5
欧洲 UER	19.8	28.0	90.0
新西兰 TUNZ	0.9	1.5	5.9
日本 NHK	19.0	52.0	62.5
合　　计	278.3	394.2	609.5

---

① 马天元,《中国电视产业与中国体育产业》,复旦大学新闻学院2002年硕士学位论文丛。
② 数据来源,(1)《论电视在体育产业化进程中的作为》,载《广播电视研究》1997年第2期;(2)《辉煌与奋进》(新闻卷),上海人民出版社1998年版,第519—520页。
③ 《论电视在体育产业化进程中的作为》,载《广播电视研究》1997年第2期。

也就是说,广播电视媒介机构购买体育比赛转播权的支出,由于比赛的转播能够吸引大量受众,因此也就能够吸附大量的广告,或者能够吸引大量的收费电视用户,于是广播电视机构便可从中大大获利。法国一家电视频道,每星期转播两场足球职业联赛,一年的纯收入是1.2亿美元;荷兰付费的足球频道也是每周转播两场比赛,每月向用户收取34美元,年收入达到1000多万美元;美国各大电视公司转播体育比赛时插播的广告收入,在20世纪90年代就每年都超过25亿美元[1]。

因此,转播权是职业体育得以发展的重要经济基础,也是电视业可以大规模盈利的重要机会,两者密不可分。因而现代体育和电视常常"合谋"获取更大利润。以2008年北京奥运会为例,美国NBC为2008年奥运会所做的努力,从北京申奥成功之前就开始了。由于2000年悉尼奥运会举办的时间是9月,NBC因收视率不理想未能盈利,于是向当时的国际奥委会主席萨马兰奇提议将2008年奥运会的时间改到8月,因为9月份美国职业橄榄球联赛和全美大学生体育协会的篮球联赛都恰好开赛,大量的男性观众将因此流失;同时9月份学校开学了,孩子们不能看电视到很晚,这也是一个妨碍全家人观看奥运赛事的不利因素。萨马兰奇答应回去认真研究,因为NBC的电视转播费几乎是国际奥委会最大的收入来源。NBC购买北京奥运会在美国国内的转播权花费了8.93亿美元,日本由NHK和私营电视台组成的"日本转播联盟"(JC)以1.8亿美元的价格获得了日本国内转播权[2],而中央电视台在中国国内的转播费才只有1700万美元。作为交换,不仅NBC如愿得到了一届在8月举办的奥运会(实际上最初中国奥委会同意将时间从9月提前到8月中

---

[1] 马天元,《中国电视产业与中国体育产业》,复旦大学新闻学院2002年硕士学位论文丛。

[2] 《IOC称下届将提高奥运电视转播费》,中国奥委会官方网站(http://www.olympic.cn)。

旬,但美国网球协会提议再提前一周,以避免和美国网球公开赛的比赛时间冲突),而且考虑到中国和美国时差,NBC最终说服国际奥委会更改了一向是在晚间7点举行的游泳和体操这两项深受观众喜爱的项目的比赛时间,其中游泳32个项目的半决赛和决赛都将在北京时间上午10点开始,体操除男女个人单项外,团体及个人全能四项决赛也都被安排在北京时间上午10点至11点之间开始。此外,男篮和跳水等美国人很具有竞争力的项目也做了相当的调整,男篮冠军争夺战被破天荒地安排在北京时间上午进行,跳水决赛则于北京时间下午1点半开始①,这样美国观众都将在晚上黄金时间收看这些比赛,NBC的转播收视人群才可以达到最多。因此《纽约时报》曾称一般人会以为北京奥运会的开幕时间8月8日,是中国人挑选吉祥数字的结果,殊不知这其实是为了满足NBC通过电视转播最大限度获利的需要②。

2. 媒介公司投资体育产业

也就是说,广播电视媒介公司直接投资各类职业体育俱乐部、场馆建设、相关产品等体育实体,以及直接投资和操办体育赛事。以默多克的新闻集团为例,不仅旗下的天空电视台BSkyB独揽英格兰各类足球赛事的转播权(只有足总杯总决赛转播权是与BBC联合拥有的),而且该公司还购买了曼彻斯特联队、利兹联队、曼彻斯特城队、切尔西队各9.9%的股份。此外媒介公司举办的运动会也是一例,如时代华纳集团下属TNT主导下的大型商业比赛友好运动会(Goodwill Games)③。又如,ESPN除了全年度投资购买NBA篮球、ATP网球、PGA高尔夫

---

① 《国际奥委会向美国妥协08奥运游泳体操时间修改》,引自网易2006年9月26日。
② "On TV, Timing Is Everything at the Olympics",引自《纽约时报》网站(http://www.nytimes.com)。
③ 董奕,《传媒与体育的产业变奏——广电集团背景下的电视产业与体育产业》,复旦大学新闻学院2003年硕士学位论文丛。

球等著名赛事转播权外,还自创了面向青少年的体育比赛"极限运动",在1997年其每周的比赛投资就达2500万美元①。

二 中国广播电视体育与体育产业化

长期以来,中国人多半把体育运动和强身健体、为国争光画上等号,其中蕴含的巨大市场能量,是随着中国改革开放和社会主义市场经济建设,以及中国媒介改革和媒介产业化的进程,逐步发挥出来的。1994年中国足球成立职业俱乐部、推行职业联赛,中央电视台以每轮两分钟广告时段从中国足协获得了中国足球甲A联赛在中国内地的电视转播权,每年约合人民币56万元。此后,篮球、排球等运动项目也开始了市场化的尝试。1998年,四川电视台以58万人民币中标,获得在成都举办的国际女子飞人挑战赛的国内独家电视转播权,国内其他11家电视台则以每家10万元的价格购买了联合转播权,这也是国内第一次采用招标的方式出售体育赛事的电视转播权。但是,电视转播权的价值一直被低估,导致了2002年央视与中国足协之间有关甲A转播权的纠纷,按照国际的统一销售模式,转播权分为现场直播、集锦制作和新闻现场报道三部分,足协报价每轮比赛18万元出售,央视表示无法接受,僵持6轮之后双方以每轮13万元的价格妥协,但这一价格分歧致使央视没有前六轮的实况转播,也没有新闻报道。这一事件直接导致当年年底甲A的主冠名商百事可乐退出,令甲A联赛蒙受很大的经济损失。

相当一段时间以来尽管能够独立制作和现场直播大型体育赛事,以及有实力购买大型体育比赛转播权的广播电视媒介并不多,主要集中于中央和北京、上海、广东等少数发达地区的广播电视机构,但一些广播电视产业与体育产业的相互推动也已经初露端倪。其一,一些广

---

① 《论电视在体育产业化进程中的作为》,载《广播电视研究》1997年第2期。

播电台、电视台的体育部门积极参与体育赛事,投资组织一些适合媒体表现的体育比赛。如中央电视台组织的 CCTV 杯中国乒乓球擂台比赛,对于推广乒乓球运动、增加收视率是很成功的;中央电视台的围棋快棋赛、广东电视台的五羊杯象棋电视快棋赛,也都有较大反响。其二,部分有实力的广播电视媒介机构开始投资体育实体比如中央电视台参股辽宁足球俱乐部;上海东方电视台 1996 年组建东方男女篮球俱乐部;上海电视台 1999 年投资上海女足俱乐部;上海有线电视台投资组建排球俱乐部、出资参与上海八万人体育场的建设等;2001 年,上海广电集团有限公司、上海文化广播影视集团、上海黄浦区国有资产总公司共同出资,对原上海申花足球俱乐部进行重组。这些都在一定程度上是对中国体育事业的促进。

2008 年的北京第 29 届夏季奥运会,是中国广播电视体育和体育产业化发展的一个新的契机。业界人士认为,广播电视体育的核心竞争力是赛事资源,奥运会是所有赛事当中的顶级资源,对于中国广播电视体育和体育产业化发展具有深远的影响。中央电视台北京奥运会报道的核心理念是"使奥运资源效益最大化"及"全方位、多渠道实现转播的效益最大化"[1]。这一届奥运会的电视转播创下奥运历史上转播频道最多、转播时间最长、覆盖面最广等多个第一,并且第一次全部采用高清技术,而且扩展到手机、电脑、车载电视等移动终端,电视转播权销售收入超过 25 亿美元[2],中国体育联播平台 CSPN 也在奥运报道中显示出强大的竞争力。这不仅有助于加快中国广播电视体育转播的产业化进程,而且借力数字电视和高清技术,将有助于推动中国体育传播的跨媒介发展。

---

[1] 李挺,《北京奥运:电视体育的机遇与遗产》,选自《电视研究》第 8 期。
[2] 唐远清,《互动与双赢:从电视转播看电视与奥运的关系》,选自《广播电视研究》第 4 期。

第十三章 电视纪录片

第一节 电视纪录片概述

纪录片是以真实生活为创作素材,以真人真事为表现对象并对其进行艺术加工,以展现真实为本质并用真实引发人们思考的电影或电视艺术形式。西方纪录片诞生至今,已经历了5个发展阶段:从最初20世纪20年代的无声片,到30年代至60年代格里尔逊倡导的"画面加解说"阶段,再到60年代"真实电影"阶段,70年代的"镜前访谈"阶段,在80年代进入了"个人追述式"阶段。从纪录片的发展历程中不难看出,西方是通过叙事方式的改变来推动纪录片的发展,而我国却是在通过完善对纪录片的定义来推动纪录片的发展。

在很长一段时期内,我国电视界都遗忘了"纪录片"的含义问题,没有对电视纪录片做出明确的界定,人们常忽视甚至故意模糊"电视专题片"和"电视纪录片"之间的界限,而将两者混作一谈。电视专题片这种电视节目形态是我国电视界在特殊历史阶段所推出的,其风格特殊,所肩负的历史使命也比较特殊,因此在一段时间内电视专题片这种节目形态仍将继续存在,不过其在很多地方与电视纪录片相近,所以划分两者存在一定的困难。

朱羽君教授指出:"我手上捧的这本经非常难念,我旗帜鲜明地分开了电视纪录片和电视专题片。"①高鑫教授则将电视纪录片定义为一种新闻性的电视节目形态,其以新闻镜头将现实生活中真实的人、事、情、景客观地反映出来,以现在进行时将社会生活真实地记录下来,对摆拍和虚构予以排斥,将完整的、原生态的生活过程展现出来;将电视专题片定义为纪实性的电视节目形态,利用纪实手法深入、集中地报道社会生活中的某个单一的方面或领域,以多种多样的形式展现专一的内容,属于过去时或现在时,可将社会生活以多种艺术手段表现出来,创作人也可将其自身的观点加入其中。还有很多学者以新闻类节目界定电视纪录片,混淆了纪录和记录这两个概念,使得观众们以为反映真实的人和事的电视节目即为电视纪录片,这其实是误解了电视纪录片的内涵。实际上,根据不同的内容可将电视纪录片分成"历史文化、新闻、人文社会、人类学、理论文献以及自然科技纪录片"②等多个类别,新闻纪录片充其量只是其中的一个分支。

纪录片,应该是一种排除虚构的影片。它具有一种吸引人的、有说服力的主题或观点,但它从现实生活汲取素材,并用剪辑和音响来增进作品的感染力。

第二节 纪录片的分类

电视纪录片创作已有半个世纪的历史了,以历史学、社会学、传播学的观点看,纪录片通过多种的纪实手段可以深刻地达到解释历史、分

---

① 朱羽君,《现代电视纪实》,北京广播学院出版社 1998 年版,p.55。
② 欧阳宏生,《纪录片概论》,四川大学出版社 2004 年版,p.91。

析现在、导向未来的作用。在中国,纪录片的发展被赋予更多的历史使命,大到政治、经济、文化,小到五行八作,三教九流,纪录片和专题片的审视再现了华夏社会的各个方面,它无疑是推动社会文明发展的一种重要传播手段。无论是在中国还是西方世界,电视作为一种廉价的娱乐消费手段,可以很轻而易举地为政府提供宣传平台,为社会描述主流价值取向。可以说真实性和纪实性的特点使纪录片成为众多类型片中的贵族。我们相信,一部拥有真实画面语言的纪录片,对人心灵深处的震撼是超过同样分量的报告文学或其他纪实文学体裁的。

自打纪录片诞生之日起,便有流派与定义之争,经常可以在英国和西方的专业杂志上看到不同大学的纪录片研究学者,为了某一部作品是否划入纪录片范畴,或者到底划入那一类纪录片范畴而争论得头破血流。纪录片形式传入中国之后又在流派定义之争的基础上,附加了"纪录片与专题片"的界定之争,大大小小的纪录片学术研讨会上,许多唇舌之战似乎也都是停留在这个层次上。其实,西方电视传媒本是没有专题片一说的,专题片可以说是中国国情下的特殊产物,讨论其界定的意义似乎微乎其微。相比之下,如果集中精力对比讨论一下中西方纪录片的几种特殊形式及其特点,也许会对我们今后的创作给予更多的启示。

一 新闻性专题 vs 特别纪录片(the special documentary)

我国的新闻性专题,是国内新闻综合频道的主流宣传片种,一般是按宣传口径行事,主题先行,它的最主要两个特点就是时效性强和主题鲜明。因此新闻性专题从一开始便被赋予了许多创作者的主观倾向性,观众欣赏起来很容易得出同一种结论或者感受,这无疑是社会的需要。但这也在一定程度上限制了观众对真实人物背后或者事件侧面的不同角度的审视与洞察,但是从传播学"编码(encode)与解码(decode)"的角度上来讲非常成功。作为"喉舌"节目的重要组成部分,这类片子的存在,特别在中国,完全有必要并且是十分重要的。

特别纪录片(the special documentary)的片种,是西方媒体对特别事件、重要人物和重大活动量身定做的一个片种。它同我国占据主导地位的新闻性专题既有共同点又有明显的区别。两者首先在题材选择上非常类似,对人物或事件的报道,往往要根据现行国家的需要进行选择,那些具备代表性或典型性的精英人物或者中坚分子(elite),多为拍摄对象。这样的纪录片在西方,被称为特别纪录片,一般来说不是创作者的自由创作作品,大多为指令性产品。但它又有其独特的视角:比较讲求认识价值;侧重于从历史发展的角度揭示事件的意义;同时要求对现代事件、大型活动、时代潮流、社会风尚、风云人物进行完整的记录。在时效性上它较之我国的新闻性专题慢一拍,一般在事件息事宁人后再搬上屏幕。

特别纪录片在制作和播出时间上有一定的伸缩性,因而可以调动多种表现手法:围绕特别事件穿插历史背景,运用特技、音乐、对话、模拟等多种表现元素来烘托主题,并灵活地安排结构顺序,节目时长也没有特别的要求。这样,西方的特别纪录片较之我国的新闻性专题,更具有艺术性和灵活性。

近些年来,西方的特别纪录片在国际电视界格外引人注目,举世瞩目的重大活动、奥运赛事、奥斯卡等电影节日的发奖仪式,环保等重点社会活动、巴以冲突、外交风云等活动的纪录片,大有令人百看不厌的趋势,如果用简单的几个字来形容特别纪录片:就是"回顾"与"深度"。而我国的新闻性专题则是"时效"与"宣传"。美国波士顿爱默森学院研究生院院长罗伯特·希利亚德教授认为,特别纪录片的兴起弥补了特别报道的不足。而我国的新闻性专题则以时效快、宣传及时为长,两者各有优势。

二 文献纪录片 vs 大型电视纪录片
(the full-length television documentary)

文献纪录片可以说是中国的特殊产物,上下五千年的历史让中国有太多的东西值得去发掘和表现。这里有沧桑变换的历史事件,也有风流倜傥的风云人物。可以说,最好的最真实的"故事"就是历史。因此文献纪录片的诞生和发展是有其深厚的历史背景的。从长江、黄河、长城、历代帝王、民族英雄,直到新中国的伟人。我们相信中国百年之内的文献纪录片题材是绝对不会枯竭的。

中国文献纪录片的发展引领了中国主流纪录片的创作浪潮,纵观中国纪录片史,每一次前进的步伐大都是由文献纪录片作为先驱。《话说长江》、《望长城》、《毛泽东》等大型文献纪录片,耗资巨大,气贯长虹,历时一年甚至数年,融国内纪录片顶级编导之精华,央视黄金时间播出,反响巨大。《话说长江》是中国纪录片先驱者在懵懵懂懂中的探索,主持人直接面对观众,公开承担纪录片主题思想的传播,决定了作品所担当的思想使命和价值取向。而这种一元视界的超越性和叙述者的权威性,也规定了作品通过主持人建立起来的思想形象:全知、权威和超越性。《望长城》的出现,标志着"视觉语言"的到来。这部具有里程碑意义的划时代作品来势迅猛,画面语言的彻底运用,给沿袭已久的"画面配解说"的创作形态画上了一个有力的句号。可以说,中国的老百姓,是从《望长城》开始认知并真正接纳纪录片的!《毛泽东》则开创了中国文献纪录片时代的新纪元,这部英雄史诗般的巨著,更是影响了一代大型纪录片创作者,作品获得了既真实、客观、又饱含深情的艺术效果。接着《中华之门》、《中华之剑》,以至后来的《邓小平》、《周恩来》尊前者之长,创题材之新,以其大气魄、大手笔、大容量成为雅俗共赏、妇孺皆知的纪实精品。

与我国文献纪录片类似,西方的大型电视纪录片(the full-length television documentary)也以精良的制作,宏伟的系列篇幅,深刻的内容剖析着现实社会,对传播文化知识、推动人类文明进程起着重要的作用。西方早期的大型纪录片无论在选题上还是在表现手法上都模仿新闻电影纪录片的传统模式,直到通讯卫星技术和 ENG 问世以后,纪录片才得以用电子技术手段进行采制,并经过不断的求索,形成了电视纪录片的独特风格和语言。

早在20世纪70年代中期,西方的大型纪录片就开始在这方面进行尝试。CBS著名节目主持人沃尔特·克朗凯特主持拍摄的《宇宙》、《20世纪》、《历史的见证》,还有《肯尼迪家族》、《越战》等,都是家喻户晓的名片。西方大型纪录片不但展现科技世界、宇宙天地,而且放眼预测未来趋势。许多片子不仅耗资巨大,而且创作时间上也是慢功出细活。例如美国航天飞机"发现者号"的纪录片,创作人员从开始准备到"发现者号"上天,跟拍了整整三年。

我国的文献纪录片与西方的大型电视纪录片不同,主要有两种模式:影响历史乾坤的重要人物,如《毛泽东》、《邓小平》等;扭转历史局面的重大历史事件《让历史告诉未来》、《长征·生命的歌》等。像这样的题材,目前已不在西方大型纪录片的"射程"之内,这些题材主要由调查性纪录片来完成。而这种调查性纪录片往往在制作的时候,会对大量的历史文献资料进行二度创作,并且不排斥"再现"、"重演"等。这里需要引起我们注意的是,西方一些观众为什么能够接受"再现"、"重演"、"模拟"等,而我国的文献纪录片,为了追求纪录内容和资料运用的"绝对真实",就不忍使用各种先进的技术创作手段,这或许是我国文献纪录片很难走向世界的其中一个原因。

西方大型纪录片在制作的时候,如果用2年的时间拍一部大型系列片,那么他们会用3个月时间做调查研究,用3个月时间进行实地勘查,5个月时间用于前期拍摄,剩下的14个月时间用于后期制作,也就是用近3倍于拍摄的时间进行后期再度创作。

在某种程度上讲,我国的文献纪录片和西方的大型电视纪录片的创作,反映不同国家电视机构的综合实力和水准——人力、物力、财力。无论是文献纪录片和大型电视纪录片,必须具备三个先决条件:重大题材;高手云集的创作班子;雄厚的资金。也许正因为如此,我国的文献纪录片和西方的大型纪录片才不仅能在电视屏幕上占有重要的一席之地，而且具有经久不衰的生命力和不朽的保存价值。

三 DV纪录片 vs 微型纪录片(the mini documentary)

伴随着摄像器材的大幅度降价和画质清晰指标的不断提高，我国的纪录片创作领域出现了一种"个性化"的创作趋势，他们拿起这种普通家庭都能接受的DV摄像机，像有身份的主流媒体记者一样，开始深入底层，自选题材，有的甚至自掏腰包，拍出了一批DV纪录片，个别作品还屡屡在国外获奖。这些DV纪录片往往时间不长，几分钟、十几分钟，摄制时间跨度也很短，一般就是十几天或者几个月。题材大多聚焦在平民的生存状态和生存环境，有的也展示特殊人群视角下的众生。其特点是随意性大，制作成本低廉，大部分作品没有播出渠道，只是小部分人传看。

西方的微型纪录片(the mini documentary)是在杂志型节目(the magazine show)进一步拓展的背景下应运而生的。它以其制作周期短、耗资小、传播速度快等优势大量涌入电视频道。一般情况下，微型纪录片的时间长度为4—10分钟。一个30分钟的节目中至少有3个微型纪录片，创作人员往往不到一周时间就能创作出一个成品。为了确保事实的准确无误，微型纪录片的创作人员极为慎重。在选材上，这种纪录片主要截取大型纪录片中的某一个焦点或报纸消息中已经报道过的内容，但对这些选题赋予不同的外表、包装，以求给收视者带来新鲜感。

西方微型纪录片的不少节目也是用DV机拍摄的，在创作上虽然也讲求故事化和戏剧性效果，但由于受篇幅的限制，不可能产生太多的戏剧性矛盾冲突。它比我国的DV纪录片好在传播渠道畅通，有个固定播出的"家"。微型纪录片的创作手法和表现手法基本与我国的DV纪录片相同，但它的结尾要求能够得做出总结或得出某种结论。相比之下我国的DV纪录片创作就显得更开放一些,纪录的内容也更像是事件或者人物的"片断"。因此我国DV纪录片的吸引人之处,并不是其社会教育意义和某种结论,而是里面充溢的好看的"民间纪实故事",更具真实感,更有可视性。

传统纪录片一般涉及较为严肃的人物和事件,显得深沉、凝重。微型纪录片和DV纪录片则使普通观众能看到比较轻松的一面。在片子的结尾处理上,传统纪录片的结尾多半是发人深省的。而微型纪录片和DV纪录片大都轻松明快,观众满足于大概地了解和一个比较开放性的结论,不求弄个水滴石穿。从电视纪录片创作的现实走向看,微型纪录片和DV纪录片发展的势头越来越大,我国的江西、湖南、北京、上海等电视台相继给DV纪录片开了窗口,安徽电视台在一次电视节目研讨会上,也有人提出了一个颇为大胆的构想:开办DV频道。也许许多人会质疑这一想法:即使建立了播出平台,也很难找到足够的节目填充。但是事实上,DV资源的节目数量是远远超乎大家想象的。据统计:每10个出国旅游人员中,有3至4人要带上DV机。中国传媒大学某系的60多名学生中,家有DV机的占了37人。有人曾经对英国sky tv中的"真实频道"(播出纪录片或者纪实栏目的一个频道)做过调查,60%以上的纪实节目资源都是DV机拍摄的。如《当好时刻变坏》、《震惊行为》、《撞到正》(用警车上DV记录下来的警匪真实公路追踪)等栏目,基本上完全由DV机完成。

可见DV资源是非常丰富的,而且任何纪实栏目的开设都离不开DV纪录片和DV资料。只要资源配置能够优化,播出渠道和平台搭建得稳固,相信我国的DV纪录片在国内是有市场的。总体来讲,DV纪录片和微型纪录片贴近生活,制作简便,普及面广,一般的电视机构都有能力长期制作或开办栏目。我们可以预测,只要抓好舆论导向,提供良好的平台,我国的DV纪录片一定能像西方微型纪录片一样,有个长期固定播出的"家",并在社会上收到特殊的传播效果。

纪录片体现其价值的方式应该是多样化的,不应该受到形式上的约束,从这点上讲,无论是大成本还是小制作,无论题材是英雄还是小人物,只要存在纪实和真实段落,我们就可以粗略地将其归纳为纪录片范畴。纪录片的多样化发展,为纪录片的创作带来了新的生命力,树立了新的形象,同时也带来了挑战。西方世界的发达程度要高于中国,表现在传媒领域也有着类似的现象。中西方纪录片的发展趋势虽然由于种种原因不尽相同,但是几种特殊纪录片的演变和特质都有许多相似或可比之处。作为重要的意识形态传播手段,它们应该引起我们纪录片创作者的关注,互为补充、互相促进,形成电视纪录片创作多种样式齐头并进的新格局。

第三节 我国纪录片发展历程

一 1958—1977年间:政治化电视纪录片阶段

我国电视纪录片于1958年开始出现,最初主要是对国家政治和阶级斗争进行宣传和强调,常以新闻纪录片时代称呼这一阶段,电视纪录片在该阶段的创作高峰是《收租院》,这是一部新闻式的电视纪录片。当这部被划为"思想教育类"、以"牢记阶级仇恨"为主题的纪录片一经播出,在社会上引起了强烈的反响,一时间广为流传,连续放映长达八年之久,这在中国和世界纪录片历史上都是不多见的。

电视纪录片在这一阶段主要包括三种类型:其一,以《深山养路工》为代表的客观纪录现实生活的电视纪录片;其二,以《党的好干部焦裕禄》以及《收租院》为代表的新闻式电视纪录片,主要是进行报道和宣传;其三,以《到农村去》为代表的电影纪录片,其特点是以电视为载体,也即是今天的电视电影。

《收租院》这部电视纪录片于1965年底创作完成,其在四川大邑县进行实地拍摄,借助影像和解说生动形象地表现出中国美术展览馆展出的泥塑人的内心世界,将阶级压迫的主题深刻地反映出来,以此对民众进行启发和教育。这部作品在当时大获成功的原因有三点:首先,通过走进院线播映实现集体观影效果,造成一定社会影响;其次,顺应时势带有很强的意识形态色彩,超越了一般艺术作品的内涵,成为"阶级斗争教育的生动教材";最后,彰显音画魅力,《收租院》通过巧妙地运用视听因素和多元时空结构,突出了镜头和解说词的魅力,让人过目不忘①。

将苏联模式完全照搬过来是我国电视纪录片在这一阶段的特点,被称作格里尔逊模式,弘扬时代精神、宣扬英雄事迹是该阶段的纪录片所具备的主要功能,以"政论性"的内容为主,表达方式主要是画面、解说和音效三者结合,话语权完全掌握在国家手中,单方面地将各种思想灌输给受众,以实现服务于社会意识形态的目的。该类纪录片具有严重的说教倾向,拍摄人的思想感情极少参与其中,所塑造出的各种英雄人物具有"高、大、全"的特征,与人们的日常生活差距较大,容易产生不易接近的感觉,单一老套的创作风格、雷同的创作题材,再加上比较混杂的放映环境,导致这些作品并不具有较好的传播效果。

二 1977—1992 年间:人文化电视纪录片阶段

党的十一届三中全会于 1978 年召开,我国迎来了改革开放的新时机,我国文化界也呈现出空前繁荣的景象,电视纪录片在我国也进入了蓬勃发展的阶段。在题材、表现形式、种类、数量以及人员队伍、材料设备等方面,电视纪录片都掀开了崭新的一页。在该阶段不断批评并校正过去那种形式主义、模式化以及公式化的电视纪录片创作手法,开放

---

① 李燕宁,《浅析新中国成立以来我国纪录片发展之路》,选自《中国电视》2009 年第 12 期,p.60。

了很多过去被严令禁止的选题领域，如历史文化、名胜古迹以及自然风光等。建国以后电视纪录片在我国的首个发展高潮就出现在这一阶段。

改革开放政策的推行也在很大程度上改变了纪录片创作人员的创作理念，他们越来越倾向于采用纪实主义的创作风格，在纪录片中以原生态的、真实的方式记录客观过程，将电视纪录片在我国产生初期所采用的那种说教式的创作模式摒弃，重视同期声，深入挖掘真实生活。在这一创作理念的指导下，涌现出一大批优秀的大型电视纪录片，如《望长城》、《话说长江》以及《丝绸之路》等。总的来说，创作人员在该阶段逐步拥有了自己的艺术创作空间以及发言权，不过"该阶段的这些行为，基本上表现为一种群体的共同行为"[1]，历史变革、生态以及环境等宏观角度的东西是创作者们关注的焦点，也就是说上层文化、精英文化等是片中所蕴含的文化的总体特点。

我国在这一阶段形成了多种样式的电视纪录片共存的格局，如《人民的胜利——第二次世界大战亚洲战场纪实》这类的电视政论片以及《丝绸之路》、《话说长江》这类的电视纪录片等，具体类型归纳如下：以《中国哈萨克》等为代表的电视纪录片，主要是将我国的风俗习惯和历史文化展现出来；以《话说运河》和《三峡的传说》等为代表的电视纪录片，主要是歌颂祖国的大好河山；以《让历史告诉未来》以及《话说长征路》等为代表的电视纪录片，主要是回顾革命情怀；以《攀枝花》等为代表的电视纪录片，主要是歌颂社会主义建设。

这一时期，地方电视台的出现，使得中国电视纪录片创作团体的格局表现出中央电视台和地方电视台互相呼应的格局，电视纪录片在选材、风格以及表现手法上都出现了之前没有的新意。《话说长江》是中央电视台和日本佐田企画社联合摄制的。此前，由于我国很少与国际

---

[1] 任远，《纪录片的理念和方法》，中国广播电视出版社 2008 年版，p.68。

纪录片同行一起工作和交流，因此在创作理念和手法上存在较大分歧，那时候，中国的纪录片人还不是很熟悉纪实的手法，也不太善于将电视的特性发挥得淋漓尽致，因此在传播效果上自然会略逊一筹。而《话说长江》在当时获得巨大的收视成功，主要取决于以下原因：首先，第一次在我国大型系列电视片中设立固定的节目主持人，固定的主持人成为这个系列节目在观众心目中的形象代表；其次，固定时间播出，给观众一个约定，成千上万人被卷进同一个时空，使影片中的内容自然成为人们日后的谈资；再次，规范的系列化，使观众产生与节目一起成长的感觉；最后，调动观众参与并和观众进行交流，在25集《话说长江》中，有两集专门作为"答观众问"的内容，使人情味、生活味、真实感更加获得提升，而为片尾的长江主题音乐会征集的"话说长江"歌词，更是吸引了无数观众①。

此外，拍摄技术不断进步，开始注重使用纪实语言，地方电视台所创作的一些作品中逐步出现群体化话语权这种表现方式，如青海刘郎拍摄的《西藏的诱惑》，是一部在当时具有代表意义的片子。这部作品细致地描述了西藏美丽的自然风景和风土人情，还表达出作者对西藏的深切情感，同时对朝圣精神进行了深刻的解读。这类作品具有明显的特色，同时对西部特有的环境、人文精神进行了细致的表现。地方台和央视通过不同的题材选择、拍摄方式向观众诠释着不同的作品内涵，这些作品各具特色。在当时出现了一些优秀的微型和大型具有代表性的电视纪录片，如当时的"地方台50分钟"这一专栏化纪录片的出现，标志着我国的电视媒介第一次向大众传播的成功转型。

三 1992—1998年间：平民化电视纪录片阶段

自20世纪90年代起，电视纪录片开始转向关注过着平凡生活的

---

① 李燕宁，《浅析新中国成立以来我国纪录片发展之路》，选自《中国电视》2009年第12期，p.61。

普通人，纪录片的风格开始转为纪实风格。这个阶段的纪录片，所反映的内容大都是中国普通人的生存状况，所以此阶段被称为中国电视纪录片的平民化阶段。

这一阶段，中国的电视电视纪录片非常注重对个人生活的关注，很大比例的电视纪录片都以个人生存状态为取材点。国内的创作者们能够更好地把握影片的内涵，相关技术运用更加熟练，影片更具特色，创作者从平民的角度进行拍摄，通过采用纪实的手法对普通人的真实生存状态进行细致的描述，创作出了大批具有人文特色的电视纪录片。《沙与海》、《最后的山神》、《神鹿啊，我们的神鹿》以及《八廓南街16号》是该时期涌现出来的典型作品。

《沙与海》拍摄于1989年，在1991年获得亚洲广播电视联盟大奖赛的大奖，是中国首部在亚广联上获此殊荣的片子。这部片子的内容很简单，展示的是普通人的生存状态，但是它却让我们看到了一些我们所不了解的人和我们完全不一样的生活。它注重对于人性的把握，在人与自然的对抗中，既有对自然的忍让和谦和，又有顽强的生存意志，展现了人类的坚韧不拔之美。从这个意义上说，该片为我国电视纪录片大众文化形态增添了一份鲜亮的色彩。

这时期的作品对于社会边缘人物、社会底层人物关注过多，有时并没有很好地表现大众的正常状态，反映的大都是一些特殊极端情况。纪录片中所表现人物的生存状态并不能代表当时中国百姓大众的真实情况，因此这些纪录片所承担的社会功能在一定程度上打了折扣。

加之，电视纪录片的创作群体也在不断增加，各自具有不同的创作特点，比较有代表性的就是海派创作群体、西部创作群体与中央电视台创作群体，纪录片开始关注从更多的角度取材、主题也表现出更多的不同点，对多种拍摄模式的运用在当时的纪录片《望长城》得到了体现，使这一阶段的作品具有更加鲜明的特点：作品题材在选取角度上更多地考虑对于原生态以及普通大众生成情况的展示，具有特色化的表现风格,如对家庭主妇生活进行展示的片子《德兴坊》、对小保姆生活进行描述的《远在北京的家》等;更多的专业人士加入到创作团队,作品开始同国际化接轨,出现了一些当时在海外获奖的影片如《藏北人家》等;开始出现了一些能够反映历史的文献性纪录片,对一些历史时间或人物生平进行介绍,如当时的人物纪录片《毛泽东》、《邓小平》,展示新中国成立过程的纪录片《中国1949》等;以《生活空间》栏目为代表的对普通大众日常生活进行记录的大众文化纪录片大量涌现。

在这个阶段,国外电视纪录片的创作思想也慢慢地进入了我国,对我国纪录片创作人员所采用的叙事方式产生了极大的冲击和重要影响。我国纪录片创作人员在创作作品中有意识地对思想观念的表达进行淡化,有关电视纪录片与电视专题片差异的研究也逐渐展开,另外由于国外纪录片创作方式对我国纪录片创作的影响,小作坊创作与民间创作者逐渐在我国出现,在部分纪录片创作作品中还出现了个人化话语,开始出现了独立创作的电视纪录片。在这个阶段,电视纪录片开始重视人性与现实生活中的个人,以百姓视角以及平民意识为主要反映内容的纪录片的出现,标志着国内电视媒介行业出现的第二次转型。

四 1998年至今:社会化电视纪录片阶段

国内进入社会化纪录片阶段,过去主要是对国外电视纪录片进行模仿创作,而这个时期转变成了突出自我创作特征以及强调多元化的电视纪录片创作,电视纪录片逐渐从政治化发展至社会化,逐渐重视对社会不同角落的社会阶层所具有的现实生活进行记录。张以庆创作了《舟舟的世界》,这部纪录片主要是反映弱势社会阶层,这部作品标志着社会化电视纪录片阶段的开始。

可以说社会化电视纪录片阶段是"多元化创作阶段"。"无论是题材、样式、风格、类型、还是创作人员的构成、拍摄使用的介质"①等均朝着多元化的方向发展。除此以外,DV 的产生使创作电视纪录片的门槛也有了很大程度的降低,电视纪录片不再是少部分人群的精英文化,它开始走向了社会广大群体,成为普通社会成员生活中的一部分。在这一阶段,国内电视纪录片创作者不再狂热地执著于社会边缘人,而是逐渐强调社会中的现实生活,国内纪录片创作者也开始重新审视自己作为传媒人所应该承担的相应的社会责任,在选择表现人物的过程中也彻底地与边缘人物、弱势人群脱离,转而面向与社会现实生活更为接近的普通人与主流人物。在这一阶段出现了比较优秀的纪录片,如《我们的留学生涯——在日本的日子》、《老头》以及《幼儿园》等。

先进数字科技的广泛运用使电视纪录片创作风格不断朝多样化方向发展,在这一阶段创作的电视纪录片主要呈现出以下变化:电视纪录片独立创作队伍持续发展且规模不断增加,纪录片的主题以及纪录片的表现风格也朝着多样化方向不断发展,在国内与国外均产生了很大的影响,如以留学生生活为主题的纪录片《我们的留学生活——在日本的日子》;先进数字化设备如 DV 与非线性编辑软件等被广泛应用且价格也越来越低,DV 创作出现了空前繁荣的景象,这种电视纪录片更注重个性的张扬,主题也趋于多样化,例如凤凰卫视顺应时代的发展于 2002 年推出了《DV 新时代》纪录片节目,并向社会大众征集各种 DV 作品,表现出了较强的个性;纪录片的另一个新亮点是新闻纪录片的出现,例如纪录片《1428》,其主题是汶川大地震,此节目受到社会大众的广泛关注;在"国际化"、市场经济全球化的时代背景下,国内纪录片市场购买了很多国外著名的电视纪录片节目,主要有《国家地理》以及《探索发现》等,这些电视纪录片节目既在视觉上冲击了观众,又对纪录片创作者的创作神经产生了冲击作用,推动了国内优秀纪录片的创作。

---

① 任远,《纪录片的理念和方法》,中国广播电视出版社 2008 年版,p.103。

进入新世纪之后,传播环境的大变化,技术上的更新,网络、手机等终端服务的便捷,观众拥有了多样性的媒介选择,观众的趣味、知识也在不断地发生着变化。小众化、分众化的出现,大量同一生产已不可行。节奏欢快、爆料不断的娱乐节目和丰富多彩的影视剧占领了广大的观众市场。纪录片的处境尴尬,日益淡出观众的视野是一个不争的事实。就在这样的媒体生态中,依然播出了较高质量的电视纪录片。2005年播出的《故宫》,2006年的《再说长江》、《大国崛起》,2007年的《森林之歌》,2008年《激荡:1978—2008》,这些经典的纪录片点缀在新千年的美好蓝图上,为中国的历史变迁留下了珍贵的影像资料。

电影频道、音乐频道、体育频道、购物频道……频道整合分工的出现,满足了不足受众细分市场的需求。可喜的是,前后讨论5年之久的中央电视台第九频道纪录频道终于于2011年1月1日正式开播。频道化的运营,聚合了专业化的创作团队,从中央电视台抽调出最优秀的人才组成纪录片团队,更将凝聚全国的纪录片队伍,共同打造一流的传播平台。频道实现了制播分离体制,分生产和营销两大主体,每年中央电视台投入将近6亿元,而此前每年全国纪录片的总投资仅仅在4亿元左右,投资力度相当大。纪录频道中英双语播出,全球性覆盖,力求在全球经济文化舞台上真实地表达中国,传递中国的声音。我们期待着纪录片春天的到来,对纪录片的平台寄予厚望。

第四节 我国纪录片的发展与走向

在全球化、市场化的今天,纪录片该何去何从?商业化的生存潮流中,如何秉持其"真实"的本性?面对严峻的生存环境,纪录片在创作时,要放下身段,主动吸收优质元素,加强自身可看性的建设。具有了可看性,才能吸引社会各层次观众关注的目光,在此基础上才有开拓产业市场的可能,为其生存与发展创造更为优质的生态环境。

一 吸收优质元素:纪实与娱乐的融合

面对变化的收视心理,纪录片人做出了合理的创作调整。目前电视屏幕上的娱乐节目纷纷主动借鉴优质电视形态,通过多种形态杂糅来达到表达与娱乐的目的。如湖南卫视的《变形计》把纪实与真人秀两种形态进行整合,加上具有普遍社会意义的主题选择,赢得了广泛的关注。再如曾风靡一时的选秀节目穿插选手平时生活、排练等纪实片段,使屏幕上的秀与屏幕下的真实纪录共同展露,让节目显得更为丰富与饱满。与此相比,纪录片尚未放下身段,尚未在制作理念上放开。2004年度 Discovery 国际电视网总裁慕坷女士就纪录电影过于"娱乐化"发表了自己的看法,她认为纪录片要娱乐,Discovery 要让观众看到故事。娱乐化的倾向适应了纪录片在当代的发展需要,是合乎规律的[1]。纪录片娱乐化的主要表现之一是故事化的讲述方式。重视纪录片的叙事功能,设置悬念,强化情节,让观众爱听、爱看,以精彩的故事吸引观众的眼球,成为当今纪录片自身发展的迫切需要。当然不可否认,真实是纪录片的生命,但我们不要再为"真实"纠缠不休。

二 开拓产业市场:生存与发展的需要

纪录片产业化发展,在中国现行体制下,似乎困难重重,但纪录片产业化道路,是纪录片国际化生存与发展的必然要求。纪录片是一个窄众化市场,在全世界范围内,美国国家地理频道、Discovery 频道、英国 BBC 纪录片频道、法国电视 5 台和日本的 NHK 频道都是知名的纪录片频道。他们在纪录片创作中,并不是让编导们去"玩艺术",而是需要纪录片以一种"产品"的形态出现,为频道形成影响力和经济效益,提

---

[1] 周东元,《纪录片的故事化品质》,选自《现代传播》2008 年第 5 期,p. 35。

高频道的含金量,以换取更大的市场回报。我国的纪录片创作,体制内的纪录片有相关部门的拨款支持,而体制外的纪录片则存在着难以寻找支持资金的困境。同时,我国纪录片主创人员缺乏市场理念,纪录片题材选择也尚不适合市场化道路。此外,缺乏规范、通畅、有效的纪录片交易渠道,也使得纪录片的生产、流通、消费各环节不能实现有效循环①。在以美国国家地理频道、Discovery频道为代表的国外电视纪录片在中国市场节节挺进的同时,我国的纪录片人应面对现实,思考如何在保持本土纪录文化之下,有效开拓产业市场。

在国际化语境下,我们要应对挑战,主动融入这种国际文化背景。同时,在全球化视野下坚持本民族的特色,才能让纪录片真正走向世界。当然,本土化不是封闭不变的,而是跟随社会发展不断变化的。产业化生存除纪录片本身要加强建设外,也要借助电台、网络、报刊等多种媒体对纪录片及其栏目进行介绍、宣传,培养、吸引更多层面的观众。走国际化道路,面对本土文化要有扬弃,形成自我的产业风格。对于还处在低位发展的中国纪录片来说,这是一条艰辛的道路。

三 增强受众意识:精英与大众的共赏

市场化的选择,必然要求纪录片创作者以"受众"为中心,学习国外纪录片娱乐化的生产方式以赢得更多的收视率。中国纪录片人应从阳春白雪的孤芳自赏中走出来,把自赏放置到世俗社会的市场评价体系中,在市场与个性之间寻求一种妥协与结合。大众化是市场化的第一张面孔,不被广大观众所喜闻乐见的节目是难以生存的。纪录片不是仅属于精英们的欣赏艺术,只有为大众共赏的艺术形态,才能实现其价值并获得广阔的发展空间。

---

① 刘阳,《中国纪录片的市场化转型探析》,选自《中国广播电视学刊》2009年第1期,p.29。

面对不断加快的生活节奏,电视成了人们自我消遣的最好选择。娱乐消遣成了电视的主要功能之一。各类娱乐节目以及电视剧的收视狂潮让我们看到了民众对于"快乐"以及戏剧化的追求。相对于其他的电视节目形态,纪录片有着不可替代的优势。以真实为生命的纪录片在表现对人的终极关怀和对人生存处境的思考时,其文化品位与艺术感染力绝不是一般电视节目形态可以达到的①。在此基础上,加上观众喜闻乐见的娱乐化、戏剧式叙事方式,相信纪录片将进入精英与大众共赏的视野。

在全球经济一体化、社会多元化的大背景下,我们的纪录片要生存发展就必然要走出去,走市场化的道路。因此,纪录片人要主动吸收各节目形态的优质元素,将纪实与娱乐相结合,打造大众共赏的纪录片,开拓产业市场,走具有中国特色的纪录片产业化发展道路②。这既是纪录片创作现状的反映,也是纪录片创作发展的要求。

---

① 马嘉、海燕,《中国纪录片路在何方》,选自《传媒》2005 年第 1 期,p. 57。
② 孙青青,《中国纪录片的现状和发展趋势》,选自《声屏世界》2009 年第 12 期,p. 35。

第十四章　广播电视剧情类节目

第一节　广　播　剧

一　广播剧的概念与特点

广播剧可以定义为"供广播电台播送的戏剧作品。运用对白、独白、唱词等手法，以及充分运用音乐伴奏、音响效果以加强气氛，并穿插必要的解说词，以帮助听众了解剧中的情境和人物的动作状态"[1]。广播剧是随着广播的兴起而出现的一种新剧种，以前又称为"无线电剧"或"空中戏剧"，是"以广播为媒介，运用戏剧技巧，将思想、文学与动作转化为听众头脑中赏心的图景"[2]。

广播剧与话剧、电影、电视剧等其他艺术形式相比具有自身的特点：(1)广播剧是以声音为表现形式的综合艺术样式，主要运用语言、音乐和音响效果的组合，通过听众的想象产生各种情境，来表达剧中的内容；(2)广播剧的生产周期较短，制作成本比较低廉，具有反映现实生活

---

[1] 王凤主编，《简明语文知识词典》，湖北人民出版社 1983 年版，p.146。
[2] 罗伯特·麦克雷什，《广播剧若干原则》；转引自：《文艺广播初探》，内蒙古广播电视厅，1986 年，p.90。

较快，贴近群众生活的特点；(3)广播剧通过广播播出，覆盖面广，接受方式便利，几乎不受任何舞台、场地的限制；(4)对听众的文化程度以及关注程度要求都相对较低，有利于普及，群众性较强。

在广播剧发展史上有一件轰动世界的轶事：1938年10月，美国哥伦比亚广播公司(CBS)的"水星剧场"(the Mercury Theater)节目播出了广播剧《星际战争》(War of the Worlds)，尽管播音员四次明确声明剧情纯属虚构，仍然有成百万的美国人竟对所谓的火星人入侵惊恐不已，无暇顾及辨别真伪，很多人(尤其是剧中火星人的登录地点的新泽西州)驱车出逃，还有人垒砌路障，甚至拿起枪抵抗外星人入侵者，上演了一场大恐慌的戏外戏。引起这场骚乱的主要原因是广播剧的逼真音效、气氛的渲染以及真实地名、人名的使用。由于导演别出心裁地以"新闻报道的形式"(the newscast style)来制作广播剧，而且广播剧开始时十多分钟的与剧情无关的音乐、访谈、天气预报，使听众忘记这些本身是广播剧的组成部分。再加上演员出色地模范美国总统的"紧急动员令"、记者的"现场报道"、广播员慌乱的声音，配上各种逼真的音响：如火星的宇宙飞船的呼啸声，火星人发出的尖叫声，当地警察与火星人短兵相接的拼杀声，人们杂乱惶恐的呼救声，仓库的爆炸声，消防车的救火声等，最后导致一场广播史上空前绝后的大恐慌事件[1]。尽管这是广播剧发展史上的一个特例，其原因本身是复杂的、多重的，但至少从中可以看出广播剧的感染力。

因此，虽然广播剧是一种纯粹的视听艺术，通过鲜明、生动、简练而又富于表现力的语言和音乐、音响效果等要素来塑造形象、揭示主题，有"看不见"的局限性，不如电影、电视剧等艺术样式声情并茂的表现

---

[1] Melvin L. DeFLEUR, Everette E. DENNIS: "The Great Panic: Radio Report the Invasion from Mars", *Understanding Mass Communication* (4 th Edition). Boston, Massachusetts: Hougthon Mifflin Company, 1991, p. 533—536。

力,但也正因为如此,广播剧给听众留下了广阔的想象空间,从而可能创造出更多超越视觉的意境。正如戏剧家曹禺曾在《广播剧选》的序言中对广播剧的评价,形象地阐述了广播剧提供的丰富的想象空间和艺术魅力①:

广播剧的生命,在于它有独特的个性。广播剧的艺术家们,给听众留下了广阔的天地,使听众参与了创作。听众是广播剧的创作者。闭目静听,一切人物,生活的无穷变幻,凭借神奇的语言和音乐,你不觉得展开想象的翅膀,翱翔在奥妙的世界中。想象打开了五光十色的宝库。你看得见深情的眸子和明丽的光影,你看得见暗淡的眼神和阴郁的气氛,你会看见人的崇高与雄浑,你会看见人的卑微和邪恶。一切展览在你的眼前:信仰与幻灭,高昂与消沉,悲哀与欢乐,战斗与沉静,胜利者的傲慢与失败者的卑屈,沉睡婴儿的微笑与白发昂首将军的庄严。生与死,善与恶,黑暗与光明,一切展览在你眼前:池塘碎影,高柳重荫,乌云乱滚,海雨天风,滔天的白浪,浩瀚的沙漠。一切大自然的深邃浩渺,一切大自然的莫测高深,像无边的图卷,流动在你的眼前。诗有多少意境,广播剧就有多少意境;诗,魅惑人,广播剧也魅惑人。

二 我国广播剧的创办与发展历程

广播剧这种艺术形式最初产生于英国。1924 年 1 月 15 日,英国广播公司(BBC)播出了世界上第一个广播剧——《危险》(Danger)②,描写某煤矿塌方之后,矿口堵塞,坑道内外的焦急、紧张、慌乱,由于使用了坑道内外的对比性鲜明的音响效果,再加上情绪性音乐的烘托,造成紧张的氛围,播出效果很好。

---

① 曹禺,《广播剧选》(序言),转引自《文艺广播初探》,内蒙古广播电视厅,1986 年,p.97—98。

② 也有的资料将这部广播剧的名称,意译为"煤矿之中",是对故事情节的归纳。

解放前受到西方广播业的影响，我国广播剧的起步并不晚，在创作、制作和理论研究上都取得了一定的成就。1933年1月20日，《中国无线电杂志》发表了中国第一部广播剧剧本《恐怖的回忆》，取材于1932年的"一·二八"上海大轰炸这一历史史实，同时4月由上海的一家私营广播电台播出，仅比世界上第一部广播剧晚了9年；此后，熊佛西（《卧薪尝胆》）、洪深（《开船锣》）、夏衍（《"七·二八"的那一天》）、孙渝（《最后一课》）、于伶（《以身许国》）等相继发表广播剧，有的在电台播出，成为我国广播剧艺术最早的基石。

除了实际创作广播剧之外，在广播剧的理论研究上有不少值得今天借鉴的地方，如解放前出版的《中国无线电》、《广播周报》、《广播通讯特刊》等杂志上经常登载有关广播剧理论、艺术漫谈之类的文章，如40年代发表的《广播艺术》（言岑）、《如何写作广播剧》（李一青）、《广播剧的表现领域与分幕》（钟卒）、《如何导演广播剧》、《怎样写广播剧本》等具有理论色彩的文章，分别从不同的角度对广播剧进行探讨和总结。有些文章已对广播剧作了较为全面的探讨，如《怎样写广播剧本》一文就阐述了广播剧如下一些问题[①]：

(1)剧情；(2)报幕人；(3)剧的序幕；(4)局中人；(5)对白；(6)配音；(7)稿本；(8)结论。

1946年10月中旬，东北新华广播电台播出了广播剧《我们宁死不当亡国奴》；同年底，延吉新华广播电台播出了《黎明前的黑暗》，这是解放区电台播出的两部最早的广播剧；此后，东北地区的几家新华广播电台陆续制作播出了《留下他打死老蒋吧》、《归来》、《血泪仇》、《刘胡兰》等一些广播剧；1947年8月1日，延安（陕北）新华广播电台为纪念南昌起义，根据话剧改编制作了广播剧《红军回来了》。

---

① 《怎样写广播剧本》，载《广播通讯特刊》第10期，文章发表时未署名；转引自《文艺广播初探》，内蒙古广播电视厅，1986年，p.94—95。

广播剧真正得到发展是在新中国成立之后,解放初期,中央电台和一些省、市电台开始制作广播剧。1950年2月7日,为纪念"二七"大罢工,中央电台播出了新中国成立后的第一部广播剧《一万块夹板》,以后又陆续播出了《潘秀芝》、《强扭的瓜不甜》等录音制作的广播剧,结束了广播剧在演播室直接播出的历史。这一时期,广播剧的情节大多比较简单,人物不多,反映生活的一个侧面,属于广播剧的初创阶段。

1954年到1957年,广播剧有了较大的发展,中央电台、辽宁、吉林、黑龙江、上海、天津、广东、江苏等一些地方广播电台,除专门从事广播剧的编辑之外,还陆续组建了广播剧团(小组),如1954年春成立了中央广播剧团。不仅广播剧制作的数量大大提高了,而且广播剧的题材也扩大了,既有反映现实生活的,又有根据中国、苏联和其他国家的话剧和小说移植、改编的;并且更加注重广播剧的语言、音乐、音响效果等要素的统一,较好地发挥了广播剧的艺术特点。这一时期较有影响力的作品有《皇帝的新装》、《黎明的河边》、《三千里江山》等,上海电台还录制了第一部多集广播剧《原动力》。

1958年至1960年,由于反右斗争扩大化等政治运动影响,广播剧比较萧条,虽然其中也出现了《三伏马天武》、《没有织完的筒裙》等一些质量较高的作品,但就总体而言,大多数广播剧在艺术上比较粗糙,题材也比较狭窄。

1961年到"文革"之前是广播剧继续发展并且逐步成熟的时期,出现了一批思想性较强、艺术性也比较高的优秀广播剧作品,如《红岩》(3部)、《山谷红霞》、《杜十娘》、《国际主义战士白求恩》、《真理的光芒》、《党员登记表》、《辛弃疾》、《团圆》等。我国广播剧工作者掌握了广播剧的艺术规律,广播剧的发展进入了成熟阶段,当时全国一半以上的省、自治区、直辖市电台,已经可以独立制作广播剧。

文化大革命期间,广播剧也像其他艺术形式一样被扼杀了,1972年下半年以后,开始吸收国外广播剧的特点,使中国广播剧得到了较大的发展。这一时期,广播剧的艺术形式也有很大发展,音乐广播剧、戏曲广播剧等节目形式日益成熟,出现一批音乐、戏曲广播剧的优秀剧目。多集连续广播剧也逐渐多了起来,如上海广播电台播出的广播连续剧《特殊身份的警察》、《W·P行动》等,情节曲折,扣人心弦,成为当地家喻户晓的节目;而湖南电台改编、制作的30集连续剧《三国风云》被誉为湖南戏剧史上一部规模宏大的成功之作;中央台的35集连续剧《夜幕下的哈尔滨》,播出后在全国范围内引起轰动效应。

80年代以后,各地广播电台还陆续制作了《渔夫和金鱼的故事》等一批立体声广播剧,标志着广播剧的发展进入了一个新的发展阶段。这一时期,广播剧的思想性、艺术性和录制技术等各方面都有了明显的提高,社会影响也越来越大,《二泉映月》、《瓜儿为什么这样甜》、《响铃公主》等广播剧播出后受到听众的热烈欢迎,并且被改编成为电视剧或电影。

这一时期广播剧的发展出现可喜的势头,广播剧已经从过去比较单一的样式,向多品种、多样式、多体裁、多风格的方向发展:(1)剧目题材更加广泛,反映生活的角度更加丰富,既有大量的现实题材的作品,也有古代题材和外国题材的作品;(2)广播剧的节目风格日益丰富,既有正剧,也有悲剧和喜剧,还有童话剧、神话剧、寓言剧等,创作剧目明显增加;(3)创作上敢于触及生活中的矛盾和斗争,敢于挖掘人物的内心世界,从而加强了作品的深度;(4)在体裁上、艺术风格和结构方式上作了一些新的探索,出现了微型广播剧、大型连续剧、儿童广播剧、戏曲广播剧、立体声广播剧、方言广播剧等多种艺术形式;(5)广播剧的理论研究有了新的发展,逐步建立起自己的艺术理论体系。

整个80年代是广播剧发展的黄金时期,而进入90年代,广播剧逐渐失去了原有的广泛社会影响力。

三 广播剧的声音要素

广播剧是以声音信息为媒介的艺术样式,同其他广播形式相一致,声音是构成广播剧的唯一的物质材料,包括语言、音乐和音响效果。早在解放前,就有人认识到广播的传播特点,以下发表在40年代的中国《广播周报》的一篇文章,对广播艺术的独特性和它的性能提出了见解,这样的文章写于40年代,是相当难能可贵的①:

> 说到广播艺术是只用耳去听的不见人的一种声的表现艺术(虽然近期发明了电视广播,但还没有普遍地被使用,姑且言之),大多半在家庭就可听取,并非像戏剧电影等在一定的场所;大体来说,广播对象以家庭为最,也可以说是广播是家庭之物。听广播并非要衣履尊严,可以任人随便听取,至于时间地方之限制,非如读小说一样,可随意选择,广播之不同点,即在有广播时可以听取,过时则不可得;读小数又不然,有意读便读,不读也可,同听唱片是一样性质,唯独广播则有区域和时间的限制。广播的听取这较任何其他艺术为多,无论如何大的舞台,也不能容纳广播所有的听众这么多……总括一句话:广播是一种新型的艺术,它是以语言、音响、音乐三者为元素的,而这三种元素的配用与否,足以造成广播效果的好坏,要想在广播艺术上获致成就,就必须先从这三种元素入手不可。

作为广播剧的三要素的语言、音乐、音响效果,三者必须相辅相成,互为依存,构成完整的艺术形象。换言之,艺术的整体性规定着广播剧"三要素"的结构形式,试以广播剧《杜十娘》的结尾为例,说明三要素的相互关系:

---

① 言岑,《广播艺术》,载《广播周刊》;转引自《文艺广播初探》,内蒙古广播电视厅,1986年,p.94。

（珠宝落水声）

孙富：哎、哎、哎、哎——呀！娘子，不要再扔了，不要再扔了。你不要理会、不要理会李甲那小人。

李甲：十娘，十娘，是我对不起你，我实在是错了。

杜十娘（呼喊）：苍天哪，苍天！让我杜十娘这一片真心、满腔痴情和我这无价的百宝箱，都随着这滚滚的江流一起去吧！

（浊浪滔天声，悲壮的音乐扬起）

解说（深沉地）：恶风恶雨紧相逼，人世艰险少真情。十娘抱恨投江死，留得清白万世名。

（剧终）①

这个结尾构思完整，各要素配合得当，充分调动了语言（包括语气、表情）、音乐、环境音响等结构元素，有血有肉，交相辉映，各臻其妙，相得益彰。它把孙富的贪婪、李甲的后悔、杜十娘的悲恨交集，都绘声绘色地表现出来，使人感觉如闻其声、如见其人、如察其情，达到如临其境的艺术效果、强烈的艺术感染力。可以用公式来表达这层关系：

整体效果＝音响效果（环境音响）＋语言（包括语气）＋音乐
 （珠宝投水声）　　　　　（对白、语气、呼喊、解说）（悲壮的音乐）

1. 语　言

广播剧中的语言，可以分成叙述性语言和表现性语言，也有将其分成解说部分和台词（对白、独白等）部分。

广播剧的解说是整个剧作构思的重要组成部分，是广播剧本身固有的结构要素，这与电影、话剧录音剪辑的后期加入解说有着明显的区

---

① 根据广播录音记录整理，未与原作剧本核对。

别。电影、话剧录音剪辑的解说主要是为了弥补转为纯听觉艺术过程中产生的信息损减、丢失,是在成品的电影或话剧基础上根据广播规律补充的内容,其创作过程受到原作的约束较多,主要起到填补视觉形象的想象空间的作用;而广播剧的解说则是与广播剧的语言,甚至音乐、音响效果同步创作、综合考虑的,创作时更多地考虑艺术上的要求,与广播其他部分的配合程度更为默契、统一。

广播剧的解说不宜写得过满,应充分估计到听众的想象力,而以启发、诱导、填补等方式,唤起听众的想象力,以达成所要的艺术效果。解说还要注意到语言本身的通俗化、口语化、生活化和性格化,并且要考虑音色、音高、音质的选择,与整个剧情的气氛相和谐,以达到完整的艺术效果。

由于广播剧在视觉形象上的缺失,因此并不适合作过于细节的视觉性描写,而更适合通过对人物内心世界的发掘,以角色心理上的感情、思想波澜来直接打动听众,即广播剧的重点更应放在深入描摹人物的内心世界。广播剧展示人物心灵的方式是多种多样的,其中通过语言的运用来刻画人物的心理状态,是广播剧的重要表现手法。

广播剧中的角色语言部分是基于生活的真实而产生的,为配合剧情的需要,可以以超出常规生活的方式来表达,达到艺术的真实来自生活又高于生活的效果。广播剧可以通过以下语言运用方式来描绘人物思想、情感的变化:(1)独白:即直接将角色的内心活动以语言表达出来。在生活中完整、清晰的自言自语并不多见,而在广播剧中,却是角色内心活动的表露的重要手段;(2)幻声:即通过混响、回音、叠声等特技效果,表现人物在特定环境下的幻觉性的心声。这在现实生活中是不可能听到的声音,而在广播剧中则可以通过幻声的使用,说出角色无法直接说出的内容,或表达某种特定环境、情绪、心理状态下的角色的特定情感;(3)信白:是将书信中的文字,以写信人的声音直接朗读出来,直接表达人物的思想感情。通过对角色语言的综合运用,来刻画人物的心灵世界,如在广播剧《杜十娘》中,李甲看家书时,耳边传来其父亲冰冷、严厉的训斥声(信白),加上李甲如雷轰顶,口中喃喃自语的独白,耳边重叠李父的声音(幻声),有力地表现了李甲当时彷徨、矛盾的心理状态。

2. 音 乐

广播剧中的音乐,包括专门为剧作谱写的主题歌、插曲、伴奏乐曲,或者从现成的音乐资料中,通过变奏、选节、剪辑、复制等技巧选配的音乐,通称为广播剧配乐。广播剧的配乐,通过音乐形象同文学形象的结合,极大地扩展和丰富了声音艺术的表现力,使广播剧塑造的整体艺术形象更为丰满、生动。

广播剧中的音乐可以分为写实性音乐和写意性音乐两大类;或者分为描述性音乐、表情性音乐和情节性音乐三大类;也可以依其用途分为以下几类:(1)主题音乐;(2)在开场时构成一个广播剧特有气氛的音乐;(3)描写情景的音乐;(4)表现和辅助感情的音乐;(5)表现动作的音乐;(6)表现场面变动、时空转换的音乐;(7)表现时间经过的音乐;(8)营造特别气氛的音乐;(9)作为解说背景的音乐;(10)剧终音乐。这种分类说明了音乐在广播剧中的多方面的表现功能。

音乐的艺术功能,抒情是主要的,描绘是次要的,因此广播剧的配乐应根据广播剧自身的特点及规律,根据剧本、导演的艺术创作风格,按剧本的不同分类,具体分析,具体创作、以达到完整的艺术效果。

3. 音响效果

现实生活中有着各种各样的环境音响,人们对自己周围的音响是敏感的、熟悉的,往往闻其声而知其源。广播剧可以利用高灵敏度的录音技术,收录、捕捉人们平时难以企及的最纤细、最微妙的音响,为有声有色的音响环境以及表现人物的内心世界提供了可能。例如,广播剧中经常以涛声、狂风、雷鸣等表现激愤的场面;而以雨声、蝉鸣、闷鼓、沉钟等烘托烦躁不安的气氛；以风啸、狗吠、鸟惊、狼嚎来渲染恐怖气氛；以虫鸣、蛙唱、时钟走针、悠扬笛声等来显示静谧的气氛；以爆竹声声、鼓乐齐鸣、泉水叮咚，来突出表现喜庆的气氛等。总之，广播剧中的音响和音乐等要素浑然一体，各臻其妙，给人以错落有致、声情并茂的艺术效果。

广播剧中常用的音响效果从功能上分，大致有下列几种：

（1）现实的、写实的音响效果：多数用于台词前后、解说间隙，或直接和台词、解说配在一起，以达到实证的效果。例如，以一叶扁舟划水声、桨声，来配合"小船在河道中穿行"这句旁白；

（2）描写环境情景，形成视觉通感的音响：通过各种环境声响，引起听众丰富的联想和想象，产生听觉和视觉的通感，在听众的想象中描绘"可视"的画面。例如，听见机器轰鸣，可以联想到工厂的情景；听见火车鸣笛、放汽、铁轨摩擦声，联想到火车到站的情景；

（3）交待特定的空间环境，营造空间的纵深感、立体感：如以海鸥鸣叫和海水的冲刷声表示海岸边；以回声表示山谷或空旷地方。如广播剧《史圣司马迁》中"带司马迁上殿"，一声接着一声，从响到轻，由强及弱，表现出空间从近到远的纵深感，就是通感声音的"透视"效果营造的一种空间感；

（4）以音响效果交待剧情的时间背景：通过以某个年代特定的音响效果，来交待故事发生的时间背景或某一场景的时间，如以蟋蟀的低鸣表示夜深人静，以雄鸡啼鸣表示清晨破晓，以飞机轰炸、枪炮声来表示战争年代等；

（5）表达情绪或比喻的音响效果：如以乌鸦哀鸣暗示不幸的预兆，以强化的铁蹄踏地声象征敌人的入侵等。

此外，特定的音响效果也被用来交代时空的转化、情绪的铺垫、气氛的渲染、情节的交代、心理状态的刻画等方面，成功的音响效果的运用可以为广播剧增加艺术感染力。

广播剧中音响效果的来源主要有：(1)实录：这是各台广播剧音响效果的主要来源之一，也是搜集整理特殊、珍贵音响资料的唯一方法；(2)效果录音资料：从一些固定的音响效果录音资料中，选择适合各种剧目使用的音效，这是一种比较简便、经济、效果逼真的方法，但缺少艺术个性和创造性；(3)拟音：根据剧情要求，以各种手法产生的声音效果来模拟所需要的音响效果，是一种简便、有效的特殊技能，但对人员要求有特殊训练，而且有些声音也无法模拟或有所失真。

综上所述，语言、音乐、音响效果是广播剧的有机组成部分，彼此既要保持和发挥自己的特长，又要受整体构思、声音总谱的各种制约，只能在剧情允许的范围内去发挥特长，三者互相依赖、相辅相成、相得益彰，使广播剧的艺术效果达到最佳化。

四 广播剧的现状与趋势

由于新的娱乐方式，多元化的媒体的冲击，广播剧已不再是支撑广播文艺类节目的"半壁江山"，80年代广播剧所产生的广泛社会影响力如今已不复存在。在当今的广播文艺类节目中，广播剧所占的比重日益减少，由于缺少资金支持，广播剧的制作质量很难进一步提高；反过来由于缺少具有广泛社会影响力，并且能产生良好经济效益的优秀广播剧目，使广播剧的收听率进一步降低，从而更没有可能争取更多的经费支持，这样恶性循环的后果，只能是导致广播剧的没落。现在全国不少广播电台已经减少了广播剧的播出时间，有的甚至干脆取消了广播剧的节目。如目前我国广播剧本的稿酬普遍偏低，一部30分钟的广播剧剧本的稿费仅有150元，有的甚至更低，这严重影响了广播剧创作者的创作积极性，造成创作队伍的流失，而缺少好的剧本，致使广播剧的创作陷入困顿[1]。

---

[1] 《广播剧成了"灰姑娘"》，载《新民晚报》1997年11月9日第23版。

由于广播剧目前很难带来直接的、良好的经济效益,这也同样影响了电台及其他部门对创作经费的投入。创作经费的短缺,直接影响了广播剧质量的提高,制作一部 2 小时的广播剧需要投资 3 至 4 万元①,目前广播剧的创作部门缺少专项创作基金的支持,很难筹措到充足的创作经费,有时不得不对技术、设备、效果有所将就,这进一步影响了广播剧质量的提高。

广播剧创作跌入谷底,已引起有关方面的重视,近年来,广播剧被列入国家级政府奖和"五个一工程"奖的评选范围,有力地推动了广播剧的发展。一些地方也在政策上加以扶持,在经费上予以支持,使广播剧的创作已有所复苏,再度出现了一些质量上乘,并且具有一定社会影响力的作品。如上海市政府已决定将广播剧纳入"上海文学艺术奖"评选项目,并对获奖广播剧加大奖励力度;同时市广播电视剧还设立 100 万元的创作基金对广播剧的创作予以政策上的倾斜,这些措施有力地推动了上海的广播剧创作,在近年的"中国广播剧奖"评选中,《尊严》、《凝聚》、《走进罗布泊》等作品构思精巧、意境深远而赢得评委一致好评,获得多项奖励,在全国同业中独占鳌头②。

除了经费上的原因,广播剧的创作手法鲜有突破,一直在传统模式里打转,也在客观上失去了一部分听众的支持。近年来,广播剧工作者也在不断拓宽思路,寻找更为丰富多彩的表现手法,以适应不断发展的时代需要。一些电台重新出现了直播广播剧,且故事情节和听众的要求互动,按照听众意愿发展,如上海播出的直播广播剧《太太学堂》,这种参与性很强的广播剧样式,吸引了更多受众的参与。

广播剧与其他艺术形式相比,具有其自身的艺术特性与独特魅力,

---

① 《申城广播剧创作如何进入良性循环》,载《文汇报》1997 年 12 月 4 日第 3 版。
② 引自(1)《申城广播剧创作如何进入良性循环》,载《文汇报》1997 年 12 月 4 日第 3 版;(2)《上海电台广播剧获 7 项全国大奖》,载《解放日报》1999 年 1 月 16 日第 3 版。

广播剧能迅速反映社会热点生活,更适合表达人的内心情感,其欣赏形式也更为简便、快捷,因而仍是一种发展前景广阔的艺术样式。广大广播剧创作人员如果能进一步拓宽题材领域,丰富艺术样式,并努力探索市场化生产机制,增强自我造血功能,使广播剧的创作逐步进入良性循环,广播剧还能够取得再一次的发展。

五 广播剧的出路

广播剧才诞生不到百年,为什么造成近些年的衰落? 一是社会影响。因为社会经济的发展,商业化、娱乐化的泛滥,造成了社会的浮躁,致使艺术质量下降。二是错误性理解评奖。忽视广播剧的艺术形式,选材上没有脱离高调的宣传模式。三是市场运作流行于形式,没有形成一个桥梁作用。对于广播剧面临的困境,许多广播剧人都看到了、听到了、也想到了,并在不断探索新的出路,梦寐以求有所突破。

1. 题材内容上

一是要多样化。现实题材、历史题材,老年题材、青春题材、儿童题材,城市题材、农村题材,爱情题材、改革题材等,广泛丰富,满足不同受众需要。也可以从广播剧的类型特征方面体现内容的多样化,如偶像剧、音乐广播剧、情景广播剧、悬疑广播剧、科幻广播剧、心理探索剧、纪实广播剧、荒诞剧、搞笑剧等,这些广播剧由于听众广泛,在听众中产生了不小的影响力和号召力。二是要贴近当下生活。只有取材于基层生活的事件,选取老百姓最关心的角度,才会受到欢迎。三是要兼容通俗性和大众化。广播剧虽然强调它是一种高雅的艺术,但是融入通俗性、大众化的创作因素,则能丰富传统广播剧的表现形式和欣赏空间,给听众特别是年轻听众提供多种收听的选择。

2. 产品形式上

一是广播剧与其他文体形式结合,产生交叉、新奇的广播剧品种。如广播新闻剧、广播报告剧、广播网络剧、广播小说剧等。这些新的广播剧种,可弥补传统广播剧种的单一化状况,扩大广播剧的影响范围。二是随着现代传播新技术的发展,各种媒体传播形态互相结合,互为借鉴,在传播方式上发生变化,使广播剧产品出现新的样式。如原来被动接受的声音广播形态,可变为短信点播、网上浏览选播、MP3 的下载,使广播剧传播方式更为灵活,更适应当代受众;原来单纯靠收听收音机为主,可发展为向电视机、计算机、手机、户外接收终端、家装特殊装置等多个媒介延伸,使听众在选择接收广播剧的渠道与方式上更加丰富、自由①。

3. 技术手段上

在当今数字技术时代,广播剧是"现代科技所能染指的技术兼容艺术之美的再造,如网络广播剧和 flash 广播剧的诞生"②。同时,"新技术条件下的广播在发送、传输和接收信息的方式上是一种全新的系统,由于以数字方式发送,传输过程中基本没有信号损失,信号质量高,抗干扰能力强,声音清晰,可达到 CD 级音质标准"③。由此看来,技术手段的创新,会催生广播剧衍生产品的开发;传输方式的革命,会带来广播剧传播质量和接收效果的转变,从而稳定和扩展广播剧的受众群。另外,技术手段的创新,还可以突破模拟技术条件下传播容量的限制。新技术采用数字压缩和卫星传输手段,使传输的渠道扩大,一台接收机

---

① 潘力,《现代传播新技术与广播发展》,中国传媒大学出版社 2006 年,p.141。
② 董旸,《市场博弈与传媒变局形势下的广播剧之变》,选自《现代传播》2006 年第 2 期,p.32。
③ 潘力,《现代传播新技术与广播发展》,中国传媒大学出版社 2006 年版,p.145。

可以接收 100—200 套节目,这样使广播剧的接受者有了更多的选择空间。

4. 经营方式上

一是可以进行跨行业、跨媒体合作。信息技术的发展已经进入内容产业阶段,电信网络与内容、媒介以及文化的结合成为电信业的热点。这就让广播剧价值有了再利用的绝好机会。特别是移动通信增值业务产生后,移动增值业务的内容提供商十分重视广播剧这一媒介产品,他们在收罗众多优秀广播剧作品的同时,将音乐、音效、语言等元素当作零售商品再一次贩卖给手机用户,让广播剧的内容价值得到了重新演绎。同时,广播剧还可以参与网络运营,比如成立广播剧网站,创办自己的网络电台和播客,为网民提供在线或下载收听;可以与电信进一步合作,让电台广播剧制作团队为新的受众群制作节目。这样,一来可以增加广播剧的受众规模,听众、网民以及手机用户都可以成为广播剧的潜在用户群,二来使广播剧的内容价值再一次得到市场的肯定。因此,广播剧媒体不应再固步于现有频率资源的经营,跨行业、跨媒体合作是电台经营者不可忽视的重要突破口。

第二节 电 视 剧

一 中国电视剧发展过程

我国的电视剧发展较晚,这与我国的电视事业起步较迟有直接关系。在世界有了电视 22 年之后,我国的电视才开始起步。面对世界性的封锁,依靠自力更生精神,1958 年 5 月 1 日,我国第一个电视台——北京电视台(中央电视台前身)试播成功;电视剧艺术紧随其后,应运而生。从此,我国的电视剧艺术走上了一条艰难曲折的发展道路。它大体可以分为六个阶段：

1. 初创期——艰难的发轫(1958—1965)

1958年6月15日,试播仅一个半月的北京电视台就直播了我国第一部电视剧《一口菜饼子》(编剧陈庚,导演胡旭、梅村),标志着我国电视剧艺术的诞生。这部根据同名短篇小说改编的电视剧,是为了配合党中央关于"忆苦思甜"、"节约粮食"的宣传精神制作的。剧情是:吃过饭的妹妹拿一块枣丝糕逗狗玩,二姐看见后加以阻止,由此引发出她对解放前全家悲惨遭遇的回忆,妹妹听后深受教育。剧作旨在教育人们不要忘记过去的苦难,要珍惜粮食。由于该剧主题健康,艺术表演非常成功,播出效果十分理想。

该剧是在演播室里用三台摄像机边拍边播的。虽然全剧人物不多,故事情节比较简单,只有一台景,演出仅仅二十多分钟,但它毕竟开了我国电视剧之先河。"电视剧"这一名称就是该剧演播时,由编导人员即兴命名的,后沿用至今,并为台、港、澳三地采用。这部电视剧创作的重要意义还在于为我国电视剧发展奠定了基础。全体创作人员因陋就简、艰苦创业的精神和精诚合作、一丝不苟的工作态度,以及他们运用多机拍摄、音画同步、艺术表演一次性完成等创作经验,都具有开创性意义。

同年9月4日,北京电视台又播出了我国第一部电视报道剧《党救活了他》(又名《邱财康》)。这是发生在上海的一个真实故事:医务人员在社会各方面全力协同下将皮肤烧坏了80%的炼钢工人邱财康从死亡线抢救过来。剧作热情赞颂了医学史的这一奇迹,该剧从事迹见报算起仅30个小时就在电视上播出了。由于它反映生活迅速,内容感人,风格朴实,赢得了观众的称赞。10月25日,刚成立的上海电视台也播出了该台第一部电视剧《红色的火焰》。1959年国庆期间,北京电视台推出长达100分钟的《新的一代》,在演播技巧上有了新的发展。

剧中的某些外景和回忆、倒叙场面等事先拍成了电影胶片于播出时插入，丰富了初创电视剧的表现手段。

中国电视剧起步后的形势还是比较喜人的。从1958年到"文革"前夕，北京电视台共摄制了《一口菜饼子》、《焦裕禄》、《江姐》等80余部电视剧。上海电视台则在《红色的火焰》后，陆续播出了《姐弟血》等35部电视剧。广州电视台在本时期共播出《谁是姑爷》等30余部电视剧。在长达8年的直播时期内，电视剧发展较为缓慢，中央和地方电视台共播出电视剧（包括电视小品）约180余部。

总之，初创期的直播电视剧不用拍片子或录像就可以把形象直接播映到电视屏幕上。因为生产过程简单，推出节目迅速。拍摄时从头至尾，一气呵成，演员的创作情绪比较饱满和连贯。但由于当时的电视剧尚处于初始阶段，数量不多，质量也不甚高，有些电视剧在艺术手法的运用和表现方面，还显得有些幼稚和粗糙。本时期电视剧的直播方式表明，它只是一种新型艺术样式的雏形，还没有真正成为一种具有独特个性的艺术。

综上所述，初创期的中国电视剧具有以下特征：

第一，重教化功能，轻审美、娱乐功能。"演中心、唱中心"，片面强调宣传教育作用，因而较多的是"宣传品"而非"艺术品"。

第二，注重纪时性和时效性。为及时配合政治运动的要求，其作品均以真实迅速反映时代人物和事件见长。

第三，播出手段的黑白直播。一部电视剧大多局限在二三十分钟内。直播电视剧"演"、"播"、"看"同步，不能出差错，因此要求剧情单一，场景少，容量小。基本模式大都是"一条主线，二、三个场景，四、五个角色，七、八场戏，一、二百个镜头"，且多以内景、近景为主。

第四，结构上要求紧凑集中，强调戏剧冲突。恪守"开端—发展—高潮—结局"的戏剧结构模式，遵循时间、地点、动作同一的"三一律"原则，在表现手法上，更多的是受话剧和广播剧的影响，舞台剧痕迹很重，带有较强的假定性。本质上只是对戏剧的转播,并非本体意义上的电视剧,因而常被称为"电视小戏"。

2. 停滞期——沉寂的荒漠(1966—1976)

正当我国的电视剧艺术需要积极扶植的时候,"文化大革命"开始了。电视剧在中国的屏幕上消失了,出现了中外文艺史上罕见的空白期。在这十年中,国外的电视技术突飞猛进,便携式摄录设备的使用和推广,使电视剧的制作技术产生了巨大飞跃,并由直播转入室内录制。而我国的电视剧生产却陷入了长期停顿状态,制作电视剧的部门全被撤销,因此,没能按世界许多国家的电视剧正常发展的途径,由直播转入室内录制,出现了一段空白,造成的后果是我国长时间没有一家电视台或一个电视制作单位采用室内录制方式大批量地生产电视剧。

长达十年的"文革"时期,全国电视剧只有《考场上的反修斗争》、《神圣的职责》和《杏花塘边》等三部图解特定时代的政治话语的作品问世。中国电视剧的发展可谓命运多舛,举步艰难,长达十年的停滞期,使我国本来起步较晚的电视艺术由此与别国的差距进一步拉大。唯一值得提及的是,在这期间彩色电视开始进入试播阶段。

3. 复苏期——重要的转折(1977—1979)

1977年,我国进入了新的历史时期,但由于电视文艺这个新生儿在幼弱时期受到严重摧残,在开始的一段时间内,电视剧的生产制作并没有立即得到恢复。当时,电视台播放的主要还是舞台演出的节目和电影。直到1978年,被驱散的电视队伍才又开始集结,荒寂的屏幕才开始复苏。电视剧艺术获得了第二次生命,并以新的姿态重登电视屏幕。1978年5月1日北京电视台正式更名为中央电视台,其后不久,就推出了新时期第一部电视剧《三家亲》。这部根据同名锡剧改编反映农村勤俭办婚事的电视剧,是采用实景拍摄的彩色电视片。这一年还拍摄了《窗口》、《教授和她的女儿》等8部电视单本剧,受到广大群众的欢迎,荧屏出现了一派春天的景象。

1978年底,党的十一届三中全会彻底清除了"左"倾影响,从而大大加快了我国电视文艺的前进步伐。1979年8月,中央广播事业局首次召开的全国电视节目会议上提出了"大办电视剧"的号召,建议各地电视台有条件者都可制作电视剧。全国各地方台相继建立了电视剧制作部。这一年,中央电视台和地方台都投入了相当的人力、财力和物力,表现出对电视剧艺术的复苏和再创工作的重视,先后涌现出一批质量较好、观众评价较高的优秀电视剧,在一定程度上丰富了当时节目并不多的电视屏幕,如中央电视台的《有一个青年》、上海电视台的《祖国的儿子》等。电视剧的创作都达到了初创期的最高水平,有的还有所突破。

在这三年中,便携式摄像机、录像机在我国广泛应用,为电视剧的制作提供了必要的先进的技术保障。中央与地方电视台、电视剧制作机构共拍摄了150多部电视剧。从此,中国电视剧艺术开始走上了健康发展的道路。不过尽管中国电视剧复苏期出现了一批受到群众欢迎的电视剧,但真正优秀的在编、导、演、摄等方面均属上乘之作的仍然为数不多,在亿万观众中引起强烈反响的剧作更是凤毛麟角。

复苏期的中国电视剧具有以下特征:

第一,电视剧观念发生质的嬗变。从以戏剧美学为支撑点转向以电影美学为支撑点。电视剧制作以实景为主,以镜头为单位,单机拍摄,后期合成。导演则以电影美学为参照系。此时的电视剧,主要是依据电影方式拍摄的"电视单本剧"。观众也以长期形成的电影审美观念评论电视剧,称之为"小电影"。显然,电视剧观念尚未进入本位。

第二,在思想内容上,取材大多贴近现实,生活气息浓郁。逐步摆脱了初创期配合政治运动的倾向,主要是揭批"四人帮"的罪恶,赞颂那些敢于同"四人帮"作斗争的人物;从文艺思潮上看,一些作品带有明显的"伤痕文学"的特征,应当说,就其题材的广度和思想深度上还有一定的局限。

第三,彩色录像取代了黑白直播。这一变化,使电视剧创作者走出了演播室,获得了时空表现上的自由。电视剧不再是二三十分钟的短剧而是五十分钟左右的单本剧,人物、情节、场景较为复杂。

第四,在艺术表现上,开始摆脱戏剧形式的束缚,博采戏剧、电影、音乐等众家之长,丰富了电视剧的表现手法,为电视剧以后的发展作了很好的准备。

4. 发展期——长足的进步(1980—1984)

1980年,是中国电视剧起飞的一年。改革开放的形势为中国电视剧发展带来了机遇。同时从1979年下半年开始,中国电影发行公司实行的停止向电视台供应新故事片的做法,对电视剧制作的发展也是一个强大的刺激。这一年,中央电视台举办了以电视剧为主的全国电视节目大联播,促进了电视剧创作的发展。到该年年底,全国电视剧的产量增至117部,而且艺术质量有了全面提高,起飞的步伐可以说很大。

1981年,我国举行了中国电视艺术史上首次全国优秀电视剧评奖活动,从此,坚持一年举行一次,到1983年(第三届)才正式定名为全国电视剧"飞天奖"。这一年,我国电视剧保持了前一年的产量。其中,首次评奖有28部电视剧获奖。《凡人小事》、《女友》、《新岸》等全部是电视单本剧,它标志着我国真正进入了电视艺术的新时代。其中获一等奖的《凡人小事》等电视剧,既表现了现实生活中崇高、美好的情操,又揭示了社会生活中存在的不良倾向,具有较深刻的思想内容和较高的艺术水准。这个时期特别值得肯定的是《新岸》,该剧堪称电视剧单剧本的代表作。它描写"文化大革命"这一特定历史背景下的失足青年刘艳华在刑满释放后改过自新、走向新生活的曲折而又动人的经历。电视单本剧在长期的艺术实践中,逐渐形成了自己的电视剧观念:触及生活,针砭时弊,及时而真实地反映社会生活,揭示人们的精神世界,具有较强的时代气息和艺术感染力。

几乎与此同时,国外和香港的电视连续剧大量涌入我国。如日本的《姿三四郎》、香港的《霍元甲》等,这种新形式的长篇电视剧曾使我国电视观众耳目一新,并为之震动。相比之下,我国的电视观众已不满足电视单本剧所表现的有限内容,而开始呼唤容纳更广阔的社会生活,叙述整个人生命运,讲述一个完整故事的电视长剧。在这种情况下,我国的电视艺术家决心独立创作中国的电视连续剧。1981年2月,中央电视台播放的我国第一部电视连续剧《敌营十八年》引起了反响,揭开了中国电视连续剧的序幕。但因经验不足,且制作较为仓促,受到了观众的批评。但是,作为中国电视连续剧的初创之作毕竟对电视连续剧进行了可贵的探索,《敌营十八年》无疑是有特殊意义的。

中国真正进入电视连续剧时期还是1982年以后的事情。1982年广播电视部决定自办电视剧,号召各地电视台把拍摄连续剧作为重点,以飨广大电视观众。由此,我国开始进入电视连续剧时期。这一年,我国电视剧制作增至300余部(集),电视连续剧生产突破了记录,共播出14部(60集)。代表作有《蹉跎岁月》、《赤橙黄绿青蓝紫》、《鲁迅》、《武松》等。

山东电视台改编《水浒》,以"人物志"的形式拍摄了电视连续剧《武松》,是把中国古典名著搬上屏幕的第一次大胆尝试。它以8集连续剧完整描述了武松被迫造反的过程。在复杂激烈的矛盾冲突中,塑造了武松这个路见不平拔刀相助、重情重义的英雄形象。该剧鲜明的民族风格、精彩的故事情节和生动的人物形象,使之成为中国电视连续剧的第一部成功之作。《赤橙黄绿青蓝紫》是较早出现的改革题材的中篇连续剧,塑造了一个桀骜不驯的复杂人物刘思佳的形象。作品摆脱了图解政治的缺点,而对思想内涵和艺术价值进行了自觉的探索。

为了更好地推动电视剧艺术的发展,我国于1982年1月在北京成立了"电视剧艺术委员会"。同年9月,我国第一家电视剧制片厂——北京电视制片厂(北京电视艺术中心的前身)成立。电视刊物随之大量涌现,电视文学剧本大量出版。一支电视剧专业创作队伍也逐渐形成,并且涌现出一批深受观众欢迎的电视剧作家、电视剧导演、电视剧演员、电视剧摄像等。

1983年,浙江《大众电视》杂志社主办第一届大众电视"金鹰奖"评奖活动。与专业的"飞天奖"不同,该奖由群众投票,每年评选一次。两个奖项竞相争辉,有力地推动了电视剧创作质量和水平的不断提高。这一年涌现出了《高山下的花环》、《华罗庚》、《诸葛亮》等作品。

1984年,中国电视事业迎来了电视剧的大发展。中日电视艺术交流活动对中国电视剧的制作起到了推动作用。这一年中国电视剧拍摄量已达到了740部(集),且出现了《今夜有暴风雪》、《少帅传奇》、《夜幕下的哈尔滨》、《新闻启示录》等比较受欢迎的作品。《少帅传奇》、《夜幕下的哈尔滨》则是通俗情节剧的重要收获,成为通俗剧的先声。它们所标志的连续剧通俗化、大众化的方向,尽管在当时并没有受到重视,但却越来越显示出它的生命力。《新闻启示录》等电视剧以其几乎与社会生活同步的近距离展示了新闻政论式的犀利锋芒,令人耳目一新,在探索电视剧艺术形式和艺术表现手段方面取得了可喜的成绩。

发展期的中国电视剧体现出以下基本特征:

第一,电视剧观念的更新,电视连续剧的出现。故事是一切叙事文学的源头,电视剧就是用镜头讲故事,而电视连续剧是最富于电视剧特征的电视剧种。它可以几十集上百集乃至上千集地连续播出,叙说一个复杂、曲折的故事,满足观众特殊的审美要求。电视连续剧的出现,标志着电视剧艺术的重大发展。

第二,在选材上,将重大现实生活事件、杰出的人物传记、著名的文学巨作纳入自身的创作范畴;一般采用叙事结构表现人物的命运,注重悬念的设置,具有很强的艺术感染力。

第三，电视剧制作手段大为改观，在很多方面进一步学习并借鉴电影艺术创作，即大量采用实景拍摄、多线结构、蒙太奇方式等等。

第四，多方面卓有成效的探索。从探索情节片的路数，到开创改编古典名著的先河，再到率先兴起人物传记片之风。这一系列的探索表现出中国电视剧从诞生起就呈现出严肃思辨和积极探索的活跃姿态。

5. 成熟期——空前的突破(1985—1990)

1985年以后，中国电视剧的发展开始进入了成熟期。电视剧艺术在题材、样式、风格的多样化以及思想性和艺术性方面都达到了较高的水平，成为中国电视剧艺术从幼稚走向成熟的标志。

从电视剧的题材上看，出现了电视现代剧《新星》、电视历史剧《上党战役》、电视战争剧《凯旋在子夜》、电视传记剧《末代皇帝》、电视爱情剧《小巷情话》、儿童电视剧《窗台上的脚印》。从电视剧的样式上看，出现了电视小品《黄昏的故事》、电视短剧《吉祥胡同甲五号》、电视单元剧《多棱镜》、电视单本剧《丹姨》、电视连续剧《四世同堂》、电视系列剧《济公》。从电视剧的风格上看，出现了电视喜剧《不该将兄吊起来》、电视悲剧《红楼梦》、电视悲喜剧《雪野》、电视轻喜剧《夏天的故事》、电视歌舞剧《金房子》、戏曲电视剧《喜脉案》、电视政论剧《新闻启示录》、电视纪实剧《新岸》、电视报道剧《朱伯儒的故事》、电视荒诞剧《虎打武松》、记者电视剧《女记者的画外音》、作家电视剧《小木屋》。由此可见，电视剧的题材丰富多彩，品种多种多样，风格绚丽多姿，都是其他艺术难以比拟的。这样就满足了具有不同艺术需要、不同审美要求的各类观众的精神需求，使电视剧真正成为大众化的综合艺术。

1985年北京电视台鼎力推出的电视连续剧《四世同堂》，标志着中国电视剧进入了一个新时期。《四世同堂》不仅以28集的宏大规模结束了我国不能拍摄长篇电视连续剧的历史，而且以厚重的历史容量，生动的人物形象和浓厚的民族风格将中国电视连续剧创作推上了新高度。该剧活脱脱地刻画出沦陷时期古都北平富有地方特色的风俗画和地道的北京方言,成为京味电视剧的开山之作。贯注民族精神,彰显民族生命力是其民族化的显著标志。它对电视剧发展的另一重要意义,是肯定与巩固了电视雅俗共赏的方向,把雅俗两个不同欣赏层次汇聚在一个焦点上,为其后通俗电视剧大发展树起了一个成功的路标。

《新星》堪称这个时期的代表作之一。它之所以在不经意间引起了中国电视剧的第一次轰动效应,在于塑造了一位不同于以往的新干部形象——李向南。他不仅仅是一个"清官"、一个表率,更是一种时代审美精神的展现。这种精神推动着电视剧向纵深方向挖掘当代人的心灵律动和心路历程。这一年,电视剧的拍摄量不但剧增到1300多部(集),而且在质量上也不断提高,出现了像《四世同堂》这样的经典作品,也出现了像《寻找回来的世界》、《包公》、《巴桑和他的弟妹们》等能够引起关注的作品。

1986年是中国电视剧获得更大丰收的一年,这一年的作品以恢弘的时代精神,富有创造性的艺术突破,铸成了中国电视剧的辉煌成就。其代表作首推获第七届"飞天奖"特别奖的《红楼梦》和并列一等奖的《努尔哈赤》与《雪野》。电视剧《红楼梦》由周雷等编剧,王扶林导演。它把《红楼梦》这部具有世界影响的文学名著,从案头文学搬到荧屏世界,从"象牙之塔"走向社会,是古典文学名著的大普及。它以36集的电视连续剧形式播出,盛况空前,反响强烈。

1987年,电视剧产量继续增长,全年共拍摄1500部(集),其中《西游记》、《葛掌柜》、《乌龙山剿匪记》、《雪城》等作品都显示了电视剧拍摄水平的提高。《西游记》是我国拍摄的第一部神话电视剧。该剧编、导、演准确地把握了这部"神魔小说"的精神实质和孙悟空的形象塑造,大胆采用了当代最先进的声、光、化、电的表现手段,运用假定性手法和特技手段,创造了神话色彩的艺术境界。该剧获得了第八届全国电视剧"飞天奖"的连续剧特别奖。也正是在这一年,《红楼梦》、《西游记》、《济公》、《梁山伯与祝英台》等作品打入国际市场,改变了我国电视剧只进口不出口的状况,中国电视剧开始迈向世界,并受到国外观众的好评。80年代后期,中国的电视剧艺术在经历了自身较长的历史发展过程后,终于发现了自我、认识了自我、完善了自我。

1990年成为中国电视剧发展史上重要的一年。这一年全国生产电视剧2306部(集),并出现了《渴望》、《围城》、《杨乃武与小白菜》等受到观众极大欢迎的作品。年初推出的50集电视连续剧《渴望》是一部举国轰动的剧作,播出之时,收视率极高。"《渴望》现象"标志着中国电视连续剧走向大众化、通俗化的一个新阶段,以《渴望》为分水岭,中国电视剧开始将娱乐提到创作的首要位置。《渴望》从家庭伦理的层面,撷取贴近市民生活的视角,编织出一个曲折感人的人生故事,不仅再现了十年动乱给人们带来的深重灾难,更为重要的是适时地表达了新时期以来人民群众对"人间真情"的渴望和呼唤。《渴望》作为我国以基地化生产方式制作大型室内剧的潮头,标志着我国电视剧终于跨入了"电视化"生产的历史新时期,而且第一步走得如此坚实,使广大观众终于看到了渴望已久的"中国牌"的长篇室内电视连续剧,这自然是值得欣喜和庆贺的。《围城》根据钱锺书先生的同名小说改编。该剧在尊重原著的基础上,对作品进行了电视化的处理。作品制作十分精致,阵容强大,从剧作到表演各个环节配合得相当到位,成为一部可以传世的电视剧佳作,体现了电视剧的精品意识。

成熟期期间,国家广播电视总局为实施精品战略,自1985年以来,每年年初都召开一次全国电视剧题材规划会议。会上对前一年度电视剧创作的成败得失加以总结,并对当年电视剧创作做出规划,确定重点选题。1989年又开始实行了电视剧制作"许可证"制度,对规范、促进电视剧创作起到了积极作用。这几年间,我国电视剧数量呈几何级数猛增。到80年代末,年产电视剧近3000部(集),我国成为世界上的电视剧生产大国。

综上所述,成熟期的中国电视剧主要特征是:

第一,电视剧创作的多元化格局。各类题材、样式、风格的电视剧齐头并进,异彩纷呈。其中,尤以电视连续剧的发展最为突出,不仅数量多,而且不乏优秀之作,逐步成为电视剧创作阵营的主力军。

第二,电视剧真正以电视美学为支撑点。这个时期的电视剧不仅在创作实践中,而且在理论上大力发掘电视艺术的独特的艺术语汇和表现潜力,生产出充分电视化的电视剧,从而显示出它作为一种独立艺术样式应有的艺术特性。

第三,在制作方式上开始迈向"室内剧"。室内搭景、多机拍摄、现场录音、当场切换、同步完成。这是遵循电视技术和艺术规律生产的独特屏幕艺术形态。

第四,这一时期的电视剧更加注重观众审美心理的满足,力求雅俗共赏,力求将深奥的人生哲理、尖锐的社会问题、宏伟的史诗化解为浅易通俗、老少咸宜的艺术形象在荧屏上表现出来,寓教于乐。如《红楼梦》的精致、《西游记》的神奇、《济公》的诙谐、《乌龙山剿匪记》的惊险等,各领风骚,满足了我国电视观众广泛的审美要求。

6. 繁荣期——迅猛的飞腾(1991—2000)

从20世纪90年代以来,中国经济、社会、文化全面转型,大众文化风兴起。1991年,中宣部设立"五个一工程奖",提倡以高尚的精神塑造人,以优秀的作品鼓舞人。1993年,又提出"弘扬主旋律、提倡多样化"的原则。1994年,在《电视剧审查暂行规定》中,把"思想精深、艺术精湛、制作精良"作为电视剧创作的目标,使电视剧创作的精品意识得到了进一步加强。

1995年,我国电视剧的产量已达到7000部(集)。1996年达到了9000部(集),1997年达到10000部(集)。其中电视连续剧占了很大比重。随着港台作品的渗入,大陆电视连续剧的创作也获得了新的灵感,在策划、剧作、表演、化妆上都有了较大的突破。此时拍摄的作品还是以现实题材为主,而且出现了许多精品。在实施精品战略的同时,电视剧还体现出以下一些趋势:一是注重通俗性,长篇连续剧通俗化进程加快了步伐,以虔诚之心服务观众,写百姓喜闻乐见的事,使剧情充满了人情味、喜剧性、轻松活泼、赏心悦目、寓教于乐。二是注重市场化,按市场机制运作,使生产进入良性循环。中央电视台1993年出资350万元人民币,购买电视剧《爱你没商量》,是电视剧走向市场的一个标志。当时,电视剧的节目交易活动很多。中国电视出现了一道道令人兴奋的新景观。我国举办的两大国际电视节——每逢单年举办的四川"金熊猫奖"国际电视节,每逢双年举办的上海"白玉兰奖"国际电视节——不仅扩大了中国电视在国际上的影响,提高了在国际上的地位,而且也促进了中外电视的艺术交流,同时为电视剧提供了较广阔的市场,丰富了中国的电视屏幕。

这一时期的电视剧题材广泛,成就显著,主要表现在:

(1) 现实题材演奏时代旋律,与社会息息相关,展现改革开放在中国大地上的变化,创造了一个个新人形象,佳作迭出,震撼力强。如《情满珠江》、《9.18大案纪实》、《英雄无悔》、《孔繁森》、《咱爸咱妈》、《和平年代》、《车间主任》、《大雪无痕》等。《英雄无悔》堪称"主旋律"电视剧的代表作。这部剧从形式上融会了警匪、侦破、枪战、打斗、言情、商战、青春励志、豪门恩怨等等通俗性、娱乐性的审美元素,而从内容上则是非常"意识形态"化的。故事的主人公高天是一个平民化的英雄。他从一个平民的心态来看待自己所处的位置,以一个英雄的行为来实现着自己人生的价值。这样的电视剧还有很多,如《人间正道》、《党员二愣妈》、《牵手》、《钢铁是怎样炼成的》等等。此类作品中,有不少贴近实际、生活气息浓郁的电视剧。如《外来妹》、《大雪小雪又一年》等,因贴近群众,反映人民火热的生活,深受广大观众的喜爱。

(2) 革命历史题材作品数量增加,塑造了一批无产阶级革命家的光辉形象。如《开国领袖毛泽东》、《周恩来在大连》、《叶剑英》、《孙中山》、《遵义会议》、《豫东之战》等。这些作品内容丰富,大部分既有思想深度,又有艺术魅力,以艺术化的叙事,真实地展现了近代以来的革命进程,并吸收学术界的最新成果,再现了当年的历史情景及人物命运,塑造了毛泽东、周恩来、叶剑英、孙中山等伟人的光辉形象,既表现了他们的丰功伟绩,又揭示了他们丰富的精神世界和情感世界,人物性格不同,各具风采。

(3) 历史题材。这类作品虽然描写了历史事件,但焦点是人物的刻画、人物精神世界的展现和人物内涵的揭示。或从历史题材中发现新内涵,或在历史题材中注入当代审美创造,沟通古今之间社会价值取向的共同点,在历史和现实的契合点上把握其现实意义。这些作品往往是洪篇巨制,成就斐然,如《唐明皇》、《宰相刘罗锅》、《弘一大师》、《雍正王朝》、《一代廉吏于成龙》等。《雍正王朝》淡化对深宫秘事的猎奇,着意于开掘皇室题材中与当代大众的民心向背、善恶取舍紧密相关的内容,如封建官场的结党营私、勾心斗角、卖官鬻爵、贪赃枉法。继位之初的雍正虽励精图治,苦心推行新政,但屡遭百官掣肘,回天乏力;《一代廉吏于成龙》鞭挞丑恶,张扬正义,塑造了一个为民请命、不畏权势的清官形象,特别具有现实意义。

(4) 根据古今名著改编的电视剧。这类作品在 80 年代的基础上,进一步注重吸收文学营养,提高改编水平,成功地把文学语言转换成电视语言,体现了原著的思想精髓和文化底蕴,再现了人物的精神风貌和性格特色。如根据古典名著改编的电视剧《三国演义》、《水浒传》,根据现代名著改编的《南行记》、《孽债》等。大型电视连续剧《三国演义》将我国历史剧的创作提高到了新的水平。该剧以宏大的阵容和气势,将我国悠久的历史、博大精深的文化形象鲜明地推向了世界。《水浒传》是中国四大古典名著中最后一部改编为电视剧的作品。它紧紧抓住小说原作的精神实质,以浓墨重彩,形象地展现了宋代的市井生活图画和社会氛围，紧紧抓住了人物心理和社会发展的必然逻辑，塑造出性格鲜明、栩栩如生的农民英雄群像。

继《新星》、《渴望》之后出现的《北京人在纽约》(1993年)、《三国演义》(1994年)和《苍天在上》(1995年)在90年代掀起了几次轰动效应。《北京人在纽约》是一部对中国电视连续剧发展起到重要作用的作品。它第一次将视点放在生活在海外的留学生身上。异国的情调、艰辛的创业、错综的爱情纠葛都成为该类作品吸引观众的重要因素，具有较强的观赏性。此后，该类型题材的作品在荧屏上曾流行过一段时间，如《上海人在东京》等，但都没有超越《北京人在纽约》的水平。《三国演义》是根据中国古典四大名著之一的同名小说改编的大型古装电视连续剧。它的播出，获得了极高的收视率，每天约有五亿观众收看这部电视剧，收视率高达46.7%，甚至超过了新闻联播。这是一部在以前很少见的具有史诗气魄的鸿篇巨制，它将观众所熟悉的故事用视听语言表达得淋漓尽致。这部长达84集的电视剧无论是财力的投入，还是编导演摄队伍人员的水平；无论是场面的宏伟、景物的精致，还是拍摄技巧的完善、气势的雄壮，都代表了当时的最高水平。它贯通的英武豪气唤起了人们多年来已经渐渐淡忘了的英雄主义激情，一扫当时荧屏上香车宝马、衣香鬓影的奢靡柔弱之风。激越的阳刚之气，使观众的精神为之一振，获得了巨大的审美愉悦。《苍天在上》被称为"放胆做"的"文章"。它涉及了一个现实生活中非常敏感的话题——腐败。空前的尖锐性和胆略赢得了观众。在形式上，它具有通俗剧和侦破剧的模式，但内容上却包含了一个关于"反腐倡廉"的重大命题，它是将一个沉重的话题寓于一个为观众喜闻乐见的形式中予以表现的。整个作品中弥漫着一股浩然正气，既振奋了人的精神，又能引导人深入思考。它不粉饰生活，而是直面现实，它正是以其勇于揭露，以其大胆、尖锐与深刻震撼了广大观众。

综上所述，繁荣期的中国电视剧主要具有以下特征：

第一，在"主旋律"、"多样化"方面均取得丰硕成果。前文都已述及，此不赘述。

第二，"室内剧"勃然兴起。继《渴望》之后，又推出了《编辑部的故事》《过把瘾》等一系列大型室内剧。同时另外一些室内剧因植根在现实的土壤上，汇入时代的"主旋律"而显得深厚和坚实，如《上海一家人》、《半边楼》、《风雨丽人》等，都以不同的美学风格和艺术形态构成了室内剧多样化探索的局面。

第三，在艺术上走向本体化。电视连续剧叙事环环相扣，情节曲折多变，冲突此起彼伏，节奏疏密有致，成为最适合家庭欣赏的电视剧品种。

第四，轰动迭起，百花争艳。如前所述，在这十年中，电视剧曾出现过三次轰动效应，足见中国电视剧发展的繁荣昌盛、硕果累累，真正出现了百花齐放、争芳斗艳的大好局面。

7. 步入 21 世纪以来，中国电视剧无论在整体规模还是经营现状上，都有所突破

在产业规模上，经过近几年的探索、改革和发展，中国电视剧已经形成了包括投资、制作、交易、播出和广告经营五大环节在内，有电视剧制作方、购买方、播出方、观众和广告客户等多方参与的基本完整的产业链形态。

随着电视剧市场的不断扩大，电视剧生产数量也在逐步提高。尤其是十五大之后，国产电视剧以每年近 1000 集的速度增长着，从 2001 年到 2005 年，国产电视剧的制作数量从 8877 集增长到 12447 集。

首播剧、独播剧等产业运作新模式，近年来也受到电视台热推。从 2004 年开始，各电视台加大了对独播剧、独家上星权的争夺。这种现象在 2005 年尤为突出，较典型的便是 2005 年湖南卫视以 800 万元的价格独家购买了韩国电视剧《大长今》。而 2006 年浙江台则斥资 5 亿元，

花大手笔购买了独播剧。

另外,数字技术的兴起,电子产品功能上的日新月异,无疑也扩大了电视剧的播出平台。在数字技术和信息技术的双重影响下,中国的媒体格局也跟着发生了革命性的变化。新兴的电视媒体形式包括数字付费电视、VOD 点播、网络电视、手机电视、直播卫星电视、移动电视等。而 3G 时代到来,将使手机电视进入到更多普通手机用户手中。在这种趋势下,电视剧拥有多样化的出口,这也成为电视剧产业一次巨大的发展契机。

二 中国电视剧的现状

1. 电视剧制作技术水平不断提高和精品不断出现

当下,电视剧的制作技术水平的不断提高,数字技术的兴起,电子产品功能科学技术的提高,不断壮大了电视剧的社会影响。所以,电视剧也同时拥有了当前的市场份额和机遇。这就为电视剧产业的发展提供了强有力的基础。

2. 社会资金和私企的进入,占据了电视市场的半壁江山

社会资金和私企的进入,占据了电视市场的半壁江山,同时又营造出一批从事电视剧行业的优秀民营企业在市场的份额。伴随着市场经济发展和市场文化体制改革的繁荣,私企作为新的经济力量,参与了电视剧文化市场的运作,不但繁荣了目前电视剧市场的运营规模,而且大大提高了电视剧整体品质的竞争力,不难看出,它对于加速目前电视剧产业化的进程是一个很大的提高。

3. 电视剧行业市场供求不平衡

当前,电视剧行业市场供求不平衡,电视剧的投资风险大,盈利机构比例较低是电视剧市场的普遍现象。我国电视剧市场远不如 20 世纪 90

年代(2000年以前)卖方市场占主导地位。到了2000年后期的市场虽经几次变化波动,至目前国内市场电视剧供求状况还应该是供大于求的现状。从制作单位来看,目前有电视剧拍摄制作许可证的单位、公司最多只有一小比例的在拍摄制作运营电视剧方面的业务,而这部分的公司中能够真正盈利的单位少之又少,其余最多能保持不亏损就算万幸了。

随着市场文化需求的不断提高和电视剧市场产业的不断扩大,目前电视剧市场也在不断发展。就目前电视剧全年的总产量分析来看,应该是供大于求的状况没有改变。每年就有大概20%的电视剧在拍摄制作完成以后,可能因为题材、质量、制作等等因素而被市场抛弃和淘汰。大约只有30%的电视剧只能在收视率比较低下的非黄金时段播出且销售价格较低。同时,精品电视剧的供给却一直不能满足市场需求。电视台不断重播精品电视剧也不愿采购低质量的新剧,这样就导致了精品剧的重播率较高。

4. 电视剧市场产业模式单一,面临走出困境

目前我国的电视剧产业链包括从策划、编剧、制作、发行到播放,甚至优秀经典电视剧的有关书籍、音像制品和其他衍生品。一开始就要从产业链的每个环节注重市场意识。但大多数公司单位都是采用一条龙式产销一体化运作形式,暴露出了电视剧行业的利润链条上,除了制作这个环节相对专业外,其他的环节如发行、商业开发(植入广告、衍生品开发、线下推广)等都未给予足够的重视。

5. 急需出台适应电视剧产业发展需要的健全的政策法规

众所周知,在我国目前的电视剧产业制作领域中的资本份额大约有三种形式:一是国有资本的进入;二是民营经济的资本进入;三是国外资本的进入。在目前国有资本依靠垄断掌握了大多数行业的资源,但是资源配置的效率却很低,相比而言,民企经济资源配置的效率较

高，而且也表现出竞争强的特性，在中国目前的电视剧拍摄运作中是一支不可低估的力量。同时外来经济进入电视剧拍摄、制作、发行运作中又容易受到政策上的种种限制，使它又不能充分发挥作用。为此，必须尽快出台适应电视剧产业发展需要的健全的政策法规作保障。

三　美国电视剧的产业状况

1. 美国电视播出平台的基本构成

美国商业电视网是美国电视体系的基础，其中实力最为强大的美国5个主流的广播电视网。他们分别是全国广播公司（NBC）、美国广播公司（ABC）、哥伦比亚广播公司（CBS）和福克斯广播公司（FOX）以及后来加入的华纳CW广播电视公司，由此也就构成了美国最重要的五大电视网。

NBC（National Broadcasting Company）全国广播公司，是全美最传统的三大商业广播电视公司之一。NBC创立以来，一直以大胆革新而著名。它拥有多个美国传媒界的"第一"。比如20世纪初期，它率先组建了美国第一个全国性的广播网，全国广播公司的总部设于纽约、创办于1926年，是美国历史最久、实力最强的商业广播电视公司。1985年，全国广播公司被通用电气公司（GE）以62亿美元收购，在纽约、洛杉矶、芝加哥、华盛顿、克利夫兰、丹佛和迈阿密7座城市设有直属电视台，并在全国有附属电视台208座。其经费主要来自广告收入。NBC每年制作大量的新闻、体育娱乐节目及电视剧，其中《老友记》、《丑女贝蒂》、《威尔与格蕾丝》等剧集在中国颇具人气。

ABC（American Broadcasting Company）美国广播公司，是美国传统三大广播电视公司之一。创立于1943年，原为国家广播公司的蓝色广播网。目前的最大股东是华特迪士尼公司。ABC常常被称为"老人台"和"政治台"，是最符合政府宣传意愿的电视台，对待新闻都采取了较为保守的观点。因此其弱点还相当明显，那就是新闻的关注度，反映速度上的确比 CBS、NBC、CNN 有很大差距。特别是对伊拉克战争,以及 9.11 事件等偶然事件反应缓慢。这影响了 ABC 前进的步伐,在收购的第六、第七个年头,还出现了迪斯尼出钱倒贴的亏损现象。随着《迷失》、《绝望的主妇》、《实习医生格蕾》的横空出世,ABC 拥有了三档收视率超高的电视连续剧,一扫在电视剧方面的萎靡态势。也使得 ABC 电视台拥有了更多的观众资源可以支配。

CBS(Columbia Broadcasting System)哥伦比亚广播公司成立于 1927 年 2 月。美国三大商业广播电视公司之一,经费来自广告收入,主要机构有:广播部、电视网、自营电视台部和新闻部。公司在纽约、芝加哥、洛杉矶、费城、圣路易斯等城市拥有 7 家直属电视台,并在全国有附属电视台 200 座。2000 年,维阿康姆电视集团(Viacom Television Stations Group)以 350 亿美元收购 CBS。业务主要包括现在的哥伦比亚广播公司、UPN 广播网公司、维亚康姆电视台集团、无限广播公司(Infinity)以及维亚康姆户外广告集团等。2005 年,该公司电视收视率占全美家庭 31.53%,排名第一位,并从此进入巅峰。

FOX(Fox Broadcasting Corporation)福克斯广播公司。1986 年 10 月在美国新创办的商业电视网。1987 年 4 月开始播出广播网联播节目。公司由报业家鲁珀特·默多克在 1986 年购得的 6 座电视台组成,并且联合 105 家独立电视台形成广播网。节目早先以电影和娱乐节目为主,1990 年开始经营新闻性节目,并向有线电视业发展。现已开办了福克斯新闻频道(Fox News),通过有线系统传播,目前是美国第一大新闻频道。对于中国观众而言这可能也是他们最熟悉的美国电视台,曾在中国风行一时的电视剧《越狱》、《24 小时》等正是由其播出。2009 年由于其电视剧《欢乐合唱团》和选秀节目《美国偶像》的火热,收视成绩非常突出,可以说是最有发展前途的电视台。

CW(Columbia Broad-casting System and Warner Bros. Network)哥伦比亚及华纳兄弟联合电视网。2006 年 CBS 电视台下属的 UPN

电视网和华纳兄弟旗下的华纳兄弟娱乐公司合并的时候，当时可能很多人都吃惊得合不拢嘴。这个震撼的消息打破了之前的电视行业格局，带给我们美国第五大电视网。虽然 CW 整合了 CBS 和华纳兄弟的优势资源，可以覆盖将近 95％的美国电视用户，但是 CW 却一直无法撼动其他四大电视网统治性的地位。所以，正如 CW 主页上自己说的，这个年轻的电视网开始转变方向，针对年轻的收视群体，成为了唯一一家针对 18—34 岁年轻观众（也就是美国电视节推崇的目标观众群）的电视台。朝着这个目标，CW 播映了一系列热门的青春剧：《篮球兄弟》、《美眉校探》、《超人前传》、《八卦天后》(Gossip Girl)、《吸血鬼日记》、《邪恶力量》、《尼基塔》等等。

这五家电视台构成了美国最重要的五大电视网，它们的运作方式相差无几，都采取的是"集团式作战"。它们"通过自己拥有的广播电视以及各地附属台实现节目的全国覆盖，由集团向其附属台提供电视节目。附属台在固定时段播出全国电视网的节目和插播节目中的广告，然后由电视网付给附属台一定的转播费用"①。除了 5 大电视公共网外，有线电视和卫星电视逐渐融入美国商业广播电视体系，它们的出现也对五大公共电视网的节目构成了极大的威胁。而其中最著名的便是推出过《兄弟连》、《太平洋战争》、《黑帮家族》等诸多精品大作的 HBO 电视网(Home Box Office)和 2010 年凭借激进血腥的《行尸走肉》成功上位的 AMC(American Movie Classics)。

2. 美国电视剧制播体制的基本特征

"季播"与"周播"是美国电视剧制播模式的重要特征，甚至可以说这是美国电视剧独特的制播体制构成的基础。虽然我国很多电视台的电视剧也已经开始实施"季播"，如湖南卫视的《丑女无敌》已经推出了

---

① 高文莉，《中美电视剧制播模式比较研究》，选自暨南大学 2010 届硕士论文集。

四"季"。而江西卫视推出的《爱情公寓第一季》大火后,第二季的首播单位却变成了上海卫视。但很可惜的是中国电视界学习"季播"只停留在依葫芦画瓢的阶段,只得其名而未得其实。实际上"第 X 季"跟以前常用的"第 X 部"不过是称谓上更时髦而已,并没有实质上的区别。

"季播"这个概念与美国观众的生活习惯息息相关,它是根据观众的工作和休息的一般规律来制定的。一个季度其实就是一年,但在这一年中,美国人在工作和学习的时间段以及放假的时间段由于生活习惯的改变,对于电视节目的诉求也大为不同。由于观众收视习惯和市场变化表现出这种季节性的特征,因此电视台则根据其收视习惯的变化将电视节目的安排分为"演播季"和"非演播季"。据尼尔森调查显示,"演播季"的平均收视率要比"非演播季"高10%。并且各大电视台都将自己主打的剧集节目以及未经考验的新剧集在"演播季"中率先推出,以增加与其他电视台竞争的砝码。"演播季"通常是从当年的9月份开始到次年的5月结束。而12月份和3月份会因为圣诞节假期和春假等原因间歇性地进入"非演播季",即"冬歇期"和"春歇期"。由此可以看出美国电视剧"演播季"安排的一个重要特点是避开节假日,这与国内在节假日重磅推出王牌剧集和节目的思维大相径庭,这是由于美国社会环境和生活习惯等诸多因素造成美国人特别的收视习惯。

"周播"即以"周"作为电视剧相对固定的播出频率,通常一部剧集每周在几乎固定的时间很有规律地播出一集,或根据电视台的战略需要播出极少的集数。美国各大电视台将周1到周6的晚8点到11点和周日晚7点至11点作为收视率的"黄金时段",根据观众的收视习惯而安排电视剧的播出。从中可以发现,"周播"实际上将一部电视剧的观赏周期大大延长,而配合"季播"则将一个剧集创意可造成的影响力加以数年的增加。实际上这使观众对剧集产生了一种近乎"约会"的感情。每到某个固定的时间段就有一个剧集等着观众观赏,使其将观看此剧作为一种消遣的必要习惯,长此以往更会使观众产生一种"寄情于物"的依赖性心理,使得电视剧对观众的吸引力呈现一种长期性和连贯性的特点。

"季播"与"周播"配合实施使得美国电视剧的生命力呈现出一种长期性与周期性兼具的趋势,为美国电视剧产生长期持续性的经济效益和文化影响力提供了可能。

这两者的配合不但是一种播出模式,而且也直接影响到了美国电视剧的艺术特点,是美剧运营流程的基础。"制作单位以季为单位进行制作,一周播出一集,通常一季的数量是 20—25 集,在季首播之前,先制作 6—9 集,其余的边拍边播。电视网一般在演季之前购买 13 集,其余的按试播效果决定,在一季播出之后,再根据收视效果决定是否购买下一季。若收视效果一直不错,那么就可以一季一季地持续演下去。"[①]相对于美国的"季播"和"周播"体制使得一个剧集生命力的延长,在中国一部 30 集电视剧的关注度,通常只能维持一个月而已,最多几个月,因为一部电视剧每天两集播出半个月就结束了,加上重播和话题效应,也很难超过半年。比如之前火热的《潜伏》、《蜗居》、《士兵突击》、《闯关东》等确实引起了很大的轰动效应和娱乐效应,但是通常只能就那么个把月的关注度,播完后影响力就慢慢淡化了。即使是新《三国》那样能首播就达到 2 个月的长篇巨制,虽然当时影响力极盛,但随着多次复播的结束在一年后的今天也没多少人提及。但美剧若收视效果一直不错,从理论上就可以一季一季地持续演下去,其带来的不只是经济效益,在话题性和舆论影响力等文化层面的影响力也更具有持久性。

最有名的长寿剧当属《豪门恩怨》,从 1978 年—1991 年共播出了 13 个年头,一共 360 多集才华丽落幕,其积累的人气,创造的话题,以

[①] 高文莉,《中美电视剧制播模式比较研究》,选自暨南大学 2010 届硕士论文集。

及带来了的经济和文化影响力显然不是一两个月就结束的连续剧播出方式可以比拟的。由于在制播体制上以季为单位,这不仅符合美国观众的收视习惯,而且能从工业角度降低风险和成本、提高行业工作效率。在美国每集电视剧的成本可能高达数百万美元,对于制作公司来讲,制作的剧集越多,意味着风险越大。以季为单位进行制作和播出,可以根据收视效果调节电视剧的生产,如果这季播出效果好,就接着投资继续制作下一季。如果不好,就可能中止制作,极大程度上避免了制作的风险和资源的浪费。

3. 美国电视剧的制播流程与特点

美国电视界如同制造工业产品一般为电视剧的生产方式设定了详尽而规范的流水线。各大电视台的要求不尽相同,不同题材的作品在制作时对技术实施过程也有独特的要求。而且演职人员变更频繁,同一部美剧的执行导演可能是毫不相干的数十人。但其艺术效果总是非常统一,总体的流程也是相差无几,它通常包括以下环节:

(1)电视台根据自身的需要向制作公司提出制作的要求。比如电视台经过调研发现目前喜欢科幻题材的观众增多,希望制作一个科幻题材的影视作品,他们则将这个要求向制作公司提出。

(2)制作公司根据电视台的要求而设计一个总体的故事模板,大致地勾勒故事的背景和戏剧情境,并交由电视台审核,以检验是否符合其需要。

(3)通过电视台的认可后,提纲作者编写故事的提纲。

(4)根据提纲完善剧本,编写台词和细节。

(5)完成脚本交由电视台审核。

(6)通过审核后有制片人负责组织人员进行拍摄和后期制作。

(7)完成样片后进行试播。根据收视率决定下一步的操作。如果收视甚佳则可以获得电视台的预定,提供大量的资金继续制作和播出,如果收视惨淡则面临停播的厄运。

根据这个步骤可见美国电视剧并非完全制作完成才开始进行播放。首先由于其制作成本的过于高昂,美国电视剧一般采取跟进式的制播模式,也就是一边拍摄一边播放的过程。与我国完成后再全部卖给电视台播出的方式相比,这种方式不但可以有效地规避风险,还可以根据观众的意见和市场表现随时对作品做出灵活的调整,以更加符合市场的要求。

4. 中美电视剧制播分离体制的差异与启示

中美电视剧在产业模式上的差异首先体现在对于实施的是大相径庭的两种制播体制。美国电视产业实施的是制播协作的制度,电视台根据自身的战略需对题材进行选择和要求,并提供优质的播出平台和产品宣传。而制片公司则保证产品质量以满足电视台的需求。双方各司其责,发挥自身长处共同承担利益跟风险。

而中国的电视剧长期以来是制片公司全部制作完成之后,再一次性的卖给电视台,实施的是完全的制播分离体制。在这个体系下电视剧的基本运作流程是:

(1) 创作剧本。剧本通常是由制作公司提出创意策划,确定选题后再雇专业的编剧依据策划进行进一步的创作。或者改变文学名著或向成名编剧购买已经完成的成品。

(2) 将剧本送审备案。创作公司需将剧本送审国家广播电影电视总局进行审查。

(3) 寻找投资。作为资金密集型产业,电视剧的制作需要大量财力物力的堆砌,制片公司只依靠自己单一的资本输入很难支撑,需要引入多方资金。

(4) 拍摄制作。制作公司依据资金和创作需要,招募人力并整合资源进行前期拍摄。而不同于美国边拍边播的制播方式,中国的电视剧是一次性拍摄完成,因此对资源的整合要求很高。

(5)电视剧发行。中国的电视台一般设立相关机构再通过电视节交易会收购看中的电视剧,抑或制片公司主动到电视台推销。

国内实施的完全性制播分离有以下几个隐患①:

(1)阻碍制播双方优势的发挥。实际上这样一次性买卖的制播体系让制片公司和电视台都背负相当大的风险,如果作品造成收视率失败,这对于制作公司和电视台都是两败俱伤的结果,并且这种危险暗藏在作品从策划、选材、资源的每一个阶段。因为这个体制实际上从一开始就使得制作公司和电视台各自的优势没能得到很好的协调与发挥。制作机构仅只负责电视剧的生产,电视台只负责电视剧的播出,制片方和播出方位于产业链的两端,自身的优势不易得到施展。

比如选材作为创作的开端,但制作公司的特长在于保证节目的艺术品质而非揣摩市场,而电视台作为发行单位对于当下传媒产品的发展趋势和观众的要求更加敏锐。而制播分离体制使得制作公司在产品制作上没能与电视台的需求进行沟通,使其选材依靠的是主观的经验和感觉,目的性容易显得盲目。而一旦选材根本就不适合当下电视台的需要,对制作公司必然带来巨大损失。而在美国,电视台参与到电视剧的前期把关过程中,选材是电视台依据受众调查及自身战略发展的需要向制作公司主动定制,至少也是有目的性地寻找剧本,对题材的选择具有针对性。不合适的创意在摇篮阶段就被否定了,双方优势互补,不易带来严重的经济损失。

(2)风险不易控制。由于电视剧制作需要大量的资金和资源,而中国实施的一次性完成的体制投资周期长,国内电视剧从制作到发行通常需要1—2年的时间,这样使得资金的压力更加巨大,致使很多节目制作公司根本就无力承担。由此造成很多不利于剧集制作的情况发

---

① 何润洲,《论当代美国电视剧特征》,选自重庆大学2011届硕士论文集。

生。比如拍摄过程中资金断裂而被迫停工,甚至为了勉强制作完成而粗制滥造,把风险转嫁给电视台等。而一旦选材根本就不适合当下电视台的需要,对制作公司必然带来巨大损失。美国的电视台首先在选材时就背负了责任,并且将会对有资格进入样片制作阶段的影片提供最高可达 90% 的投资,而对于后期的长期预定也会预先提供 30% 投资,这大大地缓解了制片公司的压力,为制作出好的作品提供了物质上的可能性。

(3) 责任与利益分配不平衡。由于美国电视剧是已经提前被电视台预定的产品,所以制作和播出双方都要共同承担风险,使得制作公司能调动自身的积极性,制作出更优质的作品。而国产电视剧的制作方还需要谋划自己的销路,增加了无形的压力,而一旦找到销路却又将风险推给了电视台。作为制片方,第一次发行主要是社会制片公司向中央电视台或省级台供片,对于社会制片公司而言,第一次发行就完成了大部分的收益。第二次发行是省级台、省会台向下游的城市电视台供片,将其已购播映权进行收益最大化。如果发行成功,则所有的风险几乎都被转嫁给电视台。如果项目失败不仅影响收视率更影响电视台广告的投放率和价格,长此以往更容易成为难以翻身的恶性循环。美国电视剧实施的样片试播制度可以有效地使损失控制在最小的程度,为双方的持续性发展提供了空间。

(4) 雷同化竞争严重。由于制作方和电视台只是单纯的成品买卖,之间不存在定制关系。因此制作公司可以把作品同时卖给好几个电视台,于是数家电视台在近乎相同的时间播放雷同的节目,将收视率严重分化而形成了尴尬的雷同化的竞争。虽然美国电视界也有竞争,但那是由播出平台造成的,在产品内容上都是向节目公司独家定制,题材和风格并没有冲突,观众的可选择余地很大。

(5) 创作资源分配失衡。完全性的制播分离使得电视台对于产品的质量缺乏控制权。按理说,如果电视剧本身制作粗糙或者不符合要求,电视台可以不选择购买。但制作公司则为了吸引电视台的购片兴趣加入很多外在形式层面很有吸引力的噱头干扰电视台对内容的预判。但实际上制作的节目内在空洞或者实施效果差强人意,这反而造成了很多制作方式本末倒置,使得剧集的质量越发堪忧。可以说是中国大量的品质平庸的电视剧都是被明星大腕、山寨特效等表面文章的错误信任给惯出来的。

第十五章　广播电视的政策法规与职业道德

第一节　广播电视政策法规体系

在我国,广播诞生于建国之前,而电视则是从 1958 年才开始出现的。建国以后到 20 世纪 80 年代,是我国广播电视从无到有的开创时期,这一时期作为事业单位的广播电视媒介,主要任务就是完成党和国家交给的宣传任务,因此,这一时期我国广播电视媒介的权利义务关系相对单一。随着我国广播电视的继续发展,经济台热、有线电视开办、电视剧摄制社会化等现象相继出现,经济利益开始在广播电视领域显露,而实践领域谋取经济利益的违规行为也随之出现,近年来,政府频繁运用政策法规加以管制。我国广播电视已进入了更多地依靠科技创新推动快速发展的新阶段,已进入了更多地依靠统筹兼顾推动协调持续发展的新阶段,已进入了更多地需要依靠较为完备的政策法规体系,甚至是法律来治理推动健康有序发展的新阶段。

目前,我国广播电视正处于一个大变革、大调整、大发展的时期,就发展而言,充满机遇,就管理而言则充满挑战。我国的广播电视法制工作有了一定的进展,先后颁布和实施了一系列法规规定,内容涉及新闻宣传、社会管理、事业建设、科技管理、人事财务、广告经营等各个方面，已初步形成了以《广播电视管理条例》为龙头、以其他广播电视专门行政法规、规章及规范性文件为骨干的广播电视政策法规体系框架。虽然广电立法已争论酝酿数十年，但这绝对不是一个一蹴而就的工程，只能本着循序渐进的原则行事。"20世纪90年代初，时任广播电影电视部部长的艾知生曾明确指出，眼下广播影视系统立大法条件尚不具备，譬如与邮电等部门的工作关系尚未理清，而且'新闻法'尚未出台。"①

一 我国现行广播电视政策运行环境及系统

现阶段，我国对广播电视的管理主要依靠政策法规，尤其是政策发挥着举足轻重的作用。我国广播电视政策的环境主要包括：

1. 外围环境：是指社会政治经济状况、体制或制度条件、政治文化和国家环境四个重要因素，这些因素都是因时因地而异的。广播电视政策体系从一定意义上讲，是其内部诸多要素与外部环境要素共同构成的，根据普利高津的耗散结构理论，广播电视政策体系应是一个开放的系统，体系中的结构会与外界不断发生联系，进行相互作用。当然，在开放的条件下，广播电视政策体系会"对输出输入进行管理、鉴别和过滤，所以这个政策系统实际上是开放性与封闭性的统一，它与环境是互相塑造的关系"②。

2. 内在环境：广播电视政策体系在与外界环境互相影响、互相渗透，形成"体外大循环"的同时，也会在系统内形成一个内在环境，进行"体内的小循环"。广播电视政策体系的内在环境就是不断发展创新的广播电视实践活动。广播电视政策的主体作为控制主体，在关注外部大环境的同时，也关注着小环境的变化。任何新政策的出台，都是内外环境共同作用的结果。政治与社会系统的稳定，社会主义市场化经济体制的建

---

① 赵永福，《广播电视法制建设回眸》，选自《电视研究》2003年第9期。
② 郎劲松，《中国新闻政策体系研究》，新华出版社2003年9月第1版，p.39。

立,丰富多彩的社会生活和广电集团化发展的现实动力,构成了新的外围环境条件,为广播电视实践主体(即广播电视政策客体)提供了创新空间,广播电视政策客体的发展变化使政策内在环境有所改变,政策主体的反馈控制会随之有所调整,顺应或规范广电领域的现实变化。

"政策制定全过程,包括互相联系的四个阶段:政策研究、政策决定、政策组织实施及政策实施情况的信息反馈"[①]。由这四个阶段,可以理顺我国广播电视政策的运行系统:

1. 调查、研究系统:广播电视政策运行系统中的"中枢"子系统。该系统由具有广播电视政策决策权的高层领导者组成,居于控制地位,是政策的最终决定者,也是整个过程的领导者,具有权威性和主导性。政策研究输入的是信息,包括调查所得的事实信息和数字信息,以及根据这些信息进行的推理、判断;输出的是政策建议方案或政策研究报告。"任何一项政策,如果缺乏一定的依据,不仅它不能产生,而且即使勉强地把它制定出来,也会因为缺乏必要的前提和条件而变成毫无生命力的东西,不能产生应有的社会效果。"[②]比如我国广播电视政策的制定,必须要以马克思主义新闻观为理论依据,同时也要考虑到具体国情和广电事业发展的现实需要。

2. 咨询、制定系统:广播电视政策运行系统中的"外脑"。它由具有广电传播、媒介经营管理专业知识的专家学者组成,居于核心地位,是广电政策制定系统的智囊团。该系统输入的是政策建议方案,通过集思广益,对若干政策建议方案进行比较、分析、选择,最后做出政策决定。因此这个阶段输出的已经是决定了的政策。美国等西方国家的传播学者十分重视传播政策的研究,为政府决策提供可靠的信息服务和政策咨询。

3. 实施、执行系统:制定政策的归宿和目的。政策组织实施输入

[①] 孙效良,《政策科学论纲》,经济科学出版社2006年8月第1版,p.21。

[②] 舒扬等,《政策学概论》,求实出版社1989年版,p.149。

的是已经决定了的政策,通过选择适当的载体,输出给政策调节对象贯彻执行,所以它输入的也是政策。在我国,该系统主要由各省、市宣传部门和广播电视厅(局),以及所涉及的广播电视媒介组成,"实施、执行是一个复杂的活动过程,牵涉到许多动态的要素,所以应配合以必要的措施和灵活的行动,并善于将复杂的政策目标进行分解,使其具体化"。① 值得一提的是政策组织实施的两面性,即如果政策决定是正确的,但组织实施不力,政策的有效性就会大打折扣,当然,如果政策决定是错误的,组织实施不力反而是降低了危害程度。

4. 监督、反馈系统:广电政策运行系统中的有机组成部分。它由体制内和体制外的有关部门、单位或个人组成,其地位较为特殊。接受信息反馈后,由相关主体根据需要调整修订已有政策;或者制定新的政策,从而完成一个循环,进入下一个循环。该系统的作用贯穿于整个决策、执行过程中,是广电政策民主化、科学化和法制化的一个重要保障。就我国而言,该系统还存在明显的缺陷。广电媒介的各种民间组织,如广播电视协会、记者协会等应在这个系统中充分发挥作用。近年来,中国社团迅速发展,人们所呼唤的是高度负责的、具有"公共责任和监督机制"的民间社团,广电领域的这种社会团体会对我国广电政策的民主进程大有裨益。

二 我国广播电视法规的主要内容和体系来源

我国广播电视管理的法规体系由以下几个部分组成:(1)中华人民共和国宪法中的相关部分;(2)全国人大及其常委会制定的法律和相关条文;(3)行政法规及相关条文;(4)部门规章;(5)地方性法规、政府规章、自治条例和单行条例。

1. 宪　法

宪法是我国的根本大法,由全国人民代表大会制定。广播电视活动

---

① 郎劲松,《中国新闻政策体系研究》,新华出版社 2003 年 9 月第 1 版,p.42。

涉及公民的政治、经济和文化权利，必须遵循宪法的有关规定。宪法第22条规定："国家发展为人民服务、为社会主义服务的文学艺术事业、新闻广播电视事业、出版发行事业、图书馆博物馆文化馆和其他文化事业。"第35条规定："中华人民共和国公民有言论、出版、集会、结社、游行、示威的自由。"第38条规定："中华人民共和国公民的人格尊严不受侵犯，禁止用任何方法对公民进行侮辱、诽谤和诬告陷害。"第47条规定："中华人民共和国公民有进行科学研究、文学艺术创作和其他文化活动的自由。"

2. 法　律

法律由全国人大及其常委会制定，包括民商法、经济法、行政法、社会法、刑法、诉讼法等①（如下表15-1所示）。

表15-1　涉及广播电视的法律

涉及广播电视的法律	民商法	《民法通则》、《合同法》、《公司法》、《著作权法》
	经济法	《广告法》、《证券法》、《消费者权益保护法》、《反不正当竞争法》、《价格法》
	行政法	《行政处罚法》、《行政许可法》、《行政复议法》、《监狱法》、《保守国家秘密法》、《环境保护法》、《药品管理法》、《治安管理处罚法》、《道路交通安全法》、《传染病防治法》、《人口与计划生育法》
	社会法	《国家通用语言文字法》、《气象法》、《未成年人保护法》、《预防未成年人犯罪法》、《教育法》、《高等教育法》、《老年人权益保障法》、《残疾人保障法》
	刑　法	第124条、第152条、第181条、第217条、第222条、第246条、第288条
	诉讼法	《民事诉讼法》、《刑事诉讼法》、《行政诉讼法》

---

① 本章表格数据均引自石岚《试论我国广播电视政策法规体系的建构》，选自中国传媒大学2008届硕士毕业论文丛。

3. 行政法规

行政法规由国务院制定。1986年,广播电影电视部开始调研起草《广播电视法》。1987年以来,全国人大代表多次提出制定广播电视法的议案,但由于诸多方面的原因,《广播电视法》没有出台。1995年,广播电影电视部决定在原《广播电视法(草案)》的基础上起草《广播电视管理条例(草案)》,并上报国务院。经过国务院法制局近两年的调研、修改和协调,国务院1997年7月通过了该《条例》并发布实施。目前涉及广播电视的行政法规有这些(如表15-2所示):

表15-2 涉及广播电视的行政法规

	名　　称	公布时间	制 定 机 构
涉及广播电视的行政法规	《广播电视管理条例》	1997年	国务院令第228号
	《广播电视设施保护条例》	2000年	国务院令第295号,修订1987年国务院发布的广播电视设施保护条例
	《卫星电视光标地面接收设施管理规定》	1993年	国务院令第129号
	《有线电视管理暂行办法》	1990年	国务院批准,广电部令第2号
	《卫星地面接收设施接收外国卫星传送电视节目管理办法》	1990年	国务院批准,广电部、公安部、国家安全部令第1号
	《无线电管理条例》	1993年	国务院、中央军委发布
	《电信条例》	2000年	国务院令第291号

4. 地方性法规

地方性法规由省、自治区、直辖市人民代表大会及其常委会以及省、自治区的人民政府所在地的市、经济特区所在地的市和经国务院批准的较大的市人民代表大会及其常委会制定。目前广播电视地方性法规有这些(如表15-3所示)：

表15-3 涉及广播电视的地方性法规

	名　　称	公布时间	制定机构
涉及广播电视的地方性法规	《吉林省广播电视管理条例》	1989年	我国第一部广播电视管理地方性法规
	《福建省广播电视设施保护条例》	1992年	
	《广西壮族自治区广播电视管理条例》	1993年	2004年废止
	《江西省广播电视管理条例》	1994年	2002年修订
	《山东省电视管理暂行条例》	1994年	
	《抚顺市有线电视管理条例》	1994年	2001年、2004年修订
	《山西省广播电视管理条例》	1995年	1997年修订
	《新疆维吾尔自治区广播电视管理条例》	1995年	
	《贵州省广播电视管理条例》	1996年	1997年修订
	《辽宁省广播电视设施保护条例》	1996年	1997年修订
	《吉林省有线电视管理条例》	1996年	1997年修订
	《河南省广播电视管理条例》	1997年	2005年修订
	《浙江省广播电视管理条例》	1997年	
	《安徽省有线电视管理条例》	1997年	
	《四川省广播电视管理条例》	1999年	2004年修订
	《宁波市有线广播电视管理条例》	2000年	
	《苏州市有线电视条例》	2000年	
	《云南省广播电视管理条例》	2001年	
	《长春市有线电视管理条例》	2001年	
	《徐州市有线广播电视管理条例》	2002年	2004年修订
	《福州市广播电视设施建设与管理规定》	2004年	
	《哈尔滨市有线电视条例》	2004年	
	《吉林省广播电视设施保护条例》	2006年	
	《甘肃省广播电视管理条例》	2007年	

由上表15-3可以看出：

1. 从1989年开始，到目前共有24部广播电视地方性法规，其中省属17部，市属7部，吉林省省内地方性法规最多，共3部；

2. 我国大陆(除港、澳、台)共31个省级行政区，其中有13个至今仍未出台广播电视地方性法规；但广西和新疆两个少数民族自治区却各自出台了广播电视的地方性法规；

3. 从公布年份上看，1992年到2002年间共公布了19部，约占总数的79%，公布频率较高；

4. 从内容上看，绝大部分属于综合管理类的，其中有4部是关于广播电视设施保护的。

5. 部门规章和地方政府规章

部门规章由国务院各部委和直属机构，根据法律和国务院的行政法规、决定、命令，在本部门的权限范围内制定。地方政府规章由省、自治区、直辖市和较大的市的人民政府根据法律、行政法规和本省、自治区、直辖市的地方性法规制定。我国广播电视部门规章有：(1)《〈有线电视暂行管理办法〉实施细则》，(2)《有线电视系统技术维护运行管理暂行规定》，(3)《〈卫星电视广播地面接收设施管理规定〉实施细则》，(4)《有线电视管理规定》，(5)《广播电影电视行政处罚程序暂行规定》，(6)《音像资料管理规定》，(7)《电视剧管理规定》，(8)《广播电影电视行政复议办法》，(9)《广播电视节目出品人持证上岗暂行规定》，(10)《赴国外租买频道和设台管理暂行规定》，(11)《有线广播电视传输覆盖网安全管理办法》，(12)《有线广播电视传输覆盖网缆线安全防范管理办法》，(13)《广播电视广告播放管理暂行办法》，(14)《广播电影电视立法程序规定》，(15)《国家广播电影电视总局行政许可实施检查监督暂行办法》，(16)《广播电视设备器材入网认定管理办法》，(17)《广播电视编辑记者、播音员主持人资格管理暂行规定》，(18)《境外卫星电视频道落地管理办法》,(19)《境外机构设立驻华广播电视办事机构管理规定》,(20)《广播电视站审批管理暂行规定》,(21)《广播电视节目传送业务管理办法》,(22)《广播电视节目制作经营管理规定》,(23)《广播电视视频点播业务管理办法》,(24)《城市社区有线电视系统管理暂行办法》,(25)《广播电台电视台审批管理办法》,(26)《广播影视节(展)及节目交流活动管理规定》,(27)《互联网等信息网络传播视听节目管理办法》,(28)《电视剧审查管理规定》,(29)《中外合作制作电视剧管理规定》,(30)《境外电视节目引进、播出管理规定》,(31)《中外合资、合作广播电视节目制作经营企业管理暂行规定》,(32)《广播电视无线传输覆盖网管理办法》,(33)《广播电影电视系统内部审计工作规定》,(34)《广播电影电视行业统计管理办法》。

我国有关广播电视的地方政府规章有:(1)《黑龙江省卫星电视广播地面设施安装管理规定》,(2)《黑龙江省农村广播电视管理规定》,(3)《黑龙江省有线电视节目集中供片管理规定》,(4)《黑龙江省有线电视管理规定》,(5)《辽宁省有线电视管理办法》,(6)《大连市有线电视管理办法》,(7)《山西省有线电视管理规定》,(8)《宁夏回族自治区有线电视管理规定》,(9)《湖北省有线电视管理办法》,(10)《湖北省广播电视节目管理办法》,(11)《贵州省有线电视管理办法》,(12)《南京市有线广播电视管理办法》,(13)《上海市有线电视管理办法》,(14)《山东省广播管理规定》。

三 我国广播电视法规的规范内容分析

我国广播电视法规规范的主要内容包括广播电台、电视台的设立,广播电视传输覆盖网的建设管理,广播电视节目制作、交流交易、进出口活动的管理,广播电视节目播出管理,广告播放管理,广播电视设施保护以及卫星电视、数字电视、新媒体电视、信息网络传播视听节目、视频点播的规范和管理等。

1. 新闻工作的基本方针和原则。主要由宪法中有关新闻宣传活动的总纲性条文明定;另外包括其他政策法规中对于广播电视或新闻宣传事业的性质、作用及精神文明建设的有关规定。

2. 著作权保护。除《著作权法》及实施细则外,还包括《民法通则》、其他行政规章,以及我国所缔结或加入的国际条约中关于著作权保护、稿酬支付等的相关规定。

3. 广告经营管理。1995 年 2 月 1 日生效的《广告法》是约束广告经营活动最重要的法规,还包括《消费者权益保护法》、《反不正当竞争法》,以及经济法范畴内的《药品管理法》等对烟酒、医药用品等特殊产品或服务广告进行管理的单行法规、规章或规范性文件。

4. 有线电视、卫星广播电视,以及无线电视的管理规定。行政法规中主要有 1990 年颁布的《有线电视管理暂行办法》、《卫星地面接收设施接收外国卫星传送电视节目管理办法》,1993 年颁布的《卫星电视广播地面接收设施管理规定》、《无线电管理条例》,以及 2000 年颁布的《电信条例》。其他主要是以地方性法规和部门规章,以及地方政府规章的形式存在。这类规定多为综合性政策法规。

5. 保护合法权利的有关内容。包括广播电视媒介及受众合法权利的保护两个方面。前者对破坏广播电视正常传播秩序的行为加以限制和制裁,主要法规有《广播电视设施保护条例》、《广播电视管理条例》中关于广播电视设施保护的规定,我国刑法中也对严重破坏广播电视设施的犯罪行为制定了相应的处罚条文。后者则针对对新闻媒体侵犯、损害受众合法权益的行为而言。有关条文散见于《民法通则》及有关单行法律、规定之中。

6. 对广播电视的传播内容进行规范和约束。

(1) 保密规定:包括《保守国家秘密法》,以及主管部门的有关规范性文件。

(2) 禁载规定:有关法律、规范及政策严禁广播电视媒介刊播反动、淫秽等严重有悖公序良俗，或侵犯他人合法权益的内容。

（3）对广播电视播出以下特殊事件的新闻报道的相关规定：①重大、突发事件新闻的报道；②领袖人物、领导人重要活动的新闻报道；③疫情、地震等重大灾难的预报和新闻发布；④司法报道；⑤军事报道；⑥关于未成年人、残疾者等弱势群体的报道；⑦关于少数民族及宗教事务的报道；⑧对外（含港澳台地区）或涉外报道；⑨舆论监督和批评报道；⑩内参报道；⑪援引境外新闻机构消息的报道；⑫其他需要加以规范的新闻报道。

（4）关于广播电视媒介播出境外制作、发行的广播电视节目的规定。

（5）关于广播电视媒介使用的规范化语言文字、标点符号的规定。

7. 对广播电视业从业人员的道德规范。

第二节　我国广播电视管理的主要法规：《广播电视管理条例》

《广播电视管理条例》是我国广播电视目前最高级别的行政法规，而且也是目前权威性和全面程度最强的一部综合性管理条例。

一　《广播电视管理条例》的出台背景

随着广播电视的快速发展，以及高新技术的广泛运用，给广播电视工作带来了新的情况和新的问题，需要一部较为完备、全局性的法规来规范、协调广播电视业的发展。《广播电视管理条例》无疑是我国广播电视管理法制化进程的一个重要里程碑。

《广播电视管理条例》于1997年9月1日起施行。《条例》是在1986年起草的《广播电视法（草案）》的基础上重新修改、拟定的。《广播电视管理条例》对广播电台和电视台的设立、广播电视传输覆盖网的建设与管理、广播电视节目的制作与播放等做出较为完整、详尽的规定,是加强我国广播电视业的法制化管理,促进广播电视业进一步繁荣、健康有序发展的有力法制保障。

《广播电视管理条例》在第2条规定"本条例适用于在中华人民共和国境内设立广播电台、电视台和采编、制作、播放、传输广播电视节目等活动";《条例》第8条第2款规定"本条例所称广播电台、电视台是指采编、制作并通过有线或无线的方式播放广播电视节目的机构"。以上的规定在纵向上明确了《条例》的适用范围,作为管辖主体,《条例》用以规范广播电视业中采编、制作、播放、传输等整个过程;在横向上则不论使用何种传输方式的广播电台、电视台都是《条例》的管辖客体。因此,有线电视业和卫星广播电视业的管理,除广播电影电视部颁行的《有线电视管理规定》和《卫星传输电视广播节目管理办法》(本身即根据《广播电视管理条例》而制定的),以及国务院发布的《卫星电视广播地面接收设施管理规定》等行政法规之外,《广播电视管理条例》也是一部重要法规。

二 《广播电视管理条例》的主要内容①

1.《条例》确立了广播电视宣传工作、事业建设和行业管理"三位一体"的具有中国特色的广播电视管理体制。

《条例》充分体现了我国广播电视的社会主义性质,体现了党的十四届六中全会《关于加强社会主义精神文明建设的若干决议》中对广播电视工作的各项要求,是广播电视系统全面贯彻落实党的十四届六中全会精神,加强社会主义精神文明建设的一项重要措施。《条例》根据

---

① 石岚,《试论我国广播电视政策法规体系的建构》,选自中国传媒大学2008届硕士毕业论文丛。

我国国情对建国以来特别是十一届三中全会以来广播电视系统行之有效的管理经验进行了归纳和总结，以国务院行政法规的形式确定了广播电视宣传工作、事业建设和行业管理"三位一体"的具有中国特色的社会主义广播电视体制。

2. 设立广播电台、电视台（包括有线电视台、教育电视台），应当按照《条例》的有关规定报国务院广播电视行政部门统一审批。

《条例》规定由国务院广播电视行政部门对广播电台、电视台的设立进行宏观调控和统一审批，以防止擅自设台、多头批台、重复建设等问题，进而逐步形成合理的全国广播电台、电视台的总量、布局和结构。

《条例》对广播电台、电视台的定义，设立广播电台、电视台的主体资格，设立广播电台、电视台的条件，设立广播电台、电视台的审批程序，乡、镇广播电视站、单位有线电视站的设立都作了明确的规定，并对非法设台（站）、擅自设台（站）的行为作了相应的罚则规定。

3. 各级广播电视行政部门应当按照《条例》的规定，对行政区域内的广播电视传输覆盖网进行规划、组建、开发和管理。

广播电视传输覆盖网是舆论宣传的物质保障，是国家安全理想的备份网和应急网。为确保广播电视传输通道的畅通，《条例》肯定了建国以来确定的广播电视独立成网、自成体系的方针，规定由各级广播电视行政部门对广播电视传输覆盖网进行规划、组建、开发和管理。

《条例》规定国家对广播电视传输覆盖网实行"统一规划、分级建设"的方针；同时广播电视行政部门应当保证广播电视传输覆盖网主功能的完成，运用多种技术手段努力提高农村广播电视覆盖率；广播电视行政部门还应当加强对广播电视传输覆盖网的日常管理。

《条例》还对擅自建设、破坏广播电视传输网的行为做出处罚规定，有利广播电视行政部门依法制止损害、破坏广播电视网的违法行为，维护良好的广播电视传输秩序。

4.《条例》规定了保护广播电台、电视台、广播电视传输覆盖网设施的保护条款，规定任何单位和个人不得破坏广播电视设施。

广播电视设施是广播电视安全、优质播出的物质基础，随着高新技术在广播电视领域的应用，广播电视设施保护工作面临许多新的问题，需要保护的广播电视设施范围在不断扩大。

《广播电视管理条例》与1997年9月正在修订的《广播电视设施保护条例》(1987年，国务院发布)相衔接，《广播电视管理条例》对广播电台、电视台、广播电视传输覆盖网设施，以及广播电视专用频率和信号的保护规定了原则性的条文；并规定了相应的处罚规定，与《刑法》相应的条文相衔接。

5. 广播电视行政部门应按照《广播电视管理条例》规定，加强对广播电视节目制作、播放活动的管理，提高广播电视节目质量。

《条例》规定了广播电视节目必须由依法批准设立的节目制作经营单位制作；同时制作电视剧还须持有电视剧制作许可证。

为保证广播电视节目的质量，防止乱播滥放，《条例》规定了广播电视节目的审查制度。与《电影管理条例》、《音像制品管理条例》的相关规定相衔接，《条例》规定了广播电视节目的最低标准，即禁止制作、播出载有反动、淫秽、迷信及法律、法规规定禁止的其他内容的节目。《条例》根据我国国情并借鉴国外经验，规定广播电视节目的审查主体有广播电台、电视台自身、国务院广播电视行政部门或者其授权的机构；并授予广播电视行政部门对违反上述规定的节目制作者、播出者或者擅自向境外提供者的行政处罚权。

6. 为确保广播电视宣传任务的完成，规范广播电台、电视台(包括有线电视台、教育电视台)的制作和播放活动，《条例》对广播电台、电视台应当履行的义务进行规定如下：

（1）行政管理。《条例》规定广播电台、电视台应当按照各自许可证载明的相关事项制作、播出节目，不得擅自变更；严格遵行播前审查、重播重审制度，不得制作、播出违背有关节目内容管制规定的节目，播出境外广播电视节目应遵从有关规定:不得擅自利用卫星技术传输、转播广播电视节目等。

(2) 维护著作权人以及受众利益。广播电台、电视台播放和使用广播电视节目应当符合《中华人民共和国著作权法》的有关规定;使用规范的语言文字及推广应用普通话;按预告播放广播电视节目;应当播放公益广告,播出商业广告不得超过一定比例。

(3) 广播电台、电视台的转播义务。《条例》规定地方广播电台、电视台应当按照国务院行政部门的有关规定转播中央和地方广播电视节目;教育电视台不得播放与教学内容无关的电影、电视片。

7. 各级广播电视行政部门应当按照《条例》的有关罚则规定,对违反法规的行为处以行政处罚。

根据《条例》规定,县级以上人民政府广播电视行政部门对发生在本行政区域内的违法行为具有行政处罚权,并责令当事人停止其违法行为。对已触犯刑法的案件,广播电视行政部门不能以罚代刑,应当交由司法机关依法追究其刑事责任。此外,《条例》还规定破坏广播电视设施造成直接经济损失,侵害人应当承担民事责任,依法赔偿损失。

总的来看,《广播电视管理条例》是目前广播电视体制中最高层级的行政法规,鉴于目前《广播电视法》一时尚难出台,由国务院颁行的《广播电视管理条例》在广播电视的管理中具有最高的法律效力,具有相对的权威性。

第三节　我国广播电视政策法规体系存在的问题

从某种程度上看,广播电视的建设程度决定了文化建设的状况,对全面建设小康社会的推进和社会总体目标的实现有着不可低估的作用。但是,目前我国广播电视的改革思路还比较模糊,缺乏前瞻性思索,尤其是随着整个国家经济、政治、文化改革的逐步深入和加入WTO以后国际传媒的挑战,我国广播电视管理体制已越来越不适应形势发展的需要,其问题也暴露出来。

一 我国现行广播电视政策体系存在的问题

1. 政策滞后,管制不到位

现阶段,我国广播电视的管理体制仍是计划经济时代的行政性管制,还未过渡到与市场经济相符合的政府管制。广播电视的管理体制滞后于市场经济的发展。"政府管制的目标导向不明确,在市场结构重组和进入管制方面缺乏明确的政策目标,未能促成合理开放、竞争有序的市场环境;社会管制不到位,广播电视媒介社会责任意识淡薄,节目媚俗化,广告过滥,教育性节目少。"[①]另外,许多新兴媒体比如手机电视等的出现,也没有及时出台科学合理的管理政策加以管制。

2. 产业链条缺失、产业政策与产业管理缺位

目前,我国广播电视业的经济性管理还很不规范,管理不到位、错位甚至越位的情况时有发生,产业链条缺失,没有利用好经济这一重要手段。文化性与商品性两者并不是广电业的"矛盾所在",正是有"文化性"的使用价值和价值,才使广电媒体有商品性的属性。作为"准公共产品",广电媒体应信奉"公共信条",创造社会效益。"思想文化教育卫生部门要以社会效益为一切活动的唯一准则,它们所属的企业也要以社会效益为最高准则。"[②]这个论述说明了广播电视有别于其他行业。

---

① 欧阳国忠,《中国传媒大转折》,团结出版社 2003 年版,p. 362。
② 参见《邓小平文选》第三卷,p. 145。

但这也只是广电产业的一个方面,广电产业更为突出的应是其盈利性,能够创造经济效益。在认识公益性与盈利性中,人们习惯把两者对立起来,总以为经济效益的利润最大化必然违背社会效益最大化的运行准则,而实际上,经济效益最大化和社会效益最大化只是广电业不同社会定位中的两个不同层次,两者在不同层次中要求不同,在同一层面两者的要求是一致的,没有社会效益自然就没经济效益,经济效益是为更好地发挥社会效益作用。目前,我国广播电视政策体系中以限制性政策为主,授权性政策较少,系统的广播电视产业发展政策极少,特别是关于产业组织、产业重组和投融资政策比较模糊,一定程度上制约了广播电视的社会化和产业化发展。

3. 政事不分、政企不分,形成自然垄断

长期以来广播电视系统一直实行的条块分割、以块为主的"管办合一"的管理体制,造成广播影视行政主管部门既当运动员,又当教练员,还是裁判员,缺乏竞争意识。实际工作中,各级广播电视管理机构和其所属的广播电台、电视台、节目传输中心、网络公司等还有着千丝万缕的联系,以致现在很多的行政管理人员还跳不出所谓"本系统"的范围,尚未树立起行业管理的意识和理念。目前,从全国范围来讲,广播电视是仅存的管理体制没有根本性改革和重组、全系统没有对外全面开放、带有自然垄断性的行业之一。广播电视管理体制、运营模式已到了非改不可的地步。

由于管办合一,虽然广播影视行政管理机关在制定有关行业管理政策、规章和规范时试图努力站在公平、公正、中立的立场上,但还是不可避免地给别人造成一种为某些团体或部门谋取不当利益的嫌疑。

4. 条块分割、事权不清,层级矛盾突出

在每年的《政府工作报告》中,广播电视唯一的统计指标是广播电视的覆盖率,所以,搞好广播电视覆盖,特别是中央的广播电视覆盖是广播电视系统的重要工作任务,也是多年来困扰广播电视行政主管部门最难解决的问题之一。近几年实施的"村村通"广播电视工程、"西新工程"以及将各地承担中央广播节目的 1kw 以上中波转播台上划到省级广播电视行政部门统一管理的措施等,都是围绕这一重点工作展开的。由于条块分割、以块为主的管理体制,中央的广播电视节目在地方的覆盖和完整转播遇到很大的困难和阻力。

地方缺少正常的维护运行经费是一个原因,因为自 20 世纪 80 年代后期,各地财政分灶吃饭以后,这部分维护运行经费没有随着物价的上涨和人员工资的增长而增加,还维持在 20 世纪 80 年代初的水平,这的确给正常的播出造成很大困难。但这应该不是一个最主要的原因,而只是一个表象。其主要原因是四级办广播电视的政策在推动和促进当时各地广播电视发展和繁荣的同时,一大批当地的广播电台、电视台也争先恐后地涌现出来。这些广播电台、电视台以及转播台等均隶属于当地党委、政府,由当地党委宣传部和广播电视行政主管部门领导,在当时人民群众对精神文化的需求十分有限,广播电视节目尚不十分丰富,人们对广播电视的喉舌功能、政治意识十分强化的情况下,办好各自节目的同时转播好中央和省台的节目没有问题。但随着改革开放的进一步深入,人们的思想意识也在逐步发生着变化,广播电视除了政治属性以外,还日益显现出其产业属性,虽然当时没有明确提出广播电视产业,但开办广播电视能给拥有者带来实实在在的经济利益,如广告收入。转播中央和省台节目势必要投入一定的维护运行费用,同时对自己办的广播电台、电视台的广告收入也是一个不小的冲击。而转播上级广播电台、电视台的广告节目,不可能有收入,所以让地方无偿转播也造成各地方转播台的心理失衡。在地方利益和国家利益、部门利益和集体利益发生冲突的时候,前者成为了大多数人的必然选择。

合理划分事权是一个比较好的选择。在国家日益强调个人权益,当然也包括强调国家或集体权益的今天,分清哪些是属于国家的任务,哪些是属于地方的事务,通过成本核算,分别出资,在尽义务的同时,享受相应的权利。

5. 资源浪费、网络混乱、整体效能低下

按行政区划设立广播电视播出机构,造成广播电视频率资源的浪费和网络资源的大量闲置。有线电视网络也是一样,目前,虽然全国的有线网络在物理上是基本连接在一起的,但在管理体制上是分散的,一个县一个网,或者一个市一个网,各自独立运行,很难发挥网络的整体优势。所以,尽快实现广电网络的整合应当提上日程重点解决。但由于投资主体多元化、利益主体多元化、资产所有多元化,如何兼顾各方利益,在联网的同时真正把广电人的心凝聚在一起,还有待认真思考,仔细研究。

6. 各自为政、有系无统,政策执行不力

由于系统没有实现自有资源的整合与共享,所以系统没有形成一个有机的整体,也就是大家常说的"有系无统"。中央对地方广电事业建设的管理主要是通过行政管理,控制力较弱。总局出台的政策措施宏观性和国家法定权威力度欠缺,系统内表现为广电行业宏观调控层次不高、力度不够,管理权威性不强,在政策执行中不能做到令行禁止。

除此之外,现有政策体系还存在不少弊端,如:行政部门、事业单位、企业单位定位不准,责、权、利不明确,宣传职能、公益性服务职能与产业职能划分不清。中央和各地政策不统一、不对接,增加了地方广播电视发展的困难和负担,加大了中央和地方广电发展的不平衡,政出多门、多头管理等等。

二 我国现行广播电视法规体系存在的问题

1. 法规层级不高,缺少广播电视管理中总纲性法律,现行广播电影电视管理法规主要由行政法规、部门规章及规范性行政文件构成。

《广播电视法》及《电影法》自1986年开始起草以来,修改草案已近十稿,但一直未能出台。1995年,广播电影电视部改变了立法项目,将《广播电视法》及《电影法》降低层级为《广播电视管理条例》及《电影管理条例》,并已分别于1997年和1996年颁布实施。由于法规的制定,必须考虑到全国各地区、各方面的因素,为颁布后保持相对稳定,避免过多修改,一般法律的出台比较谨慎。在广播电视法律一时难以出台的情况下,由国务院发布广播电视管理的行政法规,也不失为广播电视管理法制化的一个重要步骤。

由于广播电视管理涉及新闻宣传、电影、广告、文化艺术、无线电频率使用、广播电视工程技术、邮电、卫星、经营等多个领域,牵涉到其他很多法律、法规,作为行政法规的《广播电视管理条例》,对法律层级高于其有关法律或与之平级的行政法规,缺少有效的适用性。而且在法律尚未出台的情况下,以行政法规规范本来应有法律调整的各方面权利和义务时,未尝不是一种权宜之策,但从长远来看,这样的法规体系是不完备的。因此有必要加速立法进程,使《广播电视法》早日出台,以适应广播电视管理法制化进程的趋势。

2. 法规体系尚不完备、严谨,法规与法规之间缺少足够的协调与统一。

现行的广播电视管理法规体系中,大量由部门规章和规范性文件组成,呈散点状分布,相互之间缺少必要的联系,有的地方甚至出现相互抵触。由于部门规章、规范性文件所调整的关系范围较窄,往往针对某一方面单独制定相应的规定。由于缺少总纲性的法律依据,在部门规章、规范性文件的制定中,难免会缺乏通盘考虑和全局观念。不同的规章、规范之间由于缺少兼容和匹配,容易产生不必要的法规冲突,包括对同类事务的不同规定的积极冲突,以及对某类事务都缺少明确规定的消极冲突,造成广播电视行政管理中的令出多门或者无法可依。

这类情况通过法规的清理、修改,可以逐步得到相应的改善。"如1998年初广播电影电视部发出《关于不再执行广播电影电视行政规章和规范性文件中部分行政处罚规定的通知》(广发社字[1998]12号),对广播电视管理规章、规范性文件中超出有关法规规定或缺少明确法律依据的部分处罚规定予以取消。"①

3. 法规、政策界限较为模糊,有的方面还存在以政策代替法规的现象。

长期以来我国广播电视管理党政机关化的体制和模式,使得以宣传政策、方针为主的管理模式仍然在现行的广播电视管理体制中占有重要地位,大量规范性文件是中央机构与行政部门联合发文的形式出现。尽管此种形式在过去发挥过重要作用,但这类联合发文的文件应当只是过渡性方式,其法律地位值得商榷,我国在走依法治国的今天,继续维持这种模式是不相适宜的。

虽然法律和政策有差别,但两者并非互相排斥,而是有紧密联系的。"法律与政策的关系有的相辅而行,交互作用,互为补充;有的则是相互渗透,互相依存乃至结合,表现在如下几个方面:(1)政策是立法的指导;(2)政策又是法律的先导;(3)政策直接作为法律的构成要素;(4)政策是执法的指导。提倡广播电视管理法规中的党政分离,并不是否定政策对广播电视管理的正面积极作用,而是要求两者各司其职、互为配合。"②

第四节 广播电视职业道德

广播电视业对国家的政治、经济、社会生活有着广泛、重大和深刻

---

① 《广播电视电视决策参考》,1998年第2期(总第119期),p.17—22。
② 郭道晖,《民主·法制·法律意识》,人民出版社1998年12月第1版,p.92—156。

的影响,各种媒介在获取自身经济利益的同时,理应承担起维护社会利益、促进社会进步的责任。尤其在当下多种媒体大发展背景下,建立广播电视人的社会责任既需要来自政策法规、社会的他律,也需要行业自身加强自律。

广播电视是党和政府的喉舌,在国家政治、经济、文化和社会生活的各个方面起着重要的作用。每一位广播电视工作者的职业行为,都直接或间接关系到广播电视新闻事业的兴衰成败和社会功能的发挥,关系到人民群众对广播电视行业的看法,甚至关系到党和国家的声誉。在由计划经济体制向市场经济体制转轨的过程中,新旧思想观念的冲突和利益主体的多元化给广播电视传媒的职业道德建设带来了巨大的冲击,广播电视行业不同程度出现职业道德错位和失衡现象。因此,广大广播电视从业人员,特别是广播电视新闻从业人员树立良好的职业道德,自觉用广播电视行业职业道德规范来检验自己的职业行为,正确行使职业权利,是当前广播电视行业精神文明建设的重要内容。

一 加强广播电视职业道德建设的重要性和紧迫性

首先,加强职业道德建设,是广播电视行业的自身性质决定的。广播电视行业与其他行业显著不同的是它带有公众性质的行业,具有传播面广、指导性强、权威性高、影响力大、形象直观的特点。人们在日常生活中需要了解的信息,很大程度上是通过广播电视媒体进行的。而对于那些普通百姓,由于受到各种条件的限制,只能依靠广播电视、报纸等大众传播媒介来了解新闻,评判事物的真伪。因此,广播电视的导向就显得尤为重要,广播电视工作者的行为方式、业务水平、道德素养乃至言行举止,都会对民众产生影响。广播电视行业是否清廉公正,能否正确反映群众的呼声与要求,代表最广大人民群众的根本利益,关系到党和政府在百姓心中的形象。前些年,在我国新闻界,包括广电业泛滥的"不良广告"、"有偿新闻"等现象就使得广播电视行业形象受到损坏,"公信力"大大降低,这不能不说是个惨痛的教训。

其次,加强职业道德建设,是时代向广播电视行业提出的必然要求。社会主义市场经济体制取代计划经济体制是一次深刻的社会变革,这就要求与之相适应的广播电视职业道德。与其他道德规范一样,广播电视职业道德归根到底是受经济关系发展影响的。在当前新旧体制转换还不尽完善,各种矛盾交汇聚集的新形势下,人们的思想道德观念容易受到巨大的冲击。一方面,一些人会利用广播电视媒体的特点和优势,搞不公平竞争,这就容易使广播电视一些从业人员以"无冕之王"自居,靠山吃山,凭借行业特点谋一己私利。另一方面,广播电视媒体具有政治属性、信息属性、文化属性和商品属性,如果处置不当,容易混淆和被人利用,特别是商品属性得不到有效制约,就会给导向带来极大的负面影响。而良好的职业道德正能促使广播电视从业者按照市场经济的竞争规律和道德准则来规范自己的行为,从而使广播电视能够始终保持正确的舆论导向,保证党和政府各项方针政策的贯彻落实。

第三,加强职业道德建设,是深化广播电视行业精神文明建设应有的题中之意。广播电视行业代表着党和政府的形象,广播电视工作者的言行举止,影响着党和政府与人民群众的关系,折射出全社会的风貌。加强职业道德建设,对于我们全面贯彻落实"三个代表"重要思想,进一步增强广播电视媒体公信力,树立和保持广播电视行业的良好形象具有重要意义。从这个角度来说,加强职业道德建设,是广播电视行业深化精神文明建设的应有题中之意。

二 当前广播电视职业道德建设存在的问题及原因

一是"四大顽症"屡禁不止,违反职业道德的行为时有发生。虽然经过这几年的治理整顿,广播电视业的职业道德建设得到较大改观,但"虚假新闻"、"有偿新闻"、"低俗之风"和"不良广告"等广播电视行业"四大害"仍不同程度存在,成为广播电视行业风气的"四大顽症"。这些现象主要表现在：工作敷衍，报道失实；采访动机不纯，编造虚假新闻；大搞权钱交易，刊播有偿新闻；猎奇求异，迎合低级趣味，煽情炒作，制造"文化垃圾"；见利忘义，不顾社会公德，刊播不良广告。这些问题，从根本上背离了社会主义广电事业为人民服务、为社会主义服务的根本宗旨，违背了广播电视职业道德，严重损害了广播电视工作者的职业声誉和行业形象，在社会上产生了非常恶劣的影响。

二是广播电视从业人员社会责任感明显降低，职业道德教育尚待加强。近年来，随着文化体制改革的逐步深入，广播电视部门开始从单纯社会事业型向事业、产业经营混合型转变，一些广电部门领导平时忙于抓业务、搞经营，忽视从业人员的道德和理想教育，很少研究和过问职业道德建设问题，职业道德教育要么时有时无，时紧时松，敷衍了事；要么教育方法僵化守旧，流于形式，致使职业道德问题越积越多，导致从业人员社会责任感降低，以单纯的金钱价值取向代替广播电视本身的价值取向，使客观、公正、真实、全面的广播电视职业道德沦丧。这也是当前广播电视行业风气"四大顽症"难以得到有效根除的原因。

三是监督机制不完善，广播电视从业人员的职业行为得不到有效监督。尽管近年来国家广电总局陆续颁布一些总局令，对违反职业道德行为的处罚做出了规定，各级广电主管部门也纷纷制定了职业道德规范，但由于缺乏相应的监督机制，这些规章制度的执行往往流于形式，常常出现"梗阻"无效的现象，导致一些违反职业道德的行为得不到有效制止和纠正。

三 加强新形势下广播电视队伍的职业道德建设[①]

广播电视队伍的职业道德建设是广播电视行业精神文明建设的重

---

① 邹启宇，《论新形势下广播电视队伍职业道德的建设》，选自《东南传播》2006年第2期，p.65。

要内容。新时期广播电视职业道德建设应坚持"以立为本,重在建设,加强教育,完善机制"的原则,充分运用教育、法律、经济、监督等多种形式和手段,协调配合,综合治理,形成合力,推动广播电视职业道德建设不断取得新成效。主要抓好"四个加强":

1. 加强教育,培育良好的职业操守修养。加强广播电视职业道德建设,是一项长期的系统工程,必须从加强教育入手,培育良好的职业操守修养。一是要加强"三观"教育。当前广播电视职业道德存在的种种顽症,说到底是广播电视从业者的世界观、人生观、价值观出了问题,耐不住清贫,经不起诱惑,把广播电视工作当成自己谋取利益的工具。因此,要坚持不懈地抓好学习,认真学习邓小平理论、"三个代表"重要思想和新闻理论,学习职业道德规范,自觉抵制腐朽思想的侵蚀与影响,认清职业道德规范和有偿新闻给党的新闻事业、社会风气及自身成长带来的巨大危害,牢固树立正确的世界观、人生观、价值观,才能保持政治上的清醒和坚定,保证广播电视从业人员在市场经济大潮中永不变色。二是要倡导优良作风。要大力提倡艰苦奋斗、求真务实、开拓创新的职业精神,深入基层、深入群众、深入生活,切实在实践中改进作风,拉近广播电视从业者与群众的距离;切实在实践中培养良好的职业操守修养,形成高尚的职业情操,更好地为人民服务。

2. 加强宣传,营造人人讲职业道德,人人树行业新风的良好氛围。职业氛围受环境影响的制约,个人在从业过程中职业道德环境起着激励、导向、调控等作用。因此,我们要大力宣传积极、正确、高尚的职业精神,努力防止和抑制消极的职业行为,给广播电视从业人员以明确的价值取向,培养和树立良好的职业道德。要充分发挥党、团、工、妇等组织的作用,切实加强思想政治工作,教育和帮助广播电视从业人员牢固树立正确的职业道德观念,努力营造人人讲职业道德,人人树行业新风的良好氛围。

3. 加强管理,健全和规范职业道德制度建设。加强职业道德建设,要坚持自律与他律相结合,一要靠教育,二要靠制度规范。要建立健全职业道德教育长效机制,充分发挥制度对职业道德建设的保障作用。一是建立健全责任机制。职业道德建设是一项长期而艰巨的工作,在具体操作中要实施"一把手"工程,形成党政主要领导亲自抓、分管领导具体抓、有关部门配合抓、责任科室全力抓的良好格局,一级抓一级,哪个部门出现了问题,就追究哪个部门的责任人。二是建立健全约束机制。要建立健全一套奖优罚劣的激励机制,根据广播电视传媒的工作特点,对采访作风、工作态度、作品导向、稿件质量和数量有一个明确的可操作性强的考核体系,并不断地进行修订、补充、完善,增强刚性,减少弹性,并与奖励、职称评定、评选先进、选拔培养干部等挂钩。三是建立健全执纪执法机制。严格执纪执法,是加强新闻职业道德建设的关键。应该说各级广播电视部门在加强职业道德建设方面做出的规定不少,但在执行上大都缺乏力度。要把加强职业道德建设作为反腐倡廉的重要内容来抓,作为提高队伍素质和新闻质量的重要措施来抓。对严重以权谋私,搞有偿新闻而触犯党纪国法的,要依法严肃处理。

4. 加强监督,形成有效约束制约机制。作为社会主义精神文明建设"窗口"形象的广播电视媒体,在职业道德建设中应该建立一套内部监督与外部监督、专门监督与社会监督相结合的监督管理机制。内部监督可以通过系统负责人、专业师长、部门同事之间定期开展批评与自我批评,总结经验,提出不足;外部监督可以通过聘请社会热心人员组建督导队伍,公布监督电话,定期召开座谈会,实行持证上岗,设立举报箱,定期进行问卷调查,及时上门走访等形式,自觉接受社会监督。对群众举报的不良行为和已查实的道德失范行为,要通过道德舆论这一强有力的大众监督工具,通过批评、谴责和曝光收到效果,形成良好的外部监督氛围。

第十六章 广播电视的受众研究

在媒介形态多样、规模膨胀的信息时代,受众始终是各种媒介间竞争的主角。媒介的资源无限,而受众的注意力有限,受众和媒介的利益息息相关。受众的注意力是媒介的利益之源、发展之本,因此能否把握、争取到更多的受众,将直接决定媒介本身在整个传媒市场上的竞争力。当前的中国广播电视媒体正处于这场围绕受众展开的"眼球大战"之中,作为提升中国广电产业核心竞争力的重要一环,把握、吸引受众显得尤为重要。因为不论广电媒体自身有多么优秀的人才,生产出了多少出色的节目,归根究底还是要取得受众的认可。

在广播电视产业发展的初期,"大众传播"的概念一统天下。媒介扮演的是"大众情人"的角色,力图吸引所有的受众。比如美国传统三大电视网、英国的BBC以及我国的央视等,它们面对的是全国乃至更大范围内的观众,它们的节目要争取的是全国的收视率,因此往往建立综合台、综合频道,节目内容包罗万象、老少咸宜,拥有最广泛的受众群。这其实是一种粗放型的产业经营策略。

20世纪50年代中期,美国市场学家温得尔·斯密提出了市场细分的理论。他根据消费者对产品的不同需求,将市场划分为不同的顾客群体。市场的细分不是对产品分类,而是对顾客的需求和欲望分类。同理,传媒市场的日益成熟也使媒体开始对受众进行细分,了解某一类受众的需求,准确、迅速地提供给他们所需要的信息产品,从而建立培养起忠诚的目标受众。这种分众化趋向要求媒体集中资源,生产特色产品,有的放矢,走集约化的道路。因此对于广播电视来说,应当从传统的综合办台方式向特色经营的方式转变。不以"大而全"来吸引受众,而要用自己的特色节目去满足特定受众的需求,并建立起长久的、持续性的联系。

今天的广播电视受众在分众化的基础上又更进了一步,即小众化,趋向开始显现。在分众时代,电视台从过去的综合频道细分为新闻、体育、电影等专业频道。而到了小众时代,广播电视的节目定位更准确,指向性更强。如果说分众化时代的广播电视节目的划分是为了区别对待不同受众的需求和兴趣,那么小众时代广电节目的划分则是培养受众的收视习惯,使每个频道都有一批特定的受众群。在西方一些国家,其受众的划分已经进入了小众化时代,如美国的电视频道已经在新闻、娱乐、影视等大类别的基础上进一步细分,如音乐频道又分为古典、流行、摇滚、爵士等频道。

未来的受众细分将会出现一对一的受众时代,受众和媒介之间可以充分互动,与之相适应的则是广播电视的高新技术。宽带网络技术和双向互动系统的完善,使得受众与广电媒体间的即时沟通成为可能,音频视频点播可以为不同受众量身定做只属于个人的节目表,受众可以选择自己感兴趣的节目,并安排在自己合适的时间观看。因此未来的广电制作机构将成为节目资源库,源源不断地为受众提供各种各样、丰富多彩的节目选择。虽然一对一的受众时代在短时间内不会到来,但是这一趋势是不可回避的。一些有远见的媒体都开始着手建立自己的节目库,如探索频道、国家地理频道、阳光卫视等。

而且,随着媒介变革的加剧,对生存空间的争夺日益激烈,受众成了这场没有硝烟的战争中的主角,他们掌握着遥控器,他们的选择决定了收视率、收听率,也就等于把持了媒介的生命线。于是受众的主体意识也日益凸显,媒体也改变了对受众的传统认识,开始重视对受众的研究,更多地站在客观的立场上看待受众——受众原本就具有主观能动性。

从对北京、上海、成都、西安、长春等几个城市的收视情况进行调查的数据结果来看:不同的年龄层次在不同的时间,对不同的节目,观众的收视情况是有着很大差别的。现在的受众是不可能像刚刚拥有电视时那样,对电视台播出的任何电视节目都感到新奇。受众本身是一个收视群体的市场。因此,电视台如果不想被挤出市场、淘汰出局,就必须认真地对节目的长度、受众的收视习惯、受众的年龄层次等方面进行分析,然后针对不同时段、不同年龄层的受众所关注的内容来设置栏目、编排节目。有了准确的受众群的定位,再针对其特定的受众阶层来制作节目,这样才能符合信息时代受众更关注自身利益的特点。社会目前仍处在一个转型期,各种利益群体重新分化、组合,边缘性群体、交叉性群体大量涌现。媒介如不充分反映他们的呼声,体现他们的利益,终将会被受众所抛弃。

事实证明,受众需求的变化往往走在媒体策划的前头。因此,为了满足广大观众日益增长的精神文化需要,就必须不断进行节目、栏目、频道结构的调整,在坚持正确舆论导向的前提下,精办节目、栏目和专业频道,办出特色,办出高品质,办出品牌效应(包括栏目主持人)。在频道的总体定位和统一布局之下,各个栏目在性质、功能、文化品位、表现形态、风格以及选择主持人这些主要方面,找准适应目标观众的具体定位,并精心策划、精心制作,才能实现多样化、个性化、专业化,给观众提供按不同需要、兴趣选择收视的广阔空间。

第一节 广播电视受众战略的核心:受众调查

一 受众调查的现状

当前中国的广电传播媒介正在走产业化的道路,媒介提供产品和服务，以满足受众的需求为目的。就"产品的经营"而言，共经历了三个阶段：第一是以产品为中心，信奉"只要我生产出来，就会有消费者需要"；第二是以推销为中心，认为"能否销售出去是经营的关键"；第三是以满足消费者需求为中心，相信"能否满足消费者的需求是产品经营的关键"①。目前媒介的经营还停留在前两个阶段，而随着竞争的加剧，尽快进入"满足消费者需求"为中心的阶段，将是媒介经营者必须重视的问题。要想满足受众的需求，就先要了解受众的需求，而进行科学有效的受众调查则是前提条件。

从国际范围来看，受众调查的方法已广为采用。早在20世纪30年代，美国就开始进行读者调查；40年代，随着广播的发展，开始了听众调查；50年代，电视开始在美国广泛应用，电视观众调查也开始兴起。今天在美国出现了一大批因受众调查而出名的公司，如Gallup（盖洛普）、Nielsen（尼尔森）、Pulitzer（普利策）等调查公司。同时国外大部分广播电台或电视台都设有专门对受众进行调查研究的组织和机构，社会上也有开展专项调查的咨询公司。国外的受众调查经过多年的积累完善，已经形成了一套完整缜密的程序和方法。

我国的受众调查工作始于20世纪80年代，几十年来取得了一定的进步，涌现了一批专门性的调查机构。1986年6月，我国第一个非官方的舆论调查机构——中国人民大学舆论研究所成立，中国社会科学院等研究机构、教育机构和媒介也都成立了专门调查机构。除此之外，国外的调查公司也开始以各种方式渗透到了国内调查市场。他们或者是直接进入（如Nielsen尼尔森），或者是成立合资机构（如央视索福瑞）。

二 受众调查的价值

面对广电传媒日益激烈的竞争趋势，加强受众研究工作，已成为关

---

① ［美］迈克尔·埃默里、埃得温·埃默里，《美国新闻史》，新华出版社2001年版，p. 681。

系广电媒介生存发展、前途命运的一项重要基础工作。

首先,受众调查影响作用于电视节目的定位。节目制作者只有首先明确该节目归属于哪一类观众的精神需求,制作的节目才能被观众接受,其价值才算得以实现。只有电视观众,才是决定电视节目价值和地位,赋予节目以目的和意义的绝对条件。所以,电视节目的定位、栏目的设计必须依赖受众研究的结果,服从受众需要设置办好各类节目,否则只能是吃力不讨好。

其次,受众调查能使电视节目的内容更加贴近生活。随着社会生活的发展变化、社会环境的宽松,电视观众对关系到自身利益的生活或生活变化自然会投入更多的关注,电视又是进入亿万平常百姓家的最主要传媒,观赏电视节目一般都是在家庭生活氛围中进行,因此反映生活、贴近生活必将是一切以大众为收视对象的电视节目的"焦点"和应当遵循的原则。

一切电视节目终归是由观众来决定内容与形式的,而形式与内容也反作用于观众。内容、形式与观众相得益彰,才会发挥它相辅相成、锦上添花的作用,而形式也罢,内容也罢,只有贴近观众、反映生活、传达真实情感,浸润观众心田,无疑才是它重要的功能。

第三,合理地进行电视节目编排。在电视传播过程中,不同的时间情景,如白天与晚间、平时与假日、黄金时间与非黄金时间,受众对电视传播都有着不同的要求;对不同性质节目的播出时间也有不同的要求;不同的观众群对电视节目有不同的需求与评价,即使同一节目,在不同观众群中的传播效果也有诸多差异。既然广大电视观众有着不同的"口味",所以对观众的构成,收视行为与心理需求的分析以及研究有关传播效果的优劣,就必然成为电视台自觉地去响应观众、满足社会需要、调理众口的任务。电视台除集中力量办好老少皆宜,共同感兴趣的共性选择节目以外,还要按不同年龄层次、不同职业范围、不同文化程度的观众的收视重点去安排节目内容与节目时间。

作为电视台负责节目设置编排的人员，首先要针对不同的观众安排不同内容和形式的节目，并以系统论的动态原理，经常观察与把握不同层次观众审美需求的发展趋势，及时调整各类节目的题材、样式及其比例关系，让不同的观众从不同节目中得到自己想要的东西。

第四，受众调查对广告的影响。电视广告是电视媒体维持日常开支和寻求发展的经济基础。电视广告节目要想打动受众的心灵，同样需要进行受众研究。

一方面利用频道的人群资源切分广告"蛋糕"。频道是为特定人群服务的，频道的广告也须为特定人群服务。如中央电视台《大风车》是为少年儿童服务的，附带的自然多是少儿用品。同一广告不仅内容、制作风格不同，且同一种产品同一公司的广告也要有几个不同的版本在不同的频道播出，这样观众看起来就比较舒服。

此外要合理的编排广告。随着频道专业化改革，"黄金时间"的概念越来越模糊。某一个黄金时间段的观众未必全部是某一个商品的目标消费者。如果某个时间段的观众特征与产品的目标消费的特征比较吻合，那么就是产品的黄金时间。这就要求充分了解观众心理，合理安排广告播出类型、播出次数和播出时间，避免观众产生逆反心理。

总之，对电视节目而言，其成败不仅仅决定于电视人素质水准的高低、电视手法的优劣，还必须依据受众研究的成果，立足于受众需求、定向、定位构建起来的收视平台。只有关注受众心声、追踪受众脚步、透视受众心理、扣准受众脉搏、品析受众喜好、鉴识受众口味、探知不同受众对电视的不同需求期望值，才能精心打造出受众喜爱的节目，促使收视率不断提高，是电视媒体赢得社会效益和经济效益的立台之本。

三 广播电视媒体受众调查的内容

一般地说，对广电传媒的受众调查是以弄清受众的行为和态度、探究广电传媒市场的现实结构及竞争对手的状况为重点的。对广电媒体受众的调查有这样几个主要的目标：

首先是受众构成的分析。受众是我们的市场诉求对象。定量化的受众构成分析可以从社会统计学的意义上为我们拟合出广电媒体现有受众的"标准像"。关于"标准像"的内容有这样一些：为媒体在对象的社会特征（如年龄、性别、学历、职业、收入水平、消费能力等）明确的情况下有针对性地决定传播的内容和形式，以便使传播产品与受众需求更加切合与对位；找到形式受众与理想的目标受众之间的距离和差异，以便通过传播内容和形式的调整来更加有效地吸引预定的目标受众；为"受众注意力资源的售卖"向广告商标识自己这个传授产品的"品质"。现阶段的广告商早已从单纯追逐受众规模数量的境地中走出来了，与规模数量相比，现在的广告商更加注重的是媒介所凝聚的受众的过程"品质"（如他们的学历、收入、消费与决策能力等）。

其次是受众接触行为和选择偏好分析。根据施拉姆提出的受众的选择或然率公式：受众总是想以付出最小的代价而能最大限度地获得报偿收益。因此传媒的竞争通常是沿着两个层面展开的：一是尽可能提高媒介产品对于受众的价值报偿；二是尽可能降低受众获取传播产品时的代价。传播过程中所谓的"适需而传"和"传逢其时"的境界正是在正确地了解了这两个层面的问题的基础上达到的。内容的适需问题可以通过考察受众的接触心理和选择偏好来解决；接触传媒的方便、低代价问题可以通过考察受众的接触行为和接触习惯来解决。

第三是媒介竞争分析和受众满意度分析。广电媒体的竞争实际上是对受众的竞争，而竞争优势的获得其实相当简单：谁能够使受众更为满意，一切都是在比较中显示出来的。比较的方面虽然很多，但最重要的是：谁能够在相关资讯的获得方面成为受众所倚重的对象、媒体在受众心目中的形象和独特价值是什么等。

以上三个方面是受众市场调查的常见内容，而实际上，传媒受众调查所能告诉我们的决不止这些。

四 未来专业化趋向下的受众调查

在中国广播电视市场化与集团化运作趋势日益显著的背景下，随着全国广电系统网台分离、有线无线合并的实施，电视频道专业化已在全国范围内铺开，然而频道标识的改变并没有使我们的屏幕真正丰富起来，这种"专业化"仅仅是用合并同类项的方法把相同类的节目放到一个频道里播放，实际上只是一种"产品专业化"；而真正的频道专业化必须要依托于受众的细分化，缺乏对目标受众群的正确定位和准确把握，就不可能生产制作出有针对性、有吸引力、有专业特色的节目，就不可能获得目标受众的关注和认可，从而也就失去了"专业频道"存在的价值和意义，这也就是当前众多"专业频道"不专业问题的症结之所在，因此深入细致的受众研究可以说是专业化频道生存和发展的根基，频道专业化的操作现实也对当前的受众研究提出了新的要求和挑战。

1. 从反馈走向前馈

所谓前馈是与反馈相对的一个控制论的术语，原意是指尽可能在系统发生偏差之前，根据预测信息，采取相应的措施。威尔伯·施拉姆最早在传播学中使用"前馈"概念，他认为前馈就是在进行大众传播之前，事先对受众进行调查研究，以了解其构成、需要、行为等，以改进传播、增强针对性、提高传播效果，他指出反馈是重要的，而"前馈更具有独创性"。

长期以来我国的受众研究主要集中在对反馈、对传播效果的调查研究上，如收视率调查等，这些大型的反馈调查固然可以总结出一些带有共性的受众的收视行为、收视习惯及收视偏好等方面的规律，但很难触摸到专业频道所要针对的目标受众群的态度、兴趣、需求等细化的心理特征，因此有针对性的前馈调查，可以使我们更客观地、更细致地把握目标受众群的总体状况，从而减少做节目的盲目性和主观臆测性，降低节目产品在摸索阶段的运作成本，增强传播效果。

2. 从大众调查走向分众调查

如前所述,当前的受众研究仍然是把受众看作一个整体(即大众),而不是具有各种特征与需求的若干群体(即分众)的集合,而专业化的时代更需要的是在对整体受众的把握基础上区分不同受众群间的差异,了解他们特定的收视行为、习惯、兴趣与需求,捕捉其细微的心理特征,才能帮助节目制作寻找到最佳的切入点,制作出更加贴近目标受众、更具针对性,也更符合受众口味的节目。

3. 从对行为表象的把握走向对心理需求的把握

我国目前的广电受众调研更多的是从收视行为、收视动机、评价三个层面上进行的,关心的是有多少人在看、看了什么节目、喜欢看什么节目、是否满意等,了解到的只是普遍的观众对现有电视节目的接触情况及其看法,而这是无法全部涵盖和凸显细分受众真正的心理需求的。在频道专业化的背景下,受众是在以自己的时间和注意力进行按需消费,受众调研只有突破对普遍受众一般收视行为、收视动机等表象的把握,深入探究什么人在看节目、为什么看某一节目、需要看什么样的节目等,才能为当前的电视发展提供有价值的指导信息。

频道专业化要求对细分受众进行从行为、动机、满意度、需求等多个层面的深入调研,这就需要我们在研究方法上既要重视原有的抽样调查等定量研究的方法,同时还应采用一些深层访谈、小组座谈等定性研究的方法,从定量、定性两方面来实现对专业化频道受众的量和质的把握。

第二节 受众满意度指数的发展与应用

欣赏指数(Appreciation Index)也称满意度指数,在美国又被称为

"吸引指数",在日本则被称为"品质评比",在法国被称为"兴趣指数",十余年来逐步受到人们关注。欣赏指数是用以认定听众或观众(以下统称为受众)对节目素质的评价,并以此考核节目是否满足受众需求的一种指标①。一般包括受众对节目认知度、认可度、了解度、喜欢度和推荐度等多项评价指标,通过受众打分,加权而得。目前,加拿大、澳大利亚、荷兰等国家都运用这个指标,香港也于1989年开始探讨节目素质问题,并且于1998年开始在公营电视台中用于节目评价②。

一 满意度指数的发展及特点

在美国等西方国家,从20世纪50年代末期开始,在收视率调查之外,就开始进行了"电视节目品质"等调查,以掌握观众对媒体品质的评价和认可情况。满意度(欣赏指数)调查最早起源于英国广播公司(BBC)。早在二战时期,英国BBC就曾经对广播听众进行调查,了解听众对电台节目的喜好;战后,BBC用欣赏指数(Appreciation Index,简称AD)衡量电台节目的品质;60年代末期,欣赏指数被引入电视领域,用来衡量观众对电视节目的评价与喜好;80年代,比较成熟的电视节目欣赏指数调查已经发展起来。1998年,央视市场研究股份有限公司正式引进了"全国电视观众满意度调查"。

目前,中国电视台面临着愈加剧烈的市场竞争,面临着越来越大的竞争压力,电视台必须通过加强内部管理来提高竞争力。无论是在制播分离的新形势下,还是在目前对内部栏目进行管理方面,公平、公正的栏目评价制度是很重要的。同时,制度的完善、体制的变革,需要有一套有效的节目评价体系作为依托和支撑,所以近年来,国内各电视台

---

① [美]托马斯·F·鲍德温等著,《大汇流——整合媒体、资讯与传播》,台湾亚太图书出版社1997年版。
② 张海潮,《电视中国——电视媒体竞争优势》,北京广播学院出版社2001年版,p.164。

对于建立节目评价体系的需求也越来越强烈。

满意度研究为媒体品质的衡量和评定提供一个非常好的平台,作为收视率的领先指标,它可以成为一个频道整体发展态势的晴雨表。观众对一个栏目更喜欢了、还是不如以前喜欢了,在满意度上能马上反映出来,而收视行为则有一定的滞后性,一方面观众由于收视惯性还会停留在该频道;另一方面也可能同类节目的竞争对手还没有出现或没有足够强大起来;所以在栏目老化或者刚出现问题时,从收视率上很难看出端倪。但如果真等到观众一天比一天不喜欢、开始大量流失时,就已经晚了。满意度作为连续性的数据提供,它能通过数据的波动及时了解到观众对频道整体的满意度是高了还是低了、不满意了,能明确告诉频道目前的优势在哪里、哪些方面满意一些、哪些方面还需要加强、哪些方面如何采取相应措施进行改进和完善,从而使频道持续地保持一种健康、良性的发展。

二 满意度指数调查和应用

当前国内各媒体中,对受众数据应用得最为广泛的就是电视媒体,而对电视观众数据应用最广泛的是电视收视率,收视率是反映收看节目的观众量指标。而过分强调收视率指标会带来负面效应,在考察电视频道内容实力时,我们应该引入更多的评估视角,满意度指数就是其中之一。满意度是在收视率之外,从知名度、观众规模、期待度、忠诚度、人气指数等几个方面对媒体品质进行考核,从而得出媒体品质的综合评定。

收视率和观众满意度是相辅相成的关系,观众满意度和收视率都是将电视观众作为电视节目的中心,两者为电视经营管理工作科学决策提供了可靠依据。收视率是反映收看观众的量,主要用于电视台广告经营;观众满意度反映电视节目在观众心目中的质量和特点,主要用于评价节目内容本身的质量。

作为"舶来品"满意度指数在我国的实际调查工作中与国外（如英国）相比较存在着一些差异①，其表现为：

1. 调查方法。英国欣赏指数调查是采用日记调查法，调查日记卡是采用邮寄的方式每周寄到被访者的手中，由被访者对当周每一天所收看的节目进行评价，调查是全年连续进行的。而中国观众满意度调查是采用问卷调查法，调查问卷是通过访问员每天入户进行访问，观众是记录过去三个月对频道或栏目的综合评价，调查是全年连续进行的。

2. 调查指标。英国欣赏指数调查是针对栏目进行的调查，包括观众对当期节目的评价分和收看这个节目的主动程度（付出的努力程度）。而中国观众满意度调查在指标设计方面相对比较复杂，包括：

频道部分：(1)频道的总体满意度；(2)频道接收情况；(3)频道的收看频率；(4)频道的具体特征评价。

栏目部分：(1)栏目的总体满意度；(2)栏目的知名度；(3)栏目的收看频率；(4)栏目的具体特征评价。

3. 调查结果。从调查结果来看，英国和中国的调查各有优缺点：英国欣赏指数调查结果可以得到节目每一期的数据，但是由于指标比较简单，对数据的深层解释力度不够。因此，针对此情况，英国欣赏指数调查加入了特别问题的问卷，对节目的细节进行详细的调查。中国满意度调查结果具有较强的解释力度，但由于是观众对过去三个月的综合评价，就无法得到每个节目的每一期数据。

下面以央视市场研究股份有限公司对 2003 年满意度最高的五大省级卫视的满意度调查为例，来解析满意度调查的实际运作。作为专业的研究调查公司，央视市场研究公司通过对全国 125 个主体城市的满意度连续调查，得出了满意度最高的五大省级卫视排名

---

① 巢立明，《中国广播电视核心竞争力研究》，选自复旦大学 2004 届博士论文丛。

如下：

1. 湖南卫视；2. 山东卫视；3. 安徽卫视；4. 福建卫视东南台；5. 浙江卫视。

（1）频道满意度综合评价体系由基础指标和综合指数两级评价机制构成。

基础指标指的是包括频道入户率、观众规模、欣赏度、期待度、栏目竞争力和人气指数等。频道入户率是硬件指标，可以说是各个卫星频道的发展平台，其余五项指标则从各个侧面揭示了电视观众对卫星频道的满意程度。

频道满意度综合指数正是将观众规模、欣赏度、期待度、栏目竞争力和人气指数等各项基础指标有机地糅合起来，它可用来衡量观众对频道的综合满意程度，揭示频道的发展现状。

满意度是一个综合的评价体系，首先要考察的是频道的入户率，要保证能有足够大的观众群能看到它的节目，入户率高也是保证该频道发挥传播效应的基本前提；观众看得到的频道不见得都会去看，所以观众规模大小、看的人多少也是衡量频道品质的一个重要方面。对于一个频道来说，要想在观众中拥有足够的号召力，就必须要有好栏目、精品栏目，栏目竞争力是频道品牌是否树立得起来的主要支撑点；如果频道有了自己的招牌栏目，培养起了一批观众对它的收视习惯，让观众一打开电视机就会去搜索一下，或者在换频道的过程中时不时会过去看一下，观众对频道的期待度越高，频道对观众的凝聚力就越大。在整个收视市场，观众就是上帝，得到他们的喜欢才能保持频道的可持续发展，频道做得专业水准有多高是专家的事，对于观众而言，他们只管频道第一眼看上去的整体形象，包括栏目形态、主持人到底合不合眼缘？合眼缘的频道人气才旺。到底什么样的频道是一个好频道呢？通过对入户率、观众规模、栏目竞争力、期待度、人气指数等指标进行综合考评，就能全面、客观地知道一个频道的内在品质以及外在竞争力大小了。

（2）调查过程与分析。

科学的调查是保证客观、正确结果的前提。央视市场研究股份有限公司的观众满意度连续调查框架主体为125个城市,包括除拉萨以外的34个中心城市、31个一般地级市、24个县级市和36个县。电视观众满意度调查的有效样本量为10075人。

2003年度全国电视观众满意度调查抽样比达到1/120000,在具体执行过程中,为提高对总体的估计精度,此次调查将目标总体按照两个特征进行分层：

① 是按照地域分布来划分:将调查范围中的30个省、自治区、直辖市按地域划分为华北、东北、华东、华中、华南、西南与西北共7个地区。每个地区作为一个大层。

② 是将全国市县按城市化程度及规模,划分为以下4类：

a) 中心城市:指直辖市、省会(自治区首府)城市以及非省会的计划单列市中的市辖区；

b) 一般地级市:指除中心城市以外的地级市中的市辖区；

c) 县级市:包括北京、天津及上海三个直辖市中的县；

d) 县:包括自治县、旗、自治旗、特区、林区等县级行政单位。

按上述以地域及市县类别的划分,目标总体共分成7×4＝28个(小)层。

调查对象为全国城乡家庭户中的15岁以上可视居民,包括有户籍的正式住户也包括所有临时的或其他的住户,只要已在本居(村)委会内居住满6个月或预计居住6个月以上,都包括在内。不包括现役军人、集体户及无固定住所的人口。

2003年满意度调查继续采用连续调查的方式,每天进行入户访问,使样本分布均匀。问卷的调查以访问员面访为主,部分问题由被访者自填,同时加强对地方督导和访问员的培训,统一访问方法和尺度,力争数据结果更精准。

从央视市场研究股份有限公司 2003 年的《全国省级卫星频道竞争力报告》的数据来看,我国目前的省级卫星频道发展现状分成四种:

第一种是收视率和满意度都很高,既叫好又叫座的无疑是好媒体;如湖南卫视。

第二种是满意度高、但收视率现阶段并不领先,这属于叫好不叫座、目前处于上升趋势、比较有潜质的好媒体;如浙江卫视、福建卫视东南台。

第三种是收视率高、但满意度落后的媒体,这类叫座不叫好的媒体都是粗放经营型,媒体经营者只看到眼前,只顾着爬升收视率,而忽略了频道的品质建设。它们在中国电视媒体进入规范的市场竞争时会比较危险。

第四种是收视率、满意度都不高的,既不叫座也不叫好,坦白地说,国内目前大部分电视频道都处于这种状态。这些电视频道的功能正在逐步萎缩,生命力和影响力都将受到局限。

(3) 总结。中国的观众满意度调查正以其科学、丰富、实用的数据结果服务于国内电视台,为电视台的具体工作提供有效服务。收视率和满意度切实地成为电视台经营管理的两项重要指标。当前电视媒体如果一切都能以满意度作为频道建设的指导思想,扭转纯粹收视率导向,提升节目品质,踏踏实实做好节目、做出精品栏目,逐渐培养出强势的品牌栏目、树立起自己独特的频道风格时,观众对频道的选择收视完全取决于频道的节目特色和观众欣赏口味的契合;这样不仅使得各频道的广告经营摆脱目前一味打"折扣"战的阴影步入良性循环,从某种程度上还切实推进了电视界频道品牌化的建设进程。

三 满意度指数的应用前景

欣赏指数推出的初衷是作为评价电视/电台节目质量出现的。而实际上,由于受政法(政治、法律环境)、文化(民主、公平和平衡的)、社会利益(某种意义上,希望各方从社会责任角度唤起节目的关注)、竞争程度等诸多因素的制约和影响,是否使用欣赏指数还必须从更多的方面加以权衡与考虑。

比如:我国电台/电视台的公营性特征,从运用欣赏指数评价节目的初衷看,不存在体制上的根本障碍;现有我国电视/电台节目质量评价体系,包括受众评价、专家评价和技术指标三部分构成,欣赏指数多大程度上能成为评价指标,值得讨论;电视频道、节目一方面存在着优势资源的绝对垄断性与相对竞争性,如中央台各频道的覆盖范围、人力、技术、资金等突出主导地位;另一方面存在着地区局部垄断与相对竞争,如节目落地、有线网等因素;广告商对欣赏指数的认同直接影响着欣赏指数选择运用的节奏;受众地位的软弱性,就总体而言,我国的受众收视利益保护仍然十分局限,受众的呼声依然是局部的、自发的等。

综上所述,欣赏指数在我国的使用和推广前景将是有条件的、渐进的。然而一个不争的事实是,随着传媒产业化不断深入,构筑传媒产业的核心竞争力已为决策者和经营者所关注。这其中包括产品/品牌(节目品牌优势构筑)竞争力和人力资源(优势节目生产基础)竞争力。而构建一个良好的节目评价指标体系则是提供了创造竞争优势的平台。因此,欣赏指数评价体系的价值潜力是不可估量的。

就欣赏指数评价体系的应用领域来看,将会在以下几个方面有所作为:(1)电视/广播节目的质量评价。这是最基本的应用领域;(2)节目的交易价值评估。这是简单的有效的和有前途的一个应用方向。具有公平性、可衡量性和稳定性;(3)节目制作团队/经营班子的考核与激励。用于媒介单位人力资源管理和工作团队激励,最终有利于提高组织绩效;(4)小众化市场广告投放的决策依据。实际上,小众市场或者是细分市场才是广告商关注的焦点。单是这一点,欣赏指数评价体系就比收视率评价有优势。

第十七章 广播电视传媒经营

当前,我国广播电视传媒业多元化经营已经初现端倪,多元化投资能够充分利用企业内部优势,有效分散并降低企业经营风险,快速扩张企业规模,该种经营方式已经被越来越多广播电视传媒企业所运用。多元化经营方式归纳起来主要有三种不同的方式:一是横向多元化,即广播电视传媒企业利用自身长期积累的技术、人才、管理、品牌等资源,开发与原有经营项目具有较高关联性的产业门类,打造关联产业的集群优势,提升传媒的综合竞争力;二是纵向多元化,广播电视传媒企业依托现有平台,积极向产业链上游原材料供应、初始资源储备与交易,产业链下游产品销售与市场开发等经营项目拓展,构建集约型、一体化产业链,更好地消除产业壁垒,减少中间交易成本,更好地掌握市场话语权;三是跨行业多元化,广播电视传媒企业利用累积利润和沉积资本,开展跨行业经营,开辟新的产业门类。

一、从理论上讲,一个企业需要先做强,而后具备一定基础了再做大,这样的路径更易被接受。但是,在实际经营中,我国广播电视传媒由于环境、竞争压力等因素的影响,大多数选择了"先做大再做强"这样一个相反路径,并在具体操作中运用多元化经营方式来达到增大规模的目的。在我国,目前的广播电视媒体的集团化过程,同时也就是广播电视集团实

现跨媒体和跨行业的多元化经营的过程,该过程有以下几个特征:

1. 多元化发展格局形成

到目前为止,我国已成立的广播电视传媒集团基本上形成了以广播电视为主业,同时涉及其他业务的多元化发展格局。从经营规模来讲,多元化经营使得广播电视传媒集团的规模壮大了,形成了一批跨媒体、跨行业的大型传媒集团;从经营领域来说,广播电视传媒集团的经营范围覆盖广泛,既有如报刊、网络、音像出版等相关业务的多元化,也有如旅游、房地产等非相关业务多元化。

2. 多元化收入开始增加

广播电视传媒业一直以来是以广告收入为主要经营收入来源,其在广播电视传媒业总收入中占有很大的比重。但是,面对新媒体的冲击,再加之原有广播电视传媒业竞争的加剧,我国广播电视传媒企业仅仅依靠广告来增加收入的空间变得越来越有限。面对这样一种形势,我国广播电视传媒业一方面继续稳定并不断提高广告收入;另一方面就是积极主动地寻求并开展多元化经营,找到新的利润增长点。因此,随着我国各大广播电视传媒企业多元化经营的逐步深入,收入构成也正在逐渐地发生着变化。

3. 多元化经营的资本运作

企业快速成长的手段离不开资本运作,依靠资本运作能够实现多元化经营发展的强势支撑、实现规模的快速增长。目前,我国广播电视传媒业深谙此道,已经通过资本运作为其多元化经营提供了充裕的资金,为进入其他行业或领域提供了资金保障。对已有多元化经营的资本运作方式进行总结,发现我国广播电视传媒业资本运作的方式主要有以下几种:合作经营、子公司直接上市、子公司控股上市公司和其他上市公司投资媒体领域等。

值得一提的是,广播电视媒体资本运作可以实现一种高级形态:发挥自身有形和无形的资产优势,将优质的经营性资产剥离出来,成立股份制子公司,并直接进入资本市场公开筹资融资,吸纳社会资金。但我国现有的广播电视传媒企业还很少有这样的高级资本运作形态出现。

二、媒介产业说到底,其实就是内容产业,其核心产品就是内容,所以媒介竞争最终是一种内容竞争,媒介竞争的时代也就是"内容为王"的时代。而我国广播电视长期以来作为国家、政府喉舌存在,因此一直受到国家的保护,无论是政策上还是资金上都是其他行业所无法相提并论的。而正是国家过度保护导致广播电视只是注重技术快速发展而节目内容并没有相应得到快速丰富和优化,无论微观上的产品数量和质量,还是宏观上产业规模都存有很大的不足。

1. 内容产品贫乏

无论何种运作模式的广播电视都要有节目内容,只有海量的节目内容才能保证广播电视的生存,只有优质的节目内容才能保证广播电视的发展。但事实上,尽管随着科技的发展和市场经济的推动,我国广播电视在节目制作能力上有了较大的提升,如2005年比2004年分别增加了3.7%和16.35%,而其中电视播出节目中购买交换节目的比例逐步上升,达到42%以上。但总的来说,制作的节目无论数量还是质量都是偏低的。首先,我国广播电视制作的节目基数就小,所以比例尽管相对高,但实际制作水平还是偏低,无法与技术的改进同步。其次,我国广播电视台的节目套数就是一个庞然大物,其对节目的需求是现在这种节目制作水平所远远无法达到的。以电视为例,据统计,2005年中国各级电视台共开办公共电视节目1227套,比美国、俄罗斯、法国和德国等西方很多电视大国的总和都还要多。但目前中国电视媒体的播出总量为2000多万小时,首播量为870万小时,而可供播出的节目时长却只有202万小时,国有媒体自制能力不到100万小时[①]。就像有了高速公路却没有汽车一样,如此众多的节目频道(频率)却只有很少的节目内容相配备,又怎能吸引住观众(听众)呢?而近几年炒得火热的数字电视,节目紧缺现象更是令人堪忧。全国在2008年前将开办150个付费频道,而目前的节目制作量只能满足巨大数字频道资源的1/5到1/4,剩下不到两年的时间要满足3/4的内容需求实在是一个难以想象的任务。

即使这有限的节目也并不都是精品,很多存在质量偏低问题。如娱乐节目低俗化、教育节目呆板化、信息节目同质化在今天已形成电视的流行病,这种缺乏个性和活力的节目在讲求频道专业化、栏目个性化、节目精品化的市场竞争中自然难以适应和满足具有越来越高收视需求和要求的受众。以数字电视为例,根据对数字电视试点城市的调查显示,63.37%的试点城市遭到内容瓶颈的阻碍,主要体现在现有数字电视内容质量不高,甚至比不上无线电视节目,一些节目与无线频道中的内容重复等方面。正因质量问题,导致很多自己辛辛苦苦做的节目常常是一次性使用,有时甚至成了典型的产品,并没有转化为商品实现它的交换价值和使用价值,因为观众(听众)根本就没有观看(收听)消费。这种低水平的制作,被有的学者概括为典型的三"自"方式,即自娱自乐、自产自销、最终自生自灭。

2. 内容结构失衡

内容产业(content industry)这一概念出现于上个世纪九十年代,由西方七国信息会议率先提出,而欧盟计划将其主体明确定义为"那些

[①] 张弛,《新媒体影响下的广播电视传媒业经营模式研究》,引自大连海事大学2012年硕士论文丛。

制造、开发、包装和销售信息产品及其服务的企业"。内容产业的范围包括各种媒介的印刷品(报纸、书籍、杂志等)、音像电子出版物(联机数据库、音响制品服务、电子游戏等)、音像传播内容(电视、录像、广播和影院)以及用于消费的游戏。

由此看来,视听传媒业占据内容产业的主导地位。我国有学者认为,内容产业是依托内容产品数据库,自由利用各种数字化渠道的软件和硬件,通过多种数字化终端,向消费者提供多层次的、多类型的内容产品的企业群。这意味着内容要成为一个产业、一个成功的产业,首先必须要形成完整的产业链,即资本、生产和流通的相互衔接联合。资本之所以成为产业的前提,因为产业都是规模经济,而规模的形成需要资本作为经济支撑。而内容生产和流通环节的不可或缺就是在于两者的联合既可以使产品达到利润最大化,又可以使整个产业赢得相对独立的市场空间。其次,具备完整的产品链即核心产品、形式产品和延伸产品的相互补充,因为传媒内容产业的发展重心就是沿着"核心产品—形式产品—延伸产品"这样一个方向发展的。

遗憾的是,我国广播电视的内容产业,无论产业链还是产品链都不健全。首先,产业链方面,不仅内容的制作水平偏低,资本融合能力、分销渠道和终端产品的竞争能力更是滞后,根本无法与西方传媒集团比肩。据调查,按照日本和欧洲国家电视节目市场的经济合作和利润分配形式,节目流通环节的分配比例大致是25%,美国基本上是20%,而中国电视节目收益的分配比例基本上是播出占80%至90%,制作占20%至10%,而没有流通环节的份额。其次,产品链方面只注重核心产品的研发(前面所说数量和质量都存在一定问题),至于形式产品和延伸产品就更少涉足了,这样整个内容产品就显得势单力薄。

三、为了更好地构建新媒体影响下的广播电视传媒业经营模式,广播电视传媒企业必须首先明确自身的企业宗旨。在新媒体环境下,广播电视传媒企业面临着新的挑战和机遇,为了适应这样一个市场环境,广播电视传媒企业在未来的定位上需要做出适当调整,明确自身的经营发展目标。

1. 符合发展总体规划

广播电视是党的重要宣传阵地,是推动我国经济和社会发展的有效载体,是人民群众日益增长的精神文化需求,不断提高广播电视人口覆盖率,让广大人民群众听好广播看好电视是广播电视系统的根本任务。

广电总局在2011年8月21日,举办了"二十一世纪广电传媒高峰论坛",宣布了广播电视"数字化"推进的发展计划——随着2003年已经启动的广播电视数字化的推进,我国将在2005年开展数字卫星直播业务,2008年全面推广地面数字电视,2015年停止模拟电视播出,实现数字广播电视有线、卫星和无线的全国覆盖。数字化是中国广播电视的第二次创业。广电总局已经发布了《中国有线电视向数字化过渡时间表》,有线电视数字化的配套政策已陆续出台,数字广播电视直播卫星正在加紧研制,国家地面数字电视标准也在加紧制定之中。而且,发展改革委、财政部、税务总局将为推动广播电视数字化提供有力的财税、资费政策支持。

广播电视传媒业发展总体规划影响业务发展方向,是广播电视传媒业在较长时期内的经营指导方针,是结合其自身优势资源与能力基础上形成的。因此,广播电视传媒业的经营模式要符合国家需要的发展总体规划,以此来制定和调整自身发展规划。否则,可能在竞争多变的市场环境中迷失方向。

2. 经济和社会效用

经济效用是资金占用、成本支出与有用生产成果之间的比较。所谓经济效用好,就是资金占用少,成本支出少,有用成果多。提高经济效用，意味着生产更多产品和劳务，从而有利于人民不断增长的物质和文化生活需要的满足；意味着增加企业盈利和国家收入，增加资金积累，从而有利于国民经济和社会的发展；意味着提高投资效益和资源利用效益，从而有利于缓解我国人口多与资源相对不足、资金短缺的矛盾，提高经济增长的速度。

广播电视传媒业通过价值链延伸、拓展，整合内部资源而产生经济效用是广播电视传媒业构建经营模式的根本目标，也就是说，如果广播电视传媒业不能实现价值增值，那么广播电视传媒业经营模式也就没有意义。比如，可以积极扩展广播电视的基本服务内涵，同时大力发展增值服务。一方面要大力开发电子政府、新闻资讯、社会教育、文化娱乐、交通旅游、生活信息等公共资讯服务，扩展广播电视电视的基本服务内涵；另一方面要大力发展视频点播、电视购物、电视商务等增值服务，由用户自由选择、自愿订购，满足人民群众个性化、多样化、多层次的需求。可以说，经济效用原则是广播电视传媒业经营模式构建的重要原则之一。产生规模经济、范围经济、多元化经营以及降低生产经营成本是广播电视传媒业产生经济效用的最直接的表现。

另一方面，我国广播电视传媒业的体制特征决定了广播电视传媒业在发展经营过程中除了要重视经济效用外，还必须要重视社会效用。也就是说，广播电视传媒业的经营模式要兼顾经济效用和社会效用。我国广播电视传媒业作为党和政府的宣传喉舌，作为文化产业的主体，无论取得多么大的经济效用，如果不能实现相应的社会效用，那么，该经营模式就变成了"水中月，镜中花"，难以获得可持续发展。

在当今，广播电视传媒已成为广大人民群众最为普及的资讯和文化娱乐工具。从这个意义上讲，它的社会意义要高于产业意义和市场意义。其社会效用应体现在整合社会意识形态上，体现在凝聚本地群众的力量和精神上，体现在推动经济发展上，体现在促进精神文明建设上。一言以蔽之，广播电视传媒即使在新媒体环境下也应该成为时代价值观的积淀者、倡导者。

广播电视传媒社会效用的体现不是一蹴而就的,是通过每一个频道、每一个时段、每一个节目、每一个栏目、每一个片断,每一个编辑、每一个记者、每一个主持人的日常努力得以实现的。它如涓涓细流,对公众的感化和社会的推动是潜移默化的。敷衍了事和认真敬业不一样,用心打造和随意应付不一样,目光长远和鼠目寸光不一样,广电事业只有做好每一个细节,才能赢得口碑、体现价值,才能不辱使命,对社会的引领和文化的积淀最终体现积水成渊的过程。

广播电视传媒的社会效用要体现在舆论导向正确上。舆论导向正确,要坚持政治导向正确。作为广播电视媒体,要紧紧围绕党和国家的中心工作,以内容为载体,在"贯彻方针路线"上丝毫不能松懈。随着社会进步和事业发展,政治导向越来越发挥着极其重要的作用,这是发挥广播电视社会效益和信息广泛、深层次传播的基础,也是实现经济加快发展的保障。坚持正确舆论导向,还要注重提高引导水平。要把政府的宏观举措与广播电视喜闻乐见、丰富多彩的表现形式相结合。在当前广电频道资源已趋饱和的前提下,受众分层趋势也越来越明显,受众对更新、更丰富、更具个性特点的表现形式提出更高要求,只有加强策划,更新包装,加强创新、创造、创意,抓住政策与百姓利益的结合点,才能充分发挥政策导向联系政府和群众的桥梁作用。

广播电视传媒的社会效用要体现在"以人为本"新闻思想的贯彻上。通过加强新闻宣传引导,为发展营造一个"以人为本"的良好舆论环境,不断促进人的身心健康和全面发展,以推动社会的发展。"以人为本"要把受众研究透。当前广播电视对受众进行市场划分的理念还要进一步加强。媒体要形成自己的独特优势,就必须了解哪些人愿意看我们的节目,多少人在看我们的节目。我们的广播电视群众喜不喜欢,是信息传播工作最直接的评判标准。在媒体竞争日益激烈的市场经济环境下,如果广播电视媒体不研究社会需求,没有自己鲜明的观点,不能够给人以启发或触动,就不会有好的社会效益。

3. 资源与技术匹配

频道、频率是广电媒体的垄断性资源,广播电视节目(栏目)是广播电视媒体的主导产品。新兴媒体正日益大量分流广播电视传媒的受众。广播电视传媒应加快向新兴媒体的拓展融合。广播电视传媒须抓住目前的历史性机遇,尽快合力开发新兴媒体资源,推进传统媒体与新兴媒体的优势互补,加速线性传播与非线性传播的良性融合,抢占战略发展先机。例如,可积极开发相关数字电视频道、数字音频广播,抢占数字新媒体高地;可组建或拓展已有网站,整合广电人才、新闻、节目等资源,开发网络电视、网络广播,开发网台互动直播、点播,开发网台融合新闻和其他节目,构筑广电、网络融合的大传媒新平台;可利用资源优势,开发移动多媒体广播电视,包括车载电视(广播)、户外电视(广播)、楼寓电视(广播)和电脑移动电视(广播)、手机电视(广播)以及便携式移动电视等。

应用广播电视媒体资源离不开技术的支撑。对于一个广播电视媒体来说,技术包括两个方面,其一是与解决广播电视媒体实际问题有关的软件方面的知识;其二是为解决这些实际问题而使用的设备、工具等硬件方面的知识。广播电视媒体要适应原有基础,所选用技术要与自身资源相匹配。广播电视有传播技术和极强的信息内容生产能力,且有行业垄断的优势。广播电视的传播技术不同于其他传媒的传输方式,报纸、杂志信息印刷在纸上再通过邮递员传递到读者手中,而电话、互联网则需要通过为每家每户铺设专用的线路传输信号,广播电视明显的优势是在某一点就将信号传播出去,卫星广播电视通过卫星来覆盖地面、地面电视通过地面的发射塔将信号传播出去,即使有线电视信号也在有线前端通过共用的有线电视网络将信号传送到千家万户。广播电视传播技术,因为是一种"廉价、高效"的媒体,受到广泛使用,由此孕育了一大批广播电视媒体机构,他们每天从世界各个地区生产出大量新闻、文艺娱乐节目、各种财经消息等大量信息。广播电视的信息内容是以图像、声音传达到受众面前,比以文字传送见长的报刊更是有声有色。广播电视强大的信息内容及内容表达的形式是它明显优势。

资源与技术匹配是我国广播电视传媒业经营模式必须努力实现的目标。如果不能遵循资源与技术匹配,导致资源与技术的冲突,那么将导致经营模式构建成本的提高,甚至导致经营模式构建的失败。

四、目前,我国广播电视传媒业经过发展,已经成为相对成熟的行业。但近年来,新兴媒体的出现,给我国广播电视传媒企业的发展带来了又一轮新的机遇。广播电视传媒在社会中的地位越来越重要,随着我国进入全面"十二五"建设新阶段,人们对精神文化生活的要求越来越高、越来越迫切,不次于对物质生活的需求,这种现状为我国广播电视的大发展提供了良机。

多元化经营就是要广播电视传媒企业同时经营几个相关或不相关的产品或服务,可以对企业已有资源进行重新最优配置,强强联合,实现规模经济;广播电视传媒企业涉足其他领域后,可以分担经营风险,如果一旦市场变化或其他因素导致一业下降或亏损,也不至于全线溃败;而且,多元化经营还有利于解决事业快速发展与资金不足的矛盾。

要想实现一业为主兼具多元化的经营模式,我国广播电视传媒业在运营战略上应当集中精力,强化已有业务的良性经营,不断提高生产效率,实现该主业的稳步发展和逐渐强大;在运营策略上,要在主业稳固发展的基础上试行多元化经营,要尽可能选择与主业相关或者相近的产业,充分利用相关行业的协同效应形成整体经营合力。

在媒体发展的历程中,每当有新媒体出现,各种各样的议论总会出现一致的话题:新的媒体会取代旧的媒体,旧媒体将退出历史舞台。可是这么多年来,随着技术的越来越进步,新媒体的越来越多,我们不仅没看到传统媒体的消失,反而看到新的媒体更多地与传统媒体的合作。

它们是一种既竞争又合作的关系。新媒体只有借助传统媒体的优势，才能迅速发展壮大。

不可否认，新媒体的出现已然颠覆了我们以往对于"宣传"这个概念的认识。宣传是传递信息非常特殊的形式，它的特点就是单向度的信息传播。而传播这个概念更广泛，传播是多向度的信息传递，从这个角度来说，新媒体的优势之一是民间的声音得以放大；另一个优势是改变了传统多信息传递生态，把整个信息传递从宣传单一状态过渡到传播多元时态。

在新老媒体双手互搏的过程中，看起来是承载信息的介质发生了改变，实际上在商业、文化、生活方式等领域存在更为深刻的变革。互动、免费、即时、博大、人人都是记者的新媒体有望接过传统媒体的接力棒，用新的气质、内涵和文化，继续推动社会和知识的进步。

我们从传统的功能定位上看，广播电视网络仅仅是广播型线性音视频节目的传输载体。但是，一旦广播电视网络实现了数字化、双向化，并具备了网络存储和用户管理的能力，情况将发生本质的变化。最重要的是，经过双向改造的网络具有了互动的能力。它除了支持大量的数字广播频道之外，还可以支持话音、视频和数据通信业务，支持用户终端通过广电网络接入互联网。具备存储能力和用户管理能力的网络可以实现个性化的节目单，支持用户对影视节目的点播，支持直播内容的再汇聚和节目的回看，支持广告的个性化和地域化，以及提供精细化的节目营销、定购、计费和收费服务。这些基于广播电视节目的互动电视服务，结合电视节目的高清化，已经成为国内外广电网络服务转型的热点。进一步向前看，网络服务的概念可以分为三层，自底向上分别是通信类服务、信息类服务和媒体类服务。以此为对照，传统电信网络提供的是单纯的通信服务，互联网和企业网提供的是信息服务，他们都是互动的，而传统的广播电视是一种单向的下推音视频媒体服务。值得注意的是，广电网络提供的音视频服务下推能力是其他网络无法比拟的,而传统广电网络的媒体服务恰恰是建立在这种推送机制上的。所以,结合通信能力、信息服务能力和媒体服务能力的互动媒体服务,正是广电网络下一步发展的制高点。

从这个观点出发,互动媒体服务的服务来源显然会超越传统的广播电视音视频节目和广告服务,除了基础的通信服务能力之外,大量音视频化的信息服务将成为互动音视频服务的主要内容。这些服务的技术基础是通信和互联网技术,但是除了将互联网信息服务引入之外,更多的是基于广电互动网络开发的创新的媒体服务。同时,其互动的能力将超越数字电视的节目单选择、互联网的请求访问,实现与播出过程的互动、节目选择的互动、节目聚合的互动、信息服务的互动、节目制作的互动以至内容制作的互动等一系列各个层面上全新的音视频媒体互动服务。显然,作为互动媒体服务,其涵盖的范围必然超越传统广播电视媒体的新闻发布、节目发行、教育、消费以及产品流通中的广告环节这样的简单角色,深入工业、农业和现代服务业各个产业的生产、流通和消费环节。这是推动信息化融合工业化的重要任务,也是发展广电网络服务业的重要契机。

结　　语

　　人类社会已经发展到一个新的历史阶段——信息化时代，而数字化是实现信息化的一种技术手段。在这样一个时代，信息最基本单元就是"0"和"1"，就是一个"比特"。在数字领域中，无论是声音、图像和数据都成为"0"和"1"符号比特流。"比特"就像农业社会中的"镰刀"、"锄头"，工业社会中的"蒸汽机"、"电动机"那样普及，那样与人类生存息息相关。"比特"将人类带入崭新的信息社会，未来的社会就是"比特"社会。

　　传统的广播电视经过数十年的发展，仍然是当前最重要的媒体传播手段，但是网络媒体、手机媒体等新媒体的出现，冲击着广播电视的传统优势地位。新媒体的冲击甚至可以看作是屏幕之争。现如今，我们接触的电子屏幕主要有三种：电视屏幕、电脑屏幕、手机屏幕，基本都是节能环保的液晶屏，色彩效果已经逐步接近，区别只是屏幕大小而已，但是后两者却有鲜明的效率优势。人们几乎可以随时随地地收看自己喜爱的视频节目，此消彼长，电视屏幕的收视时间就相应"被减少"了。而且，通过电脑屏幕和手机屏幕收看电视节目还有一大优势，节目一旦被下载，人们不需要按照时间顺序完整地收看全部节目内容，他们往往"跳着看"、"选着看"，国内各大视频网站都基本满足了用户的这一需求,播放器可以直接提示关键节目的时间点,帮助用户"选择性"收看。这样的"个性化"选择是广播电视所不具备的。广播电视现有的VOD也只是指定节目的点播,可选节目少之又少。

广播电视行业面对新媒体的冲击,要找准时机、节点准确突破,首先要海纳百川、求同存异。广播电视行业一直在不断发展、不断创新、不断突破,我们不难看出广电人的努力。面对新媒体的冲击,忧虑之余,我们更应寻求应对之策,以包容、接纳的态度看待"对手",不必将与新媒体的合作视为"引狼入室"。电视媒体和视频网站分别拥有各自的资源优势,电视媒体的优势毋庸赘言。视频网站刚开始基本是靠个人用户上传自制短片来吸引点击率,而现在实力逐渐增强的视频网站已经开始自主制作节目,微电影、肥皂剧等逐步进入视频网站,并且受到了点播受众的欢迎。曾经难登大雅之堂的视频网站如今已经成为播出主体、播出机构。本着合作共赢的态度,广播电视应当加强与视频网站的合作。视频网站可以向电视台提供节目资源,同时视频网站也需要电视台的海量资源去充实,两者之间其实是各有所长,节目各有侧重。不管是前者向后者借鉴资源,还是后者向前者寻求合作,其实从根本上都是资源的优化整合。同时广播电视长期积累的海量资源也可以得到盘活,比如视频网站将大量央视的精品栏目整合播出,吸引了大量"精品粉丝",实际也增强了对央视节目的忠诚度。

其次,仍然要坚持深挖用户需求,制作精良节目。从广播电视行业的发展历程中,我们不难发现,每一次突破都是从娱乐节目的转化、细化开始的。从《综艺大观》的出现到《春节联欢晚会》的长盛不衰,再到《快乐大本营》的崛起,都是一个个历史转折点。其实《快乐大本营》的不少节目形式借鉴了《综艺大观》,比如明星参与、游戏环节等,但可贵的是,《快乐大本营》在借鉴的基础上能有所创新。因此,要想留住受众,电视节目就必须不断推陈出新。浙江卫视近期推出的《中国好声音》栏目就是一个例子,虽然它是借鉴国外节目《The Voice》,但是在自我改良创新之后取得了不错的收视率①。该节目也在网络上同步播出，网络点击率（收视率）不断推高，这也带来了综合收视率的领先。

广电媒体在扬长避短、发扬制作优势、创优质出精品的同时，也要借助各种渠道方式传播扩散。这里所说的优质和精品，不仅仅体现为高清，还体现为要针对脱离电视人们的群体特征，定制广播电视节目，吸引这些用户收视，使他们重新回到电视机前。美国HBO就经常推出精品电影电视，如《太平洋战争》系列就是由电影导演制作的大场面战争片，将电影引入电视，让观众能在家看大片，无疑成功吸引了观众。

最后，还要转换观念，从三网融合到三屏融合。"三网融合"已成为很长一段时间内的国家战略和发展趋势，而我们所说的"三屏融合"（即电视、电脑、手机等智能终端的融合），并不是简单的终端融合，而是节目的融合，或者说是节目共享。广电媒体必须借助传统优势，发展有线网络、无线移动互联网上的视音频节目传播。一部分用户已经离开电视机，这是既成事实，一方面，我们要争取这部分受众，使他们回到电视机前；另一方面，我们要将电视节目推送到这些用户面前。如果我们能较好地利用CMMB、公交移动电视、电梯电视、角落传媒、户外大屏等资源，同样可以占领手机用户、公交乘客、行人等受众群。

我国广播电视传媒业正处于不断变化的动态环境中，尤其是面对新媒体环境、新事物层出不穷。因此，当前广播电视媒体事业正在进行一场以数字信息化推动广播电视事业的创新、以网络作为广播电视资源开发的新型前沿阵地的声势浩大的科技革命。在这样的背景下，广播电视的发展将融合先进媒体技术的优势，在三网融合、数字信息化渠道建设中充分发挥好广播电视行业应有的职能，不断引用高新技术，促进行业的优化与发展。

---

① 谢欣，《新媒体冲击下的广播电视发展》，选自《声屏世界》2012年8月，p.62。

后 记

出这本教材的过程是诚惶诚恐的。从十七年前开始进入新闻传播的专业学习，到如今成为专业课教师，我依旧清晰地记得自己第一次扛起摄像机时的情景，写出第一篇报道时的喜悦，也有辗转在武汉、北京、上海等地实习和工作的艰辛，还有读硕士和博士时做学问的压力。

当我站到讲台上，面对着十几、二十岁年轻学生的时候，我仍然感到惴惴不安。因为他们年轻，他们时刻在吸收新鲜的事物，作为他们的老师，我不能停下自己继续学习的脚步。尤其是当下这个瞬息万变的信息时代，各种新名词的诞生频率如此之快让人应接不暇，传统媒体受到了各种新媒体的汹涌冲击，广播电视的地位会怎样？它们将会走向何处？会消失吗？

这本教材其实是上海市教委《广播电视学》重点课程建设的成果之一，不是因为有这样一个项目的推动，恐怕常常惰性作祟的我不会写出这样一个大部头。当然这本教材的诞生也是建立在无数广播电视研究学者、教师的成果基础之上，并结合我自己教学过程中的实际，形成了这样一个广播电视学研究的目录架构。很多观点甚至非常个人，比如关于主持人的社会角色和表演，我运用了学界比较新的"社会表演学"理论来探究，尝试给传统的广播电视学研究带来一些新的方向。

当然,因为我个人的经验和经历,这本教材肯定还存在很多的不足,我相信这将化作我继续前进的一个动力。在这本教材的成书过程中,得到了上海杉达学院新闻系领导和同事们的帮助,上海三联书店钱震华老师的大力支持和理解,还有不论何时始终全力支持我的父母、爱人,在此一并感谢!

黎 力

2013 年 4 月

图书在版编目(CIP)数据

广播电视学/黎力著. 一上海：上海三联书店，2013.
ISBN 978-7-5426-4297-4
Ⅰ.①广… Ⅱ.①黎… Ⅲ.①广播电视—理论—高等学校—教材　Ⅳ.①G220
中国版本图书馆 CIP 数据核字(2013)第 168441 号

广播电视学

著　者　黎　力

责任编辑　钱震华
特约编辑　蓝　漪
装帧设计　豫　苏
责任校对　汪彦弘

出版发行　上海三联书店
　　　　　(201199)中国上海市都市路 4855 号
　　　　　http://www.sjpc1932.com
　　　　　E-mail:shsanlian@yahoo.com.cn

印　刷　江苏常熟市东张印刷有限公司

版　次　2013 年 9 月第 1 版
印　次　2015 年 8 月第 2 次印刷
开　本　640×960　1/16
字　数　400 千字
印　张　29.75
书　号　ISBN 978-7-5426-4297-4/G・1274
定　价　48.00 元